제4차 어린이집 표준보육과정 및
2019 개정 누리과정과 함께하는

보육과정

권혜진 · 김유미 · 이보람 · 이완정 · 임여정 · 조우미

창지사

서문

영유아는 놀면서 배운다. 국내외에서 영유아를 위한 커리큘럼은 대체로 놀이를 통한 배움(learning through play) 혹은 놀이기반 배움(paly-based learning)을 토대로 하고 있다. 이 책은 영유아의 생활에서 놀이를 통한 배움이란 어떤 의미인지, 왜 이것이 중요한지, 영유아는 놀이를 하면서 무엇을 배우고, 어떻게 배우는지에 대한 답을 찾아나가는 것을 주요 관심사로 다룬다.

2019년 3~5세 유아를 위한 누리과정이 개정, 고시되었고, 이에 맞추어 2020년 0~1세 보육목표와 내용, 2세 보육목표와 내용이 개정되어 0~5세 영유아를 위한 제4차 어린이집 표준보육과정으로 개정, 고시되었다. 이 책은 개정, 고시된 최근 내용을 다루되, 보육과정에 대한 학부생의 이해를 돕기 위해 정부가 발간한 「2019 개정 누리과정 해설서」와 「제4차 어린이집 표준보육과정 해설서」를 기반으로 조직하고자 하였다.

이 책은 크게 3부로 구성되어 있다.

『1부. 보육과정의 기초』에서는 보육과정의 개념과 구성요소(1장), 보육과정의 이론적 기초(2장), 보육과정의 변화와 전망(3장)을 다룬다. 1장에서는 보육과정의 의미를 가르침과 배움의 축으로 살펴보고, 보육과정의 요소인 목표, 내용, 실행, 평가는 무엇이며 이는 왜 필요한지를 생각해본다. 2장에서는 보육과정의 이론적 기초로 영유아를 바라보는 관점의 역사적 변화를 살펴보고, 보육과정의 학문적 기초로 국내외 교육철학적 배경과 심리학적 배경을 살펴본다. 3장에서는 표준보육과정의 역사적 변화 과정을 살펴보면서 어떤 특징이 강조되고 있는지 알아보고, 외국의 영유아 curriculum standards에서 놀이를 통한 배움을 어떻게 설명하고 있는지 살펴본다.

『2부. 제4차 어린이집 표준보육과정의 이해』에서는 표준보육과정의 구성이해(4장), 보육과정의 내용: 기본생활(5장), 보육과정의 내용: 신체운동(6장), 보육과정의 내용: 의사소통(7장), 보육과정의 내용: 사회관계(8장), 보육과정의 내용: 예술경험(9장), 보육과정의 내용: 자연탐구(10장)을 다룬다. 4장에서는 표준보육과정의 구성 체계를 바탕으로 표준보육과정의 성격, 구성방향, 운영에 대해 알아본다. 5장부터 10장까지는 표준보육과정의 여섯 가지 영역별로 고시된 내용이 어떻게 구성되어 있는지, 목표는 무엇인지, 영유아는 이를 어떻게 경험하게 되는지, 교사의 지원은 어떠해야 하는지를 중점적으로 살펴본다.

『3부. 보육과정의 실행』에서는 보육과정 실행과 교사의 역할(11장), 영아반 보육과정의 운영(12장), 유아반 누리과정의 운영(13장)을 다룬다. 11장에서는 제4차 어린이집 표준보육과정에서 강조하는 '유아중심·놀이중심 보육과정'에서 교사의 자율성이 어떻게 나타나야 하는지를 중점적으로 살펴본다. 보육과정의 계획, 실행, 평가에서 자율적인 교사는 어떤 점을 염두에 두어야 하며, 어떤 태도로 영유아와 보육과정을 바라보아야 하는가에 대해 생각해 보는 기회를 가진다. 12장에서는 영아반 보육과정 운영의 실제에 대해, 그리고 13장에서는 유아반 누리과정 운영의 실제에 대해 살펴본다. 독자들은 12장과 13장에서 영아와 유아를 위한 보육과정 운영의 공통점과 차이점을 비교해볼 수 있다.

이 책에서는 독자의 이해를 심화시킬 수 있도록 '변화 CHECK', '관점 넓히기', '적용해 보기', '어린이집에서는 이렇게' 등의 BOX를 넣어 용어나 개념, 적용 실제에 대해 더 생각해볼 수 있는 기회를 가질 수 있도록 하였다. 또한 QR코드를 삽입하여 손쉽게 추가 자료를 찾아볼 수 있도록 하였다. 이 책을 사용하면서 QR코드가 제시되어 있는 「제4차 어린이집 표준보육과정 해설서」와 「2019 개정 누리과정 해설서」 파일을 다운받아 함께 살펴보기를 권한다.

이 책은 권혜진(1장, 2장, 4장), 김유미(7장, 11장), 이보람(6장, 8장), 이완정(3장, 5장), 임여정(9장, 13장), 조우미(10장, 12장) 공동 작업으로 완성되었다. 주 저자인 권혜진은 공동저자들과 함께 책의 전반적인 방향과 구성을 조직하였고, 직접 그린 그림을 표지에 싣도록 해주었다. 공동저자들은 표지시안부터 각 장의 세부 구성, 책에 담고자 하는 주요 방향(영유아의 권리존중, 놀이를 통한 배움, 교사의 자율성 등)이 잘 살아날 수 있도록 함께 고민하였다. 코로나19와 함께 겨울부터 봄, 여름의 세 계절을 함께 하면서 가장 큰 도움을 받은 사람은 바로 저자 자신들이며 우리는 이 사실에 고마움과 보람을 느낀다. 마지막으로, 항상 좋은 책을 발간하여 보육계의 발전에 도움을 주시는 창지사 관계자들께 감사를 드린다.

2021년 8월

저자 일동

차례

Ⅲ 제4차 어린이집 표준보육과정의 이해

차례

III 보육과정의 실행

I

보육과정의 기초

보육과정은 어린이집에서 영유아를 위해 실행되는 교육과정입니다. I부는 보육과정의 기초에 대한 이해를 바탕으로 예비교사로서 제4차 어린이집 표준보육과정 및 보육과정의 실행에 대해 이해를 돕고자 합니다. I부 1장에서는 보육과정의 정의 및 특성, 보육과정의 구성요소 및 이를 둘러싼 주요 쟁점에 대해 살펴봅니다. 2장에서는 영유아를 바라보는 관점의 변화와 보육과정에 영향을 미친 교육철학적, 심리학적 기초에 대해 알아봅니다. 3장에서는 국내외 보육과정의 동향과 변화를 살펴보고, 미래사회 영유아보육과정의 전망을 제시합니다.

01 보육과정의 개념과 구성요소
02 보육과정의 이론적 기초
03 보육과정의 변화와 전망

01

보육과정의 개념과 구성요소

무엇을 배울까?

》 보육과정의 정의와 특성

- 보육과정의 정의
- 보육과정의 특성

》 보육과정의 기초요소

- 거시체계
- 사회 및 가족의 변화
- 영유아에 대한 관점
- 발달 및 학습에 대한 관점

》 보육과정의 구성요소

- 보육과정 목표
- 보육과정 내용
- 보육과정 실행
- 보육과정 평가

□ 이 내용을 살펴보는 주안점:

보육과정을 이해하려면 먼저 교육과정에 대한 이해가 필요합니다. 보육과정은 어린이집에서 생활하는 영유아를 대상으로 한다는 점 외에는 교육과정과 다르지 않기 때문입니다. 이 장에서는 교육과정의 개념과 이를 둘러싼 주요쟁점을 살펴보고 이를 보육과정에 적용하여 이해해 보도록 하겠습니다. 그리고 교육과정의 구성요소를 살펴보고 이를 영유아보육과정에 적용하여 살펴보도록 하겠습니다.

1. 보육과정의 정의와 특성

1) 보육과정의 정의

보육과정은 다양하게 정의할 수 있다. 보육과정이 무엇인지 정의하기 위해서 우선 교육과정을 둘러싼 다양한 정의를 살펴볼 필요가 있다. 이를 보육과정에 준용하여 보육과정의 개념과 의미를 파악해 보고자 한다.

(1) 교육과정의 정의

교육과정은 한 마디로 정의를 내리기 매우 어려운 복합적인 개념이다. 교육과정의 정의는 고정되어 있는 것이 아니라 시대적 요구나 사회적 변화에 따라 교육과정에 대한 정의도 변화한다. 교육과정의 정의에서 중요한 쟁점은 교육과정을 '교수자가 가르쳐야 할 교수요목으로 볼 것인가', '학습자의 실제 경험으로 볼 것인가'와 관련되어 있다.

① 교수자가 가르쳐야 할 내용으로서 교육과정

교육과정(curriculum)을 가리키는 영어단어는 경주로(race course)를 의미하는 '쿠레레(currere)'라는 라틴어에서 파생된 말이다. 교육과정이라는 용어는 매우 다양한 방식으로 사용되며 그 의미도 다양하게 정의되고 있지만 교육과정의 여러 정의들은 기본적으로 바로 이 '경주로'로서의 교육과정 개념에 뿌리를 두고 있다. 즉, 결승선을 향한 경주에서처럼 '학생들이 배우도록 정해진 일련의 내용과 설계도'로, 학습자들의 교육을 위한 계획을 개략적으로 이르는 말로 사용된다(진영은, 2003). 교육과정이란 교육을 주도하는 기관이 그 기관의 교육목표에 따라 학습자의 성장과 발전을 돕기 위해 체계적으로 개발하여 수립하는 지식과 경험을 포함한 모든 종류의 교육내용의 사전계획과 기대하는 결과이다(이성호, 2004). 교육과정은 무엇을 가르칠 것인지(내용)와 그것을 어떻게 가르칠지(방법)에 대한 의사결정을 포함한다. 교육과정이 활동을 위한 문서화된 계획으로서 개념화될 수 있다는 점에서 공식적 교육과정의 특성을 지닌다.

관점 넓히기

교육과정(curriculum)의 어원적 의미

'말이 뛰는 길(course of race)'

커리큘럼이란 단어는 원래 라틴어의 쿠레레(currere)에서 유래한 것으로, 커리큘럼은 쿠레레의 명사형으로 원래는 '말이 뛰는 길(course of race)'이라는 의미이다. curriculum이라는 용어를 학교에서 사용하면서 '교수요목(course of study)'의 의미로 사용하게 되었다.

VS

'미리 정하여지지 않은 무한 가능성'

우리가 컴퓨터를 이용함에 있어 마우스를 통해 움직이는 커서(cursor)란 말도 마찬가지의 어근을 갖고 있다. '쿠레레(currere)'를 구성하는 'cur'이란 어근은 '달리다'라는 의미를 갖고 있어서 '미리 정하여지지 않은 무한 가능성'을 의미한다고 하면서 교육과정 분야에 새로운 관점을 제시하였다.

② 학습자의 경험으로서 교육과정

반면, 교육과정에 대한 재개념화를 주장하는 파이너(Pinar)는 학생이 정해진 내용이나 목표, 성과를 따라가기보다는 교육의 과정에서 학습자의 다양하고 독특한 경험을 강조하는 교육과정 분야에 새로운 관점을 제시하였다(이신동 외, 2020; Pinar, Reynolds, Slattery, & Taubman, 2001). 교육과정을 '학교의 지도 아래 학생들이 겪게 되는 모든 경험'으로 정의하고, 학습자가 실제로 어떻게 느끼고 생각하고 체험하는가를 중요시하였다(강유정, 최성열, 신연희, 2020). 교육계획을 전개하는 과정에서 학습자는 물리적, 사회적 상호작용을 하면서 실제로 다양한 학습경험을 갖게 된다. 실제 학습경험에서는 의도적으로 계획된 경험뿐만 아니라, 계획되지 않은 많은 경험이 일어난다. '계획중심 교육과정'을 넘어서서 실제로 일어난 경험을 강조한다는 점에서 '실행중심 교육과정'의 성격을 가진다.

적용해 보기

나는 대학에서 무엇을 배우게 될까?

대학에 입학해서 졸업할 때까지 어떤 교육과 경험을 하게 될까? 학과의 홈페이지를 검색해서 써 보자.

교육과정은 어떠한 관점으로 보느냐에 따라 매우 다양하게 해석될 수 있다. 교육과정은 그 의미나 개념이 학자·시대·장소에 따라 매우 다양하게 정의되고 있는데, 이는 시대에 따라 교육을 통해 추구하는 바가 다르고 학자들 간에 교육에 대한 견해가 다르기 때문이다. 교육과정은 한 가지 정의를 사용하기보다는 상황에 따라 목적을 이루는 데 유용한 최선의 정의를 사용하는 것이 적절하다.

관점 넓히기

의도성에 따른 교육과정의 정의

○ 공식적 교육과정(official curriculum)

공식적 교육과정란 공적 문서로 표현된 교육과정을 의미한다. 공식적 교육과정의 대표적인 예로는「2019 개정 누리과정」,「제4차 어린이집 표준보육과정」과 같은 국가수준에서 고시한 교육과정 문서, 교육과정 편성·운영 지침 등이 공식적 교육과정에 해당된다. 국가수준 유아교육과정과 시·도의 지침을 바탕으로 수립한 유치원 및 어린이집의 문서화된 교육과정 역시 공식적 교육과정에 속한다.

○ 잠재적 교육과정(latent curriculum)

잠재적 교육과정이란, 학습자가 교육기관이 원래 계획하고 의도하지 않았던 경험이었지만, 생활하는 과정에서 은연중에 배우게 되는 것을 말한다. 교육기관에서 학습자가 경험하는 것은 표면적으로 나타나 있는 계획적인 경험이나 학습활동만이 아니고 교육기관의 문화풍토, 물리적 여건, 교사의 질 등에 따라 교육기관이 원래 계획하고 의도하지 않았던 경험들 속에서 배우기도 한다. 이러한 다양한 경험들은 학습자들에게 보다 많은 영향력을 미치기도 하는데, 특히 가치, 도덕적인 측면과 관련된 특성들의 학습에 영향을 미친다(서울대학교 교육연구소, 1995). 이러한 경험은 교육기관의 측면에서 보면 의도하지는 않았지만 가르쳐진, 학습자의 관점에서 보면 교육기관은 의도하지는 않았지만 배우게 된 교육내용과 학습 결과라는 측면에서 잠재적 교육과정의 성격을 지닌다.

○ 영 교육과정(null curriculum)

영 교육과정이란 공식적 교육과정에 포함되지 않는 교육내용 및 경험을 말한다. 즉, 공식적 교육과정에서 의도적으로 배제 또는 금기시하거나, 공식적 교육과정에 제시되어 있으나 실제 교수학습활동에서 다루어지지 않아서 학습자가 배울 수 없게 되는 것을 말한다(김대현, 2017). 이러한 영 교육과정은 배울 만한 가치가 있음에도 공식적 교육과정에 빠져 있는 교육내용을 뜻하는 것이므로, 잠재적 교육과정과는 차이가 있다.

구분	공식적 교육과정	잠재적 교육과정	영 교육과정
의도성	의도적으로 조직되고 가르쳐짐 (예: 공식적 교육과정 문서, 지침서, 연간계획, 활동계획서)	의도되지는 않았으나 교육기관에서 생활하는 동안 은연중에 배우게 됨 (예: 교육기관의 생활규칙, 습관, 교사의 태도)	의도적으로, 또는 실수로 가르치지 않거나 학습자가 경험할 수 없도록 함 (예: 성교육, 반편견교육)
학습내용	바람직한 내용	바람직한 내용, 바람직하지 못한 내용도 포함될 수 있음	배울 만한 가치가 있음에도 공식적 교육과정에 빠져 있는 교육내용

(2) 보육과정의 정의

보육과정은 영유아 보육의 목적, 내용, 교육적 실제와 같은 다양한 구성요소를 포함하고 있다(OECD, 2013). 보육과정은 일차적으로 국가, 어린이집 또는 교사가 영유아의 전인적 성장 및 발달을 지원하기 위해 영유아에게 필요한 보육내용을 실행하는 과정으로 정의할 수 있다. 또한 영유아기는 구조화된 학습활동을 통해 배우기보다는 감각적으로 느끼고 직접 만져보고 정서적으로 교감하면서 세상을 이해하는 시기이므로 어린이집에서 놀이하고 생활하는 과정에서 자연스럽게 경험하면서 배우는 과정으로 볼 수 있다. 또한 교육적으로 의도하지는 않았지만 어린이집의 환경과 분위기, 교사의 태도, 교사와 부모와의 관계 등은 영유아에게 의미 있는 영향을 미친다.

어린이집에서는 이렇게

잠재적 보육과정의 예

- 비좁은 보육실은 영유아에게 스트레스를 주고 공격적 행동을 유발할 수 있다. 이러한 상황은 영유아에 대한 교사의 통제적 행동을 증가시키게 되고, 영유아와 교사와의 상호작용에 영향을 준다.
- 동일연령 학급을 편성하는 방식은 경쟁적 또래관계를 유발한다.
- 교사가 계획된 활동에서는 양성평등적 내용을 담더라도, 일상생활에서 성고정화된 행동을 한다면 영유아에게 성고정관념 형성을 유도한다.

우리나라의 어린이집 보육과정은 2007년 〈표준보육과정〉을 국가수준에서 공식적으로 문서화하여 고시하였다. 제1~제3차 표준보육과정은 교사의 사전활동계획에 중점을 둔 보육과정의 성격이 강하였다. 2019 개정 누리과정과 연계하여 2020년 개정된 제4차 어린이집 표준보육과정은 영유아가 주도적으로 놀이하는 과정에서 자연스럽게 이루어지는 배움을 강조하는 실행중심 보육과정으로 그 성격이 변화하였다.

보육과정은 어린이집에서 영유아의 흥미와 개인차를 고려하여, 영유아의 전인적 성장과 발달을 지원하기 위해 영유아가 경험해야 할 보편적이고 공통적인 보육내용을 제시(보건복지부, 2020b)하고, 이를 영유아들이 주도적으로 놀이하고 즐겁게 생활하면서, 실제로 경험하면서 자연스럽게 배워 나갈 수 있도록 지원하는 과정이라고 할 수 있다.

관점 넓히기

「영유아보육법」 살펴보기

제1조(목적)

이 법은 영유아의 심신을 보호하고 건전하게 교육하여 건강한 사회 구성원으로 육성함과 아울러 보호자의 경제적·사회적 활동이 원활하게 이루어지도록 함으로써 영유아 및 가정의 복지 증진에 이바지함을 목적으로 한다.

제2조(정의)

이 법에서 사용하는 용어의 뜻은 다음과 같다.

1. "영유아"란 6세 미만의 취학 전 아동을 말한다.
2. "보육"이란 영유아를 건강하고 안전하게 보호·양육하고 영유아의 발달특성에 맞는 교육을 제공하는 어린이집 및 가정양육 지원에 관한 사회복지서비스를 말한다.
3. "어린이집"이란 보호자의 위탁을 받아 영유아를 보육하는 기관을 말한다.
4. "보호자"란 친권자·후견인, 그 밖의 자로서 영유아를 사실상 보호하고 있는 자를 말한다.
5. "보육교직원"이란 어린이집 영유아의 보육, 건강관리 및 보호자와의 상담, 그 밖에 어린이집의 관리·운영 등의 업무를 담당하는 자로서 어린이집의 원장 및 보육교사와 그 밖의 직원을 말한다.

제3조(보육 이념)

① 보육은 영유아의 이익을 최우선적으로 고려하여 제공되어야 한다.
② 보육은 영유아가 안전하고 쾌적한 환경에서 건강하게 성장할 수 있도록 하여야 한다.
③ 영유아는 자신이나 보호자의 성, 연령, 종교, 사회적 신분, 재산, 장애, 인종 및 출생지역 등에 따른 어떠한 종류의 차별도 받지 아니하고 보육되어야 한다.

제29조(보육과정)

① 보육과정은 영유아의 신체·정서·언어·사회성 및 인지적 발달을 도모할 수 있는 내용을 포함하여야 한다.
② 보건복지부장관은 표준보육과정을 개발·보급하여야 하며 필요하면 그 내용을 검토하여 수정·보완하여야 한다.
③ 어린이집의 원장은 제2항의 표준보육과정에 따라 영유아를 보육하도록 노력하여야 한다.

국가법령센터 https://www.law.go.kr/법령/영유아보육법(2021. 08.07인출)

2) 보육과정의 특성

교육과정의 특성은 영유아보육에서부터 고등교육까지 포괄적으로 사용되지만, 특히 영유아를 대상으로 하는 보육과정에서 고려해야 하는 몇 가지 특성이 있다.

첫째, 보육과정은 영유아의 개별적 특성을 존중한다. 보육과정의 대상이 되는 영유아 시기는 개인차가 매우 큰 시기이므로 월령·연령에 따른 발달수준의 차이뿐만 아니라 기질, 발달, 흥미, 관심 등 개인차가 크므로 영유아의 개인차를 충분히 고려하여 보육과정을 운영해야 한다.

둘째, 보육과정은 영유아의 의사표현을 존중하고, 영유아의 직접적 경험을 중시하며, 영유아의 삶과 밀접히 관련된 보육을 지향한다. 영유아가 어린이집에서 편안하고 행복하게 생활할 수 있도록 보육과정을 운영해야 한다. 영유아의 다양한 놀이 경험은 물론 어린이집에서의 일과가 편안하고 안전하며 행복한 일상이 될 수 있어야 한다. 하루 중 많은 시간을 보내는 어린이집에서 영유아는 청결과 위생, 적당한 수면과 휴식 및 배변으로 몸과 마음이 건강하고 쾌적하며, 편안하고 안정된 일과를 보낼 수 있어야 한다.

셋째, 보육과정은 영유아의 사회·정서적 역량 함양을 중요하게 여긴다. 영유아의 사회·정서적 역량 지원을 위해 교사와 영유아 간에 신뢰로운 관계를 수립하는 것이 중요하다. 교사가 개별 영유아를 존중하고 관심과 주의를 기울이며 영유아의 긍정적, 부정적 정서를 수용해 주고, 영유아가 이를 적합한 방식으로 표현할 수 있도록 지원해 준다(Ho & Funk, 2018). 공감이나 타인 존중과 같은 사회·정서적 역량은 교육의 장이나 직장에서 점점 더 본질적 요소가 되고 있다(OECD, 2019). 교사가 영유아를 존중하고 주도적으로 놀이할 수 있도록 지원하는 것은 영유아의 문제해결능력 등 인지적 실행기능은 물론 행복감, 사회·정서적 역량을 향상시킬 수 있다(김인경, 2018).

넷째, 보육과정은 학습 결과보다는 학습과정에 초점을 둔다. 보육의 목적은 영유아의 전인적 발달에 있으므로 특별한 학습 결과나 성취에 초점을 맞추기보다는 즐겁게 배워 나가는 과정에 초점을 두어야 한다.

다섯째, 보육과정은 어린이집에서의 경험과 가정에서의 경험이 연계될 수 있어야 한다. 부모에게 자녀가 어린이집에서 무엇을 경험하고 배우고 있는지를 알려주고, 영유아의 활동에 부모가 적극적으로 참여하도록 지원한다.

2. 보육과정의 기초요소

국가, 사회 및 기관의 보육철학, 아동관, 보육이념, 사회경제적 변화의 특성, 문화적 특성 등은 보육과정에 영향을 미친다. 이들 요소는 보육과정의 목적과 목표, 보육과정의 내용과 운영에 영향력을 끼친다는 점에서 보육과정의 기초요소로 작용한다.

1) 거시체계

거시체계는 영유아가 속해 있는 사회와 문화로서 특히 신념체계, 생활방식, 관습 등과 관련된 것이다(Bronfenbrenner, 1994). 브론펜브레너는 거시체계를 미시체계, 중간체계, 외체계의 특성 전반에 영향을 미치는 사회적, 문화적 가치관과 신념체계라고 하면서, 궁극적으로 개인의 발달에 영향을 미치는 것으로 설명하였다. 예를 들면, 영유아 보육의 목적 변화, 유아교육 및 보육정책의 변화는 국가수준 유아교육과정, 보육과정이 영유아중심·놀이중심으로 개정되도록 하였고, 이에 따라 영유아의 어린이집 생활에도 변화를 가져왔다.

2) 사회 및 가족의 변화

가족은 가족 구성원의 경제적 지원과 정서적 보호를 제공하고 자녀의 양육과 보호 및 사회화 기능을 수행하는 사회의 기본적인 단위이다. 가족의 구성원이나 부모의 사회경제적 지위는 영유아의 성장과 행동발달에 중대한 영향을 미친다. 영유아의 발달에 중요한 기능을 수행하는 가족의 특성은 사회경제적 변화에 따라 계속해서 변화하고 있다.

가족의 고유한 역할로 여겨 왔던 자녀양육 및 교육에 있어서 사회적 기능이 강조되기 시작하였으며, 사회에서는 어떠한 형태로든 가정의 육아를 지원 또는 대리하여야 하는 상황에 이르렀고, 대리양육을 받는 영유아의 연령이 점점 더 어려지고 있다. 영유아가 가족 내에서 다양한 사회적 관계를 경험할 수 있는 기회가 많지 않다. 이러한 가족의 변화는 보육과정에 반영되어 영유아의 기본생활 습관, 다양한 사회적 관계의 경험, 가정과의 연계를 중요하게 여기게 된다.

3) 영유아에 대한 관점의 변화

한 국가나 사회의 아동에 대한 관점은 보육과정에 영향을 미친다. 아동을 대하는 관점은 고대로부터 현대에 이르기까지 시대의 흐름에 따른 사회의 가치와 사상, 가족구조 및 경제구조 등과 같은 사회변화에 따라 변화해 왔다. 현대사회에서 아동의 가치는 적극적으로 해석되었고, 국가는 아동을 미래의 투자 대상으로 보기 시작하면서 아동에 대한 새로운 인식과 국가적 관심의 증대로 이어지게 되었다. 이러한 관점은 우리나라 「영유아보육법」에도 반영되어 제1조에서는 영유아의 전인적 발달을 보육의 목적으로 제시하고, 나아가 제3조에서는 영유아 최우선 이익, 차별 금지, 안전하고 쾌적한 환경 제공 등을 보육 이념으로 천명하고 있다. 아동에 대한 관점의 변화는 2장에서 좀 더 구체적으로 살펴보게 된다.

4) 발달 및 학습에 대한 관점

영유아의 발달 및 학습에 영향을 미치는 주요한 요인들에 대한 관점은 보육과정에 영향을 미친다. 세계적으로 질 높은 교육과정은 문화 및 심리학적 연구에 근간을 두고 영유아의 학습과정을 지원하고 있다(OECD, 2016). 성숙이론, 학습이론, 구성주의적 관점 등은 보육과정에 다양한 측면에서 영향을 주었다. 어떤 관점이 옳은가에 대한 논쟁은 사실상 의미가 없으며, 의미 있는 것은 아동을 위해 맥락과 상황에 따라 어떤 발달적 관점에서 접근하는 것이 더 적절한가이다. 우리나라 보육과정에는 영유아발달과 학습에 대한 다양한 관점을 수용하여 맥락과 상황에 적절하게 반영되어 있다. 보육과정의 토대가 되는 주요 이론적 관점 및 보육에의 적용 시사점에 대해 2장에서 구체적으로 살펴보기로 한다.

3. 보육과정의 구성요소

보육과정은 영유아보육의 목적, 내용, 교육적 실제와 같은 다양한 구성요소를 포함한다. 교육과정의 구성요소를 살펴보고 이를 영유아보육과정에 적용하여 보육과정의 구성요소를 살펴보고자 한다.

교육과정은 기관의 목표에 따라 무엇을 어떻게 가르쳐야 하는가의 교육내용 및 학습경험의 선정과 조직, 그리고 기대하는 학습 결과의 평가를 포함하는 체계이다. 교육과정을 구성하는 기본요소로 ① 목표 ② 학습경험의 선정(교육과정 내용) ③ 학습경험의 조직(교육과정 실행) ④ 평가의 4가지 요소가 일반적으로 받아들여지고 있다(이성호, 2004; 이홍우, 2017; 진영은, 2004; Oliva, 2009).

교육과정의 기본 모형을 제시한 타일러(Tyler)는, 교육과정은 교육목표의 설정에서 시작하여 학습경험의 선정과 조직을 거쳐 평가에 이르고 평가의 결과가 다시 다음 교육과정의 목표 설정으로 이어지는, 네 요소 사이의 순환과정으로 규정하였다. 교육과정을 바라보는 관점이 다양해지면서 교육과정의 구성요소와 관련하여 다양한 쟁점들이 생겨났지만, 교육과정을 운영할 때는 이 4가지 요소가 포함된 일을 하게 된다(이홍우, 2017). 교육과정을 바라보는 관점에 따라 4가지 요소마다 추구하는 방향이 달라진다. 교육과정의 구성요소 및 주요 쟁점을 살펴보고 영유아보육과정에 적용해 본다.

1) 보육과정의 목표

교육목표는 의도적 교육 실제에 있어서 달성하고자 하는 최종적 교육성과·교육목적을 보다 구체화시킨 것이다. 개인중심적 입장에서는 학습자의 능력·필요·흥미를 기초로 하여 학습자 각자의 효과적이고 충실한 발달에 중점을 두어 목표를 세운다. 사회중심적 입장에서는 사회에의 적응을 교육의 목적으로 보고 이에 합당한 교육의 목표를 수립한다. 통합적 입장에서는 사회와 개인의 상호작용적 성질을 중시하여 학습자의 사회적 자아실현을 강조하고, 사회의 요청과 개인의 필요를 절충하여 보다 높은 차원의 입장에서 교육목표를 구성한다(서울대학교 교육연구소, 2011). 교육목표는 교육과정의 전체 방향을 제시하고, 교육내용이나 구체적인 학습활동 또는 지도활동의 기준 내지 준거를 제공하는 기능을 갖고 있기 때문에 교육과정 구성에서 가장 우선적으로 상정되어야 한다(구병두, 김범준, 2007).

➔ 영유아보육과정에의 적용

영유아가 속해 있는 국가나 사회가 추구하는 가치체계나 이념, 관습 등은 거시체계로서 보육과정의 목표, 내용, 활동에 스며들어 보육과정의 중심 특성으로 나타나게 된다. 보육과정의 목표는 보육의 목표를 반영하며 추구하는 인간상, 보육과정의 목적과 목표로 제시되고, 이러한 보육과정의 목표는 보육과정의 내용 및 실행의 준거가 된다. 보육과정의 궁극적인 목표는 표준보육과정의 성격에서 '영유아의 전인적 발달과 행복을 추구한다'는 것으로 제시되었고, 이는 추구하는 인간상, 목적과 목표에서 보다 구체화되어 있다.

이 책에서는 보육과정의 목표와 관련하여 4장 표준보육과정의 구성 이해에서 자세하게 다루게 된다.

2) 보육과정의 내용

교육과정의 내용은 교육목표를 달성하기 위해 어떤 학습경험을 선정할 것인가와 관련되어 있다. 학습경험은 학습자가 특정한 학습활동에 참여해서 얻게 되는 개인적인 경험을 의미한다. 이것은 학습내용이나 활동자료에 대한 반응을 통하여 학습자가 갖게 되는 경험이라고 할 수 있다. 학습경험의 유형에는 지식을 습득하기 위한 경험, 사고력을 기르기 위한 경험, 사회적 태도를 함양하기 위한 경험, 흥미를 개발하기 위한 경험 등이 있다. 교육과정의 내용을 무엇으로 볼 것인가와 관련된 주요 쟁점은, 교수자가 가르쳐야 할 내용으로 보는 것과 학습자의 교육적 경험으로 보는 것이다.

■ 교수자가 가르쳐야 할 내용

교육과정의 내용을 교수자가 가르쳐야 할 내용으로 보는 교과중심 교육과정은 가장 오랜 전통을 가진 관점이다. 교과중심 교육과정에서는 교과가 학습내용을 조직하고 전개하는 데 있어서 핵심을 이룬다(강유정 외, 2020). 교과중심 교육과정은 문화유산과 객관적 지식을 가르쳐야 한다고 본다. 교수자의 관점에서 가장 가치 있다고 판단되는 지식, 기술, 태도를 가르칠 교육내용으로 선정하게 된다. 따라서 교사가 계획 단계에서 의도한 학습 결과를 가져올 수 있는 내용과 활동을 고안하는 교사중심 교육과정이라고 할 수 있다.

■ 학습자의 교육적 경험

전통적인 교육과정에 대한 관점은 20세기 초에 진보주의 교육철학의 영향을 받아 학습자중심의 교육을 강조하는 관점으로의 변화가 나타났다. 1920년경 등장한 경험중심 교육과정은 지식과 교사중심으로 교육과정을 결정하던 것에서 벗어나서 학습자의 실제 경험을 중심으로 교육과정을 전환할 것을 주장하였다. 듀이(Dewey)는 교육이란 기성의 능력을 훈련하는 일이 아니라 '문제상황'에서 적절한 지적 능력을 선택적으로 활용할 수 있는 능력을 개발하는 것이며, 이를 위해 교육과정은 학습자들이 보다 효과적으로 경험할 수 있도록 학습경험을 조직하는 것이라는 경험중심 교육과정을 역설하였다(강유정 외, 2020; Dewey, 2002)

이 관점에서는 교육과정을 '학교의 지도 아래 학생들이 겪게 되는 모든 경험'으로 정의하고, 학습자가 실제로 어떻게 느끼고 생각하고 체험하는가를 중요시하였다. 교육계획을 전개하는 과정에서 학습자는 물리적, 사회적 상호작용을 하면서 실제로 다양한 학습경험을 갖게 된다. 실제 학습경험에서는 의도적으로 계획된 경험뿐만 아니라, 계획되지 않은 많은 경험이 일어난다. 학습자의 직접적 경험을 중시하며, 배운 바를 실생활에 적용하거나 응용하여 문제를 해결하는 능력을 높여 주는 교육의 실용성과 학습자의 삶과 밀접히 관련된 교육을 지향한다.

영유아보육과정에의 적용

우리나라 영유아보육·교육과정의 경우, 1969년 최초로 국가수준에서 유치원 교육과정이 제정된 이래 지금까지 '교과'라는 단어가 국가수준 영유아교육과정 문서에 표면적으로 드러난 적은 없었다. 그러나 초·중등학교에서 규정해 온 교육과정의 개념의 영향을 받아 교과지식을 포함하여 유아에게 가르칠 내용으로서 영유아교육과정을 이해하는 경향이 주류를 형성해 왔다(임부연 외, 2021). 영유아교육과정을 영유아에게 가르칠 내용으로 보고, 교사의 교수(수업) 계획과 교수행위에 중점을 두어 교육과정을 정의한다는 점에서 계획중심, 교과중심 교육과정이라고 할 수 있다, 이러한 관점에서는 영유아교사를 교수자, 계획자, 평가자로 바라본다. 「2019 개정 누리과정」과 「제4차 어린이집 표준보육과정」은 영유아보육·교육기관에서의 영유아의 실제적인 교육적 경험을 교육과정의 내용으로 보고 있으며, 학습자인 영유아의 주도적인 놀이를 통한 배움을 강조하고, 영유아교사를 놀이지원자로서 정의하고 있다. 「2019 개정 누리과정」과 「제4차 어린이집 표준보육과정」은 영유아보육·교육기관에서 영유아가 일상에서 또는 놀이나 활동을 하며 배우는 경험을 곧 영유아교육과정의 실제로 보는 관점(교육부, 보건복지부, 2019a, 보건복지부, 2020b)을 학습자중심 교육과정이라고 할 수 있다.

이 책에서는 영유아가 경험하는 보육과정 내용을 5장 기본생활, 6장 신체운동, 7장 의사소통, 8장 사회관계, 9장 예술경험, 10장 자연탐구에서 자세하게 살펴보게 된다.

3) 보육과정의 실행

학습경험이 의미 있는 학습성과를 가져오기 위해서는 여러 학습경험들이 서로를 보충해 주고 강화해 주는 관계로 조직되어야 한다. 여기에는 교과내용 및 일과편성·운영, 교수학습, 상호작용 등이 포함된다. 학습자에게 제공되는 학습경험이 단절되거나 파편화되지 않고 통합적이고 총체적인 형태로 이루어질 수 있도록 학습경험들을 잘 조직해야 한다. 학습경험의 조직에서 주요 쟁점은 교수자의 계획을 중심으로 할 것인가, 학습자의 실제 경험을 중심으로 할 것인가라고 할 수 있다.

교수자의 사전계획 중심의 교육과정에서는, 교수자가 기관의 교육목표에 따라 학습자의 성장과 발전을 돕기 위해 교육내용을 사전에 계획하고, 계획한 대로 실행하고, 기대하는 결과를 얻었는지 평가하게 되며, 교사는 교수자의 역할을 한다.

반면, 학습자의 실제 경험을 강조하는 경우에는, 교사의 사전계획을 최소화하고 자발적으로 일어나는 학습자의 경험을 지원하는 방식을 취하게 된다는 점에서 실행중심 교육과정으로 운영되며, 교사는 지원자의 역할을 한다.

➔ 영유아보육과정에의 적용

보육과정의 실행은 보육과정의 편성 및 운영, 교수학습과 관련되어 있다. 「2019 개정 누리과정」과 「제4차 어린이집 표준보육과정」은 '교사의 사전활동계획 중심의 보육과정 운영'에서 '영유아의 놀이중심 운영'으로 변화되어 실행중심 보육과정을 강조하고 있다.

이 책에서는 제4장 표준보육과정의 구성 이해에서 제4차 어린이집 표준보육과정 고시문에 제시되어 있는 보육과정의 운영에 대해 다루게 된다. 또한 11장 보육과정 실행과 교사의 역할, 12장 영아반 보육과정의 운영, 13장 유아반 누리과정의 운영에서 자세히 살펴보도록 한다.

4) 평가

평가는 교육과정과 프로그램을 통해서 소정의 교육목표가 어느 정도 실현되었는지를 결정하는 과정이다. 학습자의 발달과 행동상의 변화가 어느 정도로 일어났는지 확인하고 평정하는 것이다. 평가의 목적은 궁극적으로 교육과정의 개선을 위한 환류정보를 얻기 위한 것으로, 교육실천의 마무리활동이면서 동시에 시작활동이 된다(Print, 2003). 평가와 관련된 주요 쟁점은 성취중심으로 볼 것인가, 수행중심으로 볼 것인가이다.

영유아보육과정에의 적용

보육과정 평가는 영유아 평가와 보육과정 운영 평가가 이루어진다. 「2019 개정 누리과정」과 「제4차 어린이집 표준보육과정」에서는 영유아의 발달과 성취기준만을 평가로 보는 관점에서 벗어나서, 영유아의 놀이의 의미와 특성을 이해하고 영유아의 놀이를 지원하는 방안을 모색하는 데 활용될 수 있는 평가를 강조하고 있다.

이 책에서는 4장 표준보육과정의 구성 이해에서 표준보육과정의 평가에 대해 다루게 되며, 12장 영아반 보육과정의 운영, 13장 유아반 누리과정의 운영에서 구체적으로 살펴보게 된다.

02

보육과정의 이론적 기초

무엇을 배울까?

〉〉〉 영유아에 대한 관점 변화

- 전통사회
- 근대
- 현대

〉〉〉 교육철학적 기초와 적용

- 프뢰벨의 관념론
- 홀과 게젤의 발달론
- 듀이의 진보주의

〉〉〉 심리학적 기초와 적용

- 성숙주의 관점
- 학습이론 관점
- 구성주의 관점
- 정신분석이론 관점
- 애착이론 관점
- 생태체계 관점
- 재개념화 관점

□ **이 내용을 살펴보는 주안점:**

교사가 영유아를 바라보는 관점은 영유아를 돌보고 가르치는 방식에도 영향을 줍니다. 이 장에서는 전통사회에서 현재에 이르기까지 영유아를 바라보는 관점이 어떻게 변화해 왔는지 살펴봄으로써, 영유아를 어떤 존재로 바라보아야 하는지에 대한 이해를 넓히고자 합니다. 또한, 보육과정에 영향을 준 교육철학 및 심리학적 기초에 대해서도 살펴봅니다. '보육과정' 교과목의 선수과목인 '영유아발달'에서 배웠던 영유아발달 이론이 보육과정에 어떻게 반영되고 있는지 이해하는 계기가 되도록 합니다.

1. 영유아에 대한 관점 변화

1) 전통사회의 아동과 교육에 대한 관점

고대로부터 현대에 이르기까지 시대의 흐름에 따른 사회의 가치와 사상, 가족 구조 및 경제구조 등과 같은 사회변화에 따라 영유아를 바라보고 기대하는 바가 달라져 왔다. 전통사회에서는 우리나라뿐만 아니라 서양 사회에서도 영유아를 성인의 축소판, 어른이나 부모에게 예속된 존재로 간주하였다. 전통사회에서는 신분에 따라 차이는 있었으나, 대체로 영유아는 성인의 세계로 적절하게 통합될 수 있도록 훈육하고 통제해야 하는 대상으로 여겨졌다.

(1) 우리나라

우리나라는 유학(儒學)을 근간으로 하는 교육이 일부 계층에 한정되어 이루어졌다. 국가 주도의 유학교육은 신분 상승을 가능하게 하는 수단이었지만 실질적인 공교육의 기회는 극히 제한되었다(윤재홍, 2018). 가정에서 지속적이고 반복적인 생활교육이 비형식적 교육의 형태로 이루어졌다. 가정에서의 생활교육을 통해 기본적인 가치관, 생활 습관, 가족의 전통, 문화적 전승이 이루어졌다. 전통사회의 삶은 거의 전적으로 가정 안에 머물러 있었기 때문에 가정교육은 절대적인 힘을 가졌다. 아동은 가계계승자로서 발달과 성장의 가능성이 있는 존재로 보았으나, 신체적, 정신적으로 미성숙한 존재로 여겨졌다.

(2) 서양

서양의 교육문화는 두 개의 큰 뿌리에서 비롯되었다. 첫 번째 뿌리는 고대 그리스의 철학적 전통이다. 그리스의 철학적 전통은 인간중심적인 특징을 가지고 있다. 인간을 이성적 존재로 이해하고, 인간이 세계의 중심에 서서 세계를 나름대로 이해하고 변화시키고자 하였다. 이러한 전통은 고대 그리스·로마시대를 거쳐 르네상스시대, 현대에까지 이어지고 있다(이신동 외, 2020). 두 번째 뿌리는 중세시대를 지배했던 신중심적 전통이다. 중세시대 교육의 바탕에는 인간은 태어날 때부터 죄를 가지고 태어난다는 원죄설이 자리 잡고 있다. 그에 따라서 일차적으로 타락한 존재를 하나님께 인도하는 것이 중요하였고, 다음으로는 경건한 삶이 되도록 도덕적으로 훈련하는 것이 중요하였다(윤재홍, 2018).

2) 근대의 아동과 교육에 대한 관점

(1) 우리나라

우리나라의 경우 17세기 중엽부터 19세기 초반에 걸쳐 조선 후기 사회에서는 '실학'이라는 새로운 사상적 경향이 나타났다. 실학자들의 사상은 기존의 성리학에 대해 비판적이고 개혁적이었고, 이후 개화사상이나 독립사상으로 이어졌다. 유형원, 이익, 정약용, 홍대용, 박지원, 박제가 등의 실학자들은 신분에 따른 차별 폐지, 평등한 교육 기회의 제공, 아동용 교재 사용 주장, 8세 이상의 모든 아동에 대한 의무교육 등을 주장하였다.

1894년 갑오개혁을 통해 과거제도가 폐지되고 보통교육을 위한 제도적 기반이 마련되었다. 교사 양성을 위한 한성사범학교 관제가 만들어지고 여러 학교 관제와 규칙이 제정되어 공포되는 등 관 주도의 교육개혁이 이루어졌으나, 일반 대중에게 미치기에는 한계가 있었다(윤재홍, 2018).

개화기에는 나라의 미래, 희망으로서의 아동에 대한 관심이 나타났지만 주로 청소년에 대한 관심이었다. 개화기의 교육개혁은 민간 주도로 이루어졌다. 상인, 주민, 개화 관료들이 힘을 합하여 1883년에 원산학사가 설립된 이래로 주로 선교사를 중심으로 한 개신교 계열의 학교들이 세워져서 1910년까지 660여 개의 학교가 세워졌다. 독립협회 등이 주도한 계몽운동이 신식교육과 교육개혁 확산에 매우 큰 역할을 담당하였다.

1920년대에 이르러서야 아동에 대한 관심이 학령기, 영유아로 확대되었고 유아기 교육에 대한 관심도 증가하여, 유치원, 탁아소 등이 설립되기 시작하였다. 어린이에 대한 근대적 인식은 싹텄으나, 어린이가 주체가 되었다기보다는 국가, 민족의 미래의 관점이라는 대의명분으로 활용되었다.

관점 넓히기

어린이를 통해 미래를 보다 - 방정환 선생

소파 방정환선생을 중심으로 이어진 어린이운동은 3 · 1운동 이후 어린이들에게 민족정신을 고취하고자 하는 뜻이 모여 1922년 어린이날의 제정으로 이어졌다.

'늙은이', '젊은이'라는 단어는 있었지만, 잡지의 제호로 사용된 '어린이'라는 단어는 1920년 당시에는 사용되지 않던 단어였다. 방정환 선생은 천도교 소식지 '개벽' 3호에 번역 동시 '어린이 노래: 불 켜는 이'를 발표했는데, 이 글에서 '어린이'라는 말을 처음 사용했다. '애', '아해' 등 아이들을 낮춰 부르는 단어만 존재하던 시대, 아이를 하나의 인격체로 인정하는 단어의 등장은 곧 새로운 시대가 도래함을 뜻했다. '웃어른을 공경하라', '효'와 '장유유서' 같은 규범이 사회 전반을 지배하던 시기에 방정환 선생은 '모든 인간은 평등하다'는 천도교의 정신을 이어받아 아이들을 존중할 것을 주문했다. 방정환 선생은 '어린이에게 존댓말 쓰기 운동'을 벌이고, 1923년 5월 1일 제1회 어린이날 기념식에서 '어린이날 선언'을 통해 "어린이에게 경어를 써달라."고 당부하기도 했다.

1924년 국제연맹(현재의 UN)에서 채택된 '제네바 아동권리선언'은 아동의 발달 보장, 아동의 보호, 아동 구제의 우선성, 착취로부터의 보호, 아동교육 등 아동이 누려야 할 당연한 권리들에 대해 언급하고 있다. 하지만 방정환 선생의 어린이운동은 이보다 한발 앞서 있었다.

출처 : 삼일공감 http://samil100.org/webzine/?p=4870 2021. 06. 26 인출

(2) 서양

중세시대의 신중심 전통은 르네상스와 종교개혁을 거치면서 인간중심으로 관점의 변화가 있었고, 이러한 변화는 영유아를 바라보는 관점에도 변화를 가져왔다. 여러 영향을 받으면서 영유아를 위한 공교육체제가 발달하게 되면서 19세기에는 공교육체제가 확립되었다(이신동 외, 2020).

계몽주의시대의 기독교적 인간관에 대한 비판은 중요한 교육적 전환을 마련하는 계기가 되었다. 로크(Locke)의 백지설과 루소(Rousseau)의 성선설은 원죄설에 기초한 인간 이해를 거부하고 새로운 인간 이해를 제시하였다. 계몽주의시대의 교육은 모든 사람의 이성적인 각성을 추구하면서 보편적 교육을 향해 나아갔다(윤재홍, 2018). 로크는 인간은 태어날 때 백지와 같은 상태이고, 거기에 어떤 경험을 제공하느냐에 따라 어떤 존재로도 될 수 있다는 생각을 제시하였다. 로크는 아동의 중요성과 경험의 중요성을 강조하였다. 백지와 같은 아동의 내면은 외부 경험들이 습관의 방법으로 강화되어 내면화된다고 보았다. 이를 위해 아동의 개별적인 성향을 잘 파악하여 아동의 발달 단계에 맞는 자연스러운 방법으로 습관을 형성하는 것이 중요하다고 보았다. 로크의 아동의 자발성, 개별성, 조기교육에 대한 강조는 현대의 아동중심 교육사상의 토대가 되었다. 루소는 인간은 태어날 때 선한 존재라고 보았다. 아동을 성인의 축소판으로 보거나 이성적으로 미성숙한 존재로 보는 관점에서 벗어나서, 아동을 고유한 존재로 인정하고 교육하고자 하였다. 또한 자연의 질서에 따르는 발달의 개념을 교육에 도입하여 조급하게 교육하지 말고 발달의 질서에 따라 교육할 것을 강조하였다. 자연이라는 교재를 통해 자연의 원리에 따라 교육하는 실물교육을 강조하였고, 여성교육의 중요성을 역설하였다.

로크와 루소의 아동에 대한 새로운 이해를 바탕으로 교육에 대한 관점이 아동중심으로 전환되었다. 또한 로크와 루소에 의해 정립된 아동에 대한 새로운 이해를 계승한 페스탈로치(Pestalozzi), 프뢰벨(Fröbel) 등에 의해 구체적인 교육활동으로 실천되기 시작하였다. 페스탈로치는 모든 아동을 위한 교육, 특히 빈민 아동을 위한 교육을 실천한 실천가로서 현대 초등학교 제도의 발달에 기초를 마련하였으며, 학교 안에서의 전인교육의 기초를 마련하여 현대교육이 아동중심으로 전환되는 데 결정적 영향을 미쳤다.

프뢰벨은 페스탈로치적 방법에 근거하여 유아교육을 실천하려고 노력했다. 또한 '자연–인간–신'의 관계를 만유신적 관점에서 접근하였다. 인간을 신성한 식물로 보고, 교육자는 정원사와 같아서 빛과 영양분을 주지만 본질적인 것은 영유아의 생명력에 있다고 보았다. 어른과 구별되는 영유아에 대한 숙고에 기초하여 영유아의 자발성에 근거한 노작활동, 놀이 등을 주요한 교육방법으로 제시하였다. 프뢰벨의 유아교육 사상과 실천은 영유아에 대한 이해의 심화와 유아교육 제도 확산에 결정적으로 기여하였다. 그가 시작한 유치원운동은 이후 전 세계에 걸친 유아교육의 기틀을 마련하였다. 또한 유아교사로서 여성과 어머니에 주목하여 교사로서의 여성의 지위를 확립하는 데도 크게 기여하였다.

3) 현대의 아동과 교육에 대한 관점의 변화

(1) 아동중심 교육사상의 확산

20세기에 들어서면서 19세기에 독일을 중심으로 시작한 아동중심 교육사상이 전 세계적으로 확산되었다. 미국에서는 듀이(Dewey)가 실험학교를 열고, 영국에서는 닐(Neill)의 자유학교, 이탈리아에서는 몬테소리(Montessori)의 어린이집 등 전 세계적으로 많은 교육사상가 및 실천가들이 아동중심의 관점을 교육현장에 적용하는 교육개혁이 일어났다(윤재홍, 2018). 이러한 움직임은 전통적인 학교에 대한 비판과 '새로운 아동 이해'에 기초한 교육방법을 적용하였다는 공통점을 가지고 있다. 즉, '아동으로부터의 교육'을 내세우며, 단순한 지적 수용보다는 자율적이고 능동적인 행위를 통해 아동이 자발적으로 생활의 내용을 접하고 받아들이도록 해야 한다고 주장하고, 스스로 행하는 교육, 자발적 참여와 자유로운 표현력이 중시되는 노작교육을 강조하였다.

(2) 아동권리 관점의 확산

20세기 초에 이르러서야 독립된 인격을 가진 권리의 주체로서의 아동에 대한 인식이 확산되었다. 그 계기를 마련한 것이 1922년 영국의 국제아동기금단체연합이 발표한 〈세계아동헌장〉으로, 이 헌장은 세계를 향해 모든 아동이 그들의 신체적, 심리적, 정신적 행복을 위해 필요한 요소를 보장받아야 함을 제시하였다. 이를 계승하여 1959년에는 UN 아동권리선언(UN Declaration of the Rights of the Child)이 채택되기에 이르렀다.

유엔아동권리협약은 영유아를 '권리의 보유자'로 천명하고(국가인권위원회, 2018), 영유아기를 미성숙한 인간에서 성숙한 성인의 상태로 가는 사회화의 단계로 인식하는 전통적인 관념을 탈피할 것을 요구하고 있다. 오랫동안 아동은 아직 나이가 어리다는 이유로 부모의 소유로 여겨지기도 하고, 아직 자신에 대한 결정을 내릴 수 없는 미성숙한 존재로 여겨 왔다. 이 때문에 아동은 어른과 마찬가지로 권리를 가진 독립적인 인간이라고 인정받지 못했으며, 어른이 될 때까지는 아동에 대한 중요한 결정이라도 부모나 어른이 대신 결정할 수 있는 권리를 가진다고 생각했다. 그러나 「아동권리협약」에서는 아동을 권리의 주체로 인정하고 있으며, 아동에 대한 보호와 보살핌을 아동이 마땅히 누려야 할 권리로 명시하고 있다(국가인권위원회, 2018). 이와 함께 아동은 아직 스스로 생존하고 보호할 수 없으므로 보호와 양육을 받아야 하는 권리가 추가된다. 이를 보장하기 위해 유엔아동권리협약에서는 아동에게 생존권, 보호권, 발달권, 참여권과 같은 네 가지 인권 영역의 보장을 강조하고 있다.

현대사회에서 아동은 출생과 동시에 성인과 마찬가지로 독립된 인격체이므로 성인에게 주어지는 권리가 아동에게도 그대로 적용되어야 한다는 관점이 일반화되었다. 권리의 보유자이자, 행위의 주체자로서 영유아는 다양한 사회적 맥락에서 능동적이고 영향력 있는 참여자이다. 2019 개정 누리과정과 제4차 어린이집 표준보육과정이 영유아중심·놀이중심을 지향하고 있는 것도 영유아의 의사표현 존중 및 참여권, 놀이권을 영유아교육현장에서 좀 더 충실히 실천하고자 하는 노력으로 볼 수 있다.

관점 넓히기

유엔아동권리협약 일반논평 7 - 초기 유년기에서의 아동권리의 이행

초기 유년기의 특징

초기 유년기는 아동권리의 실현을 위해 결정적인 시기이다.
이 기간 동안,

(a) 유아는 일생 동안 그들의 육체와 신경계통의 성숙에 있어서 가장 급속한 성장과 변화를 경험하며, 운동성, 의사소통기술과 지능이 성장하고, 그들의 이익과 능력에 있어서의 급속한 변화를 경험한다.
(b) 유아는 그들의 부모나 기타 양육자와의 강한 감정적인 유대를 형성하며, 그들로부터 자신의 개성과 능력 성장을 존중하는 방식의 양육, 보살핌, 지도와 보호를 필요로 한다.
(c) 유아는 또래의 아동들과 중요한 그들만의 관계를 형성한다. 이러한 관계를 통해 유아는 공유하는 활동을 협심하고 조정하는 것. 분쟁을 해결하는 것, 약속을 준수하는 것과 다른 이에 대한 책임을 받아들이는 것을 학습한다.
(d) 유아는 그들이 거주하고 있는 세계의 물리적, 사회적, 문화적 특징을 적극적으로 이해하며, 자신들의 활동뿐만 아니라 아동과 성인 등 타인과의 상호작용을 통해 점진적으로 학습한다.
(e) 유아의 가장 어린 시기는 그들의 신체적·정신적 건강, 정서적인 안정, 문화적·인격적 주체성, 그리고 능력개발의 기초가 된다.
(f) 유아의 성장과 발달 경험은 그들의 성, 생활 조건, 가족 구성, 양육 환경(care arrangment)과 교육 시스템뿐만 아니라 개인의 특성에 따라 다양하다.
(g) 유아의 성장경험과 발달은 아동의 필요와 아동에 대한 적절한 대우, 가족과 공동체에서의 그들의 적극적인 역할에 대한 문화적 신념에 의해 유력하게 형성된다.

출처: 국가인권위원회 (2006). 유엔인권조약감시기구의 일반논평 및 일반권고, p. 126-127.

적용해 보기 **영유아의 권리를 존중하는 보육**

교사는 영유아의 권리를 알고 민감하고 적절한 반응을 하여 일과 안에서 지속적으로 영유아의 권리 존중이 이루어질 수 있도록 노력해야 한다. 어린이집 일과 중 나타날 수 있는 '영유아의 권리를 존중해 주지 않는 사례'를 함께 살펴보고, 부적절한 이유에 대해 생각해 보자. 그리고 적절하게 바꾸어 보자.

하루 일과	영유아 권리를 존중하지 않은 사례	부적절한 이유	바꾸어 보기
등원 및 맞이하기	"울면 아가지? 어서 뚝!" "집에서 인형 가져오지 않기로 했지? 어서 엄마 드리자."		
놀이	"똑같이 나누어 갖자." "얼른 친구에게 양보해!"		
정리정돈	"열 셀 때까지 모두 정리해!" "빨리 빨리 정리해!" "그 놀이 내일도 할 수 있어. 정리해."		
간식 및 점심시간	"남기지 않고 다 먹기로 했지요?." "ㅇㅇ이는 아직도 오이를 못 먹니?" "밥 먹으면서 이야기하지 않기로 했지?" "다른 친구들이 기다리잖아. 빨리 먹어!"		

출처 : 서울시육아종합지원센터 (2019). 존중해주세요, 영유아의 권리, p.12.

2. 보육과정의 교육철학적 기초와 적용

앞에서 살펴본 바와 같이 고대로부터 현대에 이르기까지 아동에 대한 관점은 계속 변화하였으며, 이와 함께 교육목적, 교육내용, 교육방법에 대한 철학도 변화해 왔다. 교육철학은 철학적 사유를 통해 교육의 본질을 탐구하는 것으로, 그 과정에서 교육에 대한 일관된 신념 및 가치를 형성해 가게 된다. 교육에 대한 철학적 관점은 교육과정 활동과 그 산물이 관점 형성에 큰 영향을 미친다. 대표적인 교육철학 사조는 관념론, 실재론, 실용주의, 실존주의 등으로 분류할 수 있다(강유정 외, 2020; 이신동 외, 2019).

18세기 루소의 낭만적 자연주의로부터 시작된 아동에 대한 교육철학은 '관념론'에 근거한 프뢰벨에 의해 비로소 영유아에 초점을 두는 교육과정적인 의미를 가지게 되었다. 이러한 흐름은 게젤의 '성숙론'으로 계승되었으며, 듀이의 진보주의에 의해 영유아의 흥미를 존중하는 교육과정으로 발전하였다(양옥승, 2005).

1) 프뢰벨의 관념론

프뢰벨은 코메니우스(Comenius)의 감각교육, 루소의 자연주의 교육 및 페스탈로치의 교육의 원리 등에 영향을 받아 유치원(kindergarten)을 창설하였다. 프뢰벨은 교육이란 인간의 신성을 발현(unfolding)하는 것으로, 단순한 외부적인 지식전달에 반대하고 내부로부터의 조화로운 성장을 강조하였다(곽노의, 1990). 이를 위해 자기주도적 활동인 놀이와 여러 상징적인 활동들로 구성된 교육과정을 통해 보편적이고 영원한 법칙인 신적 통일의 법칙을 파악하는 데 교육의 중점을 두었다.

이와 같이 프뢰벨은 유아만을 위한 기관인 유치원을 창설하여, 놀이를 유아의 고유한 자기주도 활동으로 규정하여 놀이중심 교육과정을 구성, 운영하였다는 점에서 현대 유아교육과정에 큰 영향을 주었다. 프뢰벨은 감각적으로 세상을 이해하는 유아의 발달특성에 맞게 정신을 계발해 갈 수 있도록 '은물(Gabe)'을 고안하였다. 프뢰벨은 아동중심, 놀이중심을 강조하였으나, 이것은 아동에 의해 주도되는, 아동의 흥미나 발달에 따른다는 의미보다는 아동의 발달특성을 고려하여 교사가 사전에 계획에 따라 상징적인 놀잇감인 은물을 활용하는 놀이를 할 수 있도록 지도하는 것을 의미했다(양옥승, 2005).

[그림 2-1] 놀이, 노작활동 등을 활동방법으로 제시한 프뢰벨 유아교육

프뢰벨의 유아교육은 이후 유럽 및 미국으로 확산되어 유치원교육의 원형이 되었다. 성인중심의 교육에서 벗어나서 유아에 대한 존중과 학습에 있어서 수동적인 학습보다는 놀이를 통한 신체적인 움직임이 중요하다는 '노작교육'을 강조하여, 영유아의 자기활동과 놀이를 영유아교육의 중요한 교육방법으로 보는 데 기초를 이루게 되었다(이기숙, 2000).

2) 홀과 게젤의 발달론

20세기 초 낭만주의 아동중심 사상은 영유아의 필요를 강조한 홀(Hall)의 발달론, 학습준비도를 강조한 게젤(Gesell)의 성숙론으로 계승되었다(양옥승, 2005). 홀은 교육과정이 과학적인 아동연구를 통해 나타난 아동의 필요와 요구에 따라 결정되어야 한다고 주장하면서 교육과정에 '발달 단계'의 개념을 도입하였고, 이것은 이후 미국 교육개혁에서 발달주의자를 낳는 계기가 되었다.

홀의 발달 단계 개념은 1930년대 유아원 교육운동을 주도한 게젤에 의해 성숙론으로 계승되었다. 게젤의 다년간에 걸친 영유아 관찰을 통해 아동의 발달과 행동규준에 관한 연구를 수행하였고, 연구 결과는 오랫동안 유아교육의 내용을 선정하는 기준이 되었다. 부모나 교사의 역할은 각 유아의 개인차를 나타내는 학습준비도를 파악하여 그에 적합한 교육적 경험을 제공하는 것이다.

그러나 이후 준비도 개념은 성인들이 만든 심사기준으로 미성숙과 성숙을 판단하게 만들었으며, 소득수준이 높은 가정의 유아를 기준으로 한다는 비판을 받았다.

3) 듀이의 진보주의

듀이의 진보주의는 유아교육의 철학적 기초를 변화시키는 데 중요한 영향을 미쳤다(이기숙, 2000). 유아에 관한 사상에 있어서 프뢰벨과 많은 공통점을 가지고 있으나, 듀이는 프뢰벨의 이론이 너무 관념적이고, 아동의 흥미를 강조하기는 하지만 지나치게 언어적 형식주의와 교사중심으로 흐른다고 비판하였다(곽노의, 1990). 듀이는 인간의 정신은 활동적이고 탐구적인 특징이 있으므로, 인간은 환경과 상호작용하는 가운데 지식을 창조할 수 있다고 보았다. 영유아 역시 문제 상황을 해결하기 위해 자신의 지성을 사용할 수 있고, 환경에 능동적으로 상호작용하고 경험하면서 배움을 이루어 나간다고 보았다(Dewely, 2002).

듀이는 '실험학교(1896)'를 통한 실천 및 『아동과 교육과정(1902)』, 『경험과 교육(1938)』 등의 저술을 통해 아동이 살아가면서 사회와의 끊임없는 상호작용으로 얻게 되는 경험의 재구성 과정 그 자체를 교육이라고 주장하였다.

듀이는 유아의 발달과 흥미에 기초한 유아의 생활과 밀접한 경험중심의 교육과정을 제안하였다. 특히 교육과정 구성의 중심을 유아의 흥미와 필요라고 보고, 가장 좋은 교육방법은 유아에게 가장 의미 있는 경험적 상황에서 많은 선택의 자유를 유아에게 부여해 주는 것이라고 보았다(Dewey, 2002). 예를 들어, 교육내용으로는 실생활과 관련된 요리, 목공예 등과 관련된 경험들이 제공될 수 있으며, 교육방법으로는 주로 그림 그리기, 독서하기, 놀이 등이 제안되었다. 이러한 학습과정을 통해 유아들은 사회와의 상호작용뿐 아니라 역사나 과학과 같은 교과 지식에도 관심을 갖게 된다고 보았다. 교사는 유아의 흥미나 필요(요구)로부터 생겨난 유아의 학습 활동을 조언하고 안내하는 역할을 하도록 요구받았다.

듀이가 유아교육에 미친 영향은 그 어떤 교육사상가보다 크다. 듀이는 프뢰벨을 비판하면서 교육을 삶, 경험, 지속적인 재구성과정으로 정의하여 경험의 의미를 교육과정 관점에서 조명해 주었다. 이는 피아제의 인지발달론이 등장하면서 구성주의로 발전되었고, 1960~1970년대에 유아교육과정을 재개념화하고 이해하는 이론이 되었다. 듀이의 교육철학은 유아교육에서의 경험중심·활동중심 교육과정, 프로젝트 접근법으로 이어지면서 현대 유아교육과정에 큰 영향을 주었다(양옥승, 2005).

3. 보육과정의 심리학적 기초와 적용

아동 및 아동의 발달에 영향을 미치는 주요한 요인들에 대한 관점은 보육과정에 영향을 미친다. 세계적으로 질 높은 교육과정은 문화 및 심리학적 연구에 근간을 두고 영유아의 학습과정을 지원하고 있다(OECD, 2016). 성숙이론은 아동의 발달이 유전에 의해 이루어진다고 본다. 성숙이론의 관점에서 볼 때, 아동의 발달을 촉진하기 위하여 부모나 교사가 할 수 있는 일은 많지 않고, 적합한 환경을 제공해 주는 것이 중요하다. 학습이론의 관점에서는 아동의 발달이 학습이나 환경에 의해 더 많이 결정된다고 본다. 그렇기 때문에 학습이론에 기초할 때 교사나 양육자가 아동을 위해 계획할 수 있는 활동과 환경은 더 다양하고 구체적이다. 구성주의적 관점에서는 아동을 능동적 학습자로 보기 때문에 발달적으로 적절한 환경 제공과 더불어 또래나 양육자와의 의미 있는 상호작용을 중요하게 간주한다. 어떤 관점이 옳은가에 대한 논쟁은 사실상 의미가 없으며, 의미 있는 것은 아동을 위해 맥락과 상황에 따라 어떤 발달적 관점에서 접근하는 것이 더 적절한가이다. 다음에서는 보육과정의 토대가 되는 주요 이론적 관점을 살펴보고 보육과정에 적용해 본다(공인숙 외, 2018).

1) 성숙이론적 관점과 보육과정

(1) 관점

성숙주의가 영유아 보육에 주는 시사점은 아동의 발달은 성숙에 의해 이루어지므로, 환경은 성숙이 이루어진 이후에야 효과가 있다고 강조한다. 이러한 성숙이론적 관점에서 볼 때 부모나 교사는 아동의 발달적 적기를 파악하기 위해 우선 관찰자로서의 역할을 수행해야 한다. 또한 성숙이 이루어지기에 좋은 환경을 마련해 주어야 한다. 대표적인 성숙이론가로는 게젤, 몬테소리 등이 있다. 게젤의 연구는 아동발달의 규준을 제시함으로써 아동이 정상적으로 발달하고 있는지에 대한 판단 기준을 제공한다는 데 의미가 있다. 또한 영유아발달에서 성숙을 강조함으로써 영유아 보육에서 조기교육보다는 돌봄의 중요성을 부각시키는 데 게젤의 이론이 기여하였다. 게젤이 영유아발달에 있어서 환경의 역할을 무시한 것은 아니지만, 발달적 성숙이 선행되어야 한다는 입장은 확고하다. 게젤은 발달이 영유아의 생물학적 시간표의 결과로써 일어나므로 어떤 경험의 영향보다도 생물학적 준비도가 영유아발달의 최우선적 요인이라고 하였다.

(2) 보육과정에의 적용

성숙이론은 부모나 교사로 하여금 영유아의 발달을 주도하기보다는 지켜보도록 한다.

부모나 교사는 영유아가 자신의 잠재력을 충분히 발휘할 수 있도록 수용적이고 자연적인 환경을 제공하여 영유아의 자연적 성장을 돕는다. 영유아의 발달수준에 부합되지 않는 성취를 강요하거나 성숙을 재촉하는 개입은 적절하지 않은 것으로 본다. 교사는 영유아의 발달수준과 생물학적 준비도에 부합하는 경험과 환경을 제공하며, 관찰자, 안내자, 수용자로서의 역할을 한다.

[그림 2-2] 준비된 환경으로써 영유아에게 제공되는 몬테소리 교구

몬테소리는 영유아를 무한한 잠재력을 가진 존재로 보았다. 몬테소리는 영유아가 환경에 몰입하며 학습이 잘 되는 특정한 시기를 민감기라고 보았다. 민감기에 영유아는 특정 행동을 반복하는 경향을 보인다. 이때 양육자는 적절한 환경을 마련해 주고 반응을 보임으로써 영유아의 잠재력을 효과적으로 발현시킬 수 있다. 몬테소리는 영유아에게 '준비된 환경'만 제공해 준다면 자발적인 활동을 통해 스스로를 교육해 나갈 수 있다고 생각했다. 몬테소리는 준비된 환경으로써 몬테소리 교구를 개발하였고, 영유아에게 책임을 동반한 자유가 주어진다면 영유아는 스스로 몰입하여 잠재력을 발달시킬 수 있다고 하였다. 일상생활교구는 일상생활에 필요한 기본적인 개인기술을 익혀 활동조정능력, 자기훈련, 집중력을 발달시킬 수 있도록 돕는다. 감각교구는 영유아가 자신의 모든 감각을 이용하여 미세한 차이를 인식할 수 있는 능력을 발달시키게 하며, 감각교구를 익혀 수학·언어교육과 같은 미래 학습에 직·간접적 준비가 되도록 고안되었다. 영유아를 양육하는 교사나 부모는 영유아의 활동에 적극적으로 개입하기보다는, 민감하게 관찰하며 필요한 시점에 적절하게 안내하는 역할을 하는 것이 바람직하다고 보았다.

2) 학습이론 관점과 보육과정

(1) 관점

행동주의와 사회학습이론은 아동의 발달에 있어 환경의 영향을 강조하는 관점을 취한다. 행동주의 이론가로서는 로크(Locke), 손다이크(Thorndike), 왓슨(Watson), 스키너(Skinner) 등이 대표적이다. 행동주의 이론가는 아동의 발달과 학습에 있어서 외부 환경에 의한 경험을 중시한다. 아동이 성인과 동일한 학습과정을 거친다고 보며, 아동의 행동은 경험이나 학습, 훈련에 의해 점진적으로 형성된다고 주장한다. 고전적 조건형성이론은 유기체가 생래적으로 갖는 무조건 자극과 반응(음식물이 공급되면 침을 흘리는 것, 소리가 들리면 소리가 나는 곳으로 시선을 돌리는 것 등) 사이에 조건 자극을 끼워 넣는 것이다. 반면, 조작적 조건형성이론은 유기체가 특정한 행동을 하고 어떤 결과를 얻었을 때, 강화가 일어나서 그 행동을 점차 반복하게 되는 것이다.

그러나 영유아의 행동을 형성하고 수정하기 위해서는 눈에 보이는 행동에만 관심을 갖는 것으로 충분하지 않으며 영유아의 연령과 개인차, 발달을 충분히 고려하고 이해해야 한다. 행동주의를 계승하고 발전시킨 반두라(Bandura)의 사회학습 이론은 외부 환경에 의한 경험을 중시하면서도 능동적 학습자의 역할을 강조하였다. 반두라는 주변인을 관찰하고 모방하면서 학습하는 과정에서 개인의 선택이 중요하다고 보았다.

(2) 보육과정에의 적용

행동주의에서 교사의 역할은 능동적, 계획적, 의도적, 지시적인 지식전달자이다. 과제분석, 정밀교수법을 사용하여 영유아가 특정 행동을 학습할 수 있도록 도울 수 있다. 교사는 아동의 바람직한 행동에 보상을 주어 행동을 강화하며, 바람직하지 않은 행동에는 관심을 주지 않고 무시하는 기법을 사용할 수 있다. 교사는 영유아로 하여금 어떤 행동을 하게 하거나 하지 않게 하는 데 스키너의 조작적 조건형성 원리를 적용하여 행동지도를 할 수 있다. 교사는 행동에 대한 바람직한 모델을 제시하여 영유아가 모델링하고 관찰학습할 수 있도록 한다.

1960년대에 저소득층 유아를 위한 보상교육의 필요성이 대두되면서 개발된 디스타(Direct Instructional System for Teaching Acceleration Remedition) 프로그램, 장애아를 위한 가정방문 교수모델인 포테이지 프로그램 등은 행동주의이론에 기초하여 고안된 대표적 프로그램이다.

3) 구성주의 관점과 보육과정

(1) 관점

구성주의 관점은 유기체와 환경과의 상호작용의 결과 발달이 이루어진다고 본다는 점에서 상호작용주의라고도 한다. 구성주의는 개인이 환경으로부터 직접적으로 지식을 흡수하기보다는, 그 지식을 구성하는 데 있어 각 개인이 행하는 역할을 강조하는 이론이다(Branscombe, Castle, Dorsey, Surbeck, Taylor, 2003). 대표적인 학자로 피아제(Piaget)와 비고츠키(Vygotsky)가 있으며, 아동의 인지발달에 관심을 가졌다. 피아제는 아동의 인지발달이 일정한 순서의 단계를 거치면서 이루어진다고 하였다. 단계마다 사고의 방식이 다른데 이것은 유전적으로 결정되는 것이 아니며, 아동이 끊임없이 탐색하고 조작하면서 세상을 이해하려고 시도하는 과정에서 세상에 대처하는 데 필요한 새롭고 더욱 다듬어진 인지구조들이 형성된 결과라고 한다. 피아제는 아동의 사고가 성인의 가르침이나 환경의 영향에 의해 형성된다고 보지 않았으며, 아동이 환경과 상호작용하면서 새로운 인지구조들을 만들어야 인지발달이 이루어진다고 보았다. 그런데 아동이 환경과 상호작용할 수 있으려면 신체적 성숙이 이루어져야 한다. 따라서 인지발달은 아동이 신체적으로 성숙해져 가면서 자신의 능력에 따라 환경과 상호작용하면서 점차 더 분화되고 포괄적인 인지구조를 만들어 가는 능동적 구성과정이다(Crain, 2000).

비고츠키가 주장한 사회적 구성주의는 인지발달 과정에서 사회적 상호작용과 문화 역할의 중요함을 강조했다는 점에서 피아제의 인지적 구성주의와 차별화된다. 즉, 사회적 구성주의에서는 지식이 개인의 내부에서 생성되는 것이 아니라, 개인이 살고 있는 문화권에 있는 타인이나 사물과의 상호작용을 통해 형성된다고 본다. 따라서 사회적 구성주의에서는 부모나 성인이 언어를 통해 문화를 전수하는 중요한 존재이다. 이런 관점에서 교사는 아동이 또래와의 협동적 활동에 참여하도록 격려하며, 대화와 비계설정(scaffolding) 등의 방법을 통해 근접발달 영역(zone of proximal development)에서 아동이 잠재력을 최대한 발휘할 수 있도록 도울 수 있다고 보았다.

[그림 2-3] 환경과 능동적으로 상호작용하면서 의미를 재구성하는 영유아

(2) 보육과정에의 적용

피아제의 이론에 따르면 인지능력은 일정한 순서에 따라 발달되며, 신체적 성숙이 이루어져야 영유아가 환경과 상호작용하며 동화와 조절을 통해 발달을 이루어 갈 수 있다. 따라서 교사가 영유아를 위한 활동을 준비할 때 영유아의 발달 단계를 앞서 가는 경험을 하도록 유도하는 것은 무의미하다. 또한 학습은 학습자의 적극적인 참여에 의해 가능하므로 영유아가 자유롭게 환경을 탐색하고 환경과 상호작용할 수 있도록 발달수준에 적합하고 자발적, 능동적, 발견적 학습기회를 제공하는 환경을 마련해 주어야 한다.

비고츠키의 이론은 인지능력 발달에 사회적 상호작용이 미치는 영향을 강조하였다. 아동의 인지능력은 지금 당장 아동이 알고 있는 것으로만 제한적으로 이해해서는 안 되며, 타인의 도움에 의해서 도달할 수 있는 잠재적 수준까지로 확장해서 이해해야 한다는 주장이다. 따라서 교사는 영유아를 세심히 관찰하여 근접발달 영역을 파악하고 그 영역 내에서 도달할 수 있는 상한선에 도달할 수 있도록 적절히 도움을 줄 수 있어야 한다. 또한 영유아의 능력발달에 따라 도움의 형태를 조절하는 비계설정을 통해 영유아 스스로 숙달될 수 있는 기회를 주어야 한다. 발달수준이 다른 영유아 간의 상호작용 기회를 제공하여 또래교수, 또래협력활동이 활성화되도록 한다. 교사는 공동학습자, 촉진자, 공동구성자, 비계설정자의 역할을 한다.

하이스코프 프로그램(High Scope Program)은 양질의 교육(high quality 혹은 high purpose)과 폭넓은 경험을 제공하여 유아가 능동적 학습을 할 수 있도록 한다. 미국의 프로젝트 접근법, 이탈리아의 레지오에밀리아 접근법은 유아중심의 프로젝트를 통해 또래 간의 상호작용 및 의사소통을 통한 인지활동의 촉진, 다양한 매체를 통한 표상활동을 촉진하는 발현적 교육과정으로 전 세계적으로 확산되었다.

4) 정신분석이론 관점과 보육과정

(1) 관점

정신분석이론은 영유아기 경험의 중요성을 강조하며, 영유아의 행동에 대한 심리적 해석을 제공한다. 정신분석이론은 영유아기 경험이 성인기의 성격에 결정적인 영향을 미친다고 본다(Berk, 2009). 프로이트(Freud)의 심리성적 이론은 영아기의 수유경험, 배변경험이 이후의 성격 형성에 미치는 영향을 설명한다. 뿐만 아니라 오이디푸스 콤플렉스와 엘렉트라 콤플렉스 등 가족 간 관계의 역동성을 설명함으로써 영유아를 둘러싼 가족의 중요성에도 관심을 기울이게 한다.

에릭슨(Erikson)의 심리사회적 이론은 영유아를 둘러싼 심리사회적 환경의 중요성을 강조한다. 부모나 교사뿐만 아니라 가족이나 공동체와 같은 사회적 환경의 중요성을 강조했다. 8단계를 거치는 전 생애적인 발달과정이 있지만 첫번째 발달 단계의 발달과업인 양육자와의 기본적인 신뢰감 형성의 중요성을 강조했고, 배변훈련과정을 통한 자율감 획득, 주도적 놀이를 통한 주도성 발달 등을 영유아기의 발달과업으로 제시하였다.

(2) 보육과정에의 적용

정신분석이론은 영유아의 행동 그 자체보다는 행동하는 심리적 원인을 찾도록 도와준다. 예를 들어, 영유아가 놀이하면서 보이는 행동이나 말을 통해 영유아가 느끼는 심리적 긴장이나 감정 등을 읽게 해 준다. 찰흙놀이, 핑거페인팅, 모래놀이 등은 정신분석이론 관점에서 보면 정서적 긴장을 해소할 수 있는 좋은 놀이이다. 영유아는 가족인형놀이, 소꿉놀이 등을 통해 자신의 내면적인 정서 상태를 자유로이 표출할 수 있는 기회를 가질 수 있다.

[그림 2-4] 놀이를 통해 정신적 긴장을 해소하고 자신의 정서를 표현하는 영유아

양육자가 영아의 신체적·정서적 욕구를 잘 알아차리고 돌봐줄 때 영아는 이 세상은 믿을 만하다는 기본적인 신뢰감을 형성한다. 반면 양육자가 영아의 욕구를 알아채지 못하고 돌봐주지 않는다면 영아는 타인에 대해서 신뢰하기 어렵다. 따라서 교사나 부모와 같은 양육자들은 일관성 있는 돌봄을 통해서 영아가 기본적인 신뢰감을 형성하도록 도와주어야 한다. 교사는 영유아가 자율감, 주도성 등의 발달과업을 잘 해결해 나갈 수 있도록 돕는다. 또한 교사는 영유아의 드러난 행동 이면의 심리를 파악하도록 노력한다.

5) 애착이론 관점과 보육과정

(1) 관점

동물행동학은 아동발달에서 생물학적 요소가 중요하다는 것을 인식하게 하였다. 그러나 고전적인 동물행동학의 개념을 인간의 행동에 적용하기에는 한계가 있었다. 동물행동학이론을 인간에게 적용한 것으로 가장 중요한 것이 보울비(Bowlby)의 애착이론이다. 보울비는 동물행동학적 입장에서 애착을 생존을 위한 수단이라 전제하고, 수유를 통한 일차적 욕구 충족과정에서 애착이 발달하는 것이 아니라 수유과정에서 이루어지는 사회적 상호작용을 통해 발달한다고 보았다.

(2) 보육과정에의 적용

취업모가 증가하고 자녀양육 지원 정책이 확대되면서 어린이집에 다니거나 대리 양육자가 돌보는 영아가 증가하였다. 애착이론은 영아 보육에 대해 중요한 시사점을 지닌다. 애착 형성은 생후 1년 동안 이루어지는 것으로서 이 기간을 일종의 애착 형성의 민감기로 이해할 수 있다. 첫돌이 되기 전에 어린이집에 다니기 시작하여 매일 어머니와 장시간 분리되는 것은 애착 형성에 어떤 영향을 미칠 것인가에 대한 연구들이 이루어졌다. 이 연구 결과들에 따르면 일찍부터 어린이집에 다니더라도 영아는 어머니에게 일차적 애착을 형성하며, 양육자의 민감하고 반응적인 양육과 질 높은 보육이 불안정 애착의 위험성을 상쇄시킬 수 있다고 한다. 따라서 양육자는 영아와 함께하는 시간 동안 민감하고 반응적인 양육을 하고, 보육교사 등 대리양육자도 영아가 보내는 신호에 민감하게 반응함으로써 영아의 건강한 발달을 지원할 수 있다.

어린이집에서는 이렇게

영유아 초기 적응을 위한 적응 프로그램

어린이집에서는 영유아가 적응 프로그램을 통해 천천히 보호자와 헤어지는 것을 경험하고, 교사와 또래에 대해 친밀감을 형성하여 어린이집을 안전하고 편안한 장소로 느낄 수 있도록 도와준다.

적응 프로그램은 1~2주 정도를 기본으로 하되, 영유아의 개인차를 고려하여 융통성 있게 진행한다. 영유아 개인의 상황에 따라 기관에 머무는 시간이나 활동 등을 단계적으로 늘려 가는 방식으로 진행한다.

진행단계	기간	내용	귀가
최소 1주일 적응기간 운영	1~2일	짧게 방문하기 보호자와 함께 교실 들어와 보기 오전 간식 먹기	9:30~11:00 귀가
	3~4일	보호자와 잘 헤어지기	9:30~12:00 귀가
	5일	보호자와 웃으며 안녕하기 선생님 · 친구들과 놀이하기	9:30~12:00 귀가
최소 2주일 적응기간 운영	6~7일	보호자와 웃으며 안녕하기 선생님과 놀이하기	9:30~13:00 식사 후 귀가
	7~8일	선생님과 놀이하고 점심 먹기	9:30~13:00 식사 후 귀가
	9~10일	실외놀이 후 점심먹기	9:30~13:00 식사 후 귀가
	11일부터	편안한 마음으로 낮잠 자기 하루 일과 보내기	적응: 09:30~낮잠 후 18:00 귀가 부적응: 보호자와 상담 후 귀가 시간 조정

교사는 영유아의 불안한 마음을 공감하고, 잘 적응할 수 있다는 믿음을 가지고 있어야 한다. 영유아가 초기 적응과정을 지켜보는 부모의 마음을 공감하고, 적응과정을 상세히 전달하려는 노력이 필요하다.

- 영유아의 초기 적응 행동을 분석하여 다음날의 영유아 지원에 반영한다.
- 영유아의 애착물(애착인형 등)이 있을 경우 가정에 요청하여 기관에 가져오도록 한다.
- 영유아가 안정적으로 적응할 수 있는 따뜻하고 발달에 적합한 환경을 준비해 준다.
- 초기 적응과정에서 나타날 수 있는 영유아의 부정적인 행동이 문제가 되는 것이 아니라 누구에게나 나타날 수 있는 행동이라는 것을 부모에게 안내하고 지지해 준다.
- 적응관찰일지를 작성하여 영유아의 적응과정을 부모에게 전달하고 그 변화를 알 수 있도록 한다.

6) 생태체계이론과 보육과정

(1) 관점

영유아발달을 이해하기 위해서는 영유아의 개인적 요소들이 심리적, 정서적, 행동적 특성으로 드러나게 되는 맥락인 환경의 특성을 이해해야 한다. 브론펜브레너(Bronfenbrenner)가 주창한 인간발달의 생태체계이론은 영유아를 둘러싸고 있는 여러 가지 환경체계와 영유아 간의 상호작용 속에서 영유아발달을 이해해야 함을 강조하였다(Bronfenbrenner, 1994). 생태체계이론에 따르면 영유아에 대한 정확한 이해는 영유아의 개인 내적 특성을 파악함과 함께 영유아가 속해 있는 환경이라는 생태체계를 고려함으로써 가능하다. 영유아의 환경을 이루는 하위체계들인 미시체계, 중간체계, 외체계, 거시체계, 시간체계는 영유아의 성장과 발달을 지원하고 안내하기 때문이다.

(2) 보육과정에의 적용

영유아가 연령에 맞게 적절히 발달할 수 있게 하려면 환경의 특성을 면밀히 파악하고 영유아의 개인적 특성들이 환경요소들과 어떻게 상호작용하며 그러한 상호작용 과정에서 영유아가 어떤 영향을 받는지를 이해해야 한다.

따라서 교사는 부모와 원활한 의사소통을 할 수 있는 통로를 마련해 둠으로써 교사가 직접 파악할 수는 없지만 영유아에게 중요한 환경요소들을 이해할 수 있어야 하며, 부모에게도 어린이집이라는 환경에서 영유아가 생활하는 모습을 부모가 이해할 수 있도록 정보를 제공해야 한다. 그리고 지역사회와의 연계에도 힘써야 한다. 또한 국가 차원의 양육지원 정책은 일차적으로 부모의 필요에 초점이 맞추어질 수 있으나 이것이 영유아 개인의 발달에 미치는 영향을 감안하여 영유아 관점에서도 정책을 검토해야 할 것이다.

7) 유아교육과정에 대한 재개념화

(1) 관점

1970년대 중반부터 교육과정 분야의 재개념화운동이 시작되었다. 1990년대 들어서면서 다양한 인문학 및 사회과학 이론으로 유아교육과정을 새롭게 이해하려는 시도가 활발히 일어났다.

유아교육과정 재개념주의자들은 유아교육이 발달심리학과 아동발달 원리에 너무 많이 의존하고 있다고 비판한다(Cannella, 2002; Dahlberg, Moss, & Pence, 2007; Sellers, 2018). '왜 유아교육이 지금과 같은 내용과 방법으로 구성되고 개념화되고 있는가?' 질문하면서, '누구의 관심과 누구의 목소리가 반영되어 있는지, 우리는 누구의 목소리를 생략하고 있고 누구의 목소리에 귀를 기울여야 하는지, 누가 이익을 얻고 있는지' 등에 대한 답을 찾고자 하였다. 그동안 가장 '신뢰할 만한' 가치중립적 지식으로 여겨 왔던 아동발달 이론과 타일러식 교육과정을 비판하면서, 비판이론, 실존철학, 현상학, 페미니즘, 후기구조주의 등의 관점으로 유아경험의 의미와 존재론적 각성, 사회불평등의 현실 등을 부각시킴으로써 유아의 삶과 교육 현실을 변화시키고자 하였다.

유아교육과정에 대한 재개념주의자들은 '발달적 적합성'이라는 것이 과연 바람직한가에 의문을 제기하고 있다. 발달 원리가 교육실행에 유용한 정보를 주지만, 발달에 대한 고정적인 관점을 형성하고 교사의 지도 방향과 내용을 협소하게 만들어 유아교육의 다양성을 제한시킬 수 있다는 것이다. 따라서 유아의 발달특성과 개인차를 사회문화적 맥락 속에서 바라볼 것을 강조하며, 앎의 방식의 다양성, 존재 방식의 다양성을 존중할 것을 제시한다(Olsson, 2017). 특히 유아교육에서 오래된 '유능한 성인-미숙한 영유아'라는 이분법적 고정관념을 해체하고(Sellers, 2018), 영유아의 목소리에 귀 기울이고 존중하는 교육을 지향한다면(Cannella, 2002), 교사와 영유아 모두에게 더 많은 배움의 가능성이 열리게 된다고 하였다.

(2) 보육과정에의 적용

교사는 영유아를 연령별 또는 발달수준별로 범주화된 존재로 보기보다는, 다채로움과 무한한 가능성을 지닌 독립적 인격체로서 개별 유아의 세계를 존중하고 이해하는 것이 필요하다. 모든 영유아는 다 다르다. 어떤 영유아도 다른 영유아와 똑같은 방식으로 배우지 않는다(Olsson, 2017). 영유아는 각기 상이한 흥미와 관심을 가지고 있고 문제해결방법도 다르다. 배움은 자신의 경험을 계속적으로 해석하고 재조직해 나가는 과정에서 이루어진다. 이러한 의미에서 배움은 근본적으로 영유아 개별적인 것이다. 영유아는 자기나름의 방식으로 세상을 경험하므로 교사는 영유아들을 똑같이 보지 않으려 노력해야 한다.

또한 영유아는 특정시점에서 꼭 같은 학습능력을 가지고 있지 않다. 영유아는 각자 자신만의 성장 역량을 갖고 있다. 따라서 영유아 개개인들로부터 배움의 폭과 깊이에 대한 선택이 이루어져야 한다. 영유아들이 경험하고 있는 활동의 의미를 지속해서 성찰하면서 발달지표에 의존한 교육실제의 한계를 성찰하는 것이 필요하다. 교사에 의해 정해진 목표와 규준에 의해 측정되는 것이 아니라, 영유아마다의 자기성장 역량을 측정해야 한다(Olsson, 2017).

03

보육과정의 변화와 전망

무엇을 배울까?

〉〉〉 **보육과정의 역사**

- 표준보육과정 제정 이전
- 표준보육과정 제정
- 누리과정 제정 이후

〉〉〉 **외국의 영유아 커리큘럼 동향**

- 영국
- 호주
- 뉴질랜드
- OECD 각국의 유 · 초 연계

〉〉〉 **영유아를 위한 커리큘럼의 전망**

- EDUC2030에서의 학습 나침반
- 디지털 환경 변화와 영유아

□ **이 내용을 살펴보는 주안점:**

표준보육과정의 역사는 크게 표준보육과정 제정 이전, 표준보육과정 제정, 그리고 어린이집과 유치원의 공통과정인 누리과정 제정 이후로 구분하여 살펴볼 수 있습니다. 시기별 국가고시 관련 날짜와 구체적인 내용의 정확성보다는 전반적인 흐름이 어떠하였는지 이해하는 것에 중점을 두고 살펴보기를 제안합니다. 이 과정에서 특히 생각해 보아야 할 논점에 대해서는 더 알아보기 등으로 별도 제시하여 참고하기 용이하도록 하였습니다. 외국의 영유아 커리큘럼 동향은 커리큘럼과 관련하여 '무엇을(내용) 부분보다는', '어떻게(교수-학습방법)'의 측면에 주안점을 두고 설명하였습니다. 미래 영유아 커리큘럼의 전망은 OECD의 EDUC 2030을 기반으로 영유아에게 필요한 내용을 안내하였습니다.

1. 표준보육과정의 역사

표준보육과정이 처음 제정된 시기는 2007년이다. 표준보육과정의 제정 이전 시기에는 어린이집의 보육과정이 어떻게 실행되었는지 알아보고, 표준보육과정이 제정되면서 어린이집 보육과정에 어떠한 변화가 있었는지 살펴볼 필요가 있다. 또한 어린이집 보육과정과 유치원 교육과정을 통합한 누리과정이 제정되면서 어린이집 표준보육과정에는 어떤 변화가 나타났는지 알아본다.

1) 표준보육과정 제정 이전

(1) 프로그램 중심의 보육과정

영유아보육과정, 유아교육과정 등 커리큘럼(curriculum)에 대한 개념은 광범위한 정의(예: 영유아가 어린이집이나 유치원에서 경험한 총체)부터 협소한 정의(예: 화재대피훈련을 위한 활동계획안)에 이르기까지 매우 넓으나, 일반적으로 교사의 입장에서 보자면 무엇을, 왜, 어떻게 배우게 할 것인가를 의미한다. 어린이집, 유치원 등 기관 단위의 영유아보육과정, 유아교육과정을 구체적으로 편성, 운영할 때에는 통상 국가가 고시한 커리큘럼 기준(curriculum standard)을 기준으로 하고 있다.

그렇다면 어린이집 표준보육과정이 고시되기 이전에는 어린이집의 보육과정이 어떻게 전개되었을까? 미국 NAEYC(1991)의 전통적 정의에 의하면, 보육과정이란 '영유아들이 배우는 내용, 영유아들이 설정된 보육과정 목표를 달성하는 과정, 교사가 영유아들로 하여금 이러한 목표를 달성하도록 도와주는 것, 교사의 교수·학습이 일어나는 맥락을 밝혀 주는 일련의 조직화된 체계'를 말한다. 어린이집 표준보육과정이 고시되기 이전에는 국가의 구체적 고시내용이 없었으므로 어린이집에서 그 기관의 철학이나 보육목표를 바탕으로 프로그램을 구성하여 운영하였다.

통상적으로 영유아보육 및 교육 분야에서 프로그램(program)이라는 용어는 커리큘럼(curriculum)이라는 용어보다 구체화된 의미를 갖는다. 가령, 교육과정에 대한 전문서적들을 보면 교육과정의 철학적 배경, 역사적 변천과정 등을 거시적으로 다루고, 교육과정이 구체화된 사례를 살펴보기 위해 한 부분을 할애하여 프로그램들(예: 몬테소리 프로그램, 개방주의 프로그램 등)을 간략하게 살펴보고 있는 것을 발견할 수 있다. 이때 프로그램이라는 용어는 커리큘럼이 특정 이론적 관점이나 철학적 배경, 영유아보육 및 교육기관이 처한 사회·문화적 상황의 특수성을 고려하여 구체화된 실체를 지칭하는 협의의 의미로 사용되고 있다.

프로그램은 어린이집 단위에서 기관의 철학이나 목표를 토대로 구성된 것이기 때문에, 어린이집의 프로그램은 표준보육과정이 고시된 이후에도 지속적으로 개발, 적용되고 있다. 어린이집에서는 표준보육과정의 고시내용을 기준으로 특정한 목표나 철학, 기관 내외의 요구에 부합하는 프로그램을 구성하여 운영할 필요가 있기 때문이다. 〈표 3-1〉에는 표준보육과정 고시 이전부터 고시 이후에 걸쳐 여러 가지 보육 프로그램이 개발되어 온 사례를 제시하였다.

〈표 3-1〉 어린이집 프로그램의 예

사 례	특 성
과천지역 영유아 보육 프로그램	1994년 (전)여성개발원이 과천시의 요청으로 지역적 특성 및 지역 내의 요구를 반영하여 2세, 3세, 4~5세 대상의 영유아보육 프로그램을 개발 (https://www.kwdi.re.kr/publications/reportView.do?page=1&idx=114326에서 2021.03.12. 인출)
월령별 영아보육 프로그램	서울특별시육아종합지원센터에서 영아의 월령별로 제시한 프로그램 (https://seoul.childcare.go.kr/ccef/community/data/DataSlPL.jsp?BBSGB=1087에서 2021.03.12.인출)
어린이집연합회 선정, 우수 보육 프로그램	한국어린이집 총연합회가 선정한 우수 보육 프로그램 사례들 (http://www.koreaeducare.or.kr/home/sub03.php?mid=21&r=view&uid=611에서 2021.03.12. 인출)
어린이집 초기적응 프로그램	영유아의 어린이집 최초 등원 시 순조로운 적응을 돕기 위한 목적으로 전개되는 프로그램으로 개별 어린이집마다 기관의 특성과 영유아 및 가족의 요구를 바탕으로 구성, 운영

(2) 유아를 위한 유치원 교육과정

우리나라 최초의 유치원은 1897년 일본인들이 부산에 자신의 자녀들을 위해 세운 부산유치원이었다. 우리나라 사람을 위한 첫 유치원은 1914년 기독교 선교사들이 건립한 이화유치원이다. 1922년 일본총독부가 유치원교육요령을 발표하기도 하였으나, 본격적인 유치원 교육과정은 해방 이후 1969년에 최초로 고시되었다. 국가교육과정정보센터(http://ncic.go.kr)에는 유치원 교육과정의 변화가 구체적으로 제시되어 있다.

교육당국은 1969년 최초로 유치원 교육과정을 제정, 고시하면서 유치원 교육과정 제정의 취지로 유치원 교육의 필요성을 역설하고 있다. 이후 〈표 3-2〉에 제시된 바와 같이 6차 유치원 교육과정까지 개정 고시된 후, 2007 개정 유치원 교육과정부터는 수시 개정체계로 바뀜으로써 차시 대신 연도를 표시하게 되었다. 2011년 5세 누리과정, 2012년 3~5세 연령별 누리과정이 제정, 고시되면서 유치원과 어린이집으로 이원화되어 있던 교육과정과 표준보육과정을 누리과정으로 통합하였다. 이후 유치원 교육과정은 누리과정으로 고시되고, 어린이집 표준보육과정은 0~1세 보육과정, 2세 보육과정, 3~5세 누리과정으로 고시되고 있다.

〈표 3-2〉 유치원 교육과정의 역사

유치원 교육과정	고 시	시 행	비 고
제1차 유치원 교육과정	1969. 02	1969. 3. 1	
제2차 유치원 교육과정	1979. 03	1979. 3. 1	
제3차 유치원 교육과정	1981. 12	1982. 3. 1	
제4차 유치원 교육과정	1987. 06	1989. 3. 1	
제5차 유치원 교육과정	1992. 08	1995. 3. 1	
제6차 유치원 교육과정	1998. 06	2000. 3. 1	
2007 개정 유치원 교육과정	2007. 12	2009 3. 1	수시 개정 체계로 변화
2011 개정 유치원 교육과정	2011. 09	2012. 3. 1	5세 누리과정, 3~4세 교육과정
2012 개정 유치원 교육과정	2012. 07	2013. 3. 1	3~5세 연령별 누리과정
2015 개정 유치원 교육과정	2015. 2	2015. 3. 1	3~5세 연령별 누리과정 일부개정
2019 개정 유치원 교육과정	2019. 7	2020. 3. 1	2019 개정 누리과정

관점 넓히기

왜 영유아를 위해서는 교과목 대신 통합과정으로 운영하나요?

영유아는 생득적으로 호기심이 많고 역동적이며 알기를 원한다. 영유아는 구체적인 생각과 생활에서의 경험에 반응한다. 인간이라는 유기체는 여러 부분들을 하나의 전체로 통합하려는 자연적 지향을 가지고 있기 때문에 교육도 마땅히 통합을 촉진해 주는 방향에서 설계되고 운영되어야 한다. 더구나 사회가 발달되고 지식의 축적이 가속화되면서 인간이 배워야 하는 내용이 매우 많아졌기 때문에, 교육이 단편 지식의 전달에만 집중할 경우 사고체계의 전수가 효율적으로 이루어지기도 어렵다. 그리고 무엇보다 많은 양의 지식을 과도하게 다루게 되면 아동의 알고 싶어하는 자연적 욕구를 오히려 외면하고 저해하게 된다.

통합교육이 강조되는 역사적 배경은 진보주의 교육사조와 맥을 같이한다. 1920년대에서 1950년대에 걸쳐 미국의 진보주의 교육운동이 활발하게 진행되던 시기에 학습경험의 통합 또는 교육과정의 통합을 중요하게 논의하기 시작했다. 진보주의 교육자들은, 아동의 성장이란 경험의 누적적 재구성에 의하여 일어나며, 그 성장은 아동이 본래부터 가진 창조적 지성의 내재적 표현력의 결과라고 보았다. 경험의 누적적 재구성이란 바로 학습자 내부에서 일어나는 통합을 의미하며, 이러한 통합은 학습자의 현재 경험, 관심, 흥미 등을 기초로 경험의 재구성이 일어날 수 있도록 교육과정을 구성하고 개발할 때 가능하다는 것이다.

가령 유아기 커리큘럼(curriculum)에서 많이 거론되는 주제중심 통합교육과정의 예를 피터슨(Perterson, 2003)은 '찰흙놀이'를 통해 다음과 같이 제시하고 있다.

> "유아가 찰흙을 가지고 놀 때 가장 먼저는 대개 미술 영역에서 뭔가를 만들어 보는 경험을 하게 된다. 교사가 이 활동 영역에서 가장 통합시키고자 하는 학습 영역은 아마 창의성과 창의적 사고일 것이다. 또 다른 영역으로 신체적 영역 중 소근육 발달과 조작기술을 들 수 있다. 더 나아가서는 유아로 하여금 여러 가지 찰흙을 섞어서 새로운 색깔을 만들어 보게 할 수 있는데, 이러한 작업을 통해 유아는 발견적 문제 해결과정이나 인과관계 등을 경험해 볼 수 있다(2003:140)."

2) 표준보육과정 제정

최초의 표준보육과정은 2007년 1월 3일 고시되고, 고시일부터 시행되었다(여성가족부 고시 제 2007-1호). 고시문에 의하면, 표준보육과정은 「영유아보육법」 제29조제2항 및 제4항에 따라 「영유아보육법 시행규칙」 제30조에 규정한 것으로 보육시설 영유아의 보육목적과 목표를 달성하기 위한 국가수준의 보육과정이며, 보육시설에서 운영해야 할 보편적 보육내용을 제시한 것이다. 고시문의 제목은 '표준보육과정의 구체적 보육내용 및 교사지침'이었으며, 이후 제2차 표준보육과정이 개정, 고시되면서 최초의 표준보육과정을 편의상 제1차 표준보육과정이라 칭하게 되었다.

고시문은 총 55쪽으로, 표준보육과정의 구성, 영역별 구체적 보육내용, 영역별 교사지침으로 구성되어 있다. 표준보육과정의 영역은 '기본생활', '신체운동', '사회관계', '의사소통', '자연탐구', '예술경험'의 여섯 영역으로 구성되었다. 연령집단은 만 2세 미만, 만 2세, 만 3~5세 영유아로 구분되었다. 각 연령집단별 보육내용은 각각의 수준으로 나누어서 구분하였는데, 이때 '수준'이라 함은 연령, 발달, 개인차를 말한다. 보육과정에서 만 2세 미만 보육내용은 1·2·3수준, 만 2세 보육내용은 1·2수준, 만 3~5세 보육내용은 1·2·3수준으로 구분하여 제시되었다.

교사지침은 영역에 따른 연령집단별로 제시되었는데, 연령별 보육목표와 내용뿐 아니라 교사가 각 영역에서 알아야 할 영유아에 대한 발달 지식, 바람직한 물리적 환경 구성과 지도방법, 지도할 때 유의할 점 등을 안내하고 있다. 교사지침은 보육교사가 보육과정을 계획하고 운영할 때 교사지침의 내용을 숙지하여 환경구성 및 영유아 지도 시 이를 반영하고, 교사와 영유아 간 바람직한 상호작용이 이루어질 수 있도록 하기 위한 것이다.

제1차 표준보육과정은 여성가족부의 보육업무가 보건복지부로 이전되면서 2010년 9월 7일 동일한 내용으로 재고시되었고, 고시일부터 시행되었다(보건복지부 고시 제 2010-71호).

요약: 제1차 표준보육과정의 특징
• 어린이집을 위한 최초의 국가고시 커리큘럼 기준(curriculum standard) • 기본생활, 신체운동, 사회관계, 의사소통, 자연탐구, 예술경험의 6개 영역으로 구성 • 연령집단을 만 2세 미만, 만 2세, 만 3~5세 영유아로 구분 • 연령집단별 보육내용을 '수준(연령, 발달, 개인차)'으로 나누어 제시

3) 누리과정 제정 이후

2011년부터 유아를 대상으로 표준보육과정과 유치원 교육과정을 통합하여 누리과정으로 운영하고 국가가 그 비용을 지원하는 누리과정 제도가 시행되었다. 이에 따라 제2차 표준보육과정부터는 누리과정의 특성과 변화를 반영하여 개정, 고시되고 있다.

(1) 5세 누리과정과 제2차 표준보육과정

2011년 9월 5일 교육과학기술부와 보건복지부(보건복지부 고시 제 2011-106호)는 유치원과 어린이집으로 이원화되어 있는 교육·보육과정을 통합하여 새로운 5세 누리과정을 고시하였다. 고시문은 총 19쪽으로, 5세 누리과정의 방향·목적·목표, 영역별 내용으로 구성되어 있다. 5세 누리과정은 2012년 3월부터 시행되었으며, 만 5세 유아는 유치원과 어린이집 어디에 다니든지 공통의 5세 누리과정을 제공받게 되었다. 5세 누리과정은 공통과정 전반에 걸쳐 기본생활 습관 및 질서, 배려, 협력 등 바른 인성을 기르기 위한 창의·인성교육을 강조하고, 초등학교 교육과정과의 연계를 강화하도록 하고 있다. 또한 '신체운동·건강', '의사소통', '사회관계', '예술경험', '자연탐구'의 5개 영역의 내용과 세부내용을 중심으로 유아 주도적인 경험과 놀이중심의 통합과정으로 구성하도록 하였다.

5세 누리과정이 고시됨에 따라, 보건복지부는 2012년 2월 29일 표준보육과정을 기존 0~5세 대상에서 0~4세 대상으로 개정하여 제2차 표준보육과정을 고시하고, 고시일부터 시행하게 하였다(보건복지부 고시 제 2012-28호). 보육과정에서 만 2세 미만 보육내용은 1·2·3수준, 만 2세 보육내용은 1·2수준, 만 3~4세 보육내용은 1·2수준으로 구분하여 제시되었다.

고시문은 총 120쪽으로, 주요 개정내용은 세 가지이다. 첫째, 기존의 표준보육과정에 총론을 추가해 표준보육과정의 방향성을 제시하고, 보육 영역의 기초를 강화하였다. 둘째, 보육과정을 통해 추구하는 인간상에 자연을 사랑하는 사람을 추가하여 지속가능한 생태환경의 중요성을 강조하였다. 관련하여, 영유아가 어릴 때부터 바른 인성과 사회성을 생활과정에서 익힐 수 있도록 보육내용을 구성하였다. 셋째, 발달과정에 따른 보육수준 및 보육내용을 수정하였다. 이를 위해 초등교육과정 및 5세 누리과정과의 연계를 위해 사용되는 용어 및 용어별 의미를 통일시켰다.

요약: 5세 누리과정의 특징	요약: 제2차 표준보육과정의 특징
• 유아주도적인 경험과 놀이중심의 통합과정으로 구성 • 창의·인성교육, 초등학교 교육과정과의 연계 강화 • 신체운동·건강, 의사소통, 사회관계, 예술경험, 자연탐구의 5개 영역으로 구성 • 내용과 세부내용을 제시	• 총론 추가 • 기본생활, 신체운동, 사회관계, 의사소통, 자연탐구, 예술경험의 6개 영역으로 구성 • 5세 누리과정을 반영하여 연령집단을 조정. 만 2세 미만, 만 2세, 만 3~4세 영유아로 구분 • 내용과 수준별 세부내용을 제시

(2) 3~5세 연령별 누리과정과 제3차 표준보육과정

2012년 7월 6일 보건복지부와 교육과학기술부는 3~5세 연령별 누리과정을 고시하고, 2013년 3월부터 시행하도록 하였다. 즉, 5세에 이어 만 3, 4세까지 국가수준의 공통과정을 마련하였으며, 이에 따라 3~5세 유아 모두가 생애 초기의 공정한 출발선을 보장받게 되었다. 고시문은 총 42쪽으로, 누리과정의 방향·목적·목표, 연령별 누리과정으로 구성되어 있다. 보육내용은 3~5세 연령별로 5개 영역에 대한 내용과 세부내용으로 제시되어 있다. 즉, 만 3~5세의 발달특성을 고려하여 연령별로 구성하되, 발달특성상 연령 구분 없이 공동으로 제시된 경우에는 교수·학습방법 및 난이도를 조정하여 활동하도록 하였다.

3~5세 연령별 누리과정이 고시됨에 따라, 보건복지부는 2013년 1월 21일 제3차 표준보육과정을 고시하고 동년 3월부터 시행하도록 하였다. 제3차 어린이집 표준보육과정은 어린이집을 이용하는 모든 영유아를 대상으로 하여, 「0~1세 보육과정」, 「2세 보육과정」,「3~5세 보육과정(누리과정)」으로 구성해 누리과정을 포함하는 넓은 개념으로 정리하였다.

요약: 3~5세 연령별 누리과정의 특징	요약: 제3차 표준보육과정의 특징
• 3~5세 유아 모두에 대해 생애 초기의 공정한 출발선을 보장 • 신체운동 · 건강, 의사소통, 사회관계, 예술경험, 자연탐구의 5개 영역으로 구성 • 연령별 내용과 세부내용을 제시	• 「0~1세 보육과정」, 「2세 보육과정」은 6개 영역으로,「3~5세 보육과정(누리과정)」은 5개 영역으로 구성 • 연령(집단)별 내용과 수준별 세부내용을 제시

(3) 2019 개정 누리과정 과정과 제4차 표준보육과정

2019년 7월 24일 교육부와 보건복지부는 3~5세 연령별 누리과정을 전부 개정하여 고시하고, 2020년 3월부터 시행하도록 하였다(보건복지부 고시 제 2019-152호). 고시문은 총 14쪽으로, 성격, 총론, 영역별 목표 및 내용으로 구성되어 있다. 2019 개정 누리과정의 주요 특징은 네 가지이다. 첫째, 유아중심·놀이중심 교육과정이 강화되었다. 교사주도 활동을 지양하며, 유아가 충분한 놀이경험을 통해 몰입과 즐거움 속에서 자율·창의성을 신장하고, 전인적 발달과 행복을 추구할 수 있도록 하였다. 둘째, 국가수준 교육과정으로서 구성체계를 확립하였다. 누리과정의 성격을 국가수준 공통 교육과정으로 명시하고, 미래사회 핵심역량을 반영한 인간상과 목표를 밝혀 교육과정으로서의 구성체계를 확립하였다. 셋째, 내용 구성의 간략화를 통한 현장자율성을 확대하였다. 교육과정의 5개 영역은 유지하되, 연령별 세부내용(369개)을 연령 통합(59개)으로 간략화하고 다양한 교육방식이 발현될 수 있도록 현장자율성을 확대하였다. 넷째, 교사의 누리과정 실행력을 지원하고자 하였다. 교사의 과다한 일일교육계획 작성을 경감하고, 주제와 유아놀이를 일치시켜야 하는 부담감 등을 완화해 교사의 자신감 회복을 도우며, 자율성과 책무성을 강조하여 누리과정 실행력을 지원하는 데 중점을 두었다.

3~5세 연령별 누리과정이 전부 개정 고시됨에 따라, 보건복지부는 2020년 4월 13일 제4차 어린이집 표준보육과정을 고시하고, 동년 9월부터 시행하도록 하였다. 고시문은 총 15쪽으로 이루어져 있으며, 표준보육과정의 성격, 총론, 0~1세 영역별 목표 및 내용, 2세 영역별 목표 및 내용, 3~5세 영역별 목표 및 내용으로 구성되어 있다. 성격 부분에 "어린이집 표준보육과정은 0~5세 영유아를 위한 국가수준의 보육과정이며 0~1세 보육과정, 2세 보육과정, 3~5세 보육과정(누리과정)으로 구성한다."고 명시되어 있다. 제4차 어린이집 표준보육과정은 2019 개정 누리과정의 변화를 반영하되, 영아와 유아를 모두 포함하는 종일보육의 중요성을 감안하여, 개별 영유아의 의사표현 존중, 민감한 반응의 중요성을 다시 강조하였다(이미화 외, 2019).

요약: 2019 개정 누리과정의 특징	요약: 제4차 표준보육과정의 특징
• 유아중심, 놀이중심성을 강조 • 국가수준 교육과정으로서의 구성체계 • 내용구성의 간략화 • 교사의 실행력 강조 • 신체운동 · 건강, 의사소통, 사회관계, 예술경험, 자연탐구의 5개 영역으로 구성 • 3~5세 내용을 제시	• 개정 누리과정의 특성 반영 • 보육과정에서 개별 영유아의 의사표현 존중, 민감성을 강조 • 0~1세 및 2세 영역별 목표와 내용은 6개 영역으로, 3~5세 영역별 목표와 내용은 5개 영역으로 구성 • 0~1세, 2세, 3~5세 내용을 제시

2. 외국의 영유아 커리큘럼 동향

보육·교육과정이란 영유아발달과 학습을 뒷받침하기 위한 내용과 방법을 말한다. 이는 "무엇을 가르치나?(what to teach)", "어떻게 가르치나?(how to teach it)"와 같은 질문에 대한 답을 제공해 준다(NIEER, 2007). 국가수준의 커리큘럼 기준은 첫째, 기관의 유형에 관계없이 균등한 질을 확보하도록 도와주고, 둘째, 교사에게 영유아 학습과 복지를 향상시키는 방법에 대한 지침을 제시해 주며, 셋째, 부모에게 영유아발달과 학습에 대한 정보를 제공해 준다(OECD, 2012). 이에 따라 OECD 국가들은 자국의 정책 환경에 부합하는 영유아기 커리큘럼 기준(curriculum standards)을 제정, 고시해 오고 있다.

1) 영국

영국은 「0세부터 5세까지의 영유아의 학습, 발달, 돌봄」을 위한 의무 표준(Statuary Framework)을 제시하고 있다. 이들은 배움과 발달의 영역(The areas of learning and development)을 의사소통과 언어, 신체발달, 개인적·사회적·정서적 발달, 문해력, 수학, 세상에 대한 이해, 표현예술과 디자인의 7영역으로 나누어 각 영역별 도달 목표를 제시하고 있다. 목표는 영유아가 커리큘럼의 경험을 통해 도달하기를 기대하는 것으로, 기관에서는 2세경, 5세 말의 취학 전에 어느 정도 진전을 보였는지 평가를 하게 된다. 하지만 교사는 이 목표달성에 지나치게 치중하여 영유아가 책 읽기부터 또래와의 놀이에 이르기까지 다양하고 풍부한 경험을 하는 것을 제한하지 않도록 유의해야 한다. 또한 기관에서는 영유아를 지원하기 위해 안전, 건강, 영양에 유의할 것을 명시하고 있다.

영국교육부의 2020년 지침서에는 바람직한 교수학습방법의 특징을 세 가지로 안내하고 있다. 첫째, 놀이와 탐색(palying and exploring)을 중시한다. 이런 교수학습방법을 사용하는 교사의 영유아는 자신의 행동이 자신을 둘러싼 주변 세계에 영향을 미친다는 것을 인식하고 이를 반복한다. 영유아는 관심이 가는 사물에 접근하고자 한다. 다양한 사물과 매체를 선택하고 탐색하고자 한다. 영유아는 자료를 탐구하거나 이를 가지고 놀고자 하며 이에 앞서 어떻게 놀지 생각해 보고, 계획하고 싶어 한다. 영유아는 놀이과정에서 소통을 통해 자신의 생각과 행동을 표현한다. 영유아는 독립적으로 선택하며, 배운 것을 스스로 해낸다. 영유아는 자신의 흥미와 관심을 나타내며 이를 자신의 배움으로 이끈다. 영유아는 교사가 제시하는 새로운 경험에 반응한다.

둘째, 능동적인 배움(active learning)을 강조한다. 이런 교수학습방법을 사용하는 교사의 영유아는 하루 일과에 즐겁게 참여하며, 다음 일과를 예상하고 기대한다. 영유아는 목표지향적 행동을 한다. 영유아는 과제가 어려워도 꾸준히 시도한다. 영유아는 실패를 스스로 교정해 나간다. 영유아는 자신이 설정한 목표에 도달하기 위해 다양한 전략을 구사한다.

셋째, 창의성을 기르고 비판적으로 사고하는 능력(creating and thinking critically)을 기르도록 한다. 이런 교수학습방법을 사용하는 교사의 영유아는 간단한 모방놀이를 할 수 있다. 영유아는 사물과 재료들을 특성에 따라 분류할 수 있다. 가장놀이를 통해 '지금 여기' 외의 것을 상상해 내며 타인의 관점을 이해한다. 영유아는 자신의 생각이나 아이디어를 표현하는 데 스스럼이 없다. 점차 아이디어 간 연결이 공고해지는 특성을 보인다. 목표를 달성하기 위해 자신의 놀이를 되돌아보고 잘한 행동과 아닌 것을 점검한다. 영유아는 자신의 실제 문제도 해결해 낸다. 영유아는 자신에게 중요하다고 생각되는 과업에 집중한다.

2) 호주

호주는 「소속감, 존재감, 그리고 자아형성」이라는 EYLF 초기학습틀(Early Years Learning Framework)을 통해 0~5세까지 영유아의 학습을 지원하고 있다. 호주는 다섯 가지 학습 결과들을 고안해 내어 어린이들의 통합적이며 복합적인 학습 및 발달을 파악하고 있다.

〈표 3-3〉 호주 EYLF에서 제시하는 학습 결과

학습 결과	내 용
학습 결과 1. 영유아는 강한 정체성을 갖고 있다.	• 영유아는 안전하고, 애착이 형성되어 있으며 잘 지원받고 있다. • 영유아는 자율성, 상호의존성, 회복력, 지원감을 발달시킨다. • 영유아는 자신이 누구인지 알고 자신을 신뢰한다. • 영유아는 타인과의 관계에서 돌봄, 공감, 존중을 보이며 상호작용할 줄 안다
학습 결과 2. 영유아는 자신을 둘러싼 세계와 연결되고 그 세계에 기여한다.	• 영유아는 집단에 대한 소속감을 가지고, 상호 호혜적인 권리가 있음을 알며, 집단의 성원에게 필요한 책임감을 발달시킨다. • 영유아는 다양한 사람들을 존중한다. • 영유아는 공정, 공평을 안다. • 영유아는 환경을 존중하고 사회적으로 책임감을 갖는다.

학습 결과	내 용
학습 결과 3. 영유아는 굳건한 복지감을 가진다.	• 영유아는 자신에 대해 강한 사회적, 정서적 복지감을 갖는다. • 영유아는 스스로의 건강과 신체적 복지에 대해 책임감이 증가한다.
학습 결과 4. 영유아는 자신감이 있고 몰입하는 학습자이다.	• 영유아는 호기심, 협력, 자신감, 창의성, 헌신, 열정, 지속, 상상, 반성적 사고 등과 같은 배움의 성향들을 개발시킨다. • 영유아는 문제해결 위한 탐구과정과 이에 필요한 다양한 기술을 발달시킨다. • 영유아는 자신이 배운 것을 이 맥락에서 다른 맥락으로 전이시키거나 적용한다. • 영유아는 자신의 배움을 다른 사람, 장소, 테크놀로지, 자연물, 인공물 등에 연결시킴으로써 자원화시킨다.
학습 결과 5. 영유아는 효과적인 의사소통가이다.	• 영유아는 다양한 목적을 가지고 언어적, 비언어적 상호작용을 한다. • 영유아는 다양한 범위의 표시를 다루고, 여기서 의미를 파악한다. • 영유아는 다양한 매체를 사용하여 자신의 아이디어를 표현하고 의미를 만들어 낸다. • 영유아는 상징과 패턴 체계가 어떻게 작동하는지 이해하기 시작한다. • 영유아는 여러 가지 정보 · 통신 테크놀로지를 사용하여 정보에 접근하고 아이디어를 탐색하며 자신의 생각을 표현한다.

교사를 위한 지침서에서는 교수학습방법으로 통합적 접근(holistic approach)과 놀이를 통한 배움(learning through play)을 강조하고 있다. 즉, 교사는 EYLF를 토대로 영유아가 놀이를 통해 보다 유능한 놀이 또래들과 의미 있는 경험을 할 수 있도록 지원한다. 놀이를 통한 배움을 교수학습방법의 기본으로 삼는 교사는 영유아들이 방해받지 않고 충분한 시간 동안 놀이할 수 있도록 허용하며, 놀이 공간을 풍부하게 지원해 준다. 교사는 영유아의 놀이를 세심하게 관찰하여 필요한 수준으로 적절하게 상호작용함으로써 영유아의 놀이를 심화시켜 준다.

교사는 놀이를 평가하여 영유아의 배움이 어떻게 이루어졌는지 파악할 수 있다. 또한 지침서에서는 교수학습에 있어 유아의 놀이를 통한 배움을 유연하게 지원해 줄 수 있으려면 커리큘럼의 계획 사이클(Planning Cycle)이 질문(Question) → 계획(Plan) → 실행(Act/Do) → 반성/검토(Reflect/Review) → 질문(Question)의 순환과정을 통해 지속적으로 변화하면서 전개되어야 한다는 것을 강조하고 있다. 이러한 교실에서 놀이를 즐기는 영유아는 교사와 안정적인 애착을 형성하고 있다. 유능한 놀이 또래들은 놀이재료를 찾아내고, 역할 모델이 되며, 놀이를 확장하고, 놀이에 진입하는 방법이나 시기와 같은 특정한 놀이 지식을 알고 있다. 또한 놀이에서 다른 또래와 상호작용할 줄 알고, 원할 때 놀이에서 빠져나올 수 있다.

3) 뉴질랜드

뉴질랜드는 「Te Whariki 영유아기 커리큘럼」을 통해 0세부터 취학 전 유아까지의 발달과 배움을 위한 국가 기준을 제시하고 있다. 뉴질랜드의 영유아기 커리큘럼 국가 기준에서는 각 기관에서 프로그램을 계획하거나 진행할 때 영유아의 정체성(identity), 언어(language), 문화(culture)를 가장 중시하도록 한다. 즉, 영유아와 가족이 어떤 인종이든, 어떤 언어를 주로 사용하든 문화적 특성이 어떠하든 이를 중시하여 영유아가 자기존중감을 가진 유능한 학습자로 성장할 수 있도록 지원해야 한다.

국가 기준에서는 영유아가 놀이를 통해 자신의 배움을 이루어 나가도록 힘을 주는 것(empowering)과 통합적 발달(holistic development)을 강조한다. 이를 위해 복지(Well-being), 소속감(Beloning), 기여(Contribution), 의사소통(Communication), 탐색(Exploration)의 다섯 가지 영역별로 커리큘럼의 목표와 학습 결과물(learning outcomes)을 제시한다. 학습 결과물은 영아(Infants), 걸음마기 유아(Toddlers), 유아(Yong Children)로 각각 나뉘어 설명되어 있다.

교사를 위한 커리큘럼 정보 사이트에서는 각 기관이 Te Whariki 기준을 토대로 지역과 가족의 다양한 문화적 요구에 부응하는 프로그램을 자유롭게 구성하여 진행할 것을 안내하고 있다. 기관의 개별 프로그램을 구성할 때는 여섯 가지 측면을 고려한다.

첫째, 기관이 위치한 지역과 부모, 영유아에 대해 파악한다. 지역의 특성, 언어, 문화, 가족과 영유아의 요구, 영유아의 배움을 위해 가족과 어떻게 협력할지, 영유아가 성장하여 학교에 가기 위해서는 어떤 지원을 해야 할지에 대해 고려하도록 한다.

둘째, 배움에서 우선시할 것을 결정한다. 이를 위해 지역과 가족의 요구는 무엇인가, 목표와 학습 결과물은 어떠해야 하는가, 기관의 철학과 특성은 무엇인가, 배움이 일어나는 풍부한 기회들이 확보되어 있는가 등을 고려할 필요가 있다.

셋째, 영유아의 놀이와 배움의 과정에 교사들이 어떻게 대응할지 계획한다. 이를 위해 관련 이론과 접근법을 익히고, 교수방법과 전략을 검토한다. 사람, 교재교구, 시간, 공간을 둘러싼 의도적인 결정을 어떻게 할지 결정한다. 영유아와 의도적으로 상호작용하는 방법 등에 대해 고민한다.

넷째, 프로그램을 실행한다. 이 단계에서는 교사가 생각하고, 계획하여 행동에 옮기는 과정이 진행된다. 이 과정에서 프로그램 구성과정의 이전 단계로 되돌아가 일부 수정을 할 수도 있다. 교사는 영유아의 배움이 여러 가지 방식으로 일어난다는 것을 인식한다.

다섯째, 영유아가 무엇을 어떻게 배우고 있는지 파악한다. 이를 위해 영유아를 관찰하고, 반성적으로 사고한다. 함께 대화를 나누고 기록한다. 영유아에게 어떤 배움이 이루어지고 있는지, 이를 의미 있게 진전시키기 위해 다음에 무엇을 할 수 있는지 논의한다. 이를 위해 부모 및 보호자와 활발하게 교류한다.

여섯째, 검토하고, 수정하여 환류시킨다. 프로그램의 과정과 경험에 대해 되돌이켜 보고, 비판적으로 검토하고, 평가하는 과정을 통해 영유아의 경험이 배움에 어떤 영향을 미치게 되었는지, 교사가 여러 사람과 장소에 효율적으로 대처했는지, 교사는 다음에 어떻게 다르게 할 수 있을지, 다음 프로그램 과정에서는 어떻게 환류를 시킬 수 있을지를 파악한다.

교사를 위한 커리큘럼 정보 사이트에서는 위의 과정으로 진행된 다양한 기관의 커리큘럼 사례를 풍부하게 안내함으로써 개별 기관과 교사들이 영유아의 놀이를 통한 배움을 전문적으로 지원할 수 있도록 하고 있다.

관점 넓히기

놀이와 커리큘럼의 관계

놀이에서 출발한 커리큘럼(Play-generated curriculum): 영유아가 놀이경험을 통해 어떤 것에 흥미를 가지게 되면 교사는 커리큘럼 활동을 개발하게 된다. 가령, 놀이 중 유아들이 채소를 심고 자라는 것을 관찰하고자 하는 욕구가 생겼다. 교사는 주변 농원이나 식물원으로 현장학습을 가도록 계획할 수 있고, 지퍼락 백에 흙을 담고 씨를 뿌려 이를 관찰하는 과학실험을 계획할 수도 있다. 식물 키우기와 관련된 그림책을 비치할 수도 있고, 바깥놀이터의 한 켠에 작은 꽃밭을 꾸며 볼 수도 있다. 유아의 관심과 흥미를 반영한 프로젝트가 꾸려질 수도 있다. 영유아가 놀이를 할 때 이들의 행동은 그들의 관심 영역이 무엇인지 보여준다.

커리큘럼에서 출발한 놀이(Curriculum-generated play): 영유아는 놀이경험을 통해 개념과 기술을 배운다. 놀이 영역이 배움이 이루어지기에 풍부한 환경으로 구성되어 있다면, 가령 주제와 관련된 문해력이나 수학 관련 교재교구들이 비치되어 있다면, 영유아는 그곳에서 읽고, 끄적이거나, 수학적인 놀이경험을 할 수 있다. 커리큘럼이 만들어 낸 놀이를 통해 영유아는 개념과 기술을 배우고, 뒤섞고, 익힌다. 영유아의 행동은 이런 유형의 놀이에서 그들이 무엇을 배우고 있는지 보여준다.

출처: Saracho, O. N.(2017:71). An integrated play-based curriculum for young children.

4) OECD 각국의 유·초 연계

전통적으로 영유아보육·교육(Early Childhood Eucation & Care: ECEC) 커리큘럼은 학문적인 모델(academic model)과 보다 포괄적인 모델(comprehensive model)로 분류된다. 학문적 접근법은 학교 준비를 위해 인지적 목표를 강조하는 교사주도적 교육과정에 기초한다. 포괄적 접근법은 유아에 초점을 두고 총체적 발달과 복지를 위해 그 범위를 확장하려고 노력한다(Bertrand, 2007; OECD, 2006). 학문적 접근법은 핵심교과 영역에 대한 교수법을 규정하고 있지만, 자기주도적 활동, 창의성, 자기 결정을 특징으로 하는 유아중심적 환경을 제약할 수 있다(Eurydice, 2009; Prentice, 2000).

〈표 3-4〉 커리큘럼의 학문적 모델과 포괄적 모델의 효과

어떤 모델이 영유아의 _____를 가장 잘 개선할 수 있는가?	학문적 모델	포괄적 모델
IQ점수	×	
학습 동기		×
문해와 수 개념	×	
창의성		×
독립성		×
구체적 지식	×	
자신감		×
일반적 지식		×
주도성		×
단기적 성과	×	
장기적 성과	×	×

출처: OECD(2012:73). Strart Strong II에서 재인용.

국제표준교육분류(International Standard Classification of Education: ISCED)는 세계 각국의 교육제도를 비교하기 위하여 국제연합 교육과학문화기구(UNESCO)가 발표하는 지표이다.

이 지표는 2011년 개정판에서 영유아기 교육도 기초교육으로 분류하였다. ISCED분류는 수준 0에서 수준 8까지 9가지 교육수준이 있으며, ISCED 0은 영유아교육을, ISCED 1은 초등교육을 뜻한다. ISCED 수준 0의 교육 프로그램은 연령과 교육내용의 수준에 따라 만 0~2세 교육적 발달(ISCED 01)과 만 3~5세 취학전 교육(ISCED 02)의 두 가지 하위범주로 분류된다. 만 3~5세 취학전 교육(ISCED 02)에는 아동이 학교와 사회 참여를 준비할 수 있도록 발달지원 서비스를 제공하는 ECEC가 포함되고, 만 3세부터 초등교육 시작까지의 아동을 대상으로 한다. 근래 OECD 각국은 자국의 영유아들이 교육수준 간 순조로운 전이(transition)을 할 수 있도록 지원하는 추세이다. 우리나라의 경우, 제4차 교육과정부터 저학년을 중심으로 통합교과 개발, 주제 중심의 탈교과적 통합 등이 이루어져 유·초 연계를 강화시키고 있다.

〈표 3-5〉 우리나라 초등학교 교육과정에서 나타나는 통합교과의 특성

<table>
<tr><th>시 기</th><th>통합교과의 성격</th><th>특 징</th></tr>
<tr><td>제1차 교육과정: 1954-1963</td><td></td><td>교과중심</td></tr>
<tr><td>제2차 교육과정: 1963-1973</td><td></td><td>경험중심</td></tr>
<tr><td>제3차 교육과정: 1973-1981</td><td></td><td>학문중심</td></tr>
<tr><td>제4차 교육과정: 1981-1987</td><td>1, 2학년 통합교과서 편찬: 형식상 통합
바른 생활, 슬기로운 생활, 즐거운 생활</td><td rowspan="4">인간중심
통합교육과정</td></tr>
<tr><td>제5차 교육과정: 1987-1992</td><td>통합교육과정 제시: 교과 간 통합 가능성 제시
도구적 교과 분리: 국어, 수학</td></tr>
<tr><td>제6차 교육과정: 1992-1997</td><td>저학년 통합교과 재조정</td></tr>
<tr><td>제7차 교육과정: 1997-2007</td><td>활동주제중심 통합: 탈교과적 통합(교과 간 통합 탈피)</td></tr>
<tr><td>2007 개정</td><td>통합교과 성격 명료화
주제중심 통합: 대주제, 활동주제
통합교과 간 연계지도체제 구축</td><td rowspan="5">인간중심
통합교육과정</td></tr>
<tr><td>2009 개정</td><td>교과목을 축소 통합한 '교과군' 제시
교과 간 교과 내 내용 영역 간 연계 및 중복 해소
주제별 통합교과 제시: 학교와 나, 봄, 가족, 여름, 이웃, 가을, 우리나라, 겨울(바른 생활, 슬기로운 생활, 즐거운 생활이 없어지고 통합됨)
창의적 체험 활동 강화</td></tr>
<tr><td>2015 개정</td><td>핵심역량 중심
범교과학습주제(10)
안전 · 건강교육
진로교육
민주시민교육
인권교육
다문화교육
통일교육
독도교육
경제 · 금융교육
환경 · 지속가능발전교육</td></tr>
<tr><td>2017 개정</td><td></td></tr>
<tr><td>2019 개정</td><td></td></tr>
</table>

출처: 김영옥(2020: 163-167)에서 재구성.

OECD(2017)의 조사에 따르면, OECD 각국의 아동 대부분은 초등학교 입학 전 영유아보육·교육(ECEC)기관을 다니며, 약 절반 정도의 국가에서 영유아는

가정에서 영유아기관, 영유아기관에서 초등학교로의 두 번의 전이를 경험한다. 일부 국가에서는 ECEC 마지막 해나 초등학교 입학 직전 해에 연계학급 혹은 유아학급을 다니도록 하고 있다. 영유아가 물리적 환경의 변화를 크게 겪지 않도록 배려하기 위해 취학 전 교육과 초등교육이 한 장소에서 이루어지도록 기관을 설립하는 국가들도 많다. 대부분의 국가에서 의무교육은 초등학교 1학년인 만 6세에 시작하는 편이지만, 일부 국가에서는 만 5세에 의무교육을 시작하기도 한다. 아동의 성공적인 적응을 지원하도록 하여 초등학교에서 유급이 발생하지 않도록 한다.

하지만 커리큘럼의 연속성 측면에서 보자면, 여전히 ECEC와 초등학교 교직원 간 교육에 대한 관점의 차이로 인해 교육의 연속성이 저해되는 양상이 아직 극복되지 못한 한계가 있는 편이다. 초등학교가 학업 중심인 데 반하여, ECEC 보육·교육은 오랫동안 통합적인 접근(예: 인지적 발달뿐만 아니라 사회·정서적 발달과 복지 등을 포괄)을 기반으로 하고 있는 편이기 때문이다. 양측 기관 간에 교육이 이루어지는 방식의 차이는 긴장을 유발하며, 아동의 입장에서 볼 때 순조로운 전이(transition)를 저해할 수 있다. 이러한 문제를 극복하기 위해 각국에서는 ECEC 커리큘럼 기준과 초등교육과정의 기준을 포함하는 통합적인 교육과정 틀과 지침을 개발하고 있다.

3. 영유아를 위한 커리큘럼의 전망

1) EDUC 2030에서의 학습나침반

Educ 2030은 OECD가 미래사회에 요구되는 핵심역량을 규명하고 이를 함양할 수 있는 체계 구축을 목적으로 실시하고 있는 교육사업이다. 1주기 사업(2015~2018)에서는 '무엇을 가르칠 것인가'에 초점을 두고 미래사회에 요구되는 역량을 담은 학습 개념틀(Learning Framework)을 개발하고자 하였다. 1주기 사업의 결과물인 학습 개념틀의 최종안이 'OECD 학습나침반 2030'으로 발표되었다.

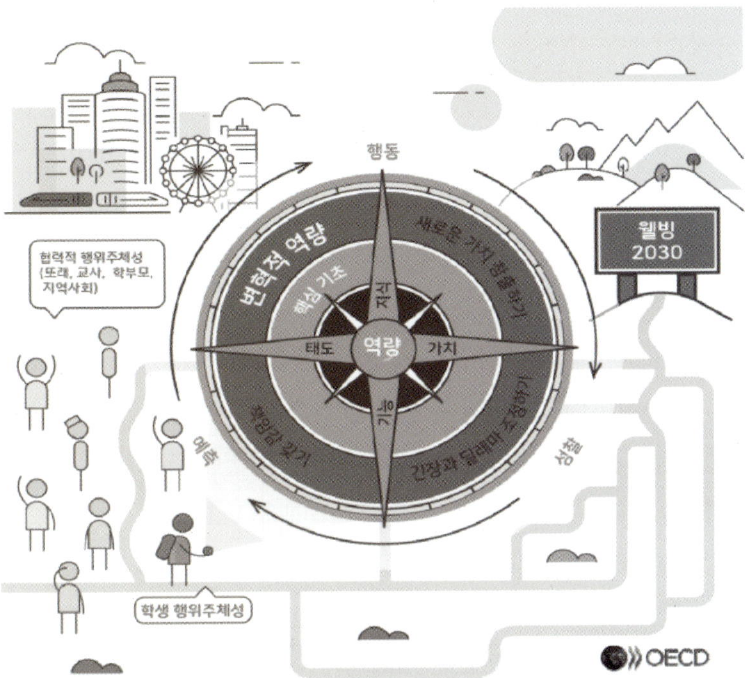

출처: https://www.oecd.org/education/2030-project/.

[그림 3-1] OECD 학습나침반 2030

〈표 3-6〉 학습나침반 2030의 주요 영역 및 세부요소

<table>
<tr><th>영역</th><th colspan="2">세부요소</th></tr>
<tr><td>교육의 목적</td><td colspan="2">개인과 사회의 웰빙, 학생 행위 주체성</td></tr>
<tr><td rowspan="3">역량의 범주</td><td>지식(knowledge)</td><td>학문적, 간학문적, 인식론적, 절차적 지식</td></tr>
<tr><td>기능(skills)</td><td>인지적 · 메타인지적, 사회적 · 정서적, 실용적 · 신체적 기능</td></tr>
<tr><td>태도와 가치
(attitudes & values)</td><td>개인적, 사회적, 사회관습적, 인류적 태도와 가치</td></tr>
<tr><td>핵심기초</td><td colspan="2">문해력, 수리력, 건강 리터러시, 디지털 리터러시</td></tr>
<tr><td>역량개발 사이클</td><td colspan="2">예측(Anticipation)–행동(Action)–성찰(Reflection)(A–A–R)</td></tr>
<tr><td>구성원의 역할
및 상호작용</td><td colspan="2">학생 행위주체성, 협력적 행위주체성</td></tr>
</table>

출처: 최수진(2019:43)에서 재인용.

학습나침반에서 가장 핵심적인 개념은 학습자의 행위주체성(student agency)이다. 이는 학습자가 자신 주변의 일에 관심을 갖고 책임감 있게(자기 행동의 단기적·장기적 영향력을 고려하면서 성찰적으로) 생각하고 참여함으로써, 자신의 행복뿐만 아니라 사회(주변 사람들, 현상, 환경)에도 긍정적인 영향을 줄 수 있는 것을 의미한다(OECD, 2019). 학습나침반 2030은 학습자가 자신이 설정한 목적과 책임의식을 가지고 개인과 사회가 웰빙의 방향으로 나아갈 수 있도록 방향을 제시하는 도구(tool)로 이해될 수 있다.

OECD 교육 2030의 2주기 사업(2019~)에서는 '어떻게 가르칠 것인가'에 초점을 두고 역량을 함양할 수 있는 방법을 탐색하고 있다(최수진 외, 2019). 즉, 1주기 사업이 학습 개념틀(Learning framework)의 개발에 역점을 두었다면, 2주기 사업은 교수 개념틀(Teaching framework)의 개발에 역점을 두고 있다.

아오키(Aoki, 1983)에 의하면, 교육과정 실행을 도구적인 행위로 보는 개념틀에서는 교육과정 실행이 전문가가 생산하고 비전문가(교수자 및 학습자)가 소비(실천)하는 것과 같은 단선적인 흐름으로 이해된다. 이에 비해 교육과정 실행을 '상황적 실천(situational praxis)'이라고 보는 개념틀에서는 교수자와 학습자가 공동행위자(co-actors)로 간주된다. 이 관점에서 보면, 교육과정은 주체적인 구성원들이 형성하는 상황 속에서 계속해서 창조되고 재창조되는 실제로, 교실의 구체적 상황에서 만들어 내는 현상, 경험, 실제에 초점을 둔다.

OECD 각국은 OECD 교육 2030의 학습 개념틀과 교수 개념틀의 기본방향을 반영하여 자국의 ECEC 커리큘럼 틀에서 영유아의 관심과 흥미를 존중하는 교사의 지원을 강조하고, 놀이중심 커리큘럼 운영에서의 유연성과 실행력에 중점을 두고 있다. 우리나라도 2019 개정 누리과정에서 영유아의 놀이를 통한 배움을 강조하고, 교사의 실행력과 자율성을 강조함으로써 영유아가 미래 교육의 방향에 부합하는 역량의 토대를 형성할 수 있도록 하였다.

2) 디지털 환경 변화와 영유아

오늘날 영유아의 생활에서 가장 급격히 바뀐 것 중 하나는 일 방향으로 이루어지는 TV나 비디오 시청에서 대화형 뉴 미디어(핸드폰, 아이패드 등)의 사용이 증가하였다는 점일 것이다. 이에 따라 미국, 뉴질랜드 등 OECD 각국에서는 영유아기 커리큘럼 틀에 뉴 미디어의 사용에 대한 내용을 포함시키는 추세이다. 가령, 뉴질랜드 영유아기관에서는 영유아가 대화형 뉴 미디어를 이해하고 이를 적절하게 사용할 수 있도록 지원하고 있다. 흥미로운 것은 이들이 디지털 문해력과 디지털 유능성을 구분하고 있다는 점이다.

첫째, 디지털 문해력(Digital literacy)은 디지털 테크놀로지를 '어떻게(HOW)' 사용하고, 이것을 가지고 '무엇(WHAT)'을 하는지 아는 것으로, 전통적인 문해력 학습에 해당한다.

둘째, 디지털 유능성(Digital fluency)은 디지털 테크놀로지를 안전하고 현명하게, 타인을 존중하는 방식으로 사용해야 한다는 점을 아는 것으로, 디지털 문해력을 초월하는 것이다. 디지털 유능성이 있는 학습자는 '언제(WHEN)' 디지털 테크놀로지를 이용하는 것이 좋은지, '왜(WHY)' 그것을 특정한 목적을 위해서만 사용해야 하는지 안다.

디지털 문해력뿐만 아니라 디지털 유능성을 함께 기르도록 함으로써 디지털 과몰입의 부정적 측면을 예방하고, 영유아가 풍부한 신체놀이, 또래와의 사회적 놀이, 사물을 직접 조작하는 실물놀이를 충분하게 즐길 수 있도록 노력할 필요가 있다.

출처: https://tewhariki.tki.org.nz/en/teaching-strategies-and-resources/digital-technolo

[그림 3-2] 대화형 뉴 미디어를 사용하는 영유아

II 제4차 어린이집 표준보육과정의 이해

2부에서는 국가수준 보육과정인 제4차 어린이집 표준보육과정의 구성과 구체적인 내용에 대해서 살펴봅니다. 제4차 어린이집 표준보육과정에서 0~1세 보육과정은 6개 영역의 40개 내용, 2세 보육과정은 6개 영역의 43개 내용, 3~5세 보육과정(누리과정)은 5개 영역의 59개 내용으로 구성되어 있습니다. 각 연령별 내용은 0~5세 영유아가 경험해야 할 내용으로 명시되어 있어 경험의 주체로서 영유아가 배움의 주체가 되는 보육과정을 의미합니다. 2부에서는 표준보육과정의 구성 원리와 각 영역별 영유아 경험의 내용을 알아보며, 이를 6(5)개 영역과 통합적으로 살펴봅니다. 이를 통해 영유아가 일상생활과 놀이를 통해 경험하고 배우는 내용을 존중하고 지원해 가는 방향을 살펴보겠습니다.

2부에서는 표준보육과정 내용 이해를 돕기 위해 다음과 같은 구성을 통해 표준보육과정에서 제시하는 영유아의 경험에 대한 통합적 이해와 다각적 활용을 제안하고 있습니다.

해설이의 tip

해설이 2부의 각 장에서 제시하는 영역별 내용 이해를 돕고, 6(5)개 영역을 통합적으로 살펴보며 다각적으로 활용해 볼 수 있는 방향을 제안하는 역할을 하는 캐릭터입니다. 해설이의 제안을 따라 제공된 URL 또는 QR코드를 참고하여 표준보육과정 해설서, 누리과정 자료를 직접 펼쳐보며 살펴보세요.

표준보육과정 나침반

연령별 표준보육과정 나침반 2부 각장에서 다루는 영역별 내용에 국한되지 않고 영유아의 경험을 총제적으로 이해할 수 있는 방향을 제시하고자 6(5)개 영역을 한눈에 볼 수 있는 총괄표를 구성하였습니다. [0~1세], [2세], [3~5세] 표준보육과정 나침반은 영유아의 경험을 통합적으로 이해할 수 있는 다양한 목적으로 활용될 수 있습니다.

변화 CHECK

변화 check 제4차 어린이집 표준보육과정에서 강조하고 있는 영역별 개정방향을 정리하였습니다.

관점 넓히기

관점 넓히기 각 영역별 내용을 이해하는 데 도움이 되는 정보와 심화 확장된 사고를 할 수 있도록 하는 내용을 제공하였습니다.

적용해 보기

적용해 보기 각 장의 내용을 직접 적용해 볼 수 있는 간략한 활동을 제시하여 학습한 내용을 복습하고, 실제에 적용해 보며 심화학습을 할 수 있도록 하였습니다. 적용해 보기로 제시된 내용은 발표 및 토론, 수업 중 활동 등 다양하게 활용될 수 있습니다.

어린이집에서는 이렇게

어린이집에서는 이렇게 각 장의 내용과 관련하여 어린이집에서 적용되는 사례를 제시하여 표준보육과정을 어린이집에서 실행하는 구체적인 방향을 살펴볼 수 있도록 하였습니다.

무엇을 배울까?

>>> 표준보육과정의 구성체계

>>> 표준보육과정의 성격

>>> 표준보육과정의 구성 방향

- 추구하는 인간상
- 목적과 목표
- 구성의 중점

>>> 표준보육과정의 운영

- 편성 · 운영
- 교수 · 학습
- 평가

04 표준보육과정 구성 이해

▫ **이 내용을 살펴보는 주안점:**

「제4차 어린이집 표준보육과정」 고시문은 성격, 총론, 영역별 목표 및 내용으로 구성되어 있습니다. 영유아중심, 놀이중심 보육과정의 의미가 고시문에 제시된 보육과정의 성격, 추구하는 인간상, 목적과 목표, 구성의 중점, 편성 · 운영, 교수 · 학습, 평가에서 어떻게 나타나고 있는지 살펴보고자 합니다. 이 장에서는 표준보육과정 고시문의 의미를 이해하는 데 중점을 두며, 「제4차 어린이집 표준보육과정 고시문」과 「표준보육과정 해설서」, 「2019 개정 누리과정 해설서」를 함께 참조하여 살펴보기를 제안합니다.

1. 제4차 어린이집 표준보육과정의 구성체계

제4차 어린이집 표준보육과정의 고시문은 표준보육과정의 성격, 총론, 0~1세 영역별 목표와 내용, 2세 영역별 목표와 내용, 3~5세 영역별 목표와 내용으로 구성되어 있다(보건복지부, 2020a). 제4차 어린이집 표준보육과정은 초등교육과정의 구성체계를 반영한 2019 개정 누리과정의 구성을 반영하였다.

고시문은 가장 먼저 국가수준 보육과정의 성격을 제시하고 있다. 그 다음 총론은 표준보육과정의 구성 방향과 표준보육과정의 운영으로 구성되어 있다. 표준보육과정의 구성 방향에서는 추구하는 인간상, 목적과 목표, 구성의 중점을 통해 영유아중심, 놀이중심 보육과정의 방향성을 제시하고 있다. 이러한 표준보육과정의 구성 방향은 보육과정의 편성·운영, 교수·학습, 평가를 통해 표준보육과정의 운영 전반에 반영되어 있다. 영역별 목표와 내용은 영유아가 어린이집에서 하루, 한 달, 일년을 지내면서 놀이, 활동, 일상생활에서 자연스럽게 경험하는 실제를 묶어 0~1세 보육과정은 6개 영역 40개 내용, 2세 보육과정은 6개 영역 43개 내용, 3~5세 누리과정은 5개 영역 59개 내용으로 제시하고 있다. 제4차 어린이집 표준보육과정의 구성체계는 [그림 4-1]과 같다.

표준보육과정의 성격

제1장 총론	제2장 0~1세 영역별 목표 및 내용	제3장 2세 영역별 목표 및 내용	제4장 3~5세 영역별 목표 및 내용
Ⅰ. 표준보육과정의 구성 방향 1. 추구하는 인간상 2. 목적과 목표 가. 0~2세 보육과정 목표 나. 3~5세 보육과정 목표 3. 구성의 중점 Ⅱ. 표준보육과정의 운영 1. 편성 · 운영 2. 교수 · 학습 3. 평가	Ⅰ. 기본생활 Ⅱ. 신체운동 Ⅲ. 의사소통 Ⅳ. 사회관계 Ⅴ. 예술경험 Ⅵ. 자연탐구	Ⅰ. 기본생활 Ⅱ. 신체운동 Ⅲ. 의사소통 Ⅳ. 사회관계 Ⅴ. 예술경험 Ⅵ. 자연탐구	Ⅰ. 신체운동 · 건강 Ⅱ. 의사소통 Ⅲ. 사회관계 Ⅳ. 예술경험 Ⅴ. 자연탐구

[그림 4-1] 제4차 어린이집 표준보육과정의 구성체계

2. 표준보육과정의 성격

어린이집 표준보육과정(이하, '표준보육과정'이라 함)은 0~5세 영유아를 위한 국가수준의 보육과정이며, 0~1세 보육과정, 2세 보육과정, 3~5세 보육과정(누리과정)으로 구성한다.

가. 국가수준의 공통성과 지역, 기관 및 개인수준의 다양성을 동시에 추구한다.
나. 영유아의 전인적 발달과 행복을 추구한다.
다. 영유아중심과 놀이 중심을 추구한다.
라. 영유아의 자율성과 창의성 신장을 추구한다.
마. 영유아, 교사, 원장, 부모 및 지역사회가 함께 실현해 가는 것을 추구한다.

표준보육과정에서 가장 먼저 제시되는 성격은 국가수준 보육과정의 구성체계를 확립하는 출발점이다. 제4차 어린이집 표준보육과정의 성격은 「2015 개정 초·중등학교 교육과정」 성격의 구성체계와 연계하고, 영유아기의 고유한 특징을 반영하여 '영유아중심 및 놀이중심'을 강조하고 있다. 어린이집 표준보육과정(이하, '표준보육과정'이라 함)은 0~5세 영유아를 위한 국가수준의 보육과정이며, 0~1세 보육과정, 2세 보육과정, 3~5세 보육과정(누리과정)으로 구성한다.

표준보육과정은 국가수준에서 보육과정에 대한 공통적 기준을 제시하는 한편, 지역, 기관 및 개인수준의 특성을 반영하여 보육과정을 다양하게 운영하는 것을 추구한다. 국가수준 보육과정이 제시하는 공통적이고 일반적 기준을 근거로 하여 보육과정의 편성·운영, 교수학습, 평가를 자율성을 가지고 다양하게 운영하게 된다. 보육과정에 관한 국가수준의 기준은 국가 및 지역에서 실행되는 다양한 교육 및 보육서비스에서 발생하는 질적인 차이를 균질하게 만들어 주고 일관성을 확보할 수 있게 해 준다.

국가수준 보육과정은 영유아의 전인적 발달과 행복을 추구하는 것을 목적으로 하며, 이를 위해서 영유아가 가장 좋아하고, 하고 싶어 하며, 잘하는 놀이를 중심으로 보육과정을 운영하도록 제시하고 있다. 영유아는 자신이 주도적으로 참여하는 놀이를 즐기는 과정에서 자율성과 창의성이 길러지며, 이 과정은 영유아, 교사, 원장, 부모, 지역사회가 함께 만들어 갈 때 실현될 수 있다. 표준보육과정은 학습자인 영유아가 보육과정의 주체로서, 놀이를 중심으로 실행되는 보육과정이다.

〈표 4-1〉 보육과정의 구성 주체별 역할

구성 주체	역 할
국가수준 보육과정	어린이집에서 보육과정을 구성하고 운영할 때 고려해야 할 공통적이고 일반적 기준 제시
지역수준 보육과정	국가수준의 보육과정을 바탕으로 각 시 · 군 · 구청에서 그 지역사회의 상황과 여건을 고려하여 보육과정을 특색 있게 운영
기관(교실) 수준 보육과정	각 어린이집이 국가수준 보육과정과 지역수준 보육과정의 특성을 반영하는 동시에 각 기관의 철학, 담당 반 및 부모의 특성에 따라 보육과정을 자율적으로 운영
개인(학습자)수준 보육과정	개별 영유아가 어린이집에서 주도적 놀이, 활동, 일상생활을 자연스럽게 경험하면서 배움이 일어나는 과정으로, 교사는 영유아를 개별적 특성을 가진 고유한 존재로 인정하며, 영유아의 흥미와 관심을 보육과정에 반영하여 자율적으로 운영

출처 : 보건복지부 (2020b). 제4차 어린이집 표준보육과정 해설서. p.17 재구성.

3. 표준보육과정의 구성 방향

1) 추구하는 인간상

표준보육과정이 추구하는 인간상은 다음과 같다.

가. 건강한 사람
나. 자주적인 사람
다. 창의적인 사람
라. 감성이 풍부한 사람
마. 더불어 사는 사람

2019 개정 누리과정은 〈표 4-2〉에 제시되어 있는 바와 같이 초·중등학교 교육과정의 인간상과 연계하여 추구하는 인간상을 신설하였고, 제4차 어린이집 표준보육과정에서도 동일하게 추구하는 인간상을 제시하였다. 제4차 어린이집 표준보육과정이 추구하는 인간상은 건강한 사람, 자주적인 사람, 창의적인 사람, 감성이 풍부한 사람, 더불어 사는 사람이다. 특히 건강한 사람은 표준보육과정과 누리과정에서만 제시된 인간상으로, 신체적, 정신적 건강의 기초를 형성하는 영유아기의 특성을 반영한 것이다.

〈표 4-2〉 추구하는 인간상의 의미

추구하는 인간상	인간상의 의미	영유아의 모습
건강한 사람	몸과 마음이 고루 발달하고 스스로 건강함을 유지하며 안정적이고 안전한 생활을 하는 사람	영유아는 몸을 자유롭게 움직이며 놀이하는 것을 좋아하고, 세상과 즐겁게 교류하며, 자신의 건강과 안전을 스스로 지킨다.
자주적인 사람	자신을 잘 알고 존중하며 자신감을 가지고 스스로 할 수 있는 일을 주도적으로 해 나가는 사람	영유아는 자신이 하고 싶은 놀이나 일을 스스로 결정하고 적극적으로 참여하며 이끌어 나간다
창의적인 사람	주변 세계에 열려 있고, 호기심이 많으며, 자기만의 방식으로 상상하고 느끼고 표현하고 탐구하는 가운데 새롭고 독창적인 생각을 하는 사람	영유아는 자연과 일상에서 만나는 다양한 사물과 문제에 호기심이 많고 상상력이 풍부하며 궁금한 것을 적극적으로 탐구하면서 스스로 답을 찾아낸다.
감성이 풍부한 사람	예술을 사랑하고 존중하며 자신을 둘러싼 주변 세계에 경이감과 아름다움을 느끼고 즐길 수 있는 풍부한 문화적 감수성을 지닌 사람	영유아는 다양한 사물과 매체, 사람과 자연에 민감하고 주변의 다양한 예술과 문화에 관심을 가지며 그 속에서 아름다움과 재미를 발견한다. 또한 영유아는 이러한 아름다움을 다양한 언어, 노래와 몸짓으로 표현하는 것을 좋아하고 즐긴다.
더불어 사는 사람	자신이 속해 있는 사회에 소속감을 느끼고, 다른 사람과 생명을 존중하고 자연과 더불어 살아가며 보다 나은 사회를 만들기 위해 사회문제에 관심을 갖고 협력하는 사람	영유아는 주변 사람을 포함한 모든 생명에 대한 감수성이 뛰어나며, 자신과 친근한 사람 및 주변 세계와 관계를 맺으면서 자발적으로 사회질서와 소통 방식을 배워 나간다.

출처 : 보건복지부 (2020b). 표준보육과정 해설서. p.19-21 재구성.

추구하는 인간상은 표준보육과정을 통해 길러 내고자 하는 교육적 비전일 뿐만 아니라 하루하루 생활해 나가는 현재의 모습이기도 하다. 영유아가 어린이집에서 매일 추구하는 인간상의 모습으로 생활할 수 있도록 지원한다면 영유아는 추구하는 인간상의 모습으로 성장할 수 있을 것이다.

2) 목적과 목표

표준보육과정의 목적은 영유아가 놀이를 통해 심신의 건강과 조화로운 발달을 이루고 바른 인성과 민주 시민의 기초를 형성하는 데에 있다. 이를 실현하기 위한 목표는 다음과 같다.

가. 0~2세 보육과정 목표
1) 자신의 소중함을 알고 건강하고 안전한 환경에서 즐겁게 생활한다.
2) 자신의 일을 스스로 하고자 한다.
3) 호기심을 가지고 탐색하며 상상력을 기른다.
4) 일상에서 아름다움에 관심을 가지고 감성을 기른다.
5) 사람과 자연을 존중하고 소통하는 데 관심을 가진다.

나. 3~5세 보육과정 목표
1) 자신의 소중함을 알고, 건강하고 안전한 생활 습관을 기른다.
2) 자신의 일을 스스로 해결하는 기초 능력을 기른다.
3) 호기심과 탐구심을 가지고 상상력과 창의력을 기른다.
4) 일상에서 아름다움을 느끼고 문화적 감수성을 기른다.
5) 사람과 자연을 존중하고 배려하며 소통하는 태도를 기른다.

국가수준 보육과정으로서 표준보육과정은 영유아기의 특성을 반영하여 표준보육과정이 지향해야 하는 바를 목적과 목표로 제시하였다.

표준보육과정의 목적에서는 '영유아가 놀이를 통해'라는 표현을 제시하여 영유아기의 고유한 특성을 강조하였으며, 전통적으로 영유아 보육에서 강조해 온 '심신의 건강', '조화로운 발달'과 '민주 시민'의 가치를 반영하였고, 또한 사회 전반에 걸쳐 강조되고 있는 '바른 인성'을 목적에 반영하였다.

표준보육과정의 목적 아래 제시된 목표에는 영유아가 추구하는 인간상의 구체적 모습이 반영되어 있다. 영아보육의 특성을 반영하여 0~2세 보육과정 목표와 3~5세 보육과정 목표로 구분하였다. 3~5세 보육과정의 목표는 「2019 개정 누리과정」의 목표와 동일하며, 0~2세 보육과정의 목표는, 「2019 개정 누리과정」의 목표를 반영하면서 영아의 발달특성을 반영하였다.

관점 넓히기

표준보육과정과 초등교육과정의 연계 : 추구하는 인간상, 목적과 목표

<table>
<tr><th colspan="3">표준보육과정</th><th colspan="2">초등교육과정</th></tr>
<tr><td colspan="3">표준보육과정의 목적은 영유아가 놀이를 통해 심신의 건강과 조화로운 발달을 이루고 바른 인성과 민주 시민의 기초를 형성하는 데에 있다. 이를 실현하기 위한 목표는 다음과 같다.</td><td colspan="2">초등학교 교육은 학생의 일상생활과 학습에 필요한 기본습관 및 기초능력을 기르고 바른 인성을 함양하는 데에 중점을 둔다.</td></tr>
<tr><th>추구하는 인간상</th><th>0~2세 보육과정 목표</th><th>3~5세 누리과정 목표</th><th>추구하는 인간상</th><th>초등교육과정 목표</th></tr>
<tr><td>건강한 사람</td><td>자신의 소중함을 알고, 건강하고 안전한 환경에서 즐겁게 생활한다.</td><td>자신의 소중함을 알고, 건강하고 안전한 생활 습관을 기른다.</td><td rowspan="2">자주적인 사람</td><td rowspan="2">자신의 소중함을 알고 건강한 생활 습관을 기르며, 풍부한 학습 경험을 통해 자신의 꿈을 키운다.</td></tr>
<tr><td>자주적인 사람</td><td>자신의 일을 스스로 하고자 한다.</td><td>자신의 일을 스스로 해결하는 기초능력을 기른다.</td></tr>
<tr><td>창의적인 사람</td><td>호기심을 가지고 탐색하며 상상력을 기른다.</td><td>호기심과 탐구심을 가지고 상상력과 창의력을 기른다.</td><td>창의적인 사람</td><td>학습과 생활에서 문제를 발견하고 해결하는 기초능력을 기르고, 이를 새롭게 경험할 수 있는 상상력을 키운다.</td></tr>
<tr><td>감성이 풍부한 사람</td><td>일상에서 아름다움에 관심을 가지고 감성을 기른다.</td><td>일상에서 아름다움을 느끼고 문화적 감수성을 기른다.</td><td>교양 있는 사람</td><td>다양한 문화 활동을 즐기고 자연과 생활 속에서 아름다움과 행복을 느낄 수 있는 심성을 기른다.</td></tr>
<tr><td>더불어 사는 사람</td><td>사람과 자연을 존중하고 소통하는 데 관심을 가진다.</td><td>사람과 자연을 존중하고 배려하며 소통하는 태도를 기른다.</td><td>더불어 사는 사람</td><td>규칙과 질서를 지키고 협동정신을 바탕으로 서로 돕고 배려하는 태도를 기른다.</td></tr>
</table>

출처: 보건복지부 (2020a). 제4차 어린이집 표준보육과정 고시문, 교육부(2015). 초등학교 교육과정 고시문 재구성.

표준보육과정의 추구하는 인간상, 목적과 목표는 서로 연계되어 있으며, 영유아는 어린이집에서 이를 통합적으로 경험하게 된다. 또한 표준보육과정의 목적과 목표는 초등학교의 목적과 목표와 연계되어 있으나, 초등학교 시기와는 다른 영유아기의 고유한 특성을 반영하여 영유아가 놀이를 통해 전인적으로 성장해 나가는 것을 강조하고 있다.

3) 구성의 중점

표준보육과정 구성의 중점은 다음과 같다.

가. 영유아는 개별적인 특성을 지닌 고유한 존재임을 전제로 구성한다.
나. 0~5세 모든 영유아에게 적용할 수 있도록 구성한다.
다. 추구하는 인간상 구현을 위한 지식, 기능, 태도 및 가치를 반영하여 구성한다.
라. 표준보육과정은 다음의 영역을 중심으로 구성한다.
  1) 0~1세 보육과정과 2세 보육과정은 기본생활, 신체운동, 의사소통, 사회관계, 예술경험, 자연탐구의 6개 영역을 중심으로 구성한다.
  2) 3~5세 누리과정은 신체운동·건강, 의사소통, 사회관계, 예술경험, 자연탐구의 5개 영역을 중심으로 구성한다.
마. 0~5세 영유아가 경험해야 할 내용으로 구성한다.
바. 초등학교 교육과정과의 연계성을 고려하여 구성한다.

구성의 중점은 표준보육과정을 구성할 때 주요하게 고려한 점을 말한다. 구성의 중점에는 영유아를 개별적인 특성을 지닌 고유한 존재로서 바라보며, 영유아의 경험을 보육과정의 내용으로 한다는 점을 명시하고 있다.

(1) 영유아를 보는 관점

① 개별적 특성을 지닌 고유한 존재로 바라보기

표준보육과정은 영유아를 개별적인 특성을 지닌 고유한 존재로 바라보며, 이러한 관점을 전제로 구성하였다. 모든 영유아는 타고난 기질이나 유전적 특성, 발달

속도 등 여러 측면에서 개인차를 지닌 존재이다. 따라서 표준보육과정은 영유아 개개인이 독특하고 고유한 존재로 존중받을 때 건강하게 성장할 수 있다는 것을 전제로 구성하였다. 모든 영유아는 어떠한 편견에도 구애받지 않고 그 자체로서 존중받도록 해야 한다.

② 0~5세 모든 영유아에게 적용하기

표준보육과정은 어린이집에 다니는 0~5세 모든 영유아에게 적용할 수 있도록 구성하였다. 표준보육과정은 국가수준의 보육과정으로서 어린이집에 다니는 0~5세 영유아가 경험해야 할 공통적이고 일반적 기준을 제시하여 모든 0~5세 영유아가 양질의 보육을 받을 수 있도록 구성하였다. 모든 영유아란 연령, 발달, 장애, 종교나 가족구성, 지역 등의 사회·경제적 배경과 문화적 배경에 의해 배제되거나 차별받지 않는다는 것을 의미한다.

제3차 표준보육과정과는 달리 발달수준별 세부내용을 제시하지 않고, 0~1세 40개 내용, 2세 43개 내용, 3~5세 59개 내용으로만 제시하고 있다. 이것은 교사가 영유아의 놀이를 발달수준에 따라 일반화하기보다는, 영유아를 '개별적 특성을 가진 고유한 존재'로서 존중한다는 의미이다.

(2) 보육과정 내용 구성

① 추구하는 인간상을 구현하기 위한 지식, 기능, 태도 및 가치를 보육과정 내용에 반영

영유아는 어린이집에서 즐겁게 놀이하며 배우는 과정을 통해 지식, 기능, 태도 및 가치를 자연스럽게 경험하며 형성할 수 있다. 표준보육과정에서는 추구하는 인간상 구현을 위해 지식, 기능, 태도 및 가치를 영유아가 놀이하며 배우는 경험과 연계하여 제시하였으며, 지식, 기능, 태도 및 가치를 표준보육과정 전반에 반영하였다. 교사는 영유아가 놀이 속에서 이러한 지식, 기능, 태도 및 가치를 자연스럽게 경험하면서 추구하는 인간상을 향하여 성장해 가도록 지원한다.

② 영유아가 경험해야 할 내용으로 구성

제4차 어린이집 표준보육과정에서 보육과정 내용과 관련한 가장 큰 특징은 영유아가 어린이집에서 경험하는 실제를 보육과정의 실제로 본다는 것이다. 제4차 어린이집 표준보육과정은 학습자중심, 경험중심, 실행중심의 보육과정의 성격을 가진다는 것을 의미한다. 교사가 활동을 사전에 계획하여 영유아에게 제시하고 가르쳐야 할 내용이 아니라, 영유아가 놀이하며 경험하는 일상이 곧 보육내용이 되며 배움으로 연결된다는 것이다.

③ 내용 - 내용범주 - 영역으로 구성

영유아가 어린이집에서 경험하는 다양한 내용을 유사한 것끼리 묶은 것이 내용범주와 영역이다. 영유아는 영역별, 내용범주별로 경험하는 것이 아니며, 영유아는 어린이집에서 친구들과 선생님과 함께 놀이하고 생활하면서 통합적으로 경험하고 있다. 기본생활, 신체운동, 의사소통, 사회관계, 예술경험, 자연탐구 각 영역별 목표와 내용은 5장~10장에서 구체적으로 살펴보기로 한다.

0~1세, 2세 보육과정

영아가 보육과정을 통하여 자연스럽게 경험하거나 경험해야 하는 40개 내용(0~1세 보육과정), 43개 내용(2세 보육과정)을 기본생활, 신체운동, 의사소통, 사회관계, 예술경험, 자연탐구의 6개 영역으로 나누어 제시하였다. 영아의 경험은 일상생활과 놀이, 활동을 통해 자연스럽게 이루어지고, 이러한 과정에서 영아는 6개 영역 내용을 통합적으로 경험한다.

3~5세 보육과정(누리과정)

3~5세 보육과정(누리과정)은 3~5세 유아가 보육과정(누리과정)을 통하여 자연스럽게 경험하거나 경험해야 하는 59개 내용을 5개 영역으로 나누어 제시하였다. 유아의 경험은 대부분 놀이를 통해 이루어지고 이러한 놀이는 5개 영역 내용을 통합적으로 포함하고 있으므로, 5개 영역의 통합적 실천으로 이해해야 한다.

4. 표준보육과정의 운영

제4차 어린이집 표준보육과정 고시문에서는 표준보육과정에 대해 어린이집에서 실행하기 위해 필요한 공통적이고 일반적인 기준을 편성·운영, 교수·학습, 평가로 각각 제시하고 있다. 여기에서는 고시문에 제시된 표준보육과정의 운영에 대한 공통적인 기준의 의미를 살펴본다. 이를 어린이집에서 운영한 구체적 사례는 11장 보육과정 실행과 교사의 역할, 12장 영아반 보육과정의 운영, 13장 유아반 누리과정의 운영에서 살펴보기로 한다.

1) 편성·운영

다음의 사항에 따라 표준보육과정을 편성·운영한다.

가. 어린이집의 운영 시간에 맞추어 편성한다.
나. 표준보육과정을 바탕으로 각 기관의 실정에 적합한 계획을 수립하여 운영한다.
다. 하루 일과에서 바깥놀이를 포함하여 영유아의 놀이가 충분히 이루어지도록 편성하여 운영한다.
라. 성, 신체적 특성, 장애, 종교, 가족 및 문화적 배경 등에 따른 차별이 없도록 편성하여 운영한다.
마. 영유아의 발달과 장애 정도에 따라 조정하여 운영한다.
바. 가정과 지역사회와의 협력과 참여에 기반하여 운영한다.
사. 교사 연수를 통해 표준보육과정의 운영을 개선할 수 있도록 한다.

편성·운영은 어린이집에서 영유아·놀이중심 보육과정을 편성하고 운영하기 위해 고려해야 할 공통적 기준을 안내한 것이다. 보육과정의 편성·운영의 공통적인 기준으로 자율적인 보육과정 계획 수립 및 실행, 영유아중심, 놀이중심의 일과운영을 강조하고 있다.

(1) 자율적인 보육과정 계획 수립 및 실행하기

① 기관의 자율적인 보육계획 수립

어린이집의 보육과정 운영은 국가수준 보육과정의 공통적이고 일반적인 기준인 영유아중심, 놀이중심에 근거하여 각 기관의 실정에 따라 보육계획의 형식, 내용, 방법을 개선하여 다양한 방식으로 편성·운영한다. 영유아 현황 및 관심과 흥미, 교직원 의견, 학부모 의견 및 지역사회의 실정, 교육시설·설비 등 교육 여건과 환경을 충분히 반영하여 보육·교육과정을 편성한다(교육부, 보건복지부, 2019a; 보건복지부, 2020b).

② 사전계획을 최소화하고 놀이가 먼저 실행되는 보육과정 운영

영유아가 주도하는 놀이는 미리 계획하여 운영하기 어렵다는 점에서 교사가 미리 세우는 계획은 최소화하며, 영유아가 실제 놀이한 내용을 중심으로 하는 실행중심 보육과정으로 운영한다.

- 연간 계획

추구하는 인간상, 기관의 철학, 지역사회의 특성, 개인수준의 다양성을 고려하여 일 년간의 중요한 경험을 위주로 기관 차원에서 자율적으로 수립한다. 연간 계획은 한 학급에서만 공유되는 것이 아니라 기관 전체의 구성원이 공유하는 자료이므로 기관 차원에서 연간 계획을 검토해야 한다. 연간 계획은 일 년간의 중요한 경험(예: 기관 적응, 계절, 명절, 그 해의 특별한 국가적 행사, 기관 행사, 진급 등)을 미리 염두에 두고 계획하고, 영유아에게서 발현되는 놀이 주제가 학기를 진행하는 동안 즉각적으로 반영될 수 있도록 여지를 남기고 작성한다. 연간 계획이 수립되었다 하더라도 영유아들의 놀이 경험에 따라 시기와 기간 등이 바뀔 수 있다.

- 월간, 주간, 일일 계획

기관과 교사의 필요에 맞게 형식이나 분량을 자율적으로 하되, 통합하거나 선택하는 등 융통성 있게 작성한다. 월간, 주간, 일일 계획을 모두 수립하여야 하는 것은 아니며, 기관, 학급, 교사의 상황에 맞게 하나만 선택하여 작성할 수 있다.

계획안의 양식과 내용, 작성주기는 각 기관의 실정과 철학, 학급의 상황 및 교사의 신념을 고려하여 자율적으로 결정하면 된다. 계획안을 자율적으로 작성하고, 사전계획을 최소화함으로써 교사는 영유아가 주도하는 놀이를 적극적으로 지원한다. 교사는 매일 진행된 영유아의 놀이를 기록하고 다음날 지원할 내용을 간단히 계획할 수 있다. 매주 혹은 영유아의 놀이 주제에 맞추어 지원계획을 수립할 수도 있다.

- 놀이중심 보육과정 실행

교사가 영유아의 경험을 미리 조직하기보다 영유아의 놀이를 관찰하고 이를 지원하는 방식을 제안한다. 영유아의 놀이는 교사가 계획한 대로 진행되는 것이 아니라 시시각각 변화하고, 교사의 기대 이상으로 심화될 수 있기 때문에 모든 놀이 지원계획을 미리 수립하기는 어렵다. 영유아의 건강과 안전을 위해 필수적으로 요구되는 일상생활 습관 지도나 법적 의무교육 내용(인성, 안전 등)을 일상생활, 놀이, 활동과 연계하여 수립·운영한다

(2) 영유아중심, 놀이중심 하루 일과 운영하기

- 충분한 놀이시간 운영

영유아가 놀이에 몰입하면서 의미 있는 배움의 기회를 가지도록 바깥놀이를 포함하여 놀이시간을 충분히 확보하며 분절되지 않도록 운영한다. 영유아들이 놀이의 흐름이 끊어지지 않고 충분히 놀았다고 느낄 수 있도록 전이시간을 고려하여 놀이시간을 충분하게 편성하는 것이 중요하다. 따라서 바깥놀이를 포함한 놀이시간은 일과 가운데 가장 우선으로 충분히 편성되어야 한다. 교사는 바깥놀이를 포함하여 놀이시간을 2시간 이상 확보하되, 날씨와 계절, 기관의 상황, 영유아의 관심사와 놀이 특성 등을 고려하여 융통성 있게 편성·운영한다. 예를 들어, 하루 일과에서 바깥놀이는 미세먼지, 날씨 등을 고려하여 실내놀이로 편성·운영할 수 있고, 다른 날은 바깥놀이를 길게 편성할 수도 있다.

- 융통성 있는 일과 운영

놀이중심 일과는 영유아의 놀이에 따라 다르게 흘러갈 수 있고, 매일 다양하게 변화할 수 있다. 교사는 영유아의 놀이를 주의 깊게 바라보고, 영유아의 놀이를

이해하여 적절한 지원을 한다(교육부, 보건복지부, 2019a; 보건복지부, 2020b). 영유아의 놀이와 연계하여 교사의 활동을 계획할 수 있으며, 일상생활 등을 고려하여 융통성 있게 운영한다.

(3) 모든 영유아를 위한 교육기회 제공하기

교사는 영유아의 연령과 발달, 장애, 배경 등의 다양한 특성을 이해하고 각 특성을 최대한 고려하여 배움을 지원해야 한다. 영유아는 서로 다른 관심과 능력을 가지고 있으며, 다양한 맥락 속에서 자신만의 방식으로 놀이하고 배운다(교육부, 보건복지부, 2019a; 보건복지부, 2020b).

- 영유아의 개별적 차이 존중

영유아의 놀이는 연령 및 발달적 특성에 따라 다양한 모습으로 나타난다. 같은 연령의 영유아들일지라도 흥미, 관심, 경험, 발달, 가정의 문화 등 많은 부분에서 차이가 있으므로, 교사는 영유아가 자신에게 적합한 방식으로 놀이할 수 있도록 보육과정을 조정하여 운영한다.

- 차별과 편견 없이 운영

발달 지연 또는 장애 영유아도 또래 영유아와 함께하는 경험이 필요하다. 따라서 교사는 특별한 요구를 가진 영유아가 차별 없이 또래와 더불어 생활하고 함께 놀이하도록 지원해야 한다. 교사는 장애 영유아의 특성과 요구를 파악하여 개별화 교육계획을 수립하고, 개별 장애 영유아의 교육적 요구에 적합한 보육이 이루어지도록 한다. 이때 효과적인 운영을 위해 부모, 특수교사, 사회복지사, 의료진 등 가족과 관련 기관의 전문가와 서로 소통하고 협력하는 것이 중요하다. 필요에 따라 특별히 고안된 장치나 보조기구, 자료를 활용하여 영유아가 장애로 인한 불편함을 덜 느낄 수 있도록 지원한다.

영유아의 성별, 종교, 신체적 특성, 가족 및 민족 배경 등으로 인한 편견이 없도록 운영한다. 교육활동 전반을 통하여 인종, 민족, 장애 등으로 인한 편견이 없도록 영유아에게 적절한 지원을 제공한다.

(4) 가정과 지역사회의 협력과 참여에 기반하여 운영하기

영유아가 속해 있는 가정, 기관, 지역사회 등은 상호 연계하고 협력해야 한다(교육부, 보건복지부, 2019a; 보건복지부, 2020b). 원장과 교사는 영유아의 관심과 흥미 및 놀이에 대한 이해를 바탕으로 영유아의 놀이를 지원한다. 또한 원장과 교사는 부모가 영유아·놀이중심 보육과정의 의미를 이해하고 협력할 수 있도록 지원하고, 나아가 지역사회의 공공기관이나 단체와 협력하여 지역사회의 인적·환경적·문화적 자원을 통해 영유아가 풍부한 경험을 할 수 있도록 보육과정을 운영한다.

2) 교수·학습

교사는 다음 사항에 따라 영유아를 지원한다.

가. 영유아의 의사표현을 존중하고 민감하게 반응한다.
나. 영유아가 흥미와 관심에 따라 놀이에 자유롭게 참여하고 즐기도록 한다.
다. 영유아가 놀이를 통해 배우도록 한다.
라. 영유아가 다양한 놀이와 활동을 경험할 수 있도록 실내외 환경을 구성한다.
마. 영유아와 영유아, 영유아와 교사, 영유아와 환경 사이에 능동적인 상호작용이 이루어지도록 한다.
바. 각 영역의 내용이 통합적으로 영유아의 경험과 연계되도록 한다.
사. 개별 영유아의 요구에 따라, 휴식과 일상생활이 원활히 이루어지도록 한다.
아. 영유아의 연령, 발달, 장애, 배경 등을 고려하여 개별 특성에 적합한 방식으로 배우도록 한다.

교수·학습은 영유아가 즐겁게 놀이하며 스스로 배울 수 있도록 교사가 지원할 때 고려해야 할 사항이다. 표준보육과정에서는 교사를 영유아의 놀이 지원자로 제안하고 있다. 교사는 놀이의 특성, 의미, 가치를 이해하여 영유아가 즐겁게 놀이하면서 배우는 경험을 지원할 수 있다. 교사는 적절하게 환경을 구성하고, 영유아와 바람직한 상호작용을 하여 영유아가 놀이에 몰입하고 놀이를 확장하도록 돕는 역할을 한다(교육부, 보건복지부, 2019a; 보건복지부, 2020b).

(1) 영유아의 의사표현 존중하기

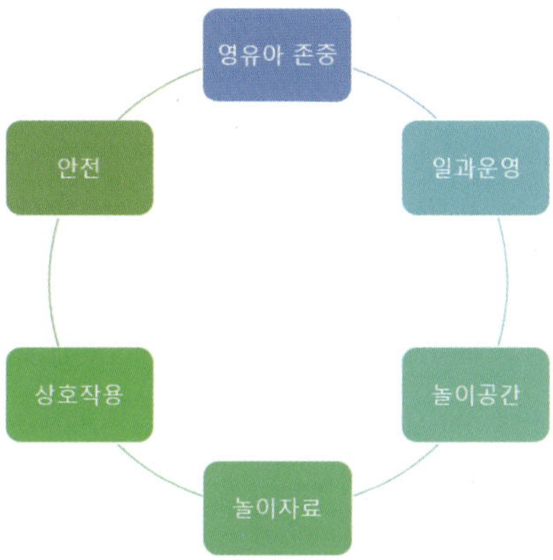

[그림 4-2] 교사의 놀이 지원자의 역할

교사는 영유아 개개인의 특성, 기질, 개인차를 고려하여 영유아의 의사표현을 존중하고 개별적으로 민감하게 반응해야 한다. 영유아는 언어적 방식과 비언어적 방식을 통해 의사표현을 시도하며, 개인적 기질과 특성에 따라 표현방식과 강도도 다르므로 교사가 주의 깊게 관찰하고 이해하며 요구에 맞게 반응해야 한다. 특히, 영아는 언어표현이 미숙하므로, 시선, 손짓, 표정 등 비언어적인 표현에 더 민감한 주의를 기울여야 한다.

(2) 놀이를 통한 배움 지원하기

- 영유아의 주도적 놀이중심으로 운영하기

표준보육과정과 누리과정에서는 영유아가 자신의 흥미와 관심에 따라 자유롭게 참여하고 주도하는 놀이를 강조한다. 영유아가 주도하는 놀이는 영유아가 자신만의 방식으로 자유롭게 이끌어 가는 놀이를 의미한다. 영유아는 놀이를 통해 자신이 경험한 세상을 재구성하며 세상에 대한 이해를 넓혀 나간다. 따라서 교사가 미리 준비한 놀이를 선택하게 하는 방식보다는 영유아가 자유롭게 놀이하며 즐기는 방식으로 바꾸어 갈 필요가 있다.

- 일상생활이 즐거운 경험이 될 수 있도록 운영하기

일상생활은 영유아들의 기본적인 욕구를 충족시켜 주고 심신의 건강을 충족하는 시간으로 영유아 주도적으로 편안하고 즐겁게 이루어지도록 운영한다. 또한 일과의 순서는 일관성이 있어야 하지만 융통성 있게 운영되어야 한다. 영유아와 함께 일과를 평가하고 다음날의 일과 중 일부를 영유아 스스로 정해 보게 하는 것, 일과의 변화가 필요하다고 판단될 때 교사가 독단적으로 결정하지 않고 영유아의 의견을 반영해 주는 것 등의 방법을 시도해 볼 수 있다.

• 교사의 활동은 놀이와 연결하여 운영하기

교사는 영유아의 놀이를 관찰하고, 놀이가 활발하게 이루어질 수 있도록 지원하는 과정에서 필요한 경우 이야기 나누기, 노래, 동화, 게임 등 적절한 유형의 활동을 연결하여 운영한다. 활동은 교사가 계획하여 제안할 수도 있고, 영유아가 다른 영유아들과 공유하기 위해 준비할 수도 있다. 활동에 참여하는 영유아는 학급 전체가 될 수도 있고 관심 있는 소집단의 영유아가 될 수도 있다. 일과 중 활동 시간은 교사가 계획하여 실시하거나 놀이의 흐름을 위해 필요하다면 놀이 중간에 잠깐 모여서 활동을 실시하고 다시 놀이로 연결할 수 있다.

교사는 미리 계획한 활동을 모두 해야 한다거나 정해진 순서대로 일과를 운영해야 한다는 부담을 내려놓고, 영유아가 주도하는 놀이의 흐름에 따라 융통성 있게 일과를 운영하도록 한다.

적용해 보기

어린 시절 나의 놀이 경험

가장 좋아하고 자주 했던 놀이를 떠올려 보자. 어디에서 누구와 놀았는지 이야기 나누어 보자.

놀이를 통해서 무엇을 경험하고 배웠는지 생각해 보자.

놀이를 통해 배운다는 것에 대해 이야기 나누어 보자.

(3) 통합적으로 경험할 수 있도록 지원하기

교사는 영유아가 놀이를 하며 표준보육과정에 포함된 각 영역의 내용을 통합적으로 경험하는 것임을 이해해야 한다. 각 영역의 내용을 영유아의 경험과 연계하는 방식은 다양하다.

- 놀이를 통한 통합적 경험 이해하고 지원하기

영유아는 놀이를 통해 여러 가지 영역을 통합적으로 경험하며, 이러한 경험은 영역별로 이루어지지 않는다. 교사는 영유아의 놀이에서 각 영역의 내용이 자연스럽게 통합적으로 나타나는 것을 발견함으로써, 영유아가 놀이하며 배우고 있음을 알 수 있다. 예를 들면, 영유아는 모래놀이를 하면서 신체를 움직이고, 친구와 대화하고 협력하며, 물체와 물질의 특성과 변화를 경험한다.

- 다양한 통합적 경험의 방식 이해하고 지원하기

교사는 영유아가 각자의 흥미와 관심에 따라 다양한 통합적 경험의 방식을 가지고 있다는 것을 이해하고 지원한다. 영유아가 놀이하면서 자연스럽게 경험하게 되는 계절이나 국경일과 같은 친근한 주제, 영유아가 놀이하면서 관심을 보이는 동화나 곤충, 팽이나 딱지 등과 같은 좋아하는 놀이, 영유아가 관심을 가지는 그림책, 사물, 우연한 상황 등은 영유아에게 의미 있는 통합적 경험을 제공할 수 있다. 교사는 자율성을 바탕으로 영유아의 놀이 상황과 맥락에 따라 각 영역을 다양한 방식으로 융통성 있게 영유아의 경험과 연계하여 지원한다.

(4) 좋은 놀이 환경 제공하기

- 영유아의 의사를 반영한 공간 및 환경 구성하기

놀이 환경은 영유아가 놀이하는 실내외 모든 공간과 놀이자료를 포함한다. 영유아가 보고 듣고 만지며 자유롭게 표현할 수 있는 놀이 환경은 놀이가 다양하게 이루어지도록 하는 중요한 교육적 자원이다. 따라서 교사는 다양한 실내외 놀이 환경과 풍부한 놀이자료를 제공하여 영유아의 놀이가 활성화되도록 돕는다. 영유아를 위한 실내외 환경을 구성할 때에는 영유아의 발달을 고려해 안전하면서도 도전적인 자료를 제공해 주도록 한다 또한 놀이 환경 구성 및 놀이자료 사용에 있어서 영유아의 의사를 존중한다.

• 실내 놀이 공간을 융통성 있게 운영하기

실내 공간은 영유아에게 가장 친숙한 놀이 환경이다. 교사는 놀이 공간을 구성하고 변형해 나가며 영유아의 자유로운 놀이를 지원할 수 있다. 반의 흥미 영역은 영유아들이 가장 좋아하는 놀이를 중심으로 구성하는 것이 좋으며, 영유아들이 흥미를 보이지 않는 영역은 다른 영역과 통합하여 재구성하거나 다른 영역으로 대체하는 것도 가능하다. 또한 영유아의 관심과 흥미, 요구에 따라 새로운 영역을 구성할 수 있으며, 이때 영유아가 주도적으로 놀이 영역을 창조할 수 있도록 지원해야 한다. 교실 밖의 복도나 계단, 구석진 공간 등 영유아가 놀이할 수 있는 실내 공간은 먼저 안전에 문제가 없는지 파악한 후에 놀이 공간으로 구성할 수 있다.

• 실외 놀이 공간 다양하게 확장하기

실외 공간은 영유아가 마음껏 뛰어놀며, 자연과 계절의 변화를 만나고 탐색할 수 있는 놀이 환경이다. 교사는 영유아가 몸을 충분히 움직여 즐겁게 놀이하고 위험으로부터 자신을 안전하게 보호하는 능력을 기를 수 있도록 지원해야 한다. 이처럼 실외 놀이 환경은 영유아가 안전하게 놀이할 수 있는 공간과 자료로 구성해야 한다. 또한 영유아들이 활발한 신체 움직임을 바탕으로 모험과 도전을 하면서 궁금한 것을 찾아 자유롭게 탐색하는 놀이를 다양하게 경험할 수 있는 놀이 환경을 구성한다. 실외 자투리 공간, 텃밭, 통로, 작은 마당 등은 공간의 특성과 안전을 고려하여 놀이 환경으로 구성하며, 기관의 상황에 따라 인근 공원과 놀이터 등도 놀이 공간으로 활용할 수 있다.

• 다양한 방식으로 놀이자료 활용하기

놀이자료는 영유아가 놀이에 사용할 수 있는 놀잇감, 매체, 재료와 도구 등을 포함한다. 영유아에게 놀이자료는 자신의 감정과 생각, 상상 등을 자유롭게 표현하는 수단이자 세상에 대한 이해를 넓혀 나가는 데 중요한 역할을 하는 매개물이다. 교사는 영유아에게 일상의 평범한 사물, 자연물, 악기, 미술재료, 그림책, 재활

용품 등을 적절히 제공할 수 있으며, 계절이나 행사, 국경일과 관련된 자료는 시기에 맞게 제공할 필요가 있다. 또한 물, 모래, 찰흙, 종이, 천 등과 같은 열린 자료를 풍부하게 제공하여 영유아가 자신만의 방식으로 활용할 수 있도록 지원하며, 영유아가 찾아낸 새로운 놀이자료나 창의적인 놀이 방식을 인정하고 존중해야 한다. 놀이자료를 제공할 때는 영유아가 자유롭게 탐색할 수 있도록 자료의 사용방법이나 놀이 방식을 지나치게 제한하지 않도록 유의한다.

(5) 풍부한 상호작용 지원하기

영유아는 또래, 교사 및 자신을 둘러싼 환경 등과 관계를 맺으며 성장한다. 또한 영유아는 놀이에서 또래 친구와 교사, 자연 환경 등과 적극적으로 상호작용하면서 세상을 이해하고 배움을 이루어 간다. 교사는 영유아가 놀이에서 만나는 다양한 관계에 관심을 기울이고 함께 상호작용을 하며 배움을 지원해야 한다(교육부, 보건복지부, 2019a; 보건복지부, 2020b).

- 영유아와 환경의 상호작용 지원하기

영유아와 환경 사이의 상호작용은 영유아 주변의 친근한 공간, 자료, 일상생활에서 자연스럽게 접하는 모든 환경과의 교감을 포함한다. 영유아는 놀이에서 다양한 사물, 자료, 자연물 등을 만지고 움직여 보며 새로운 흥미와 관심을 가지게 되고, 이는 창의적 표현으로 이어지기도 한다. 영유아가 환경과 교감하면서 표현하는 말과 행동은 모두 영유아가 환경과 상호작용하며 배우는 과정이다. 영유아는 혼자 충분하고 반복적으로 환경을 탐색하는 과정을 통해 배워 나가므로, 교사는 영유아의 환경 탐색에 대해 관심을 가지고 지원하도록 한다. 교사는 영유아와 환경 사이의 상호작용에 주의를 기울이고 존중하며 영유아들이 환경과 즐겁게 상호작용할 수 있도록 지원해야 한다.

- 영유아와 영유아의 상호작용 지원하기

영유아는 또래들과 함께 놀이하면서 자신의 생각을 표현하고, 친구들의 의견을 듣고 때때로 생각을 바꾸기도 한다. 더 재미있게 놀이하기 위해 양보하고, 배려하고, 나와 다른 의견을 수용하여 조절하는 경험도 할 수 있다. 교사는 영유아들이 자유롭고 활기차게 놀이할 수 있는 분위기를 제공하여 영유아 사이의 다양한 상호작용을 격려해 주어야 한다.

- 영유아의 놀이 지원을 통한 상호작용하기

교사는 영유아의 놀이에 귀 기울여 놀이의 의미와 배움을 발견하고, 이를 확장하기 위해 다양한 상호작용을 한다. 영유아의 놀이를 지원하기 위해서는 즉각적인 개입보다는 영유아가 놀이에서 보이는 감정의 상태, 궁금해하는 것, 흥미를 보이고 탐색을 하는 것 등을 관찰하면서 기다리는 것이 우선되어야 한다.

교사는 영유아의 흥미와 상관없이 새로운 놀이자료를 일방적으로 제안하거나 교사 주도로 새로운 놀이방법으로 이끌기보다는 놀이 관찰에 기반하여 놀이를 지원하는 것이 좋다. 현재 진행 중인 놀이가 잘 지속될 수 있도록 공간, 자료, 시간 등의 측면에서 무엇을 어떻게 지원하는 것이 좋을지 고민하고 제안하며, 영유아가 교사의 지원을 어떻게 받아들이는지 살펴보고 추후 지원에 반영할 필요가 있다.

교사는 영유아와 함께 놀이하는 즐거움을 느낄 수 있어야 한다. 영유아와 교사가 놀이의 즐거움을 공유할 수 있는 기회가 많을수록 둘 사이에 진정한 공감과 소통이 발생한다. 그러므로 교사는 영유아의 주도적인 놀이를 일과의 가장 중요한 부분으로 인식하고 필요한 경우 공동 놀이자로 참여할 수 있다. 이러한 과정에서 교사는 놀이의 속성을 더 잘 이해하게 되고 보다 효과적으로 지원할 수 있게 된다.

3) 평가

평가는 다음 사항에 중점을 두고 실시한다.

가. 표준보육과정 운영의 질을 진단하고 개선하기 위해 평가를 계획하고 실시한다.
나. 영유아의 특성 및 변화 정도와 표준보육과정의 운영을 평가한다.
다. 평가의 목적에 따라 적합한 방법을 사용하여 평가한다.
라. 평가의 결과는 영유아에 대한 이해와 표준보육과정 운영 개선을 위한 자료로 활용할 수 있다.

표준보육과정에서 평가는 어린이집에서 영유아가 중심이 되고 놀이가 살아나는 표준보육과정의 운영을 되돌아보고 개선해 가는 과정이다. 표준보육과정은 어린이집에서 영유아·놀이중심 보육과정을 운영하는 데 도움이 되고자 평가를 간략화하고 각 어린이집의 자율적인 평가를 강조하였다. 어린이집은 평가의 목적, 대상, 방법, 결과의 활용을 바탕으로 표준보육과정 평가를 자율적으로 실시할 수 있다(교육부, 보건복지부, 2019a; 보건복지부, 2020b).

(1) 평가의 목적과 계획

평가는 계획, 실행과 서로 분리되지 않고 연계하여 운영한다. 놀이중심 보육과정에서는 교사가 미리 작성한 계획보다는 놀이의 주체인 영유아의 놀이로부터 보육과정의 실행이 먼저 이루어지는 경우가 많다. 영유아가 하는 놀이를 관찰하고 기록하고 평가하고, 이를 바탕으로 영유아의 놀이 지원계획을 수립한다. 따라서 평가는 '계획→실행→ 평가'라는 순차적인 과정보다는 '실행(영유아의 주도적 놀이)→평가→계획→실행→평가…'로 이어지는 순환적 과정으로 이루어진다.

- 평가 목적

영유아가 중심이 되고 놀이가 살아나는 표준보육과정 운영을 자체적으로 평가하여, 표준보육과정 운영의 질을 진단하고 표준보육과정 운영을 보다 나은 방향으로 개선하는 데 있다.

- 평가 계획

어린이집에서는 지역 특성, 각 어린이집 및 반의 상황과 요구를 고려하여, 표준보육과정 운영을 개선할 수 있도록 자율적으로 평가 계획을 수립한다. 평가의 내용, 평가 주기 및 시기, 평가 방법 등에 대한 계획은 각 어린이집 구성원들 사이의 민주적인 협의를 통해 정한다.

(2) 평가의 내용 및 방법

영유아의 놀이 관찰기록, 영유아 평가와 표준보육과정 운영 평가 등 평가자료를 만들고 수집하는 데 과도한 노력을 기울이기보다는 영유아의 놀이에 더 집중하고 지원하는 것이 중요하다.

- 영유아 평가

영유아 평가의 목적은 영유아의 발달과 성장을 지원하기 위한 것이다. 영유아의 놀이와 일상생활, 활동 속에서 관찰하여 기록하고, 영유아 이해 및 놀이 지원에 중요하고 의미 있다고 판단되는 자료를 선별한다. 교사는 영유아의 특성과 변화 정도를 파악하기 위하여 영유아들의 실제 놀이 모습을 계획안에 기록할 수 있고, 놀이 결과물과 작품 등을 일상적으로 수집할 수 있다. 영유아들의 놀이를 관찰할 때에는 영유아의 말, 몸짓, 표정 등에서 드러나는 놀이의 의미와 특성에 주목하여 이 중 필요한 내용을 메모나 사진 등 교사가 할 수 있는 가장 용이한 방법으로 기록한다. 이러한 관찰기록 자료는 교실에서 자율적으로 수립한 계획 안에 포함하여 영유아의 특성과 변화 정도를 파악하는 데 활용할 수 있다. 교사는 개별 영유아를 특정한 시기를 별도로 정해 관찰하기보다는 또래 사이의 놀이나 활동 등 영유아들이 일상에서 놀이하며 배우는 자연스러운 상황에서 영유아의 특성과 변화를 이해하는 평가를 하도록 한다.

- 보육과정 운영 평가

보육과정 운영 평가는 어린이집의 보육과정이 영유아·놀이중심으로 적절하게 운영되고 있는지 평가하는 데 그 목적이 있다. 어린이집의 표준보육과정 운영 평가에서는 놀이 시간을 충분히 운영하였는지, 영유아 주도적인 놀이와 배움이 이루어지고 있는지, 놀이 지원이 적절한지 등을 평가할 수 있다. 이는 놀이 속에서 나타나는 영유아의 특성 및 변화 정도와 연계하여 파악할 수 있다. 필요에 따라 부모와의 협력이나 행정적·재정적 지원이 적절하게 이루어지고 있는지 등을 평가할 수도 있다. 영유아중심, 놀이중심 보육과정 운영의 질을 진단하고 개선하기 위해 학부모 설문지, 보육과정 운영 체크리스트, 어린이집 평가제 지표 등을 자체적으로 계획하여 실시 가능하다.

(3) 평가 결과의 활용

평가 결과는 놀이, 일상생활, 활동에서 영유아의 배움을 지원하는 방안을 모색하는 데 활용한다. 영유아에 대한 이해와 지원을 위한 의사결정, 교수·학습방법 개선, 보육과정 편성·운영, 부모와의 면담, 생활기록부 작성 등을 위한 기초자료로 활용한다. 어린이집에서 자율적인 방식을 통해 실시한 표준보육과정 운영 평가의 결과는 각 어린이집에서 보육과정의 운영을 보다 나은 방향으로 개선하는 데 활용할 수 있다.

05

보육과정의 내용: 기본생활

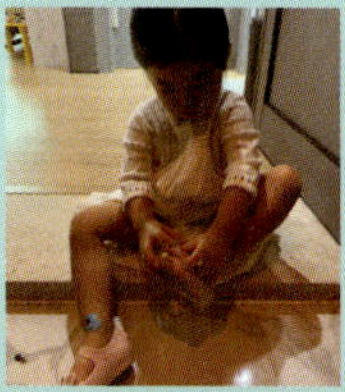

무엇을 배울까?

□ **이 내용을 살펴보는 주안점:**

이 장에서는 제4차 어린이집 표준보육과정의 기본생활 영역에 대해서 살펴봅니다. 기본생활 영역은 건강한 생활과 안전한 생활을 다루고 있는데, 연령별로 이 내용을 다루고 있는 영역의 명칭이 약간 다릅니다. 즉, 0~1세 보육과정, 2세 보육과정에서는 기본생활 영역으로 독립해서 다루고 있고, 3~5세 누리과정에서는 신체운동 · 건강 영역 내에 포함시켜 다루고 있습니다. 이 장에서는 건강한 생활과 안전한 생활의 내용이 영유아의 성장과 발달, 배움에서 왜 중요한지 알아보고, 영유아를 위한 커리큘럼에서 관련 내용을 어떻게 이해하고 지원할 수 있을지에 대해 함께 생각해 보겠습니다.

1. 기본생활 경험의 이해

1) 영유아 건강과 안전의 중요성

영유아는 성장과정에서 행복하고, 건강하고, 안전하며, 신뢰할 만한 타인들과 밀접한 관계를 맺고 있어야 한다. 연령이 어릴수록 하루 일과에서 영유아의 건강과 안녕은 중요한 비중을 차지한다. 영유아기 커리큘럼에서 놀이를 통한 배움이 이루어지는 과정은 영유아의 신체적, 심리적 안녕(well-being)이 뒷받침 될 때 비로소 가능하다.

모든 영유아는 자신의 건강과 안녕이 증진되고 위험으로부터 보호받을 권리가 있으며, 믿을 만한 성인들로부터 사랑과 온정, 일관된 돌봄을 받을 권리가 있다. 건강과 안녕을 증진, 보호한다는 것은 잘 먹기, 잘 자기, 배변활동 편안하게 하기, 신체를 청결하고 쾌적하게 유지하기 등과 같이 영유아의 신체적 돌봄과 안전 보호에 주의를 기울여야 한다는 것을 의미한다. 안전하고, 반응적이며, 일관된 환경 속에서 영유아는 자신에 대한 존중감, 신뢰, 즐거움, 정서적 자기통제 등의 발달이 순조롭게 이루어질 수 있다.

영유아는 환경과 일과에서 일관성과 연속성을 필요로 한다. 가정과 어린이집을 오가는 전이(transition)의 과정에서 각각의 시간과 장소, 경험의 내용, 영유아를 대하는 성인들이 영유아에게 기대하는 것이 명확하고, 영유아가 일관된 경험을 연속성 있게 하게 되면 영유아는 세상에 대한 자신감과 통제감을 가질 수 있고, 자신을 둘러싼 유형, 무형의 환경을 활발하게 탐색하고자 하는 욕구를 나타내게 된다. 주변을 탐색하고자 하는 호기심을 바탕으로 환경과 상호작용함으로써 영유아는 발달과 배움을 이루어 가게 된다.

영유아기 커리큘럼에서 연령이 어릴수록 일상생활의 비중이 크며, 연령이 높아질수록 놀이의 비중이 커진다. 급·간식, 배변, 낮잠, 청결 등의 일상생활은 영아의 발달과 배움의 중요한 토대가 되며, 영아 커리큘럼의 주요 비중을 차지한다. 이에 따라 영아반 교사의 역할은 돌봄과 놀이 지원자의 역할을 중심으로 이루어지게 되며, 반응적인 돌봄과 지원의 역할에서 가장 중요한 요소는 유연성(flexibility)이라 할 수 있다. 즉, 영아의 개별 요구에 민감하게 반응해 주고 각자의 발달과정과 탐색 및 놀이를 지원해 주는 것이 중요하다.

이에 비해 유아기에 이르면 하루 일과에서 일상생활을 토대로 놀이의 비중이 좀 더 커지게 된다. 유아기에도 신체의 청결과 쾌적성, 안전 보호는 중요하며, 일상생활 경험을 통해 성장발달과 배움이 이루어진다. 심신이 건강한 유아는 활발한 놀이 참여를 통해 자신의 배움을 이루어 나간다.

[그림 5-1] 영아기와 유아기 커리큘럼에서 일상생활과 놀이의 비중

2) 건강 및 안전한 생활에 대한 이해

영유아의 성장과 발달을 위해 건강한 생활과 안전한 생활이 이루어져야 할 필요가 있다. 어린이집 표준보육과정에 기초한 영아보육 프로그램(보건복지부, 2013a) 및 누리과정에 기초한 어린이집 프로그램(보건복지부, 2013b)에서 제시된 내용을 토대로 기본 원리를 살펴보면 다음과 같다.

(1) 영유아의 발달과 신체의 청결

사람의 몸은 세균의 숫자를 줄여 주기만 해도 감염성 질환의 상당 부분을 예방할 수 있다. 대부분의 감염성 질환은 공기를 통해 코나 입으로 병균이 직접 침입하기보다는 바이러스가 묻은 손을 눈이나 코, 입에 갖다 댐으로써 감염되는 경우가 더 많으므로 영유아와 보육교사는 손을 자주 청결하게 씻을 필요가 있다. 영유아의 구강 위생을 청결히 하지 않으면 각종 호흡기 질환과 소화기 질환에 노출될 수 있으므로 수유 후와 음식을 먹은 후에는 반드시 구강 위생을 청결하게 해 주어야 한다. 영아는 치아가 완전히 나지 않았기 때문에 자칫 구강 위생을 소홀히 할 수 있다. 이가 나지 않은 영아는 소독한 가제 손수건을 물에 적셔 잇몸 등을 닦아 주고, 치아가 나기 시작하면 월령에 맞는 영유아용 칫솔을 사용하도록 한다. 점차 스스로 이 닦기를 시도해 보도록 하고, 도움이 필요한 영유아는 교사가 마무리해 준다.

(2) 영유아의 발달과 식습관

영유아기의 영양섭취나 식습관 형성은 일생의 건강을 좌우하는 기초가 될 수 있으므로 연령과 발달에 맞게 균형 있는 영양공급이 이루어지도록 하는 것은 매우 중요하다. 먼저, 영아에게 제공되는 수유, 이유식, 급식 및 간식 등은 영아기에 필요한 영양소를 균형 있게 공급할 수 있는 계획적인 식단을 토대로 해야 한다. 또한, 수유, 이유식, 일반식에 사용되는 식재료관리, 조리과정, 배식관리가 청결한 상태에서 이루어져야 한다. 영아에게 수유를 할 때는 편안하게 안아서 우유(모유)를 먹이고, 이유식을 하는 영아는 고형식에 점차 적응하도록 기호에 맞추어 제공하며, 일반식을 하는 영아는 식사에 즐겁게 참여하여 스스로 음식을 골고루 먹을 수 있도록 지도해야 한다.

유아의 경우, 간식과 점심시간은 영양적인 측면과 함께 유아의 식습관과 위생 개념이 형성되도록 지원할 필요가 있다. 개별 유아의 식습관을 배려해 주어 안정된 분위기를 조성하도록 한다. 이 시간이 단순히 음식을 먹는 시간이라기보다는 유아가 다양한 음식을 접해 보고, 선호하는 음식의 폭을 넓혀 가며, 영양적으로 균형 있는 음식에 대해 관심을 가질 수 있는 시간이 되도록 한다. 간식이나 점심을 먹기 전에 손, 책상 등을 깨끗하게 닦도록 지도한다. 기본적인 식습관 관련 내용(예: 숟가락, 포크, 젓가락으로 밥과 반찬 먹기)을 일관되게 지도하고, 식습관 형성이 부족한 경우 개별적으로 지도한다. 유아가 편식을 하지 않고 기본 식사예절을 지키도록 지도한다.

(3) 영유아의 발달과 낮잠 및 휴식

낮잠은 성장속도가 빠르고 활동량이 많은 영아에게 에너지를 재충전하여 건강한 생활 리듬을 갖게 하는 데 필수적으로 요구된다. 영아가 낮잠을 충분히 잘 잠으로써 적절한 휴식을 취하여 신체적 피로회복은 물론 정서적 안정을 갖고 오후 활동에 적극 참여할 수 있도록 지원할 필요가 있다. 영아는 어릴수록 개인적인 특성에 따라 수면 습관이 다르므로 교사는 영아가 잠드는 습관과 자고 나서 깰 때의 행동을 잘 관찰하여 반영해야 한다.

만 3세 이하의 영유아는 매일 충분한 낮잠을 자야 신체적으로 건강하게 매일의 생활을 할 수 있다. 잠에 빠져드는 시간, 잠자는 자세, 잘 때 필요한 요구, 잠자는 시간, 잠에서 깰 때의 기분상태 등은 개인차가 매우 크다. 교사는 개별 유아의 이러한 습관을 잘 알고 개별적인 배려를 해 주어야 한다.

유아들이 하루 일과 중 필요한 경우는 언제나 개별적으로 휴식을 취하도록 공간을 마련해 주고 쉴 수 있도록 따뜻한 배려를 해 준다. 휴식은 유아가 긴 하루 일과 중에서 중간중간 쌓인 피로를 풀어 주고 활기차게 다음 일과에 참여할 수 있도록 하며 면역력을 높여 준다. 매일 일정하게 휴식하는 시간을 정하되 개인차, 하루 일과의 특성, 견학, 날씨 등을 고려한다.

(4) 영유아의 발달과 배변

배설은 인간의 가장 기본적인 생리적인 욕구로, 영아의 건강한 배변 습관은 신체 건강은 물론 정신 건강에도 중요한 역할을 한다. 기저귀 가는 시간은 영아와 교사가 개별적으로 긴밀하게 상호작용할 수 있는 좋은 기회가 된다. 교사는 기저귀를 가는 동안 부드럽게 이야기해 주고, 청결하게 처리해 줌으로써 영아가 기분이 좋아지는 시간으로 인식할 수 있도록 지원할 수 있다. 영아는 동일한 단계를 밟아서 배변을 가릴 수 있게 되지만, 그 시기는 영아에 따라 개인차가 있다. 영아는 자신의 배설 욕구를 적절하게 표현하지 못하거나 올바르게 해결하지 못하여 자주 실수를 하게 된다. 이때 교사가 영아를 긴장하게 하거나 억압적인 분위기를 만들게 되면 영아가 배변에 대하여 부정적인 자세를 갖게 되므로 유의해야 한다.

(5) 영유아의 발달과 질병 예방

영유아는 전염병에 대한 면역력이 약하고, 집단 활동에 참여하고 서로 접촉하는 기회가 많아 전염성 질환에 감염될 가능성이 높으므로 질병 예방관리가 매우 중요하다. 어린이집에서 질병 예방관리는 보육교직원과 영유아에 대한 정기 건강검진, 예방접종, 전염성 질환에 감염된 영유아의 관리, 아픈 영유아를 보호하고 관리하는 일, 투약 의뢰서에 따른 투약관리 등이 포함된다. 특히 어린이집에서는 휴원이나 격리를 요하는 전염성 질환에 관한 구체적인 관리지침을 가지고 있어야 하고, 이를 부모들에게 숙지시킬 필요가 있다. 격리를 요하는 전염성 질환은 아니지만 많이 아픈 영유아를 어떻게 보호할 것인지에 대한 지침도 또한 중요하다.

(6) 영유아의 발달과 안전사고의 특성

안전은 예기치 못한 사고로부터 정신적·신체적 상해의 위험이 없는 편안하고 안전한 상태이며, 모든 위험 가능성을 최소화하기 위하여 물리적 환경을 고쳐서 사고를 줄이는 것이라고 할 수 있다. 0~2세 영아의 안전한 생활을 위하여 어린이집에서 실천해야 할 안전관리의 가장 중요한 요소는 사고를 미연에 방지하는 것이다. 이를 위하여 안전한 환경을 제공하는 것이 무엇보다도 중요하다. 또한 영아의 발달적 특성을 이해하고 자주 발생하는 사고 유형을 파악하여 미리 대비하는 것이 필요하다.

가정 및 지역사회에서 발생하는 유아기 안전사고는 이 시기의 사망 원인 가운데 윗자리를 차지할 정도로 심각하다. 유아가 생활하는 환경에는 언제나 위험요인이 산재해 있어, 유아가 환경적 위험요인을 파악하고 안전하게 대처하며 놀이하는 것은 중요한 일이다. 한편, 학대·납치 및 유괴와 성폭력 등 사회적 범죄 역시 유아의 안전을 위협하고 있다. 유아가 이러한 환경에서 안전하게 살아가기 위해서는 안전한 물리적 환경을 제공해 주어야 할 뿐 아니라 다양한 상황에 안전하게 대처하는 능력을 기르도록 도와주어야 한다.

2. 기본생활 영역의 성격

기본생활 영역은 하루 일과에서 영유아가 편안한 분위기에서 일상을 건강하고 안전하게 경험하도록 하는 것과 관련된다. 건강하고 안전한 생활은 영유아가 누려야 할 기본 권리인 동시에 가족 및 보호자와 어린이집의 보육교직원이 영아에게 의무적으로 제공해야 할 생활요소이다. 이 영역은 영유아가 건강하고 안전한 일상생활을 경험하도록 지원하는 내용을 담고 있다. 영유아는 규칙적인 일과를 경험하며 편안하게 느끼고, 건강한 의식주와 일상에서 안전하게 놀이하는 경험을 통해 심신의 건강과 생활 습관의 기초를 자연스럽게 형성할 수 있다. 영유아의 경험과 교사의 지원 방향을 더 구체적으로 살펴보면 다음과 같다.

0~1세

0~1세 영아는 씻고, 먹고, 자고, 배변하는 등의 일상에 적응하면서 어린이집 생활에 편안함을 느끼게 된다. 0~1세 영아는 어린이집 생활에 익숙해지고 주변 환경에 친숙해지면서 적극적인 탐색 및 놀이를 시도하게 되는데, 위험에 대한 인식은 어려우므로 안전에 대한 성인의 주의와 점검이 필수적이다. 기본생활 영역은 0~1세 영아가 건강하고 안전한 일상생활을 편안하고 자연스럽게 경험하는 것을 목표로 한다. 씻고, 먹고, 자는 등 기본적 욕구를 충족시키는 일상생활은 교사와 영아가 애착을 형성하는 긴밀한 시간이자 영아의 상태나 발달을 점검하는 기회가 될 수 있다. 교사는 영아의 개별적 요구를 수용하고, 영아가 스스로 시도해 볼 수 있도록 안전한 환경과 기회를 마련한다. 또한, 적절한 도움과 격려를 제공하여 영아가 편안하고 자연스럽게 일상을 경험하도록 지원한다.

보건복지부(2020b). 제4차 어린이집 표준보육과정 해설서.

2세

2세 영아는 어린이집에 등원하여 즐겁게 놀이하면서 일상생활을 경험한다. 식사와 휴식, 낮잠을 통해 에너지를 충전하고, 필요할 때 혼자 칫솔질을 하거나 씻어보는 시도를 할 수 있으며, 스스로 배변하는 습관을 갖추어 간다. 또한, 2세 영아는 움직임이 활발하고 주변에 대한 호기심이 많으므로 놀이와 일상생활에서 위험 상황에 조심해 보는 경험을 통해 점차 안전에 대한 인식을 키우게 된다. 기본생활 영역은 2세 영아가 건강하고 안전한 생활 습관의 기초를 형성하는 것을 목표로 한다.

교사는 위생과 청결, 급·간식, 낮잠, 배변 및 안전 경험을 통해 2세 영아가 즐겁고 쾌적하며 안전하게 일과를 보냄으로써 몸과 마음이 더욱 건강해질 수 있도록 지원해야 한다.

보건복지부(2020b). 제4차 어린이집 표준보육과정 해설서.

3~5세

유아는 몸을 움직여 놀이하는 것을 좋아하며, 자신의 몸을 건강하고 안전하게 지키고자 하는 힘을 가지고 있다. 신체운동·건강 영역은 유아가 자신의 몸에 관심을 가지고 신체활동에 즐겁게 참여하며, 건강하고 안전한 생활을 해 나가는 다양한 경험과 관련된 내용이다. 교사는 유아가 몸을 충분히 움직이는 경험을 통해 신체활동의 즐거움을 느끼고 기초 체력을 키우도록 돕는다. 교사는 유아가 일상에서 건강하고 안전한 생활을 실천할 수 있도록 지원할 수 있다.

교육부, 보건복지부(2019a). 2019 개정 누리과정 해설서.

3. 기본생활 영역의 목표

제4차 어린이집 표준보육과정 기본생활 영역의 목표는 청결, 식습관, 수면과 휴식, 배변, 안전한 놀이 등 기본생활을 통해 건강하고 안전한 일상생활을 경험하는 것을 목표로 한다. 제4차 어린이집 표준보육과정 해설서와 2019 개정 누리과정 해설서를 통해 기본생활 영역의 목표를 좀 더 살펴보면 다음과 같다.

〈표 5-1〉 기본생활 영역 및 신체운동 · 건강 영역의 목표

0~1세	2세	3~5세
건강하고 안전한 일상생활을 경험한다.	건강하고 안전한 생활 습관의 기초를 형성한다.	실내외에서 신체활동을 즐기고, 건강하고 안전한 생활을 한다.
1) 건강한 일상생활을 경험한다. 2) 안전한 일상생활을 경험한다.	1) 건강한 생활 습관의 기초를 형성한다. 2) 안전한 생활 습관의 기초를 형성한다.	1) 신체활동에 즐겁게 참여한다. 2) 건강한 생활 습관을 기른다. 3) 안전한 생활 습관을 기른다.

0~1세

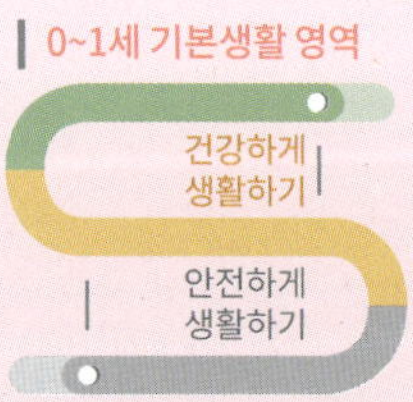

기본생활 영역의 목표는 0~1세 영아가 건강하고 안전한 일상생활을 자연스럽게 경험하는 것이다. 0~1세 영아가 신체의 청결과 위생, 수유 및 이유식 등의 식사, 편안한 휴식과 배변을 통해 건강한 생활을 경험하며 놀이를 하고 교통수단을 이용하는 등 일상에서 안전한 생활을 경험하는 것을 목표로 한다.

보건복지부(2020b). 제4차 어린이집 표준보육과정 해설서.

2세

2세 기본생활 영역

기본생활 영역의 목표는 2세 영아가 건강하고 안전한 생활 습관의 기초를 형성하는 것이다. 2세 영아가 신체의 청결과 위생, 즐거운 식사, 배변 습관의 형성, 안전한 놀이와 생활, 위험한 상황에서의 대처 등 일상생활에서 건강하고 안전한 생활 습관의 기초를 형성하는 것을 목표로 한다.

보건복지부(2020b). 제4차 어린이집 표준보육과정 해설서.

3~5세

3~5세 신체운동·건강 영역

신체운동·건강 영역의 목표 및 내용 범주는 유아가 다양한 신체활동에 즐겁게 참여하고, 청결과 위생, 즐거운 식사, 적당한 휴식을 통해 건강한 생활 습관을 기르며, 일상에서 생활하는 방법을 배우고 실천하는 내용으로 구성하였다.

교육부, 보건복지부(2019a). 2019 개정 누리과정 해설서.

변화 CHECK **제4차 어린이집 표준보육과정으로 개정되면서 기본생활 영역에는 어떤 변화가 있었나요?**

기본생활 영역의 내용은 제3차 표준보육과정에 비해 간략화되었습니다. 영유아중심, 놀이중심 보육과정에서는 영유아가 건강하고 안전한 일과와 놀이를 경험하는 것을 지향하되, 다른 한 편으로는 안전이라는 이유로 놀이를 불필요하게 제한하고 있지는 않은지 검토해 볼 것을 제안하고 있습니다. 영아의 경우 위험하다는 교사의 안내에 반응하여 안전하게 지내는 경험을 하고, 유아의 경우 위험 요소가 있는지 스스로 살펴볼 기회를 갖고 안전 규칙을 함께 세우며 안전하게 놀이하는 능력을 키워 가도록 합니다.

4. 기본생활 영역의 내용

제4차 어린이집 표준보육과정에서 제시하고 있는 영역별 내용은 0~5세 영유아가 경험해야 할 내용으로 구성되어 있다. 경험은 영유아가 직접 하는 것이므로 이는 영유아가 주체가 되는 보육과정이라는 의미를 담고 있다. 즉, 영유아가 스스로 놀이하며 배우는 경험을 중심으로, 그 내용을 존중하고 이해하며 지원하는 것을 강조한다.

〈표 5-2〉 기본생활 영역의 내용과 내용범주의 이해

0~1세	2세	3~5세	내용범주	영역
• 도움을 받아 몸을 깨끗이 한다. • 음식을 즐겁게 먹는다. • 하루 일과를 편안하게 경험한다. • 배변 의사를 표현한다.	• 자신의 몸을 깨끗이 해 본다. • 음식에 관심을 가지고 즐겁게 먹는다. • 하루 일과를 즐겁게 경험한다. • 건강한 배변 습관을 갖는다.	• 자신의 몸과 주변을 깨끗이 한다. • 몸에 좋은 음식에 관심을 가지고 바른 태도로 즐겁게 먹는다. • 하루 일과에서 적당한 휴식을 취한다. • 질병을 예방하는 방법을 알고 실천한다.	건강하게 생활하기	기본생활 (0~2세) 신체운동 · 건강 (3~5세)
• 안전한 상황에서 놀이하고 생활한다. • 안전한 상황에서 교통수단을 이용해 본다. • 위험하다는 말에 주의한다.	• 일상에서 안전하게 놀이하고 생활한다. • 교통수단을 안전하게 이용해 본다. • 위험한 상황에 대처하는 방법을 경험한다.	• 일상에서 안전하게 놀이하고 생활한다. • TV, 컴퓨터, 스마트폰 등을 바르게 사용한다. • 교통안전 규칙을 지킨다. • 안전사고, 화재, 재난, 학대, 유괴 등에 대처하는 방법을 경험한다.	안전하게 생활하기	

기본생활 신체운동 자연탐구 예술경험 사회관계 의사소통

관점 넓히기 **<표5-2> 활용하기**

제4차 어린이집 표준보육과정에서는 건강 및 안전 관련 내용을 0~1세 7개, 2세 7개, 3~5세 8개로 제시하고 있다. 〈표5-2〉의 세로축은 연령에 따라 각각 분홍, 노랑, 초록으로 제시하고 있고, 가로축은 유사한 경험 내용을 묶는 단위인 내용범주로 제시하고 있다. 영유아가 하루 일과에서 고시 내용과 관련하여 어떤 경험을 하는지 떠올려 보고, 가능할 경우 직·간접 관찰도 해 보자.

1) 0~1세

(1) 내용 이해

건강하게 생활하기

도움을 받아 몸을 깨끗이 한다.

0~1세 영아가 몸을 깨끗이 할 때의 기분 좋음을 경험하며 위생과 청결에 대한 기본적인 감각을 기르는 것으로, 교사의 도움을 받아 손과 몸을 씻고 이를 닦는 경험을 하는 내용이다.

음식을 즐겁게 먹는다.

0~1세 영아가 먹는 것에 대한 즐거움을 알고, 수유-이유식-고형식 등 다양한 음식을 섭취하는 과정을 즐겁게 경험하는 내용이다.

하루 일과를 편안하게 경험한다.

0~1세 영아가 어린이집에서의 수면, 휴식, 놀이 등의 일과를 건강하고 편안하게 경험하는 내용이다.

배변 의사를 표현한다.

0~1세 영아가 대소변의 마려움을 인식하고 배변 의사를 나타낼 수 있도록 하여 배변훈련을 준비하는 내용이다.

안전하게 생활하기

안전한 상황에서 놀이하고 생활한다.

0~1세 영아가 안전한 상황에서 놀이하고 생활하도록 하는 내용이다.

안전한 상황에서 교통수단을 이용해 본다.

0~1세 영아가 차량으로 이동할 경우 안전 장구를 착용하고 안전하게 이용하는 경험을 하도록 하는 내용이다.

위험하다는 말에 주의한다.

0~1세 영아가 위험하다는 말을 듣고 이에 반응을 보이며 주의할 수 있도록 하는 내용이다.

(2) 영유아의 경험을 배움으로 이해하기

0~1세 영아 경험의 실제 : 올라가면 위험해

출처: 보건복지부 (2020b). 제4차 어린이집 표준보육과정 해설서. p. 57-58.

누워서 자장자장 놀이를 하던 아영이가 옆에서 그림책을 보는 은빛을 보고 일어나 앉는다. 아영이가 그림책이 있는 책장으로 가서 기어오르자 이를 본 은빛이도 책장으로 다가간다.
교사: 아영아, 위험해! 쾅 넘어질 수 있으니 내려오자.
아영이가 교사를 쳐다본다.

책 놀이터에서 아영이가 그림책을 들고 와 책상 위에 올라앉아 살펴본다.
교사: 아영이 책 보고 있구나. 근데 책상 위에 앉으면 떨어져 다칠 수 있어. 내려와서 보자. 여기 은빛이 옆에 앉아서 볼까?
교사가 아영이의 몸을 돌려 주자, 아영이가 교사의 손을 잡고 내려온다.

자동차를 타던 은혁이가 창가에 멈춰 자동차를 밟고 올라서서 창밖을 본다.
교사: 은혁이가 창밖이 보고 싶구나. 미끌미끌 바퀴가 있는 자동차 위에 올라가면 넘어질 수 있어. 여기 안전한 매트 위에 올라가서 보자.
은혁이는 매트 위에 올라가 창밖을 본다.

호윤이가 책장을 빙글빙글 돌고 있다.
하린이가 의자 위로 올라가 선반의 인형을 잡는다.
호윤이도 책장 난간을 밟고 올라서서 선반 속을 들여다본다.
교사: 호윤이도 이 위에 뭐가 있나 보고 싶구나?
책장에 매달리면 책장이 무너질 수도 있고, 네가 떨어질 수도 있어.
다칠 수 있으니까 내려와서, 선생님이랑 같이 뭐가 있나 보자.
호윤이가 교사에게 안긴다.
교사는 "선생님이랑 같~이~ 선생님이랑 같~이~보자,"라고 노래 부르듯 말하며 호윤이를 안아 올린다.

해설이의 tip 표준보육과정 해설서 57-58쪽 사례를 보면서 '올라가면 위험해'에서 나타나는 영아의 기본생활 관련 경험을 [0~1세 표준보육과정 나침반]과 연결해서 생각해 봅시다.

[0~1세] 표준보육과정 나침반

영역	내용범주	내용
기본생활	건강하게 생활하기	도움을 받아 몸을 깨끗이 한다.
		음식을 즐겁게 먹는다.
		하루 일과를 편안하게 경험한다.
		배변 의사를 표현한다.
	안전하게 생활하기	안전한 상황에서 놀이하고 생활한다.
		안전한 상황에서 교통수단을 이용해 본다.
		위험하다는 말에 주의한다.
신체운동	감각과 신체 인식하기	감각적 자극에 반응한다.
		감각으로 주변을 탐색한다.
		신체를 탐색한다.
	신체활동 즐기기	대소근육을 조절한다.
		기본 운동을 시도한다.
		실내외 신체활동을 즐긴다.
의사소통	듣기와 말하기	표정, 몸짓, 말과 주변의 소리에 관심을 갖고 듣는다.
		상대방의 이야기를 들으면서 말소리를 낸다.
		표정, 몸짓, 말소리로 의사를 표현한다.
	읽기와 쓰기에 관심 가지기	주변의 그림과 상징에 관심을 가진다.
		끼적이기에 관심을 가진다.
	책과 이야기 즐기기	책에 관심을 가진다.
		이야기에 관심을 가진다.
사회관계	나를 알고 존중하기	나를 인식한다.
		나의 욕구와 감정을 나타낸다.
		나와 친숙한 것을 안다.
	더불어 생활하기	안정적인 애착을 형성한다.
		또래에게 관심을 가진다.
		다른 사람의 감정과 행동에 관심을 가진다.
		반에서 편안하게 지낸다.
예술경험	아름다움 찾아보기	자연과 생활에서 아름다움을 느낀다.
		아름다움에 관심을 가진다.
	창의적으로 표현하기	소리와 리듬, 노래로 표현한다.
		감각을 통해 미술을 경험한다.
		모방 행동을 즐긴다.
자연탐구	탐구과정 즐기기	주변 세계와 자연에 대해 호기심을 가진다.
		사물과 자연 탐색하기를 즐긴다.
	생활 속에서 탐구하기	친숙한 물체를 감각으로 탐색한다.
		물체의 수량에 관심을 가진다.
		주변 공간과 모양을 탐색한다.
		규칙성을 경험한다.
	자연과 더불어 살기	주변의 동식물에 관심을 가진다.
		날씨의 변화를 감각으로 느낀다.

① 기본생활 영역 관련 경험 이해하기

영아는 걸음마를 시작하고 이에 익숙해지면 공간의 전후, 좌우뿐 아니라 높고 낮은 높낮이의 이동도 즐겨 하여 가구에 기어오르거나, 물체를 딛고 올라서거나, 탁자 위에 올라앉는 등의 모습도 자주 나타낸다. 하지만 영아는 아직 가구를 붙잡고 기어오를 때 가구가 넘어질 수 있다거나, 탁자 위에 올라앉았다가 바닥으로 넘어질 수 있다거나, 물체를 딛고 올라섰을 때 미끄러져 넘어져 다칠 수 있는 등의 인과관계 인식에는 익숙하지 않은 시기이다. 교사는 영아가 위험하다는 말에 반응을 보이며 주의하는 경험, 교사의 대안 제시에 따라 안전한 방법으로 환경을 탐색하는 경험을 해 보도록 함으로써 영아가 자연스럽게 위험에 주의하고 안전하게 놀이하는 방법을 배워 갈 수 있도록 한다. 제시된 사례에서 아영이, 은혁이, 호윤이는 위험하다고 설명하는 선생님의 말에 주의를 기울이고, 선생님이 제시해 주는 대안을 따라 안전한 상황에서 놀이하는 경험을 하였다.

② 6개 영역을 통합적으로 이해하기

'올라가면 위험해' 사례에 나타난 영아의 경험을 표준보육과정 6개 영역의 내용을 통합하여 살펴볼 수 있다. 이 사례에서 영아는 안전과 관련된 것만 경험하는 것이 아니라, 보다 다양한 여러 가지 경험을 하고 있다는 것을 알 수 있다.

[신체운동] 영아의 입장에서 관찰해 보면, 영아는 책장에서 책을 꺼내는 대신 책장을 붙들고 기어오르고자 하는 욕구를 갖게 되어 한 발을 올리고, 양손으로 위쪽 틀을 잡은 후 다른 발을 마저 올려 몸의 균형을 맞추려고 하는 것을 관찰할 수 있다. 또한 자동차를 밀면서 놀던 영아가 창문 밖에서 소리가 들리자 창문 밖에 무엇이 있는지 호기심을 갖게 된 것을 관찰할 수 있다. 영아는 창문 밖을 보고자 하였으나 키가 닿지 않아 사물을 이용하여 두 발로 몸을 지탱하며 발끝에 힘을 주었다. 이상의 모습들은 영아가 대소근육을 조절하며 환경을 탐색하는 경험, 시각·청각·촉각 등 여러 가지 감각으로 주변을 탐색하는 경험을 하고 있다는 것을 보여준다.

[의사소통] 영아는 교사의 다칠 수 있다는 말에 관심을 갖고 듣는 경험, 놀이를 하다가 창문 밖에서 들리는 소리에 관심을 갖고 다가가 보고자 하는 경험을 하였다.

[자연탐구] 영아가 책을 꽂아 놓은 낮은 책장에 기어오르는 방법으로 책장의 단단한 구조를 탐색하는 모습, 자동차를 밀며 놀다가 창문 밖의 소리에 관심을 가지고 주변 세계에 호기심을 나타내는 모습, 자동차를 높이 올라서는 도구로 이용하는 모습을 보여준다. 영아는 놀이와 일상생활을 통해 다양한 경험을 하게 되고, 이는 곧 탐색과 자연스러운 배움으로 연결된다.

해설이의 tip

영아가 놀이에서 경험한 6개 영역 내용의 통합적 의미를 [0~1세 표준보육과정 나침반]을 보면서 생각해 봅시다. 6개 영역 경험을 통합적으로 이해하는 것은 단 하나의 정답이 있는 것은 아닙니다. 영아들의 이전 경험이나 맥락에 따라서 달라질 수도 있습니다. 교사는 영유아의 놀이를 관찰하며 다양한 점을 고려하고, 놀이 경험의 의미를 통합적으로 이해하고 지원하는 역할을 합니다.

2) 2세

(1) 내용 이해

건강하게 생활하기

자신의 몸을 깨끗이 해 본다.

2세 영아가 스스로 손과 몸 씻기 및 이 닦기 등을 시도하고 경험하며, 위생적이고 청결한 생활 습관의 기초를 형성하는 내용이다.

음식에 관심을 가지고 즐겁게 먹는다.

2세 영아가 위생적인 환경에서 다른 사람과 더불어 다양한 음식을 즐기며, 건강한 식사 습관의 기초를 형성하는 내용이다.

하루 일과를 즐겁게 경험한다.

2세 영아가 놀이, 휴식(수면), 식사 등 어린이집의 규칙적인 일과 속에서 즐겁게 생활하고, 일과 중 옷을 입고 신발을 신는 등의 자조기술을 시도하며 자율감을 경험하는 내용이다.

건강한 배변 습관을 갖는다.

2세 영아가 배변과 관련된 신체조절능력 발달을 바탕으로 즐겁게 배변훈련을 시도하고 경험해 보도록 함으로써 건강하고 자율적인 배변 습관을 형성하는 내용이다.

안전하게 생활하기

일상생활에서 안전하게 놀이하고 생활한다.

2세 영아가 안전한 상황과 장소에서 놀이 및 일상생활을 하고 주변의 위험 요소에 주의를 기울이거나 이를 조심하여 안전하게 지내도록 하는 내용이다.

교통수단을 안전하게 이용해 본다.

2세 영아가 교통수단을 안전하게 이용해 보는 경험을 통해 교통수단의 위험을 인식하고 사고위험으로부터 자신을 보호하는 안전 습관의 기초를 형성하는 내용이다.

위험한 상황에 대처하는 방법을 경험한다.

2세 영아가 사고, 화재, 재난 등 위험한 상황에서 어른의 지시에 따라 대피하거나 대처하는 방법을 경험해 보도록 함으로써 비상시 대처 능력의 기초를 형성하는 내용이다.

(2) 영유아의 경험을 배움으로 이해하기

2세 영아 경험의 실제
: 즐겁게 먹어요

출처: 보건복지부 (2020). 제4차 어린이집 표준보육과정 해설서. p. 150~151.

차례대로 손을 씻고 모인 아이들이 교사와 노래를 부른다. 노래가 끝나고 교사가 "지호야, 오늘 누구랑 같이 밥 먹고 싶어요?"라고 묻자 지호가 "수빈이."라고 대답한다. 교사가 "지호랑 수빈이는 밥 먹고 싶은 자리에 가서 앉아 주세요."라고 하자, 지호와 수빈이가 일어난다. 지호와 수빈이는 배식이 된 식판이 놓여진 책상으로 다가간다. 비어 있는 가장 가까운 자리에 서서 지호가 "여기?"라고 물어보자 수빈이가 고개를 끄덕인다.

교사: 오늘 이 반찬은 뭘까? 바다에 살고요, 다리가 열 개래!
지아: (손가락을 모두 쫙 펴고 박수를 치며) 이렇게 열 개 .
민석: 오징어! 나 오징어 좋아해!
지인: 나도! 와~ 맛있겠다.

희연이는 밥을 세 숟가락 연거푸 먹는다.
교사: (젓가락으로 오징어를 집으며) 오징어 찾았다.
작아서 찾기도 어렵고 젓가락으로 잡기도 어려워.
희연: (포크로 오징어 다리를 찾아 서너 번 반복해서 찍으며) 나도 찾았어요.
교사: 우와. 포크로 콕 찍으니까 더 잘 집히네.
희연: 매울 것 같아.
교사: 매울 것 같진 않은데~ 무슨 맛일지 우리 같이 먹어 볼까?

교사가 오징어를 입에 넣자, 희연이도 따라한다.
교사: 씹을 때 소리가 나는 것 같아.
희연: '꼭꼭' 소리가 나요.
교사: 희연이가 꼭꼭 잘 씹어서 그런가 보다.
희연이랑 같이 먹으니 더 맛있다.

민우가 포크로 고기완자를 찍으며 "이게 제일 맛있어."라고 말한다. 교사가 "그래? 무슨 맛이지?"라고 하며 고기완자의 향을 맡는다. "고기맛!"이라며 민우가 고기완자를 계속 찍어 먹는다. 교사는 "선생님은 고기도 맛있는데, 숙주나물이 제일 맛있어."라고 하며 숙주나물의 향을 맡는다. 민우는 교사가 숙주나물 먹는 모습을 보다가 자신의 식판에 있는 숙주나물을 본다. 교사가 "아삭아삭 맛있는 숙주, 민우도 한번 먹어 볼래?"라며 권한다. 민우는 포크로 숙주나물 한 가닥을 잡아 앞니로 반을 조심스럽게 자른다.

해설이의 tip

표준보육과정 해설서 150~151쪽 사례를 보면서 '즐겁게 먹어요!'에서 나타나는 영아의 기본생활 관련 경험을 [2세 표준보육과정 나침반]과 연결하여 생각해 봅시다.

[2세] 표준보육과정 나침반

기본생활	
건강하게 생활하기	자신의 몸을 깨끗이 해 본다.
	음식에 관심을 가지고 즐겁게 먹는다.
	하루 일과를 즐겁게 경험한다.
	건강한 배변 습관을 갖는다.
안전하게 생활하기	일상에서 안전하게 놀이하고 생활한다.
	교통수단을 안전하게 이용해 본다.
	위험한 상황에 대처하는 방법을 경험한다.

신체운동	
감각과 신체 인식하기	감각 능력을 활용한다.
	신체를 인식하고 움직인다.
신체활동 즐기기	대소근육을 조절한다.
	기본 운동을 즐긴다.
	실내외 신체활동을 즐긴다.

의사소통	
듣기와 말하기	표정, 몸짓, 말에 관심을 갖고 듣는다.
	상대방의 이야기를 듣고 말한다.
	표정, 몸짓, 단어로 의사를 표현한다.
	자신의 요구와 느낌을 말한다.
읽기와 쓰기에 관심 가지기	주변의 그림과 상징, 글자에 관심을 가진다.
	끼적이며 표현하기를 즐긴다.
책과 이야기 즐기기	책에 관심을 가지고 상상한다.
	말놀이와 이야기에 재미를 느낀다.

사회관계	
나를 알고 존중하기	나와 다른 사람을 구별한다.
	나의 감정을 표현한다.
	내가 좋아하는 것을 한다.
더불어 생활하기	가족에게 관심을 가진다.
	또래와 함께 놀이한다.
	다른 사람의 감정과 행동에 반응한다.
	반에서의 규칙과 약속을 알고 지킨다.

예술경험	
아름다움 찾아보기	자연과 생활에서 아름다움을 느끼고 즐긴다.
	아름다움에 관심을 갖고 찾아본다.
창의적으로 표현하기	익숙한 노래와 리듬을 표현한다.
	움직임과 춤으로 자유롭게 표현한다.
	미술재료와 도구로 표현해 본다.
	일상생활 경험을 상상놀이로 표현한다.

자연탐구	
탐구과정 즐기기	주변 세계와 자연에 대해 호기심을 가진다.
	사물과 자연을 반복하여 탐색하기를 즐긴다.
생활 속에서 탐구하기	친숙한 물체의 특성과 변화를 감각으로 탐색한다.
	물체의 수량에 관심을 가진다.
	주변 공간과 모양을 탐색한다.
	규칙성에 관심을 가진다.
	주변 사물을 같고 다름에 따라 구분한다.
	생활 도구에 관심을 가진다.
자연과 더불어 살기	주변의 동식물에 관심을 가진다.
	날씨와 계절의 변화를 감각으로 느낀다.

① 기본생활 영역 관련 경험 이해하기

'즐겁게 먹어요!' 사례에서는 2세 영아가 위생적인 환경에서 다른 사람과 더불어 다양한 음식을 즐기며, 건강한 식사 습관의 기초를 형성하는 내용을 경험하고 있는 것을 보여준다. 교사는 손을 씻고 식사하는 과정에 전이활동을 여유롭게 하여 영아가 개별적으로 편안하게 일과를 따를 수 있도록 하고, 영아가 또래와 짝을 지어 앉고 싶은 자리에 앉게 하는 등 개별적 선호를 존중하고 자율적 선택의 기회를 줄 수 있다. 자리의 공간 배치는 영아가 또래 및 교사와 바라보며 상호작용할 수 있도록 염두에 둔다. 교사는 영아들이 기대를 가지고 즐겁게 식사할 수 있도록 메뉴를 소개하고, 영아들이 다양한 음식의 맛과 향, 질감을 접할 수 있도록 모델링하였으며, 영아가 식사도구를 사용하면서 유능감을 느낄 수 있도록 격려하였다.

② 6개 영역을 통합적으로 이해하기

앞서 살펴본 '즐겁게 먹어요!'에 나타난 영아의 경험을 표준보육과정 6개 영역의 내용으로 통합하여 살펴볼 수 있다. 예를 들면, 다음과 같이 영아의 놀이 경험의 의미를 이해해 볼 수 있다.

[의사소통] 영아는 또래, 교사 등 상대방의 말을 듣고 이야기하는 경험을 하였다.

[사회관계] 영아는 선호하는 친구, 앉고 싶은 자리, 맛보고 싶은 음식 등 자신이 좋아하는 것을 해 보는 경험을 하였다. 또래와 함께 점심을 먹으며 생활하는 경험을 하였다.

해설이의 tip

영아가 놀이에서 경험한 6개 영역 내용의 통합적 의미를 [2세 표준보육과정 나침반]을 보면서 생각해 봅시다. 6개 영역 경험을 통합적으로 이해하는 것은 단 하나의 정답이 있는 것은 아닙니다. 제시된 예시 이외에 영아들은 또 어떤 경험을 했을지 더 생각해 봅시다.

3) 3~5세

(1) 내용 이해

건강하게 생활하기

자신의 몸과 주변을 깨끗이 한다.

유아가 손을 씻고 이를 닦는 등 몸을 깨끗이 하는 적절한 방법을 알고 실천하며, 자기 주변을 깨끗하게 정리정돈하는 내용이다.

몸에 좋은 음식에 관심을 가지고 바른 태도로 즐겁게 먹는다.

유아가 몸을 건강하게 하는 음식에 관심을 가지고, 음식을 소중히 여기며, 제자리에 앉아서 골고루 즐겁게 먹는 내용이다.

하루 일과에서 적당한 휴식을 취한다.

유아가 피곤하거나, 몸이 아프거나, 몸을 많이 움직여서 쉬고 싶을 때, 적절한 휴식을 취하는 내용이다.

질병을 예방하는 방법을 알고 실천한다.

유아가 질병의 위험으로부터 건강을 유지할 수 있는 다양한 생활 방식(몸을 청결히 하기, 날씨와 상황에 알맞은 옷 입기, 찬 음식 적당히 먹기, 정해진 시간에 자고 일어나기, 따뜻한 물 마시기 등)을 경험하는 내용이다.

안전하게 생활하기

일상에서 안전하게 놀이하고 생활한다.

유아가 일상에서 위험한 장소, 상황, 도구 등을 알고, 안전한 놀이방법과 놀이 규칙을 지키며 놀이하고 생활하는 내용이다.

TV, 컴퓨터, 스마트폰 등을 바르게 사용한다.

유아가 일상에서 자주 접하는 TV, 컴퓨터, 스마트폰 등을 필요한 상황에서 적절하게 사용하며, 바른 자세로 이용하는 내용이다.

교통안전 규칙을 지킨다.

유아가 안전한 보행 및 도로 횡단, 교통기관의 안전한 이용 등 교통안전 규칙을 알고 실천하는 내용이다.

안전사고, 화재, 재난, 학대, 유괴 등에 대처하는 방법을 경험한다.

유아가 안전사고, 화재, 재난, 학대, 유괴 등의 위험에 처한 상황을 알고, 주변에 도움을 요청하는 방법을 배우며, 평소 훈련에 따라 대피하는 연습을 하는 등의 안전교육과 관련된 내용이다.

(2) 영유아의 경험을 배움으로 이해하기

p. 65-67

3~5세 유아 경험의 실제

출처: 교육부, 보건복지부 (2019a). 2019 개정 누리과정 해설서. p.67.

유아들은 바깥놀이터에서 신나게 놀이한 후 교실로 돌아오자마자, "선생님, 정말 더워요. 에어컨 틀어 주세요."라고 다급한 목소리로 요청한다. 교사는 "그래. 선풍기도 켜 놓을게. 그런데 땀을 많이 흘렸으니 얼굴이랑 팔을 씻는 것은 어떨까?" 하며 에어컨과 선풍기를 켠다. 유아들은 얼굴과 팔, 손을 씻고 들어와 "이젠 좀 쉬자!"라고 말하며 교실 바닥에 앉기도, 눕기도 한다.

유아: 선생님, 나 감기에 걸렸어요.
교사: 어떡하니, 많이 아파?
유아: 네. 열도 났어요. 그래서 엄마가 따뜻한 물을 넣어 주셨어요.
교사: 그렇구나. 따뜻한 물이 감기에 좋지. 오늘은 따뜻한 물을 자주 마셔 봐. 감기가 금방 나을 거야.

해설이의 tip

누리과정 해설서 67쪽 사례를 보면서 유아의 건강 및 안전한 생활 관련 경험을 [3~5세 누리과정 나침반]과 연결하여 생각해 봅시다.

[3~5세] 누리과정 나침반

영역	내용범주	내용
신체운동 · 건강	신체활동 즐기기	신체를 인식하고 움직인다. 신체 움직임을 조절한다. 기초적인 이동운동, 제자리 운동, 도구를 이용한 운동을 한다. 실내외 신체활동에 자발적으로 참여한다.
	건강하게 생활하기	자신의 몸과 주변을 깨끗이 한다. 몸에 좋은 음식에 관심을 가지고 바른 태도로 즐겁게 먹는다. 하루 일과에서 적당한 휴식을 취한다. 질병을 예방하는 방법을 알고 실천한다.
	안전하게 생활하기	일상에서 안전하게 놀이하고 생활한다. TV, 컴퓨터, 스마트폰 등을 바르게 사용한다. 교통안전 규칙을 지킨다. 안전사고, 화재, 재난, 학대, 유괴 등에 대처하는 방법을 경험한다.
의사소통	듣기와 말하기	말이나 이야기를 관심 있게 듣는다. 자신의 경험, 느낌, 생각을 말한다. 상황에 적절한 단어를 사용하여 말한다. 상대방이 하는 이야기를 듣고 관련해서 말한다. 바른 태도로 듣고 말한다. 고운 말을 사용한다.
	읽기와 쓰기에 관심 가지기	말과 글의 관계에 관심을 가진다. 주변의 상징, 글자 등의 읽기에 관심을 가진다. 자신의 생각을 글자와 비슷한 형태로 표현한다.
	책과 이야기 즐기기	책에 관심을 가지고 상상하기를 즐긴다. 동화, 동시에서 말의 재미를 느낀다.. 말놀이와 이야기 짓기를 즐긴다.
사회관계	나를 알고 존중하기	나를 알고 소중히 여긴다. 나의 감정을 알고 상황에 맞게 표현한다. 내가 할 수 있는 것을 스스로 한다.
	더불어 생활하기	가족의 의미를 알고 화목하게 지낸다. 친구와 서로 도우며 사이좋게 지낸다. 친구와의 갈등을 긍정적인 방법으로 해결한다. 서로 다른 감정, 생각, 행동을 존중한다. 친구와 어른께 예의바르게 행동한다. 약속과 규칙의 필요성을 알고 지킨다.
	사회에 관심 가지기	내가 살고 있는 곳에 대해 궁금한 것을 알아본다. 우리나라에 대해 자부심을 가진다. 다양한 문화에 관심을 가진다.
예술경험	아름다움 찾아보기	자연과 생활에서 아름다움을 느끼고 즐긴다. 예술적 요소에 관심을 갖고 찾아본다.
	창의적으로 표현하기	노래를 즐겨 부른다. 신체, 사물, 악기로 간단한 소리와 리듬을 만들어 본다. 신체나 도구를 활용하여 움직임과 춤으로 자유롭게 표현한다. 다양한 미술 재료와 도구로 자신의 생각과 느낌을 표현한다. 극놀이로 경험이나 이야기를 표현한다.
	예술 감상하기	다양한 예술을 감상하며 상상하기를 즐긴다. 서로 다른 예술 표현을 존중한다. 우리나라 전통 예술에 관심을 갖고 친숙해진다.
자연탐구	탐구과정 즐기기	주변 세계와 자연에 대해 지속적으로 호기심을 가진다. 궁금한 것을 탐구하는 과정에 즐겁게 참여한다. 탐구과정에서 서로 다른 생각에 관심을 가진다.
	생활 속에서 탐구하기	물체의 특성과 변화를 여러 가지 방법으로 탐색한다. 물체를 세어 수량을 알아본다. 물체의 위치와 방향, 모양을 알고 구별한다. 일상에서 길이, 무게 등의 속성을 비교한다. 주변에서 반복되는 규칙을 찾는다. 일상에서 모은 자료를 기준에 따라 분류한다. 도구와 기계에 대해 관심을 가진다.
	자연과 더불어 살기	주변의 동식물에 관심을 가진다. 생명과 자연환경을 소중히 여긴다. 날씨와 계절의 변화를 생활과 관련 짓는다.

① 신체운동·건강 영역의 관련 경험 이해하기

유아들은 활발한 바깥놀이를 통해 몸을 많이 움직여서 쉬고 싶을 때 적절한 휴식을 취하고자 하였으며, 질병의 위험으로부터 건강을 유지할 수 있는 여러 가지 생활 방식(선풍기 틀기, 얼굴과 팔 씻기, 따뜻한 물을 자주 마셔서 감기 낫기 등)에 대한 내용을 대화과정에서 주고 받았다.

② 5개 영역을 통합적으로 이해하기

위 사례에서 나타난 유아의 경험을 누리과정 5개 영역의 내용을 통합하여 살펴볼 수 있다. 예를 들면, 유아는 다음과 같은 통합적 경험을 하였다.

[신체운동·건강] 유아는 바깥에서 신나게 놀이한 후 실내에 들어와 얼굴과 팔을 씻고 잠시 휴식을 취하였다.

[사회관계] 유아는 친구, 선생님과 생각, 느낌, 경험을 공유하면서 이야기를 나누었다.

해설이의 tip

유아가 바깥놀이를 즐기고, 교실에 들어와 적절한 휴식을 취하면서 경험한 5개 영역 내용의 통합적 의미를 [3~5세 누리과정 나침반]을 보면서 생각해 봅시다.
유아가 자신의 지친 몸을 쉬면서 휴식을 통해 새로운 에너지를 얻고자 하는 과정, 또래 및 선생님과 이야기를 주고받으면서 자신의 느낌, 생각, 경험을 자유롭게 펼쳐내는 모습을 볼 수 있습니다. 5개 영역 경험을 통합적으로 이해하는 것은 단 하나의 정답이 있는 것은 아닙니다. 제시된 예시 이외에 유아들은 또 어떤 경험을 했을지 더 생각해 봅시다.

적용해 보기

「영유아보육법」에서 건강안전관련 조항 찾아보기

어린이집에서는 영유아의 건강 및 안전 목표를 달성하기 위해 어떻게 해야 할까? 이를 위한 기초 작업으로 「영유아보육법」에서 건강 및 안전 관련 조항을 찾아서 써 보자.

[방법]

국가법령정보센터(https://www.law.go.kr)에서 「영유아보육법」을 찾아 조문을 살펴보면서 건강 및 안전 관련 조항을 적어 본다.

[작성 예]

"보육"이란 영유아를 건강하고 안전하게 보호·양육하고 영유아의 발달특성에 맞는 교육을 제공하는 어린이집 및 가정양육 지원에 관한 사회복지서비스를 말한다.

보육은 영유아가 안전하고 쾌적한 환경에서 건강하게 성장할 수 있도록 하여야 한다.

어린이집을 설치·운영하는 자는 반드시 1층과 2층 이상 등 종류별 비상재해대비시설을 설치하여야 하며 설치에 관한 기준은 보건복지부령으로 정한다.

보육교직원은 업무를 수행함에 있어 영유아의 생명·안전보호 및 위험방지를 위하여 주의 의무를 다하여야 한다(이하 생략)

[확장 논의]

「영유아보육법」 외에 「영유아보육법시행령」(별표 포함), 「영유아보육법시행규칙」(별표 포함)에서 건강 및 안전 관련 조항에 밑줄을 그어 본다.

06

보육과정의 내용: 신체운동

무엇을 배울까?

- 〉〉〉 **신체운동 경험의 이해**
  - 감각발달
  - 신체적 성장과 운동기능 발달
- 〉〉〉 **신체운동 영역의 성격**
- 〉〉〉 **신체운동 영역의 목표**
- 〉〉〉 **신체운동 영역의 내용**
  - 내용 이해
  - 영유아의 경험을 배움으로 이해하기

□ **이 내용을 살펴보는 주안점:**

이 장에서는 제4차 어린이집 표준보육과정의 신체운동 영역에 대해서 살펴봅니다. 신체운동 영역은 영유아의 어떠한 경험을 담고 있을까요? 영유아는 신체의 감각을 통해 외부 환경을 인식하고, 신체활동을 통해 기본적인 운동 능력, 신체조절 능력, 통제력을 습득하게 됩니다. 이 장에서는 제4차 어린이집 표준보육과정 신체운동 영역의 내용을 통해 영유아의 감각과 신체운동 경험을 살펴봅니다. 그리고 보육교사는 보육과정을 운영하면서 신체운동과 관련된 영유아의 배움을 어떻게 지원할 수 있을지 함께 생각해 보겠습니다.

1. 신체운동 경험의 이해

신체는 영유아가 외부 환경을 인식하는 일차적 통로로서, 영유아는 신체활동을 통해 기본적인 운동 능력, 신체조절 능력, 통제력을 습득하고 신체접촉과 탐색의 경험을 바탕으로 외부 세계를 배운다. 영유아는 놀이를 통해 몸을 마음껏 움직이고, 세상과 즐겁게 교류하며, 자신의 감정과 욕구에 귀를 기울이게 되는 중요한 경험을 한다. 그리고 영유아는 건강하고 안전한 환경에서 자신의 신체리듬에 맞게 생활하면서 자신의 몸과 마음에 대한 긍정적인 생각을 키우고 자신을 소중히 여기게 된다. 따라서 영유아의 신체운동 경험을 지원하기 위해서 영유아기 감각발달과 신체운동 발달특성에 대해 간단히 살펴보도록 한다.

1) 감각발달

영아기의 감각발달은 신체운동 능력 발달의 기초가 된다. 영아는 다양한 감각경험을 통하여 주변 환경을 탐색하고 자신과 환경과의 관계를 인식하게 되므로, 오감은 영아와 환경을 연결하는 첫 번째 통로가 된다. 사물을 만지고, 보고, 듣고, 맛보는 등의 다양한 감각적 경험이나 신체활동 속에서 즐거움을 느끼고 자신의 신체에 대해 유능감을 느끼는 경험이 축적되면서 자신의 신체에 대해 긍정적으로 인식하게 된다.

감각기능 가운데 미각, 피부감각(촉각, 습도감각, 통각), 후각은 신생아 때부터 작용한다. 미각 중 신맛은 출생 시부터 느낄 수 있으며, 짠맛과 쓴맛은 4~6개월에 느낄 수 있게 된다. 촉각은 신생아기부터 매우 민감하게 느낄 수 있고, 후각 역시 신생아기부터 잘 발달하여 생후 4일만 되어도 엄마의 젖 냄새를 구별할 수 있다. 청각은 태내에 있을 때부터 발달하여 생후 1개월에는 엄마의 목소리를 구분하고, 4개월이 되면 소리가 나는 방향으로 고개를 돌릴 수 있게 된다. 시각은 감각기관 중 가장 늦게 발달하는데, 생후 6주 무렵에 움직이는 사물을 추적할 수 있고 생후 8개월에 성인의 1/4의 시력을 갖게 된다. 이러한 오감각의 발달은 영유아의 두뇌

발달 및 신체운동 발달과 밀접한 연관성을 가지고 있으므로, 발달을 확인하고 촉진시킬 수 있는 다양한 경험을 제공하는 것이 중요하다.

2) 신체적 성장과 운동기능 발달

신체운동 발달은 신체적 성장과 운동기능이 발달하는 것을 의미한다. 신체적 성장은 신장과 체중의 증가뿐만 아니라 신체 비율의 변화, 골격과 근육의 발달, 치아 발달 등 다양한 부분에서 나타난다. 영유아기는 '제1성장급등기'로 불릴 만큼 신장과 체중이 빠르게 증가하며, 골격, 근육, 중추신경계 등의 신체 내부 발달도 급속히 이루어진다. 신체적 성장은 일차적으로는 유전적 요인에 영향을 받으나 영양공급, 규칙적인 생활 습관, 사고와 질병으로부터 건강관리 등 외적 요인에 의해서 차이가 나타난다.

운동발달은 운동기능의 발달과 운동 능력의 발달로 이루어진다. 운동기능의 발달은 근육과 신경조직, 그리고 중추신경과 골격의 성숙에 기초하여 발달하게 되며, 일정한 계열성을 갖고 있어서 개인차가 있기는 하지만 기능별 발달 시기가 있고 일련의 순서에 의해 이루어진다. 운동 능력은 머리에서 다리로, 몸통에서 몸의 말단으로, 전체적인 동작에서 세부적인 동작으로 발달한다. 운동 능력의 발달은 운동기능의 발달을 바탕으로 신체를 효율적으로 움직이는 능력을 말한다.

(1) 운동기능의 발달

운동기능은 대근육 운동기능과 소근육 운동기능으로 발달하게 된다. 대근육 운동기능은 영아기의 머리 가누기를 시작으로 앉기, 기기, 서기, 걷기, 뛰기, 한 발로 서 있기, 굽히기, 던지기, 뜀뛰기 등을 하는 데 필요한 팔, 다리, 몸통과 같은 대근육의 발달과 관련이 있다. 영아기 운동기능 발달은 주로 대근육 발달을 중심으로 근육과 신경조직, 그리고 중추신경과 골격의 성숙에 기초하여 발달하게 된다. 눈, 머리, 목 등의 상체운동에서 팔, 다리 등의 하체 방향인 두미 방향으로 발달하며 신체의 중앙 부위에서 시작하여 말초 방향으로 발달한다.

손으로 물체를 쥐거나 붙잡고 조작하는 정교한 운동기술은 소근육 운동이 필요하다. 소근육 운동기능은 소근육의 발달과 눈－손 협응력 발달과 관련이 있다. 유아기에는 단추 채우기나 그림 그리기를 위해 필요한 눈－손 협응력과 소근육 운동기술이 비약적으로 발달한다.

(2) 기본 운동 능력의 발달

기본 운동 능력(Basic Motor Skill)이란 신체를 효율적으로 움직이는 데 필요한 운동 능력으로 주로 유아기에 형성된다. 기본 운동 능력의 특징은 미숙한 상태에서 능숙한 상태로 발달한다는 것인데, 기본 운동 능력에는 이동운동, 비이동운동, 조작운동 등이 있다.

- 이동운동 : 걷기, 달리기, 뛰기 등 장소를 이동하는 동작운동을 뜻하며, 성장에 따라 나타나는 특정 동작운동이 정해져 있으므로 각 유아의 정상적인 성장을 판단하는 데 중요한 측정 지표가 된다.
- 비이동운동 : 구르기, 비틀기, 균형 잡기, 회전하기 등 몸을 축으로 이동하지 않고 움직이는 동작운동을 말한다.
- 조작운동 : 던지기, 차기, 때리기와 같이 힘을 가해서 사물을 조작하는 추진 동작과 받기, 굴러오는 공 잡기와 같이 힘으로 움직이는 사물을 받아들이는 흡수 동작을 말한다.

기본 운동 능력은 성장기에 있는 영유아들에게 대단히 중요한 능력이다. 영유아기에 기본 운동 능력이 형성되지 않으면 다른 신체활동을 할 수 없고, 성장하면서 접하는 신체운동에 대해 흥미와 즐거움을 느끼기 어렵게 된다. 기본 운동 능력은 또래와 상호작용이 가능하게 하고, 운동 능력 수행에 따른 만족감과 성취감을 바탕으로 긍정적인 자아존중감을 형성하게 한다.

신체운동 발달은 다른 발달 영역과 상호 영향을 주고받는다. 배변훈련을 위해서는 신체적으로 괄약근의 성숙이 이루어져야 가능하며, 귀에 이상이 있으면

청력에 문제가 발생하여 언어발달이 지연될 수 있다. 신체운동 발달이 원활하지 못하여 이동 능력 및 감각 탐색 능력이 제한되면 인지발달에 부정적인 영향을 미치며, 자신의 신체에 대해 부정적으로 인식하거나 낮은 자아존중감을 형성하도록 할 수 있다. 또한 신체활동 참여가 어려운 경우에는 또래와의 놀이에 참여하는 것이 어려우므로 사회적 기술을 발달시키거나 사회적 규칙을 이해하는 데 제한이 발생할 수 있다(Litjens & Taguma, 2010).

신체운동 발달은 영유아의 기초체력을 기르고 신체활동 참여에 즐거움을 느끼는 것과 관련되어 있다. 신체운동 능력이 발달하면 실내외에서 다양한 신체활동에 참여하여 운동 습관을 형성하고 기초체력을 기를 수 있으며, 아동기나 청소년기 신체활동 습관에 영향을 주어 평생 건강한 삶을 유지할 수 있는 기틀을 마련해 준다. 영유아가 다양한 신체운동에 적극적으로 참여할 수 있도록 유도함으로써 기본 운동 능력을 발달시키는 것은 물론 기초체력 형성 및 신체활동 참여를 습관화 할 수 있도록 지원하는 것이 중요하다.

2. 신체운동 영역의 성격

제4차 어린이집 표준보육과정에서 신체운동 영역은 영유아가 튼튼한 몸과 안정된 정서를 바탕으로 자신을 소중히 여기며 건강한 사람으로 성장해 갈 수 있도록 지원하는 방향으로 구성되었다. 어린이집은 영유아가 안정적인 일상을 유지하면서 환경의 변화에 유연하게 적응하고 다른 사람과 즐겁게 교류하며 마음껏 놀이할 수 있는 공간이 되어야 하며, 보육교사는 영유아가 자신의 신체를 자유롭게 움직이고 조절할 수 있는 방법을 배워 나갈 수 있도록 지원해야 한다. 제4차 어린이집 표준보육과정 및 2019 개정 누리과정 해설서에 제시된 신체운동 영역의 성격을 통해 영유아의 경험과 교사의 지원 방향을 더 구체적으로 살펴보면 다음과 같다.

0~1세

0~1세의 영아는 오감각 기관을 이용한 다양한 감각 경험을 통하여 주변을 탐색하기 시작하고 자신의 신체를 탐색하면서 자연스럽게 몸의 움직임을 발전시켜 나간다. 0~1세 영아기는 신체 균형감의 기초적인 발달과 대근육, 소근육의 조절을 포함한 기본 운동 능력이 발달하는 중요한 시기이다. 즉, 서기, 걷기 등을 포함한 신체 대근육의 균형 잡기와 만지기, 두드리기, 던지기 등의 눈과 손의 소근육 협응 능력을 발달시킨다. 영아는 다양한 운동을 시도하고 자신의 몸을 통해 혹은 도구를 사용함으로써 자연스럽게 신체활동을 경험하게 된다. 교사는 0~1세 영아가 편안하게 오감각으로 자극에 반응하고 주변을 다양하게 탐색할 수 있도록 하고, 대소근육을 움직이면서 기본 운동을 포함한 실내외 활동에 관심을 가지고 즐길 수 있도록 지원해야 한다.

보건복지부 (2020b). 제4차 어린이집 표준보육과정 해설서.

2세

2세 영아는 일상생활에서 감각적 자극을 경험하고 감각기관을 활용하여 감각적 차이를 구분하며 자신의 신체를 탐색하고 움직이면서 자신의 신체에 대해 인식하고 기본적인 신체 명칭이나 세부적인 신체 명칭에 대해 알아 간다. 또한 2세 영아는 대소근육을 조절하면서 신체의 움직임과 사물에 미치는 영향을 이해하고 걷기와 같은 기본적인 이동운동을 잘할 뿐 아니라 걷기를 기반으로 하는 여러 가지 이동 동작(예: 기어가기, 걷기, 옆 구르기 등)과 단순한 비이동 동작을 시도하고 즐긴다. 신체운동 영역은 2세 영아가 감각 능력을 활용하고 신체활동을 즐기는 것을 목표로 한다. 이를 위하여 교사는 2세 영아에게 다양한 감각 능력을 활용하고 신체의 각 부분을 움직일 수 있는 기회를 제공하고 대소근육을 조절하며 몸의 균형감각을 기를 수 있는 기본운동과 신체활동을 즐길 수 있는 경험을 지원해야 한다.

보건복지부 (2020b). 제4차 어린이집 표준보육과정 해설서.

3~5세

유아는 몸을 움직여 놀이하는 것을 좋아하며, 자신의 몸을 건강하고 안전하게 지키고자 하는 힘을 가지고 있다. 신체운동 영역은 유아가 자신의 몸에 관심을 가지고 신체활동에 즐겁게 참여하는 경험과 관련된 내용이다. 교사는 유아가 몸을 충분히 움직이는 경험을 통해 신체활동의 즐거움을 느끼고 기초 체력을 키우도록 돕는다. 교사는 유아가 일상에서 건강하고 안전한 생활을 실천할 수 있도록 지원할 수 있다

교육부, 보건복지부 (2019a). 2019 개정 누리과정 해설서.

관점 넓히기

안전한 환경의 의미

안전한 환경은 물리적 환경뿐만 아니라 심리·사회적 환경을 포괄하는 의미이다. 이는 영유아들이 생활하는 물리적 공간이 청결하고 위험하지 않아야 한다는 원칙뿐만 아니라 영유아가 자유롭게 탐색하고 자신의 신체를 마음껏 움직일 수 있는 분위기를 조성하고 지지해 주어야 함을 의미한다.

성인이 보기에 위험해 보이는 환경에서도 영유아는 자신의 신체를 조절하고 안전하게 놀이할 수 있는 방법을 경험을 통해 배울 수 있다.

다음 영상에 나오는 목공놀이 상황을 시청한 후에 함께 이야기 나눠 보자.

출처: 교육부TV 유튜브
내용: 펭수가 소리를 지른 이유는?! [2019 개정 누리과정]-EP.02

적용해 보기 거칠고 과격한 신체놀이는 어떻게?

놀이 중 다툼이 일어날 수도 있고, 놀이의 흐름에 따라 과격하게 부딪치는 거친 신체놀이가 일어날 수도 있다. 영유아는 자신의 힘을 조절하는 것이 미숙하기도 하고, 놀이를 하면서 다양한 감정이 발생할 수 있다. 또한 영유아는 위험 상황을 예측하는 능력이 미숙하므로 놀잇감을 위험하게 만들거나 사용함으로써 안전사고의 여지가 생기기도 한다.

교사는 안전한 놀이를 보장하기 위하여 물리적 환경의 안전성을 점검하고 위해를 가할 수 있는 사물이나 물질을 사전에 정리하여야 한다. 물리적 안전성이 확보되었다면 영유아 스스로 놀이 가운데서 자신의 몸을 조절하고 통제하는 방법을 배울 수 있도록 영유아와 함께 어떻게 안전하게 놀이할 것인가에 대해서 토의하고 놀이를 제한하지 않는 범위에서 규칙을 정해 본다.

규칙은 교사가 일방적으로 정하는 것이 아니라 영유아와 함께 논의하고, 조정하고, 합의하는 과정을 통해 정해야 한다. 그리고 영유아가 이해하고 실천할 수 있을 만큼 구체적으로 정해야 한다. 예를 들어, 놀이 중 다툼이 생겼을 때 조심해야 하는 행동의 종류(예: 때리기, 꼬집기, 밀기, 할퀴기 등)를 구체적으로 함께 이야기 나누며 정해 볼 수 있다.

3. 신체운동 영역의 목표

제4차 어린이집 표준보육과정 신체운동 영역의 목표는 영아의 감각 능력과 신체운동 능력을 기르는 데 있다. 이를 위하여 영유아가 어떠한 신체활동 경험을 할 수 있도록 교사가 지원할지 그 방향을 제시하고 있다. 특히 영아는 시각, 청각, 미각, 후각, 촉각의 오감각으로 자신의 신체와 주변을 탐색하면서 환경 및 주변 사람들과 관계를 형성한다. 따라서 표준보육과정에서는 0~1세, 2세 영아들이 감각으로 탐색하고 신체를 인식할 수 있도록 일상생활에서 감각 탐색을 즐길 수 있도록 지원해야 한다는 내용을 제시하고 있다. 그리고 영유아가 자유롭게 신체를 움직이며 놀이하는 즐거운 경험을 강조하고자 제3차 표준보육과정의 '신체조절과 기본 운동하기'와 '신체활동에 참여하기'의 내용범주를 통합하여 '신체활동 즐기기'로 제시하고, 실내활동뿐만 아니라 실외에서의 활발한 신체활동을 강조한다. 이러한 방향에서 설정된 제4차 표준보육과정 신체운동 영역의 목표를 표준보육과정 및 누리과정 해설서를 통해 살펴보면 다음과 같다.

〈표 6-1〉 신체운동 및 신체운동 · 건강 영역의 목표

0~1세	2세	3~5세
감각으로 탐색하고 신체활동을 즐긴다.	감각을 활용하고 신체활동을 즐긴다.	실내외에서 신체활동을 즐기고, 건강하고 안전한 생활을 한다.
1) 감각 탐색을 즐긴다. 2) 신체활동을 즐겁게 경험한다.	1) 감각을 활용하고 신체를 인식한다. 2) 신체활동을 즐긴다.	1) 신체활동에 즐겁게 참여한다 2) 건강한 생활 습관을 기른다. 3) 안전한 생활 습관을 기른다.

0~1세

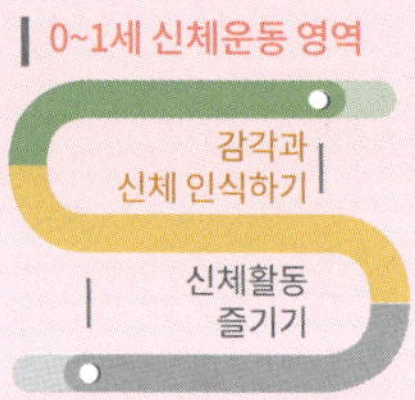

0~1세 영아의 신체운동 영역 목표는 주변 자극에 반응하고 감각으로 주변의 사물과 환경을 인식하며 자신의 신체를 즐겁게 탐색해 보는 것에 중점을 둔다. 또한 영아의 기본 운동 능력을 발달시키기 위해 자신의 대소근육을 이용하여 기본 운동을 시도하고 실내외에서 신체를 이용한 활동을 즐기는 것에 중점을 둔다.

보건복지부 (2020b). 제4차 어린이집 표준보육과정 해설서.

2세

신체운동 영역의 목표는 2세 영아가 감각을 활용하고 신체활동을 즐기는 경험을 하는 것이다. 신체운동 영역은 2세 영아가 감각을 활용하여 주변 사물과 환경을 탐색하고 자신의 신체를 인식하며, 대소근육을 조절하고 기본운동과 실내외 신체활동을 즐기도록 하는 데 중점을 둔다.

보건복지부 (2020b). 제4차 어린이집 표준보육과정 해설서.

3~5세

3~5세 신체운동 영역

신체활동 즐기기

신체운동·건강 영역의 목표 및 내용범주는 유아가 다양한 신체활동에 즐겁게 참여하고, 청결과 위생, 즐거운 식사, 적당한 휴식을 통해 건강한 생활 습관을 기르며, 일상에서 안전하게 생활하는 방법을 배우고 실천하는 내용으로 구성하였다.

교육부, 보건복지부 (2019a). 2019 개정 누리과정 해설서.

변화 CHECK **제4차 어린이집 표준보육과정으로 개정되면서 신체운동 영역에는 어떤 변화가 있었나요?**

제4차 어린이집 표준보육과정 신체운동 영역의 목표는 기존 제3차 표준보육과정에서 제시되었던 오감각을 통해 신체를 인식하고 신체운동의 기초를 형성해 나가는 것과 더불어 영유아가 실내외 신체활동을 즐기는 경험을 강조한다는 점에서 변화가 있습니다. 특히 제4차 어린이집 표준보육과정을 운영할 때 교사는 실내활동뿐만 아니라 실외놀이를 포함하여 놀이시간을 충분히 편성함으로써 영유아가 다양한 신체활동에 적극적으로 참여하고 환경을 자유롭게 탐색할 수 있도록 지원해야 한다고 강조합니다. 그 과정에서 영유아는 몸을 충분히 움직여 즐겁게 놀이하고 위험으로부터 자신을 안전하게 보호하는 능력을 배워 나갈 수 있게 됩니다.

어린이집에서는 이렇게

실외놀이를 통한 경험과 통합적인 배움

실외로 나가면 영유아는 놀잇감이 없어도 자신의 몸으로 놀이를 할 수 있고, 또 다른 유아와 만나 몸을 이용해 함께하는 놀이를 한다. 그리고 곤충, 풀, 꽃 등의 자연물을 보고 만지고 냄새 맡으면서 발견의 즐거움, 기쁨, 놀라움 등의 감정을 느낀다. 영유아는 자연물로 놀이하는 과정에서 색, 모양, 선, 질감과 같은 자연물의 속성과 아름다움에 대한 감성, 생명의 존귀함 등을 스스로 배운다. 빛과 그림자, 눈, 비, 구름 등과 같은 자연현상도 놀이의 매개 또는 주제가 될 수 있다.

어린이집에서 교사는 영유아의 몸 움직임을 지원하고, 산책길과 실외놀이터에서 영유아의 놀이성을 찾아낼 수 있다. 그리고 관찰하기, 질문하기, 제안하기, 함께 참여하기, 정서 지원하기와 같은 방법으로 유아와 상호작용하면서 놀이를 간접적 또는 직접적으로 지원할 수 있다.

자신의 신체를 조절하는 경험을 토대로 성취감을 느끼고 자신의 몸에 대한 긍정적인 생각을 하게 된다

놀잇감이 없어도 겉옷을 썰매 삼아 신나게 놀이를 시작한다

자신의 몸에 대한 이해를 바탕으로 사람과 닮은 자연물을 탐색한다. 나무에 나뭇가지가 뾰족이 나와 있는 모습을 보고 '코'처럼 생겼다고 한다.

비가 온 후 변화한 흙과 풀 등의 속성을 살펴보고 나뭇가지로 피리도 불어 보느라 점심시간을 훌쩍 넘겨 돌아왔다.

4. 신체운동 영역의 내용

제4차 어린이집 표준보육과정 신체운동 영역에서 제시하고 있는 내용은 0~1세, 2세, 3~5세로 나누어 살펴볼 수 있으며, 영유아의 경험을 유사한 특성에 따라 내용범주로 묶어서 제시하고 있다. 제4차 표준보육과정에서 신체운동은 '감각과 신체 인식하기'와 '신체활동 즐기기'의 두 가지 내용범주로 구성되어 있고, 2019 개정 누리과정에서 신체운동은 '신체활동 즐기기'로 구성되어 있다.

'감각과 신체 인식하기'는 오감각 반응이 가장 활발하게 나타나는 0~2세 영아기의 표준보육과정에 해당하는 내용이다. 구체적으로, '감각과 신체 인식하기'는 0~1세 영아가 여러 가지 다양한 감각적 자극에 오감각으로 반응하고 동시에 감각기관으로 주변을 탐색하며, 이와 함께 자신의 신체를 즐겁게 탐색하면서 스스로 신체를 인식하게 하는 내용으로 구성되어 있다. 그리고 2세 영아가 자신의 감각을 활용하고 신체를 인식하며 움직이는 경험을 하도록 하는 내용이다.

'신체활동 즐기기'는 영유아가 대소근육을 조절하고 기본 운동과 실내외 신체활동을 즐기도록 하는 내용이다. 0~1세 영아가 자신의 몸을 움직이는 가운데 대근육과 소근육의 조절력을 키우고, 이를 기반으로 이동 운동이나 제자리에서 다양한 동작으로 몸을 움직여 보면서 실내외에서 이루어지는 여러 가지 신체활동을 즐기는 내용으로 구성되어 있다. 2세 영아는 영아가 대소근육을 조절하고 기본 운동과 실내외 신체활동을 즐기도록 하는 내용이며, 3~5세 유아가 스스로 신체를 움직이는 동안 자연스럽게 자신의 신체를 인식하고 조절하며, 실내외에서 다양한 신체활동에 자발적으로 참여하면서 신체활동을 즐기는 내용이다.

〈표 6-2〉 신체운동 영역의 내용과 내용범주의 이해

0~1세	2세	3~5세	내용범주	영역
• 감각적 자극에 반응한다. • 감각으로 주변을 탐색한다. • 신체를 탐색한다.	• 감각 능력을 활용한다. • 신체를 인식하고 움직인다.		감각과 신체 인식하기	신체운동(0~2세) 신체운동·건강(3~5세)
• 대소근육을 조절한다. • 기본 운동을 시도한다. • 실내외 신체활동을 즐긴다.	• 대소근육을 조절한다. • 기본 운동을 즐긴다. • 실내외 신체활동을 즐긴다.	• 신체를 인식하고 움직인다. • 신체 움직임을 조절한다. • 기초적인 이동운동, 제자리운동, 도구를 이용한 운동을 한다. • 실내외 신체활동에 자발적으로 참여한다.	신체 활동 즐기기	

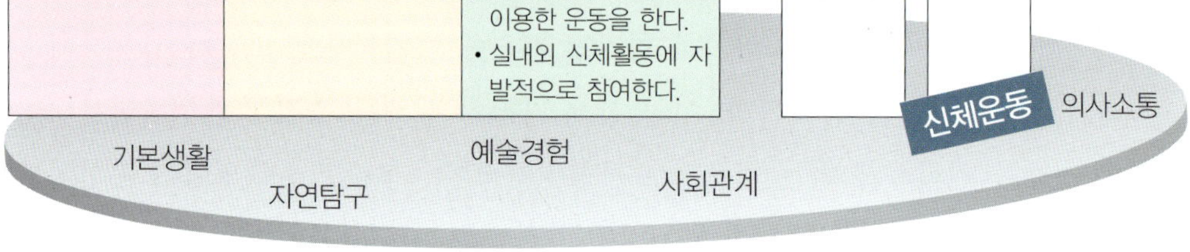

1) 0~1세

(1) 내용 이해

감각과 신체 인식하기

감각적 자극에 반응한다.

0~1세 영아가 시각, 청각, 촉각, 후각, 미각의 오감각으로 다양한 감각 경험을 통해 자극을 느끼고 그 자극에 반응하는 내용이다.

감각으로 주변을 탐색한다.

0~1세 영아가 시각, 청각, 촉각, 후각, 미각의 오감각으로 주변의 사물을 포함한 환경을 탐색하는 내용이다.

신체를 탐색한다.

0~1세 영아가 자신의 손이나 발 등을 입에 넣어 보거나 바라보고 팔, 다리, 몸통 등의 움직임을 탐색하는 가운데 자신에 대해 인식하게 되는 내용이다.

신체활동 즐기기

대소근육을 조절한다.

0~1세 영아가 목 가누기, 뒤집기, 앉기, 서기 등의 대근육 조절 능력을 발달시키는 것으로, 신체 균형을 잡으면서 안정되게 자세를 유지할 수 있는 능력을 키우는 내용이다.

기본 운동을 시도한다.

0~1세 영아가 몸을 한 곳에서 다른 곳으로 이동하는 기기, 걷기 등의 이동 운동과 제자리에서 몸을 축으로 하여 원하는 방향이나 물체를 향해 움직여 보는 뻗기, 흔들기 등의 제자리 운동을 시도해 보는 내용이다.

실내외 신체활동을 즐긴다.

0~1세 영아가 몸을 움직이는 것에 활발히 참여하고 도구를 이용하여 다양하게 시도하며 실내뿐만 아니라 실외에서도 신체활동을 하고 인근 놀이터나 공원, 지역사회 시설 등을 활용하여 신체활동을 즐기는 내용이다.

(2) 영유아의 경험을 배움으로 이해하기

0~1세 영아 경험의 실제 : "신기한 소리가 들려요"

출처: 보건복지부 (2020b). 제4차 어린이집 표준보육과정 해설서. p. 67.

놀잇감 바구니에서 마라카스 두 개를 꺼내 바닥에 굴리다 소리가 나자 양손으로 잡고 흔들어 본다. 그리고 소리가 나는 마라카스를 쳐다본다.
교사: 무슨 소리지? 찰랑찰랑 소리가 나네.

바닥에 놓인 베이비 드럼을 만져 본다. 드럼 버튼을 손가락으로 누르며 소리와 함께 불빛이 반짝이는 것을 바라본다. 불빛이 사라지자 다시 누르기를 시도한다.

하임이는 옆에 있던 친구가 북 치는 것에 관심을 보이자, 자기도 북채로 북을 두드려 소리를 내 본다.
교사: 하임이가 둥둥둥둥 소리를 내는구나.

혜수는 사운드북 버튼을 눌러 동요를 들어 본다. 버튼을 누리고 귀에 갖다 대는 행동을 반복하며, 노랫소리에 고개를 끄덕이거나 몸을 흔들어 보기도 한다. 교사는 동요를 함께 불러 주고, 노래가 끝나자 혜수와 함께 박수를 친다.

해설이의 tip

제4차 어린이집 표준보육과정 해설서 67쪽 사례를 보면서 '신기한 소리가 들려요'에서 나타나는 영아의 신체운동 관련 경험을 [0~1세 표준보육과정 나침반]과 연결해서 생각해 봅시다.

[0~1세] 표준보육과정 나침반

영역	내용범주	내용
기본생활	건강하게 생활하기	도움을 받아 몸을 깨끗이 한다.
기본생활	건강하게 생활하기	음식을 즐겁게 먹는다.
기본생활	건강하게 생활하기	하루 일과를 편안하게 경험한다.
기본생활	건강하게 생활하기	배변 의사를 표현한다.
기본생활	안전하게 생활하기	안전한 상황에서 놀이하고 생활한다.
기본생활	안전하게 생활하기	안전한 상황에서 교통수단을 이용해 본다.
기본생활	안전하게 생활하기	위험하다는 말에 주의한다.
신체운동	감각과 신체 인식하기	감각적 자극에 반응한다.
신체운동	감각과 신체 인식하기	감각으로 주변을 탐색한다.
신체운동	감각과 신체 인식하기	신체를 탐색한다.
신체운동	신체활동 즐기기	대소근육을 조절한다.
신체운동	신체활동 즐기기	기본 운동을 시도한다.
신체운동	신체활동 즐기기	실내외 신체활동을 즐긴다.
의사소통	듣기와 말하기	표정, 몸짓, 말과 주변의 소리에 관심을 갖고 듣는다.
의사소통	듣기와 말하기	상대방의 이야기를 들으면서 말소리를 낸다.
의사소통	듣기와 말하기	표정, 몸짓, 말소리로 의사를 표현한다.
의사소통	읽기와 쓰기에 관심 가지기	주변의 그림과 상징에 관심을 가진다.
의사소통	읽기와 쓰기에 관심 가지기	끼적이기에 관심을 가진다.
의사소통	책과 이야기 즐기기	책에 관심을 가진다.
의사소통	책과 이야기 즐기기	이야기에 관심을 가진다.
사회관계	나를 알고 존중하기	나를 인식한다.
사회관계	나를 알고 존중하기	나의 욕구와 감정을 나타낸다.
사회관계	나를 알고 존중하기	나와 친숙한 것을 안다.
사회관계	더불어 생활하기	안정적인 애착을 형성한다.
사회관계	더불어 생활하기	또래에게 관심을 가진다.
사회관계	더불어 생활하기	다른 사람의 감정과 행동에 관심을 가진다.
사회관계	더불어 생활하기	반에서 편안하게 지낸다.
예술경험	아름다움 찾아보기	자연과 생활에서 아름다움을 느낀다.
예술경험	아름다움 찾아보기	아름다움에 관심을 가진다.
예술경험	창의적으로 표현하기	소리와 리듬, 노래로 표현한다.
예술경험	창의적으로 표현하기	감각을 통해 미술을 경험한다.
예술경험	창의적으로 표현하기	모방 행동을 즐긴다.
자연탐구	탐구과정 즐기기	주변 세계와 자연에 대해 호기심을 가진다.
자연탐구	탐구과정 즐기기	사물과 자연 탐색하기를 즐긴다.
자연탐구	생활 속에서 탐구하기	친숙한 물체를 감각으로 탐색한다.
자연탐구	생활 속에서 탐구하기	물체의 수량에 관심을 가진다.
자연탐구	생활 속에서 탐구하기	주변 공간과 모양을 탐색한다.
자연탐구	생활 속에서 탐구하기	규칙성을 경험한다.
자연탐구	자연과 더불어 살기	주변의 동식물에 관심을 가진다.
자연탐구	자연과 더불어 살기	날씨의 변화를 감각으로 느낀다.

① 신체운동 영역 관련 경험 이해하기

영아는 소근육을 이용해 마라카스를 손에 쥐어 흔들어 보고 굴려 보는 과정을 통해 마라카스의 다양한 모양과 소리를 감각으로 탐색하였으며, 주변의 다른 악기를 탐색하는 과정에서 소리와 반짝이는 불빛을 발견하고 반복적으로 버튼을 누르며 감각적 경험을 즐겼다. 이 과정에서 동요를 감상하며 그 소리에 맞추어 자연스럽게 고개를 끄덕이거나 몸을 흔들면서 즐겁게 신체활동에 참여했다.

② 6개 영역을 통합적으로 이해하기

앞서 살펴본 '신기한 소리가 들려요' 놀이에 나타난 영아의 경험을 표준보육과정 6개 영역의 내용을 통합하여 살펴볼 수 있다. 예를 들면, 다음과 같이 영아의 놀이 경험의 의미를 이해해 볼 수 있다.

[의사소통] 영아는 사운드북의 버튼을 누르고 귀에 갖다 대는 행동을 하며 주변의 소리에 관심을 가졌고, 노랫소리에 고개를 끄덕이거나 몸을 흔들면서 자신의 의사를 표현하기도 했다.

[사회관계] 영아는 옆에 있던 친구가 북 치는 것에 관심을 보이자, 자신도 북채로 북을 두드려 소리를 내 보았고, 교사가 불러 준 노래가 끝나자 친구와 함께 박수를 쳤다.

[자연탐구] 영아는 악기의 버튼을 누르면 소리와 함께 불빛이 반짝이는 것을 알고 불빛이 사라지면 다시 버튼을 누르며 규칙성을 경험했다.

> 해설이의 tip
>
> 영아가 놀이에서 경험한 6개 영역 내용의 통합적 의미를 [0~1세 표준보육과정 나침반]을 보면서 생각해 봅시다. 6개 영역 경험을 통합적으로 이해하는 것은 단 하나의 정답이 있는 것은 아닙니다. 영아들의 이전 경험이나 맥락에 따라서 달라질 수도 있습니다. 교사는 영유아의 놀이를 관찰하며 다양한 점을 고려하고, 놀이 경험의 의미를 통합적으로 이해하고 지원하는 역할을 합니다.

2) 2세

(1) 내용 이해

감각과 신체 인식하기

감각능력을 활용한다.

2세 영아가 다양한 감각기관을 활용하여 주변의 사물과 환경을 탐색하면서 사물의 특성과 환경을 인식하는 경험을 하게 하는 내용이다.

신체를 인식하고 움직인다.

2세 영아가 자신의 신체를 탐색하면서 자신의 신체에 대해 인식하고 움직이는 경험을 하게 하는 내용이다.

신체활동 즐기기

대소근육을 조절한다.

2세 영아가 몸의 균형을 잡고 몸을 자유롭게 움직이면서 대소근육을 조절하는 경험을 하게 하는 내용이다.

기본운동을 즐긴다.

2세 영아가 신체의 위치를 바꾸면서 몸을 한 곳에서 다른 곳으로 옮기는 이동 운동이나 장소를 움직이지 않고 제자리에서 움직이는 비이동 운동을 경험하게 하는 내용이다.

실내외 신체활동을 즐긴다.

2세 영아가 실내외 다양한 신체활동과 도구를 이용한 신체활동에 참여하면서 즐거움을 느끼는 경험을 하게 하는 내용이다.

(2) 영유아의 경험을 배움으로 이해하기

2세 영아 경험의 실제
: "종이 공 던질래요"

출처: 보건복지부 (2020b). 제4차 어린이집 표준보육과정 해설서. p. 168–169.

영아들이 습자지 종이를 보고 만진다. 습자지 종이를 양손으로 들고 두 팔로 흔든다.
"어! 이게 무슨 소리지?"라고 교사가 말하자 계속 흔든다.
"민찬이가 종이를 흔드니 소리가 나는구나!" 친구들도 따라 종이를 흔든다.
민찬이가 종이를 흔들다 찢어지자 친구들이 쳐다본다.

민찬이가 두 손으로 습자지 종이를 잡아당긴다. 찢어지지 않자 더 힘을 주어 당긴다.
새로운 종이를 다시 찢는다. 잘 찢어지자 종이의 크기가 작아질 때까지 반복해서 찢는다.

찢어진 습자지 종이가 쌓이자 지현이가 두 손을 하늘 높이 뻗어 습자지 종이를 뿌린다. 영아들이 다가와 습자지 종이를 머리 위로 뿌린다.
"어! 하늘에서 알록달록 비가 내리네."라고 교사가 말하자 "노란 비예요."라고 지현이가 말한다.

"얘들아! 우리 바닥에 있는 종이를 뭉쳐 볼까?"라고 말하며 교사가 종이를 뭉치자 영아들이 종이를 모아 뭉친다.
유나가 "공! 왕 공이에요"라고 말하자 교사가 "왕 공이구나! 종이가 공이 되었네."라고 관심을 보여주자 "공 던질래요."라고 유나가 말한다. "그래, 어디에 공을 넣어 볼까?"라고 교사가 말하자 유나가 바구니를 가리킨다.

교사가 바구니를 바닥에 두자 유나가 바닥에 떨어진 종이를 뭉쳐 바구니에 던진다.

유나가 던진 종이 공이 바구니에 들어가자 "내가 넣었어."라고 말한다.
그러자 주원이가 "나도 나도 던질래."라고 말하며 종이를 뭉쳐서 두 팔을 벌려 위로 던진다.

주원이가 일어나서 뭉친 종이를 오른쪽 다리를 들어 종이 공을 차자 유나도 일어나서 오른쪽 다리를 들어 종이 공을 찬다.

해설이의 tip

제4차 어린이집 표준보육과정 해설서 168–169쪽 사례를 보면서 '종이 공 던질래요'에서 나타나는 영아의 신체운동 관련 경험을 [2세 표준보육과정 나침반]과 연결해서 생각해 봅시다.

[2세] 표준보육과정 나침반

영역	내용범주	내용
기본생활	건강하게 생활하기	자신의 몸을 깨끗이 해 본다.
		음식에 관심을 가지고 즐겁게 먹는다.
		하루 일과를 즐겁게 경험한다.
		건강한 배변 습관을 갖는다.
	안전하게 생활하기	일상에서 안전하게 놀이하고 생활한다.
		교통수단을 안전하게 이용해 본다.
		위험한 상황에 대처하는 방법을 경험한다.
신체운동	감각과 신체 인식하기	감각 능력을 활용한다.
		신체를 인식하고 움직인다.
	신체활동 즐기기	대소근육을 조절한다.
		기본 운동을 즐긴다.
		실내외 신체활동을 즐긴다.
의사소통	듣기와 말하기	표정, 몸짓, 말에 관심을 갖고 듣는다.
		상대방의 이야기를 듣고 말한다.
		표정, 몸짓, 단어로 의사를 표현한다.
		자신의 요구와 느낌을 말한다.
	읽기와 쓰기에 관심 가지기	주변의 그림과 상징, 글자에 관심을 가진다.
		끼적이며 표현하기를 즐긴다.
	책과 이야기 즐기기	책에 관심을 가지고 상상한다.
		말놀이와 이야기에 재미를 느낀다.
사회관계	나를 알고 존중하기	나와 다른 사람을 구별한다.
		나의 감정을 표현한다.
		내가 좋아하는 것을 한다.
	더불어 생활하기	가족에게 관심을 가진다.
		또래와 함께 놀이한다.
		다른 사람의 감정과 행동에 반응한다.
		반에서의 규칙과 약속을 알고 지킨다.
예술경험	아름다움 찾아보기	자연과 생활에서 아름다움을 느끼고 즐긴다.
		아름다움에 관심을 갖고 찾아본다.
	창의적으로 표현하기	익숙한 노래와 리듬을 표현한다.
		움직임과 춤으로 자유롭게 표현한다.
		미술재료와 도구로 표현해 본다.
		일상생활 경험을 상상놀이로 표현한다.
자연탐구	탐구과정 즐기기	주변 세계와 자연에 대해 호기심을 가진다.
		사물과 자연을 반복하여 탐색하기를 즐긴다.
	생활 속에서 탐구하기	친숙한 물체의 특성과 변화를 감각으로 탐색한다.
		물체의 수량에 관심을 가진다.
		주변 공간과 모양을 탐색한다.
		규칙성에 관심을 가진다.
		주변 사물을 같고 다름에 따라 구분한다.
		생활 도구에 관심을 가진다.
	자연과 더불어 살기	주변의 동식물에 관심을 가진다.
		날씨와 계절의 변화를 감각으로 느낀다.

① 신체운동 영역 관련 경험 이해하기

영아는 습자지를 흔들 때 나는 소리를 듣고, 습자지가 하늘에서 떨어지는 모습 등을 관찰하는 경험을 했다. 그리고 습자지 종이를 손으로 찢고, 뿌리고, 뭉쳐서 크게 만들고 바구니에 던지거나 발로 차는 등의 신체활동을 통해 대소근육을 조절하는 경험을 했으며 신체활동에 즐겁게 참여했다.

② 6개 영역을 통합적으로 이해하기

앞서 살펴본 '종이 공 던질래요'에 나타난 영아의 경험을 표준보육과정 6개 영역의 내용을 통합하여 살펴볼 수 있다. 예를 들면, 다음과 같이 영아의 놀이 경험의 의미를 이해해 볼 수 있다.

[의사소통] 영아는 "노란 비예요", "이거 왕 공이에요"라고 교사에게 자신의 느낌을 말하였다.

[사회관계] 영아가 던진 종이 공이 바구니에 들어가자 "내가 넣었어"라고 말하며 자신이 스스로 무엇을 한다는 것에 만족감을 느꼈다. 그리고 친구가 바구니에 공을 던져 넣고 자랑스러워하자 자신도 두 팔 벌려 위로 종이 공을 던져 보았다.

[자연탐구] 영아는 습자지 종이가 더욱 작아지도록 찢는 것을 반복하여 탐색하였고, 습자지 종이를 흔들고 찢고 뭉쳐 보면서 물체의 변화를 탐색하였다.

> 해설이의 tip
>
> 영아가 놀이에서 경험한 6개 영역 내용의 통합적 의미를 [2세 표준보육과정 나침반]을 보면서 생각해 봅시다. 6개 영역 경험을 통합적으로 이해하는 것은 단 하나의 정답이 있는 것은 아닙니다. 영아들의 이전 경험이나 맥락에 따라서 달라질 수도 있습니다. 교사는 영유아의 놀이를 관찰하며 다양한 점을 고려하고, 놀이 경험의 의미를 통합적으로 이해하고 지원하는 역할을 합니다.

3) 3~5세

(1) 내용 이해

신체활동 즐기기

신체를 인식하고 움직인다.

유아가 자신의 신체에 관심을 가지며 신체 각 부분의 특성을 알고 다양하게 움직이는 내용이다.

신체 움직임을 조절한다.

유아가 몸을 움직이며 균형을 잡고, 몸이나 도구의 움직임을 다양하게 조절하는 내용이다. 또한 눈과 손을 협응하며 소근육 움직임을 조절하는 내용이다.

기초적인 이동운동, 제자리운동, 도구를 이용한 운동을 한다.

유아가 한 곳에서 다른 곳으로 몸을 움직이는 걷기·달리기·뛰어넘기 등의 이동운동, 구부리기·뻗기·돌기 등의 제자리운동, 공·줄·후프 등의 도구를 이용한 운동을 하는 내용이다.

실내외 신체활동에 자발적으로 참여한다.

유아가 하루 일과에서 실내외의 다양한 신체활동에 자발적으로 즐겁게 참여하는 내용이다.

(2) 영유아의 경험을 배움으로 이해하기

p. 43-46

3~5세 유아 경험의 실제 : "이렇게 재미있을 줄이야"

출처: 교육부 (2020c). 교사를 위한 놀이운영 사례집. p. 43-46.

한 유아가 집에서 고무줄을 가지고 와 여러 유아가 관심을 보였다. 교사가 유치원에 있는 고무줄을 제공해 주니 유아들 몇 명이 모여 놀이를 하게 되었는데 고무줄로 인해 위험한 상황이 발생하게 되었다. 교사는 보다 안전한 고무줄놀이를 위해 유치원에 있는 털실고무줄을 제공해 주었다.

유아들은 줄 던지고 받기, 줄 늘리기, 줄 돌리기 등의 다양한 방법으로 줄을 탐색했다.
교사가 긴 줄을 제공하자 유아들은 긴 줄을 이용하여 기차놀이를 했다.
"선생님, 기차가 다니기엔 너무 좁아요."
교사는 책상을 벽 쪽으로 밀어 교실 가운데 넓은 공간을 마련해 주었다.
공간이 넓어지자 줄넘기, 줄다리기, 징검다리 건너기, 줄 안에 물건 던져 넣기 등 다양한 놀이가 이루어졌다.

"줄에 맞아도 하나도 안 아프다." "줄이 자꾸자꾸 늘어나!"
"줄을 놓으니까 다시 동그래졌어. 다리를 건너자! 빠지면 안 돼~"
"저 안에 던져서 넣을 수 있어요" "큰 동그라미는 1점, 작은 건 5점."

던지기 놀이를 하는 유아를 보고 다른 유아들도 놀이에 관심이 생겼다.
많은 유아가 놀이에 참여하고 싶어 해서 교사는 게임 활동을 준비했다. 교사는 유아들이 스스로 출발선도 정하고 원의 크기와 위치를 정하며 게임을 진행할 수 있도록 도움을 주었다.

게임 활동이 끝난 후 자유놀이시간에 유아들끼리 심판, 선수, 점수 적는 사람 등의 역할을 정하여 놀이를 진행했다.

- 새로운 놀이로 전이: 긴 줄 안에 들어가 있는 유아를 보고 유아들이 사람 모양으로 줄을 만들어 보자고 제안했다. 줄로 여러 가지 모양을 형상화하다가 다양한 자료를 사용하여 사람 모양 본뜨기 활동에 관심을 가지기 시작하며 새로운 놀이가 시작되었다.

해설이의 tip

'교사를 위한 놀이운영 사례집' 43-46쪽 사례를 보면서 '이렇게 재미있을 줄이야'에서 나타나는 유아의 사회관계 관련 경험을 [3~5세 누리과정 나침반]과 연결해서 생각해 봅시다.

[3~5세] 누리과정 나침반

영역	내용 범주	내용
신체운동 · 건강	신체활동 즐기기	신체를 인식하고 움직인다.
		신체 움직임을 조절한다.
		기초적인 이동운동, 제자리 운동, 도구를 이용한 운동을 한다.
		실내외 신체활동에 자발적으로 참여한다.
	건강하게 생활하기	자신의 몸과 주변을 깨끗이 한다.
		몸에 좋은 음식에 관심을 가지고 바른 태도로 즐겁게 먹는다.
		하루 일과에서 적당한 휴식을 취한다.
		질병을 예방하는 방법을 알고 실천한다.
	안전하게 생활하기	일상에서 안전하게 놀이하고 생활한다.
		TV, 컴퓨터, 스마트폰 등을 바르게 사용한다.
		교통안전 규칙을 지킨다.
		안전사고, 화재, 재난, 학대, 유괴 등에 대처하는 방법을 경험한다.
의사소통	듣기와 말하기	말이나 이야기를 관심 있게 듣는다.
		자신의 경험, 느낌, 생각을 말한다.
		상황에 적절한 단어를 사용하여 말한다.
		상대방이 하는 이야기를 듣고 관련해서 말한다.
		바른 태도로 듣고 말한다.
		고운 말을 사용한다.
	읽기와 쓰기에 관심 가지기	말과 글의 관계에 관심을 가진다.
		주변의 상징, 글자 등의 읽기에 관심을 가진다.
		자신의 생각을 글자와 비슷한 형태로 표현한다.
	책과 이야기 즐기기	책에 관심을 가지고 상상하기를 즐긴다.
		동화, 동시에서 말의 재미를 느낀다..
		말놀이와 이야기 짓기를 즐긴다.
사회관계	나를 알고 존중하기	나를 알고 소중히 여긴다.
		나의 감정을 알고 상황에 맞게 표현한다.
		내가 할 수 있는 것을 스스로 한다.
	더불어 생활하기	가족의 의미를 알고 화목하게 지낸다.
		친구와 서로 도우며 사이좋게 지낸다.
		친구와의 갈등을 긍정적인 방법으로 해결한다.
		서로 다른 감정, 생각, 행동을 존중한다.
		친구와 어른께 예의 바르게 행동한다.
		약속과 규칙의 필요성을 알고 지킨다.
	사회에 관심 가지기	내가 살고 있는 곳에 대해 궁금한 것을 알아본다.
		우리나라에 대해 자부심을 가진다.
		다양한 문화에 관심을 가진다.
예술경험	아름다움 찾아보기	자연과 생활에서 아름다움을 느끼고 즐긴다.
		예술적 요소에 관심을 갖고 찾아본다.
	창의적으로 표현하기	노래를 즐겨 부른다.
		신체, 사물, 악기로 간단한 소리와 리듬을 만들어 본다.
		신체나 도구를 활용하여 움직임과 춤으로 자유롭게 표현한다.
		다양한 미술 재료와 도구로 자신의 생각과 느낌을 표현한다.
		극놀이로 경험이나 이야기를 표현한다.
	예술 감상하기	다양한 예술을 감상하며 상상하기를 즐긴다.
		서로 다른 예술 표현을 존중한다.
		우리나라 전통 예술에 관심을 갖고 친숙해진다.
자연탐구	탐구과정 즐기기	주변 세계와 자연에 대해 지속적으로 호기심을 가진다.
		궁금한 것을 탐구하는 과정에 즐겁게 참여한다.
		탐구과정에서 서로 다른 생각에 관심을 가진다.
	생활 속에서 탐구하기	물체의 특성과 변화를 여러 가지 방법으로 탐색한다.
		물체를 세어 수량을 알아본다.
		물체의 위치와 방향, 모양을 알고 구별한다.
		일상에서 길이, 무게 등의 속성을 비교한다.
		주변에서 반복되는 규칙을 찾는다.
		일상에서 모은 자료를 기준에 따라 분류한다.
		도구와 기계에 대해 관심을 가진다.
	자연과 더불어 살기	주변의 동식물에 관심을 가진다.
		생명과 자연환경을 소중히 여긴다.
		날씨와 계절의 변화를 생활과 관련 짓는다.

① 신체운동 영역 관련 경험 이해하기

유아는 사람 모양 본뜨기 활동을 하며 신체에 관심을 가졌고, 눈과 손을 협응하여 줄의 움직임을 다양하게 조절했다. 그리고 여러 가지 방법으로 줄을 탐색한 후 기차놀이도 하고 줄넘기, 줄다리기, 징검다리 건너기, 줄 안에 물건 던져 넣기 등의 다양한 운동을 했다.

② 5개 영역을 통합적으로 이해하기

앞서 살펴본 '이렇게 재미있을 줄이야!'에 나타난 유아의 경험을 표준보육과정 5개 영역의 내용을 통합하여 살펴볼 수 있다. 예를 들면, 다음과 같이 유아의 놀이 경험의 의미를 이해해 볼 수 있다.

[의사소통] 유아는 "선생님, 기차가 다니기엔 너무 좁아요."와 같이 자신의 의견을 표현하고 환경의 변화를 요구했다.

[사회관계] "줄에 맞아도 하나도 안 아프다." "저 안에 던져서 넣을 수 있어요."와 같이 상황에 맞게 자신의 감정을 표현했으며, 많은 유아가 던지기 놀이에 참여하고 싶어 하자 출발선을 정하고 심판, 선수, 점수 적는 사람 등의 역할을 정하여 놀이를 진행했다.

[자연탐구] 유아들은 줄 던지고 받기, 줄 늘이기, 줄 돌리기 등의 다양한 방법으로 줄을 탐색하고 줄이 늘어나는 속성을 발견했다.

해설이의 tip

유아가 놀이에서 경험한 5개 영역 내용의 통합적 의미를 [3~5세 누리과정 나침반]을 보면서 생각해 봅시다. 5개 영역 경험을 통합적으로 이해하는 것은 단 하나의 정답이 있는 것은 아닙니다. 유아들의 이전 경험이나 맥락에 따라서 달라질 수도 있습니다. 교사는 영유아의 놀이를 관찰하며 다양한 점을 고려하고, 놀이 경험의 의미를 통합적으로 이해하고 지원하는 역할을 합니다.

관점 넓히기

발도르프 프로그램의 손끝놀이

발도르프 프로그램의 철학적 기초를 제공한 슈타이너는 아이들의 손놀림을 강조하였다. 슈타이너는 유아들에게서 가장 깨어 있는 신체 부위 중 하나가 손이며, 이를 통해 외부 세계의 사물과 상호작용하고 영혼과 정신을 일깨운다고 보았다. 그래서 발도르프 프로그램에서는 뜨개질, 바느질과 같은 수공예활동을 통한 손끝놀이를 시작한다. 유아들은 실생활에 사용할 수 있는 것을 스스로 만들고, 그 경험을 통해 자신이 만든 것뿐만 아니라 다른 사람이 만든 것을 귀하게 여기는 마음을 배우게 된다. 또한 손끝을 사용하여 무언가를 만드는 것은 단순한 신체 움직임이 아니라 정신적인 과정으로, 예술적인 감각, 정교함, 치밀성 등을 몸에 익힐 수 있다.

유아들이 손끝놀이를 시작할 수 있도록 다양한 놀잇감을 지원해 보자. 유아가 일상에서 쉽게 접할 수 있는 실생활 관련 놀잇감(단추, 젓가락, 실 등)이나 자연물(다양한 크기의 나뭇조각, 공깃돌, 콩 등)을 준비해 주면 좋다.

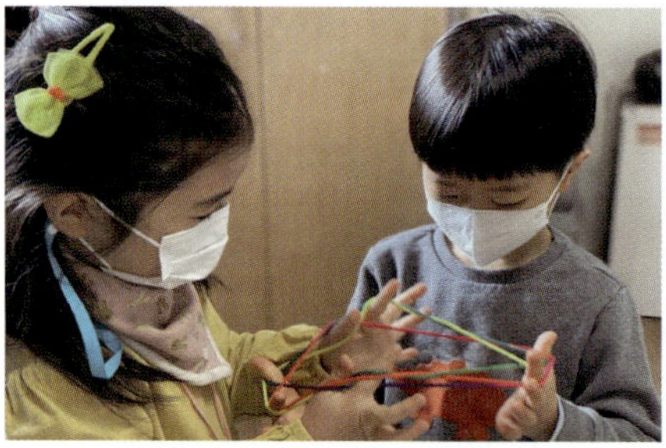

실뜨기는 간단하게 손끝놀이를 시작할 수 있는 좋은 놀잇감이다.

동짓날 팥죽에 넣어 먹을 새알을 빚으며 손끝을 정교하게 발달시킨다.

07

보육과정의 내용: 의사소통

무엇을 배울까?

》 의사소통 경험의 이해
- 의사소통 능력에 대한 이해
- 영유아기 의사소통 경험

》 의사소통 영역의 성격

》 의사소통 영역의 목표

》 의사소통 영역의 내용
- 내용 이해
- 영유아의 경험을 배움으로 이해하기

□ **이 내용을 살펴보는 주안점:**

영유아는 의사소통 과정에서 어떤 경험을 할까요? 영유아는 적극적 의사소통자로서 타인과 언어적 상호작용과 표정, 눈빛, 행동 등의 비언어적 상호작용을 경험하고, 영유아 자신의 생각과 느낌, 상상을 표현합니다.
이 장에서는 제4차 어린이집 표준보육과정 의사소통 영역의 내용을 통해 이와 같은 영유아의 의사소통 경험을 살펴봅니다. 그리고 교사는 의사소통과 관련된 영유아의 배움을 어떻게 이해하고 지원할 수 있을지 함께 생각해 보겠습니다.

1. 의사소통 경험의 이해

1) 의사소통 능력에 대한 이해

언어는 인간의 사고를 촉진하고, 학습과정을 원활하게 하는 도구일 뿐만 아니라, 타인과 교류하는 수단이 된다. 언어 능력의 발달은 단순히 음성언어의 발달뿐만 아니라 표정, 몸짓 등과 같은 비언어적 소통의 발달을 포함하며, 궁극적으로 자신의 생각이나 감정을 표현하고, 타인의 표현을 이해할 수 있는 의사소통 능력이 발달하는 것을 의미한다. 이러한 측면에서 보육과정의 의사소통 영역은 영유아의 한글을 읽고 쓰는 것과 같은 언어발달을 지원하는 것을 넘어서 영유아의 의사소통 능력 발달을 지원하는 영역이다.

영유아의 의사소통과 관련된 경험은 사회 구성원들이 약속한 복잡한 언어체계를 가르치려 하기보다, 언어 사용에 대한 자신감과 즐거움을 느끼며 다른 사람이 전달한 구어나 문어의 내용을 이해하는 데 중점을 두어야 한다. 일상생활에서 자연스럽게 접하게 되는 내용을 말하고 듣는 기회로 활용하고, 생활 속에서 인쇄물을 자주 접하도록 하며, 정확하지 않은 말과 글로 표현하더라도 그 의미를 존중해 주어 즐거운 언어 사용이 되도록 격려해 주는 것이 필요하다. 영유아기 언어발달은 다양한 자극을 통해 이루어지며, 이 시기 동안 이루어지는 다양한 언어적 경험 활동은 언어발달과 학습에 많은 영향을 끼치고, 사회적 상호작용 전반에 영향을 미친다. 따라서 영유아의 의사소통 능력 발달을 지원하기 위해 자연스럽고 풍부한 언어 환경을 마련해 주는 것이 필요하다.

2) 영유아기 의사소통 경험

(1) 구어 발달

언어발달 과정은 전 언어기(출생~1세경), 한 단어 시기(1세경~15개월경), 두 단어 시기(18~24개월경), 어휘 폭발기(2세경), 조음 완성기(3~5세경)로 살펴볼 수 있다. 이러한 언어발달 과정은 생리적, 인지적, 정서적 그리고 사회적 모든 영역의 발달과 긴밀하게 관련된다.

① 0~1세

만 0~1세 영아는 쿠잉, 옹알이나 다른 사람의 목소리에 귀 기울이는 능력이 점차 향상되고, 점차 고개 젓기 등의 몸짓으로 자신의 의사를 표현하는 등 다른 사람과의 의사소통을 위한 기초적인 능력이 향상된다. 이 시기의 영아는 타인이 자신에게 어떤 표정과 어투로 말을 거는가에 주의를 기울이다가 성인의 말을 모방하기도 한다. 생후 12개월경에는 처음으로 첫 단어가 나타나며, 이후 24개월까지 약 200~300개 정도로 어휘가 급격히 증가한다. 이러한 어휘를 사용하여 불완전하지만 짧은 문장으로 자신의 요구나 느낌을 표현하려고 한다. 이처럼 만 0~1세 영아는 말하고 듣는 기초 능력이 급격히 발달하는 중요한 시기이다.

② 2세

만 2세 영아는 발음과 관련된 조음능력, 어휘력, 문장 구성 능력이 급격하게 향상되는 중요한 시기이다. 사용하는 문장도 "빠방 가"처럼 명사와 동사로 이루어진 단순한 구조의 짧은 문장 길이를 유지하다가 점차 세 단어, 네 단어를 조합하여 이전에 비해 복잡한 문장을 말할 수 있게 되어 말하는 양이 급격히 증가한다. 만 2세 영아는 성인과 대화를 할 때, 말하고 있는 내용에 대해서 반복 또는 확장하며 대화할 수 있다. 예를 들면, "엄마 가?"라고 영아가 교사에게 묻고 교사가 "응 엄마 가셨네. 이따 ○이 데리러 다시 오실 거야."라고 답하면 "엄마 빠방 가?(엄마가 자동차를 타고 다시 가느냐라는 뜻)"라고 같은 주제에 대해 다른 내용으로 질문을 할 수 있다.

③ 3~5세

유아기는 구어 사용 능력이 급격히 확장되고, 문어 사용에 대한 흥미와 이에 대한 기초 능력이 발달하는 시기이다. 유아기는 말의 조음이 완성되어 가는 시기로, 만 5세가 되면 정확한 발음을 구사할 수 있다. 어휘수도 급격하게 증가하여 만 3세 때는 어휘가 약 1,000개 정도이다가, 만 5세가 되면 약 2,200개 정도로 2배 이상 급증한다. 만 3세 때는 3~4개 낱말로 된 단문의 문장을 만들지만, 만 5세는 점차 복잡한 문장을 말하고 또 이해할 수 있게 된다. 유아기에는 영아기에 주로 많이 사용한 몸짓, 표정 등의 비언어적 표현이 줄어들면서, 주변 생활에서 경험한 다양한 사물이나 사건들에 대한 이야기를 이해하고 또 이를 적합한 어휘로 표현하는 것이 보다 가능해진다. 그러나 만 3, 4, 5세는 몸짓, 표정, 억양 등의 비언어적 표현을 함께 사용하며 말과 글을 이해한다.

(2) 문해 발달

현대사회는 인쇄물의 증가와 다양한 매체들의 발달로 문자 언어가 보편화되었다. 이에 따라 유아들은 형식적인 읽기, 쓰기 지도를 받기 전에 이미 생활 속에서 자연스럽게 문어를 접하면서 다양한 문해 능력을 습득하게 된다. 이는 유아기에 나타나는 자연스러운 읽기, 쓰기 능력의 발달로 출현적 문해(emergent literacy) 능력이라고 하며, 관례적 읽기 쓰기로 나아가는 중요한 과정이 된다. 영아는 성인이 읽어 주는 그림책과 내용에 관심을 보이며, 쓰기 자료가 주어질 경우 끼적이기에 관심을 보인다. 유아는 인쇄물의 글에 흥미를 보이고 다양한 그림책이나 본문을 읽는 것을 좋아하며, 자기 이름 글자와 같은 친숙한 글자와 상징 쓰기에 집중하기도 한다.

① 읽기 발달

우리는 생활 속에서 수많은 문자를 접하고 살아가고 있다. 영유아도 거리에서 흔히 볼 수 있는 간판, 도로표지판, 전단지, 과자봉지의 문자와 같은 다양한 경로를 통해 일상생활 속에서 자연스러운 읽기 경험이 시작된다. 출생 후부터 3세경까지 자연스럽게 환경인쇄물을 접하거나 일상생활에서 주변 사람들이 문자를 활용하거나 문자와 상호작용하는 다양한 상황에서 문자가 일상생활에서 어떤 목적으로 활용될 수 있는지 관찰하면서 문해 발달이 시작된다. 3~5세 시기에는 글자가 의미를 전달한다는 것을 이해하는 초보적 읽기 단계로 발전한다. 5~7세 시기에는 철자와 소리가 서로 연관되어 있고, 철자의 이름과 형태를 이해하면서 문자에 대한 새로운 지식을 구성해 나가는 실험적 읽기 단계로 발전하게 된다(McGee &

Richgels, 2011). 영유아가 반복해서 같은 이야기를 접하는 것(McGee & Schickendanz, 2007), 영유아에게 그림책을 소리내어 읽어 주는 것(Agapitou & Andreou, 2008)은 읽기 발달에 도움이 된다.

② 쓰기 발달

영유아의 쓰기 발달은 영유아가 옹알이를 하며 자연스럽게 말을 배우는 과정과 마찬가지로 긁적거리기나 그림 그리기 등과 같은 탐색을 통해 쓰기가 의미를 전달한다는 것을 이해하면서 자연스럽게 이루어진다(김명순, 이민주, 유정은, 2013). 대략 18~24개월 사이에 쓰기 도구에 대한 탐색이 나타나 2~3세경에는 글자에 가까운 형태가 나타난다(Schickedanz, 1999). 3세 반에서 4세 반경에는 유아 자신이 알고 싶은 글자를 쓰는 방법을 묻기도 하고, 실제로 글자 형태를 써 보기도 한다. 5세 반에서 6세 반경 유아는 단어를 소리 나는 대로 쓰거나 자신이 쓴 것이 성인이 쓴 것과 다르다는 것을 알아차리고, 쓰기를 어렵게 생각하여 쓰기를 거부하기도 한다. 또한 쓰기의 발달은 도구를 손에 쥐고 다룰 수 있는 소근육 발달과도 관련이 있다. 이러한 단계는 연령에 따라 나타나는 절대적인 과정이기보다는 같은 연령 집단 내에서도 개인차가 크며, 한 단계의 특성이 여러 단계에 걸쳐 중첩되어 나타나기도 한다. 이 시기 영유아는 자신의 생각과 감정을 나타내기 위해 그림과 글을 동시에 사용한다(Wright, 2011).

2. 의사소통 영역의 성격

의사소통은 영유아가 다양한 상황에서 자신의 생각, 느낌, 감정을 표현하고, 다른 사람의 생각, 느낌, 감정을 이해하며 소통하는 즐거움을 경험하는 것과 관련된다. 제4차 어린이집 표준보육과정에서 의사소통 영역은 영유아가 어린이집에서 경험하는 다양한 의사소통을 다룬다. 이에 따라 의사소통 영역에서는 표정, 몸짓과 같은 비언어적 의사소통, 말과 같은 구어뿐만 아니라 그림, 상징, 문자로 이루어지는 다양한 의사소통 방식을 포함하고 있으며, 책과 이야기를 통해 상상하는 경험을 포괄하고 있다. 표준보육과정 및 누리과정 해설서에 제시된 제4차 어린이집 표준보육과정 의사소통 영역의 성격을 통해 영유아의 경험과 교사의 지원 방향을 더 구체적으로 살펴보면 다음과 같다.

0~1세

0~1세 영아는 적극적 의사소통자로 비언어와 언어를 이용하여 자신의 생각, 느낌, 감정을 표현하고 상대방의 표현과 반응을 보고 들으며 소통한다. 또한 주변의 그림과 상징에 관심을 갖고, 자유롭게 끼적이기를 즐기며 책과 이야기에도 관심을 갖는다. 의사소통 영역은 일상에서 영아가 자신의 의사를 상대방에게 전달하고, 상대방의 표현을 이해하는 과정에서 다른 사람과 소통하는 다양한 방식을 경험하면서 의사소통의 즐거움을 느끼며 의사소통 능력의 기초를 형성하는 것을 목표로 한다. 이를 위하여 교사는 0~1세 영아가 자유롭고 편안하게 자신의 의사를 표정, 몸짓, 옹알이, 말소리, 말, 끼적이기 등 다양한 방식으로 표현할 수 있도록 하고, 책과 이야기에 관심을 갖고 자유롭게 즐기는 것을 지원하도록 한다.

보건복지부(2020b). 제4차 어린이집 표준보육과정 해설서.

2세

2세 영아는 의사소통 경험을 통해 일상의 기초적인 어휘를 습득하여 구어로 소통하는 능력이 향상되고, 상징과 문자를 읽고, 쓰며 문어로 소통하는 방식을 경험한다. 의사소통 영역은 자신의 의사를 다른 사람에게 표현하여 전달하고, 상대방의 이야기를 듣고 말하며, 일상에서 읽기와 쓰기와 관련되는 경험에 관심을 가지며 책과 이야기를 즐기며 상상의 즐거움을 가질 수 있는 경험을 하는 것에 목표를 두고 있다. 교사는 2세 영아가 일상에서 자유롭고 편안하게 상대방에게 의사를 표정, 몸짓, 말로 표현하는 기회를 제공하고, 다른 사람과 소통하는 것을 격려하고, 영아가 읽고 쓰는 데 관심을 가질 수 있는 다양한 그림과 사물의 상징이 담긴 인쇄물 등을 충분히 제공하며, 책과 이야기에서 자유로운 상상을 즐길 수 있도록 지원한다.

보건복지부(2020b). 제4차 어린이집 표준보육과정 해설서.

3~5세

유아는 주변 사람들과 소통하며 관계를 맺는 능동적인 의사소통자이다. 유아는 다른 사람의 말을 주의 깊게 듣고 자신의 생각과 느낌을 다양한 방법으로 표현하며 소통하는 것을 즐기고, 책과 이야기에 관심을 갖는다. 의사소통 영역은 유아가 다른 사람과 소통하며, 일상에서 만나는 글자나 상징에 관심을 가지고 책과 이야기를 즐기는 경험과 관련된 내용이다. 교사는 유아가 자신의 느낌과 생각을 적절하게 말하는 경험을 통해 바른 언어생활을 할 수 있도록 돕는다. 또한 유아가 아름다운 우리말이 담긴 책과 이야기에 흥미를 가지고 언어가 주는 재미와 상상을 충분히 즐길 수 있도록 지원할 수 있다.

교육부, 보건복지부(2019a). 2019 개정 누리과정 해설서

적용해 보기

적극적 의사소통자로서의 영유아란?

제4차 표준보육과정 해설서에서는 의사소통 영역의 내용을 설명하기에 앞서 0~1세 영아를 다음과 같이 정의하며 시작한다.

0~1세 영아는 **적극적 의사소통자**로 비언어와 언어를 이용하여 자신의 생각, 느낌, 감정을 표현하고 상대방의 표현과 반응을 보고 들으며 소통한다.

1. 영유아를 적극적 의사소통자로 정의하는 것은 어떤 의미일까?
   4장에서 살펴본 제4차 표준보육과정의 영유아, 놀이중심의 의미와 연결하여 생각해 보자.
2. 영유아가 말과 글과 같은 언어 이외에 비언어적으로 서로의 생각, 느낌, 감정을 소통하는 방법은 어떤 것이 있을까? 표정, 눈빛, 촉감, 후각과 같은 감각으로 의사소통하는 것을 생각해 보자. 손짓, 몸짓과 같은 몸의 움직임으로 의사소통하는 것을 생각해 보자. 그리고 그림이나 상징으로 의사소통하는 것을 생각해 보자.

3. 의사소통 영역의 목표

제4차 어린이집 표준보육과정 의사소통 영역의 목표는 크게 영유아의 의사소통 능력과 상상력의 기초를 형성하고 기르는 것을 목표로 한다. 이를 위하여 영유아가 어떠한 의사소통 경험을 할 수 있도록 교사가 지원할지 그 방향을 제시하고 있다. 제4차 어린이집 표준보육과정에서는 영유아가 언어적, 비언어적 방법으로 의사소통하는 것을 즐겁게 경험하는 것에 초점을 두며, 영유아가 자신의 경험에서 다양하게 상상하여 표현하는 것을 강조한다. 이러한 방향에서 설정된 제4차 어린이집 표준보육과정 의사소통 영역의 목표는 다음과 같다.

〈표 7-1〉 의사소통 영역의 목표

0~1세	2세	3~5세
의사소통 능력의 기초를 형성한다.	의사소통 능력과 상상력의 기초를 기른다.	일상생활에 필요한 의사소통 능력과 상상력을 기른다.
1) 일상생활에서 듣기와 말하기를 즐긴다. 2) 읽기와 쓰기에 관련된 관심을 가진다. 3) 책과 이야기에 관심을 가진다.	1) 일상생활에서 듣기와 말하기를 즐긴다. 2) 읽기와 쓰기에 관심을 가진다. 3) 책과 이야기에 재미를 느낀다.	1) 일상생활에서 듣고 말하기를 즐긴다. 2) 읽기와 쓰기에 관심을 가진다. 3) 책이나 이야기를 통해 상상하기를 즐긴다.

0~1세

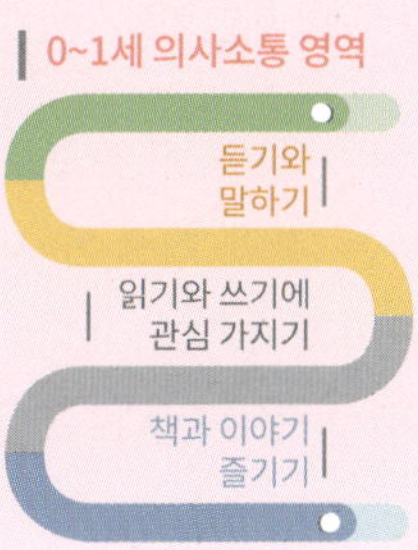

의사소통 영역의 목표는 0~1세 영아가 의사소통 능력의 기초를 형성하는 경험을 하는 것이다. 0~1세 영아가 일상생활에서 다른 사람의 말이나 이야기를 듣고 말하기를 즐기며, 주변의 그림과 다양한 상징에 관심을 갖고 자유롭게 끼적이기에 관심을 갖는 것과 다양한 책과 이야기를 접하며 관심을 가지는 것을 목표로 한다.

보건복지부(2020b). 제4차 어린이집 표준보육과정 해설서.

2세

2세 의사소통 영역

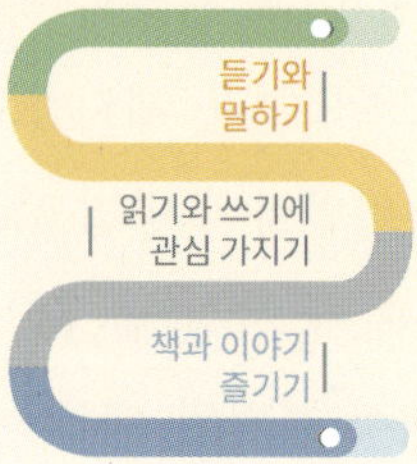

의사소통 영역의 목표는 2세 영아가 듣기, 말하기, 읽기, 쓰기의 의사소통 방식에 관심을 가지고 활용하며, 책과 이야기에서 상상하는 즐거움을 경험하기이다. 2세 영아가 일상생활에서 듣고 말하기를 즐기고, 그림과 문자 상징을 읽고 쓰기에 관심을 가지는 것과 책과 이야기를 즐길 수 있는 경험을 하는 것을 목표로 한다.

보건복지부(2020b). 제4차 어린이집 표준보육과정 해설서.

3~5세

3~5세 의사소통 영역

의사소통 영역의 목표는 유아가 일상생활에서 다른 사람의 말이나 이야기를 듣고 말하기를 즐기며, 주변의 상징을 읽고 글자와 비슷한 형태로 써 보기에 관심을 가지며, 다양한 책과 이야기를 통해 상상하기를 즐기는 것을 목표로 한다.

교육부, 보건복지부(2019a). 2019 개정 누리과정 해설서.

변화 CHECK **제4차 어린이집 표준보육과정으로 개정되면서 의사소통 영역에는 어떤 변화가 있었나요?**

제4차 어린이집 표준보육과정 의사소통 영역의 목표에는 기존 제3차 표준보육과정에서도 제시되었던 의사소통의 기초를 형성하는 경험을 하는 것과 더불어 자신의 상상력을 표현하고 기르는 것을 함께 강조한다는 점에서 변화가 있습니다. 그리고 의사소통의 경험을 영유아가 주도적으로 즐겁게 하는 것을 강조한다는 점에서도 변화가 있습니다.

이는 제4차 어린이집 표준보육과정에서 지향하는 학습자인 영유아가 중심이 되고, 놀이가 중심이 되도록 운영하는 방향을 반영한 것이기도 합니다.

4. 의사소통 영역의 내용

앞서 살펴본 의사소통 영역의 목표에 따라 의사소통 영역의 내용을 살펴볼 수 있다. 제4차 어린이집 표준보육과정에서 제시하고 있는 영역별 내용은 0~5세 영유아가 경험해야 할 내용으로 구성되어 있다. 경험은 영유아가 직접 하는 것이므로 이는 영유아가 주체가 되는 보육과정의 의미를 담고 있다. 교사는 영유아가 스스로 놀이하며 배우는 경험인 내용을 중심으로 놀이하며 배우는 실제 내용을 존중하고 이해하며 지원해 간다면 자연스럽게 영유아중심, 놀이중심 보육과정을 실천할 수 있다.

의사소통 영역에서는 영유아가 주변과 소통하며 관계를 맺는 적극적인 의사소통자로서 다양한 방식으로 소통하며 의사소통의 즐거움을 느끼고, 상상하는 경험으로 내용을 구성하였다. 제4차 어린이집 표준보육과정 의사소통 영역에서 제시하고 있는 내용은 0~1세, 2세, 3~5세로 나누어 살펴볼 수 있으며, 영유아의 의사소통 관련 경험을 유사한 특성에 따라 내용범주로 묶어서 제시하고 있다. 의사소통의 경험인 듣기, 말하기, 읽기, 쓰기는 서로 연속적인 행위로 밀접하게 연결되어 있다. 예를 들어, 우리는 자신이나 타인이 읽거나 말하는 것을 동시에 듣기도 하고, 쓰면서 읽기도 하는 것처럼 이러한 경험은 서로 연계되어 있다. 이와 같은 의사소통 경험의 연속성을 고려하여 제4차 표준보육과정에서는 '듣기와 말하기', '읽기와 쓰기에 관심 가지기' 그리고 '책과 이야기 즐기기'의 세 가지 내용범주로 구성하였다.

〈표 7-2〉 의사소통 영역의 내용과 내용범주의 이해

0~1세	2세	3~5세	내용범주	영역
• 표정, 몸짓, 말과 주변의 소리에 관심을 갖고 듣는다. • 상대방의 이야기를 들으면서 말소리를 낸다. • 표정, 몸짓, 말소리로 의사를 표현한다.	• 표정, 몸짓, 말에 관심을 갖고 듣는다. • 상대방의 이야기를 듣고 말한다. • 표정, 몸짓, 단어로 의사를 표현한다. • 자신의 요구와 느낌을 말한다.	• 말이나 이야기를 관심 있게 듣는다. • 자신의 경험, 느낌, 생각을 말한다. • 상황에 적절한 단어를 사용하여 말한다. • 상대방이 하는 이야기를 듣고 관련해서 말한다. • 바른 태도로 듣고 말한다. • 고운 말을 사용한다.	듣기와 말하기	의사소통
• 주변의 그림과 상징에 관심을 가진다. • 끼적이기에 관심을 가진다.	• 주변의 그림과 상징, 글자에 관심을 가진다. • 끼적이며 표현하기를 즐긴다.	• 말과 글의 관계에 관심을 가진다. • 주변의 상징, 글자 등의 읽기에 관심을 가진다. • 자신의 생각을 글자와 비슷한 형태로 표현한다.	읽기와 쓰기에 관심 가지기	
• 책에 관심을 가진다. • 이야기에 관심을 가진다.	• 책에 관심을 가지고 상상한다. • 말놀이와 이야기에 재미를 느낀다.	• 책에 관심을 가지고 상상하기를 즐긴다. • 동화, 동시에서 말의 재미를 느낀다. • 말놀이와 이야기 짓기를 즐긴다.	책과 이야기 즐기기	

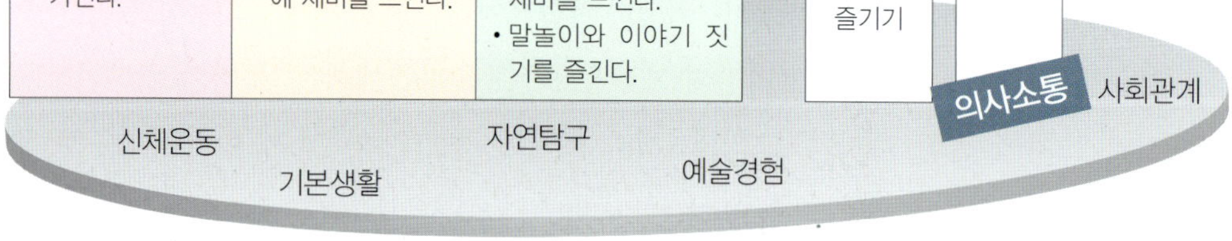

관점 넓히기

<표 7-2> 활용하기

〈표 7-2〉 의사소통 영역의 내용과 내용범주의 이해는 다음과 같이 살펴볼 수 있다.
제4차 표준보육과정에서는 영유아의 의사소통 경험을 0~1세 7개, 2세 8개, 3~5세 12개의 내용으로 제시하고 있다. 〈표 7-2〉의 세로축은 고시된 연령에 따른 의사소통 영역의 내용을 각각 분홍, 노랑, 초록색으로 표시하고 있다. 영유아의 의사소통 내용을 연결하여 생각해 보며 떠오르는 이미지나 상황에 대해 이야기 나누어 보자. 영유아를 직접 관찰해 보아도 좋다.
또한 〈표 7-2〉의 가로축을 따라가 보면 유사한 경험을 묶은 단위인 내용범주에 따라 고시된 연령에 따른 변화도 함께 살펴볼 수 있다. 어떠한 변화나 특이점이 눈에 띄는지 찾아보자.

1) 0~1세

(1) 내용 이해

듣기와 말하기

표정, 몸짓, 말과 주변의 소리에 관심을 갖고 듣는다.

0~1세 영아가 주변 사람의 표정과 몸짓에 관심을 가지고 반응하며, 주변에서 들리는 말소리와 소리에 관심을 보이면서 다양한 말과 소리에 주의를 기울여 들으며 소통하는 내용이다.

상대방의 이야기를 들으면서 말소리를 낸다.

0~1세 영아가 주변에서 말하는 이야기에 주의를 기울여 들으면서 다양한 발성과 옹알이로 반응하고 점차 적극적으로 말소리를 내며 소통하는 내용이다.

표정, 몸짓, 말소리로 의사를 표현한다.

0~1세 영아가 표정과 몸짓의 비언어적인 방법을 포함하여 점차 말소리와 같은 언어적인 방법으로 표현하게 되면서 소통의 방식을 다양하게 활용하여 의사를 표현하는 내용이다.

읽기와 쓰기에 관심 가지기

주변의 그림과 상징에 관심을 가진다.

0~1세 영아가 자신의 주변의 친숙한 그림이나 표지판, 상표와 같은 주변의 친숙한 상징에 관심을 가지는 내용이다.

끼적이기에 관심을 가진다.

0~1세 영아가 손에 무엇인가를 쥐고 벽이나 바닥면에 끼적이기를 시도하며 의도적으로 움직여 어떤 결과가 나타나는 것에 관심을 가지는 내용이다.

책과 이야기 즐기기

책에 관심을 가진다.

0~1세 영아가 다양한 형태의 책을 탐색하는 경험을 하며 책에 대한 관심을 가지고 책과 자신의 경험을 관련짓고 상징 행동을 하며 상상해 보면서 책에 대한 선호가 생기는 내용이다.

이야기에 관심을 가진다.

0~1세 영아가 이야기를 자주 접하게 되면서 점차 자신이 좋아하는 이야기에 대한 선호가 생기게 되는 것과 관련되는 내용이다.

(2) 영유아의 경험을 배움으로 이해하기

0~1세 영아 경험의 실제 : 나뭇잎놀이

출처: 보건복지부 (2020b). 제4차 어린이집 표준보육과정 해설서. p. 85.

영아들은 어느 가을날 산책을 하다가 바닥에 모아 놓은 낙엽을 발견한다.
영아들은 낙엽을 줍기도 하고, 던지면서 낙엽 소리를 듣거나 낙엽의 움직임을 바라본다.

초원이가 바닥에 떨어져 있는 나뭇잎을 의자 위에 올린 후 '까까'라고 말한다.
이 말을 듣고 교사가 "과자 하나 주세요."라고 하자, 초원이는 "얼마예요?" 라고 말한다.
교사는 초원이에게 바닥에 떨어진 은행잎 한 개를 건네주고, 초원이는 의자에 올려놓은 은행잎 하나를 교사에게 준다.

이 모습을 지켜보고 있던 다른 영아들도 가까이 와서 은행잎에 관심을 보인다.

영아들은 바닥에 떨어져 있는 나뭇잎을 주워서 초원이에게 주며 "띵동, 택배 왔어요", "까까 왔어요"라고 말하며 놀이한다.

영아들은 다른 의자 위에도 나뭇잎을 모으고 새로운 가게를 만든다.
(초원 24개월)

해설이의 tip: 표준보육과정 해설서 84쪽 사례를 보면서 '나뭇잎놀이'에서 나타나는 영아의 의사소통 관련 경험을 [0~1세 표준보육과정 나침반]과 연결해서 생각해 봅시다.

[0~1세] 표준보육과정 나침반

영역	내용범주	내용
기본생활	건강하게 생활하기	도움을 받아 몸을 깨끗이 한다.
		음식을 즐겁게 먹는다.
		하루 일과를 편안하게 경험한다.
		배변 의사를 표현한다.
	안전하게 생활하기	안전한 상황에서 놀이하고 생활한다.
		안전한 상황에서 교통수단을 이용해 본다.
		위험하다는 말에 주의한다.
신체운동	감각과 신체 인식하기	감각적 자극에 반응한다.
		감각으로 주변을 탐색한다.
		신체를 탐색한다.
	신체활동 즐기기	대소근육을 조절한다.
		기본 운동을 시도한다.
		실내외 신체활동을 즐긴다.
의사소통	듣기와 말하기	표정, 몸짓, 말과 주변의 소리에 관심을 갖고 듣는다.
		상대방의 이야기를 들으면서 말소리를 낸다.
		표정, 몸짓, 말소리로 의사를 표현한다.
	읽기와 쓰기에 관심 가지기	주변의 그림과 상징에 관심을 가진다.
		끼적이기에 관심을 가진다.
	책과 이야기 즐기기	책에 관심을 가진다.
		이야기에 관심을 가진다.
사회관계	나를 알고 존중하기	나를 인식한다.
		나의 욕구와 감정을 나타낸다.
		나와 친숙한 것을 안다.
	더불어 생활하기	안정적인 애착을 형성한다.
		또래에게 관심을 가진다.
		다른 사람의 감정과 행동에 관심을 가진다.
		반에서 편안하게 지낸다.
예술경험	아름다움 찾아보기	자연과 생활에서 아름다움을 느낀다.
		아름다움에 관심을 가진다.
	창의적으로 표현하기	소리와 리듬, 노래로 표현한다.
		감각을 통해 미술을 경험한다.
		모방 행동을 즐긴다.
자연탐구	탐구과정 즐기기	주변 세계와 자연에 대해 호기심을 가진다.
		사물과 자연 탐색하기를 즐긴다.
	생활 속에서 탐구하기	친숙한 물체를 감각으로 탐색한다.
		물체의 수량에 관심을 가진다.
		주변 공간과 모양을 탐색한다.
		규칙성을 경험한다.
	자연과 더불어 살기	주변의 동식물에 관심을 가진다.
		날씨의 변화를 감각으로 느낀다.

① 의사소통 영역 관련 경험 이해하기

초원이는 나뭇잎을 '까까'로 상징화하여 놀이를 시작하였다. 영아는 놀이에서 상대방의 표정, 몸짓, 말에 관심을 가지고 들으면서 나뭇잎에 대한 상징을 공유하는 놀이를 함께 했다. 영아는 나뭇잎을 이용한 놀이에서 배달, 택배, 새로운 가게와 같은 새로운 이야기에 관심을 갖고 상황을 만들면서 놀이하였다.

② 6개 영역을 통합적으로 이해하기

앞서 살펴본 '나뭇잎놀이'에 나타난 영아의 경험을 표준보육과정 6개 영역의 내용을 통합하여 살펴볼 수 있다. 예를 들면, 다음과 같이 영아의 놀이 경험의 의미를 이해해 볼 수 있다.

[기본생활] 영아는 바깥에서 낙엽을 가지고 안전한 상황에서 놀이했다.

[사회관계] 영아는 한 영아가 나뭇잎을 과자로 상징화한 상황에 맞추어 과자가게 놀이와 택배놀이, 초콜릿 가게놀이와 같은 새로운 가게놀이로 가작화하는 모방놀이를 즐겼다.

[자연탐구] 영아는 산책길에서 낙엽을 모아 둔 것을 보고 호기심을 가졌다.

> 해설이의 tip
>
> 영아가 놀이에서 경험한 6개 영역 내용의 통합적 의미를 [0~1세 표준보육과정 나침반]을 보면서 생각해 봅시다. 6개 영역 경험을 통합적으로 이해하는 것은 단 하나의 정답이 있는 것은 아닙니다. 영아들의 이전 경험이나 맥락에 따라서 달라질 수도 있습니다. 교사는 영유아의 놀이를 관찰하며 다양한 점을 고려하고, 놀이 경험의 의미를 통합적으로 이해하고 지원하는 역할을 합니다.

2) 2세

(1) 내용 이해

듣기와 말하기

표정, 몸짓, 말에 관심을 갖고 듣는다.

2세 영아가 상대방의 표정, 몸짓, 말에 관심을 갖고 적극적으로 들으며, 상대방의 생각과 의도를 파악하고, 다양한 말과 소리의 차이에 관심을 가지고 듣는 내용이다.

상대방의 이야기를 듣고 말한다.

2세 영아가 상대방의 말 혹은 이야기를 듣고 반응하며 자신의 느낌, 생각을 상대방에게 말하는 경험을 하는 내용이다.

표정, 몸짓, 단어로 의사를 표현한다.

2세 영아가 표정과 몸짓의 비언어를 포함하여 단어 혹은 말로 자신의 의사를 표현하여 상대방과 소통하는 경험을 하는 내용이다.

자신의 요구와 느낌을 말한다.

2세 영아가 상대방에게 자신의 요구와 느낌을 자유롭고 편안하게 말하는 경험을 하는 내용이다.

읽기와 쓰기에 관심 가지기

주변의 그림과 상징, 글자에 관심을 가진다.

2세 영아가 주변 인쇄물의 그림이나 표지판, 상표와 같은 상징, 자신의 이름과 같이 친숙한 글자에 관심을 가지며 상징 읽기를 시도하는 내용이다.

끼적이며 표현하기를 즐긴다.

2세 영아가 다양한 쓰기 도구를 이용하여 의도적으로 끼적이며 이를 상징화하며 표현하는 것에 관심을 갖고 즐기는 내용이다.

책과 이야기 즐기기

책에 관심을 가지고 상상한다.

2세 영아가 주변의 다양한 책을 보는 것을 즐기며 책의 내용을 자유롭게 상상하는 내용이다. 영아는 선호하는 책이 생기고, 책을 만들기도 하며 책 보기를 즐기게 되는 내용이다.

말놀이와 이야기에 재미를 느낀다.

2세 영아가 다양한 표현의 말과 이야기 짓기를 즐기면서 말과 이야기의 변화에 재미를 느끼게 되는 내용이다.

(2) 영유아의 경험을 배움으로 이해하기

2세 영아 경험의 실제 : 도깨비 책에서 늑대가 나타나다.

출처: 보건복지부 (2020b). 제4차 어린이집 표준보육과정 해설서. p. 192-193.

<table>
<tr><td>다은: 여기 괴물이 생겼어.
리아: 진짜 생겼어~</td><td>리아: 얘는 도깨비야! 뿔이 있어.
다은: 도깨비다~</td><td>(옆에서 점토 놀이를 하던 예준이가 이야기를 듣고 도깨비 뿔 머리띠를 가져온다.)
예준: 우리 반에 도깨비가 있는데..</td></tr>
<tr><td colspan="3">교사의 도움을 받아 머리띠를 한 예준이가 도깨비 흉내를 내며 다은이와 리아에게 다가온다. 다은이도 도깨비 뿔 머리띠를 혼자 써 보려고 하지만 잘 되지 않았고, 리아는 교사에게 머리띠 하는 것을 도와달라고 한다.</td></tr>
<tr><td>예준이와 리아가 함께 그림책을 본다.
예준: 눈이 많아~
리아: 많아~
예준: 하나, 둘, 셋 많다.
리아: (등에 돋은 뿔을 보며) 뿔이야 뾰족해.</td><td>예준: 뾰족뾰족해.
리아: 여기가 진짜 뾰족뾰족해.
예준: 으아~</td><td>예준: 으아 ~
교사: 늑대다~</td></tr>
<tr><td colspan="3">예준이가 늑대 소리를 내며 놀이를 시작하고, 영아들은 교사 뒤로 숨는다.
교사: 늑대 오지 못하게 하자~
한 영아가 열쇠로 문을 잠그는 척한다.</td></tr>
<tr><td colspan="3">그래도 예준이가 "으아아아~" 소리를 내면서 다가오자 다은이가 도깨비 뿔 머리띠를 하고 늑대로 변신한다.
다은: 내가 늑대야. 내가 예준이를 멀리 가게 할게.
교사와 영아는 늑대를 피해서 숨거나 문을 잠그는 척하면서 놀이를 지속한다.

(다은 39개월, 리아 39개월, 예준 29개월)</td></tr>
</table>

해설이의 tip

표준보육과정 해설서 192-193쪽 사례를 보면서 '도깨비 책에서 늑대가 나타나다'에서 나타나는 영아의 의사소통 관련 경험을 [2세 표준보육과정 나침반]과 연결하여 생각해 봅시다.

[2세] 표준보육과정 나침반

영역	내용범주	내용
기본생활	건강하게 생활하기	자신의 몸을 깨끗이 해 본다.
		음식에 관심을 가지고 즐겁게 먹는다.
		하루 일과를 즐겁게 경험한다.
		건강한 배변 습관을 갖는다.
	안전하게 생활하기	일상에서 안전하게 놀이하고 생활한다.
		교통수단을 안전하게 이용해 본다.
		위험한 상황에 대처하는 방법을 경험한다.
신체운동	감각과 신체 인식하기	감각 능력을 활용한다.
		신체를 인식하고 움직인다.
	신체활동 즐기기	대소근육을 조절한다.
		기본 운동을 즐긴다.
		실내외 신체활동을 즐긴다.
의사소통	듣기와 말하기	표정, 몸짓, 말에 관심을 갖고 듣는다.
		상대방의 이야기를 듣고 말한다.
		표정, 몸짓, 단어로 의사를 표현한다.
		자신의 요구와 느낌을 말한다.
	읽기와 쓰기에 관심 가지기	주변의 그림과 상징, 글자에 관심을 가진다.
		끼적이며 표현하기를 즐긴다.
	책과 이야기 즐기기	책에 관심을 가지고 상상한다.
		말놀이와 이야기에 재미를 느낀다.
사회관계	나를 알고 존중하기	나와 다른 사람을 구별한다.
		나의 감정을 표현한다.
		내가 좋아하는 것을 한다.
	더불어 생활하기	가족에게 관심을 가진다.
		또래와 함께 놀이한다.
		다른 사람의 감정과 행동에 반응한다.
		반에서의 규칙과 약속을 알고 지킨다.
예술경험	아름다움 찾아보기	자연과 생활에서 아름다움을 느끼고 즐긴다.
		아름다움에 관심을 갖고 찾아본다.
	창의적으로 표현하기	익숙한 노래와 리듬을 표현한다.
		움직임과 춤으로 자유롭게 표현한다.
		미술재료와 도구로 표현해 본다.
		일상생활 경험을 상상놀이로 표현한다.
자연탐구	탐구과정 즐기기	주변 세계와 자연에 대해 호기심을 가진다.
		사물과 자연을 반복하여 탐색하기를 즐긴다.
	생활 속에서 탐구하기	친숙한 물체의 특성과 변화를 감각으로 탐색한다.
		물체의 수량에 관심을 가진다.
		주변 공간과 모양을 탐색한다.
		규칙성에 관심을 가진다.
		주변 사물을 같고 다름에 따라 구분한다.
		생활 도구에 관심을 가진다.
	자연과 더불어 살기	주변의 동식물에 관심을 가진다.
		날씨와 계절의 변화를 감각으로 느낀다.

① 의사소통 영역 관련 경험 이해하기

다은이와 리아는 그림책을 함께 보면서 뿔이 달린 그림에서 괴물, 도깨비를 상상하여 몸으로 뿔을 표현하며 책 보기를 즐기고 있었다. 이 이야기를 관심 있게 듣던 예준이가 도깨비 뿔 머리띠를 쓰고 도깨비로 변신하였다. 도깨비 뿔을 쓴 리아와 예준이가 그림책을 함께 보며 그림을 단서로 상상의 이야기를 만들고 있었다.

예준이가 무서운 소리를 내자 교사는 늑대 이야기로 만들었고, 예준이는 늑대 소리를 내며 자신의 역할을 더욱 열심히 하였다. 영아와 교사는 늑대를 물리칠 수 있는 상상의 이야기 짓기를 즐겼다.

② 6개 영역을 통합적으로 이해하기

앞서 살펴본 '도깨비 책에서 늑대가 나타나다.'에 나타난 영아의 경험을 표준보육과정 6개 영역의 내용을 통합하여 살펴볼 수 있다. 예를 들면, 다음과 같이 영아의 놀이 경험의 의미를 이해해 볼 수 있다.

[사회관계] 영아는 또래와 함께 상상의 이야기를 만들고 즐기면서 함께 놀이했다.
[예술경험] 영아는 그림책과 일상생활의 경험을 자신들만의 이야기로 만들며 상상놀이로 표현했다.

> 해설이의 tip
> 영아가 놀이에서 경험한 6개 영역 내용의 통합적 의미를 [2세 표준보육과정 나침반]을 보면서 생각해 봅시다. 6개 영역 경험을 통합적으로 이해하는 것은 단 하나의 정답이 있는 것은 아닙니다. 위에 제시된 예시 이외에 영아들은 또 어떤 경험을 했을지 더 생각해 봅시다.

3) 3~5세

(1) 내용 이해

듣기와 말하기

말이나 이야기를 관심 있게 듣는다.
유아가 다른 사람이 하는 말과 흥미로운 주제, 익숙한 경험이 담긴 이야기에 관심을 가지며 듣는 내용이다.

자신의 경험, 느낌, 생각을 말한다.
유아가 상대방에게 자신의 경험, 느낌, 생각을 자유롭게 말하는 내용이다.

상황에 적절한 단어를 사용하여 말한다.
유아가 때와 장소, 대상과 상황을 고려하여 적절한 단어와 문장을 선택하여 말하는 내용이다.

상대방이 하는 이야기를 듣고 관련해서 말한다.

유아가 다른 사람이 이야기하는 내용을 듣고 말하는 사람의 생각, 의도, 감정을 고려하여 말하는 내용이다.

바른 태도로 듣고 말한다.

유아가 말하는 사람에게 주의를 기울이며 듣는 내용이다. 말을 끝까지 듣고, 자신의 의견을 말하는 내용이다.

고운 말을 사용한다.

유아가 일상생활에서 자주 쓰는 유행어, 속어, 신조어, 상대방을 비난하는 말을 사용하지 않고, 우리말을 바르게 사용하는 내용이다.

읽기와 쓰기에 관심 가지기

말과 글의 관계에 관심을 가진다.

유아가 일상에서 말이 글로, 글이 말로 옮겨지는 것에 관심을 갖는 내용이다.

주변의 상징, 글자 등의 읽기에 관심을 가진다.

유아가 일상에서 자주 보는 상징(표지판, 그림문자 등)이나 글자 읽기에 관심을 가지는 내용이다. 유아가 상징이나 글자에는 사람들의 생각과 감정, 정보가 담겨 있다는 것을 이해하는 내용이다.

자신의 생각을 글자와 비슷한 형태로 표현한다.

유아가 자신의 생각이나 말을 끼적거리거나 글자와 비슷한 선이나 모양, 글자와 비슷한 형태로 표현하는 내용이다.

책과 이야기 즐기기

책에 관심을 가지고 상상하기를 즐긴다.

유아가 책에 흥미를 가지며 책 보는 것을 즐기고 상상하는 즐거움을 경험하는 내용이다.

동화, 동시에서 말의 재미를 느낀다.

유아가 동화와 동시를 자주 들으며 우리말의 재미와 아름다움을 느끼는 내용이다.

말놀이와 이야기 짓기를 즐긴다.

유아가 끝말잇기, 수수께끼, 스무고개 등 다양한 말놀이를 즐기는 내용이다. 자신의 경험, 생각, 상상을 기초로 새로운 이야기를 만드는 과정을 즐기는 내용이다.

(2) 영유아의 경험을 배움으로 이해하기

3~5세 유아 경험의 실제
: 숲에서 놀아요. '팍 파바박 팍 팍팍팍'

출처: 교육부, 보건복지부 (2019b). 2019 개정 누리과정 놀이이해자료집_놀이사례 13

4세 하늘반 유아들은 봄부터 매주 산책시간에 '비밀장소'라고 부르는 숲속 정자까지 산책한 후 자유롭게 놀이하는 시간을 가져 왔다. 하늘반 유아는 숲속 비밀장소에서 무엇을 하며 놀이하는지 따라가 보자.

비밀장소에 도착하고 그때 바람이 불자 나뭇잎이 흩날리며 떨어진다.
"이야~ 비 올 때같이 나뭇잎이 떨어진다."
준서는 팔을 휘젓고, 재빨리 이리저리 움직이며 나뭇잎을 피한다.

승원이는 작은 돌멩이 하나를 찾아 들고 나무기둥에 탁 소리가 날 정도로 세게 치면서 말한다.
"이렇게 사마귀가 산책을 가는데, 바람이 불었어.
갑자기 바람에 휩쓸려 가서 레고마을로 팍! 떨어졌어.
레고마을에 갔는데 갑자기 작은 레고들이 파바박팍 하늘에서 떨어져가지고 팍! 팍! 팍!"

그 후 모여든 남자 유아는 한참 동안 "팍!" "파바박팍!" "팍팍팍!"을 함께 외치며 팔을 휘저으며 큰 소리로 웃었다. 남자 유아는 "팍!"이 들어가는 새로운 이야기를 계속 만들어 낸다.

해설이의 tip

놀이이해자료 160~163쪽 사례를 보면서 숲에서 놀아요. '팍 바파박팍! 팍팍팍!'에서 나타나는 유아의 의사소통 관련 경험을 [3~5세 누리과정 나침반]과 연결하여 생각해 봅시다. QR코드를 활용해서 이 사례를 좀 더 자세히 살펴볼 수 있습니다.

[3~5세] 누리과정 나침반

영역	내용범주	내용
신체운동 · 건강	신체활동 즐기기	신체를 인식하고 움직인다.
		신체 움직임을 조절한다.
		기초적인 이동운동, 제자리 운동, 도구를 이용한 운동을 한다.
		실내외 신체활동에 자발적으로 참여한다.
	건강하게 생활하기	자신의 몸과 주변을 깨끗이 한다.
		몸에 좋은 음식에 관심을 가지고 바른 태도로 즐겁게 먹는다.
		하루 일과에서 적당한 휴식을 취한다.
		질병을 예방하는 방법을 알고 실천한다.
	안전하게 생활하기	일상에서 안전하게 놀이하고 생활한다.
		TV, 컴퓨터, 스마트폰 등을 바르게 사용한다.
		교통안전 규칙을 지킨다.
		안전사고, 화재, 재난, 학대, 유괴 등에 대처하는 방법을 경험한다.
의사소통	듣기와 말하기	말이나 이야기를 관심 있게 듣는다.
		자신의 경험, 느낌, 생각을 말한다.
		상황에 적절한 단어를 사용하여 말한다.
		상대방이 하는 이야기를 듣고 관련해서 말한다.
		바른 태도로 듣고 말한다.
		고운 말을 사용한다.
	읽기와 쓰기에 관심 가지기	말과 글의 관계에 관심을 가진다.
		주변의 상징, 글자 등의 읽기에 관심을 가진다.
		자신의 생각을 글자와 비슷한 형태로 표현한다.
	책과 이야기 즐기기	책에 관심을 가지고 상상하기를 즐긴다.
		동화, 동시에서 말의 재미를 느낀다..
		말놀이와 이야기 짓기를 즐긴다.
사회관계	나를 알고 존중하기	나를 알고 소중히 여긴다.
		나의 감정을 알고 상황에 맞게 표현한다.
		내가 할 수 있는 것을 스스로 한다.
	더불어 생활하기	가족의 의미를 알고 화목하게 지낸다.
		친구와 서로 도우며 사이좋게 지낸다.
		친구와의 갈등을 긍정적인 방법으로 해결한다.
		서로 다른 감정, 생각, 행동을 존중한다.
		친구와 어른께 예의 바르게 행동한다.
		약속과 규칙의 필요성을 알고 지킨다.
	사회에 관심 가지기	내가 살고 있는 곳에 대해 궁금한 것을 알아본다.
		우리나라에 대해 자부심을 가진다.
		다양한 문화에 관심을 가진다.
예술경험	아름다움 찾아보기	자연과 생활에서 아름다움을 느끼고 즐긴다.
		예술적 요소에 관심을 갖고 찾아본다.
	창의적으로 표현하기	노래를 즐겨 부른다.
		신체, 사물, 악기로 간단한 소리와 리듬을 만들어 본다.
		신체나 도구를 활용하여 움직임과 춤으로 자유롭게 표현한다.
		다양한 미술 재료와 도구로 자신의 생각과 느낌을 표현한다.
		극놀이로 경험이나 이야기를 표현한다.
	예술 감상하기	다양한 예술을 감상하며 상상하기를 즐긴다.
		서로 다른 예술 표현을 존중한다.
		우리나라 전통 예술에 관심을 갖고 친숙해진다.
자연탐구	탐구과정 즐기기	주변 세계와 자연에 대해 지속적으로 호기심을 가진다.
		궁금한 것을 탐구하는 과정에 즐겁게 참여한다.
		탐구과정에서 서로 다른 생각에 관심을 가진다.
	생활 속에서 탐구하기	물체의 특성과 변화를 여러 가지 방법으로 탐색한다.
		물체를 세어 수량을 알아본다.
		물체의 위치와 방향, 모양을 알고 구별한다.
		일상에서 길이, 무게 등의 속성을 비교한다.
		주변에서 반복되는 규칙을 찾는다.
		일상에서 모은 자료를 기준에 따라 분류한다.
		도구와 기계에 대해 관심을 가진다.
	자연과 더불어 살기	주변의 동식물에 관심을 가진다.
		생명과 자연환경을 소중히 여긴다.
		날씨와 계절의 변화를 생활과 관련 짓는다.

① 의사소통 영역 관련 경험 이해하기

유아는 숲에서 발견한 버섯, 개미, 바람에 흩날리는 나뭇잎을 보고 예측하지 못한 자연의 변화를 온몸으로 표현하며, 상상의 언어로 표현하였다. 유아는 숲에서 친구와 경험, 상상을 공유하면서 서로의 말에 관심을 가지고 들으며 자신의 생각을 이야기하고 공동의 이야기를 만들어 즐겼다.

② 5개 영역을 통합적으로 이해하기

숲에서 놀아요. '팍 바파박팍! 팍팍팍!'에 나타난 유아의 경험을 누리과정 5개 영역의 내용을 통합하여 살펴볼 수 있다. 예를 들면, 다음과 같이 유아의 놀이 경험의 의미를 이해해 볼 수 있다.

[신체운동·건강] 유아는 자연을 관찰하고 반응하면서 신체를 움직이는 다양한 시도를 하였으며, 개미를 피해 달아나고 나뭇잎 비를 피해 뛰어다니는 등 자발적인 놀이로 신체활동에 참여하였다.

[사회관계] 유아는 친구와 경험, 상상을 공유하면서 공동의 놀이를 만들어 즐겼다.

[예술경험] 유아는 개미, 바람, 나뭇잎, 돌멩이와 같은 자연물에서 아름다움을 느끼고 즐기며, 이를 상상의 이야기로 꾸며 표현하였다.

[자연탐구] 유아는 숲에서 놀이하면서 버섯, 개미, 나뭇잎, 사마귀와 같은 동식물과 바람과 자연의 특성과 변화에 관심을 갖고 놀이하였다.

해설이의 tip

하늘반 유아는 실외 환경에서 소음, 공간, 움직임, 놀이주제에 있어서 매우 유연하고 다양한 놀이를 경험했습니다. 유아가 숲에서 놀이하며 경험한 5개 영역 내용의 통합적 의미를 [3~5세 누리과정 나침반]을 보면서 생각해 봅시다. 풍부한 즐거움과 에너지, 활발하게 몸을 움직이는 놀이, 풍요로운 상상놀이, 유아가 숲에서 함께 만든 놀이의 의미를 다각적으로 찾아볼 수 있습니다.

어린이집에서는 이렇게

하늘반 선생님 인터뷰

Q) 숲놀이를 매주 반복하면서 인상적인 경험이 있다면 무엇일까요?

A) 저희반 아이들과 함께 숲을 주제로 자발적으로 동시를 지은 것이요. 아이들이 동시에 관심을 갖게 된 것은 아주 우연한 대화에서 시작되었어요.

민수: 선생님, 나무는 더울 때는 옷을 입고요, 추울 때는 옷을 벗어요. 신기한 거꾸로 나무예요.
교사: 와! 민수 말이 멋진 시 같아.
민수: 시가 뭐예요?
교사: 방금 이야기한 것을 글로 적으면 시가 되는 거야.

교실로 돌아와서 저는 민수가 불러 준 말을 컴퓨터를 이용해서 출력해 주었고, 민수가 그림을 그려 완성한 후 교실 벽에 붙여 전시했어요. 그 후 아이들이 동시에 관심을 갖게 되었고, 모두 자신만의 동시를 짓게 되었어요. 유아가 주도하는 배움을 느꼈어요.

신기한 거꾸로 나무

따뜻할 때에는
옷을 입고요.
추울 때에는
옷을 벗어요.
신기한
거꾸로 나무

Q) 선생님께서는 숲놀이를 하면서 어떤 생각을 하게 되셨어요?

A) 숲에서 마음껏 뛰어 노는 놀이에는 즐거움과 함께 공간에 대한 지각, 자연의 변화를 느끼며 그에 따른 표현과 언어들이 자연스럽게 나타나고 있음을 알게 되었어요. 그리고 위험과 도전은 또 하나의 놀이요소임을 알게 되었습니다.

08

보육과정의 내용: 사회관계

무엇을 배울까?

》 사회관계 경험의 이해

– 자아개념의 발달과 사회관계

– 정서발달

– 애착과 사회관계

》 사회관계 영역의 성격

》 사회관계 영역의 목표

》 사회관계 영역의 내용

– 내용 이해

– 영유아의 경험을 배움으로 이해하기

▫ 이 내용을 살펴보는 주안점:

이 장에서는 제4차 어린이집 표준보육과정의 사회관계 영역에 대해서 살펴봅니다. 사회관계 영역은 영유아의 어떠한 경험을 담고 있을까요? 영유아는 또래, 교사 및 자신을 둘러싼 환경 등과 적극적으로 상호작용하면서 세상을 이해하고 배움을 이루어 갑니다. 이 장에서는 제4차 어린이집 표준보육과정 사회관계 영역의 내용을 통해 영유아가 놀이에서 만나는 다양한 관계에 관심을 기울이고 함께 상호작용하는 경험을 살펴봅니다. 그리고 보육교사는 보육과정을 운영하면서 사회관계와 관련된 영유아의 배움을 어떻게 지원할 수 있을지 함께 생각해 보겠습니다.

1. 사회관계 경험의 이해

영유아기는 아동이 자기 자신에 대해 인식하고, 자신과 타인의 정서를 이해하고 조절하며, 양육자와의 신뢰로운 관계를 바탕으로 가족, 친구 및 다른 사람과의 대인관계를 확장할 뿐만 아니라 자신을 둘러싼 환경과 문화에 대해 이해하는 사회성 발달의 기초를 이루는 시기이다. 따라서 영유아의 다양한 사회관계 경험을 지원하기 위해서 영유아기 사회정서 발달특성에 대해 간단히 살펴보도록 한다.

1) 자아개념의 발달과 사회관계

영유아의 사회적 행동의 뿌리는 사회적 세상이 어떻게 작용하는지에 대한 사회적 이해에 있으며, 이러한 이해는 영유아의 자신에 대한 인식에서 시작한다(Lewis & Brooks-Gunn, 1979). 생후 1년이 지난 영아는 자신이 물리적으로 고유한 존재임을 인식하고, 유아기와 학령기 그리고 청소년기에 걸쳐 자신만이 가진 특성과 능력에 대해 풍부하고 다면적이며 조직화된 관점을 발달시켜 간다. 영유아가 자신을 어떻게 보는지에 따라 다른 사람들과 상호작용하는 방식에 영향을 미칠 수 있으므로, 사회성 발달과 관련된 문제행동을 보다 근본적으로 예방하기 위해서는 건강한 자아개념을 형성할 수 있도록 지원해야 한다.

(1) 자아개념

영유아는 다른 사람과 자신을 구분 짓는 속성, 능력, 태도, 가치를 조합하여 자신이 누구인지 정의하는 자아개념을 구성해 간다(Harter, 2003; 2006). 영유아기 자아개념 형성은 다음과 같이 이루어진다.

- 출생~12개월
  - 신생아는 자신이 주변 환경과 물리적으로 구별되어 있다는 것을 느낀다.
  - 약 4개월 정도가 되면, 타인을 잠재적으로 관계 맺을 수 있는 사회적 대상으로 인식하게 된다.
- 만 1~2세 "나는 엄마를 소리를 지르게 만들 수 있어!"
  - 자신과 타인을 분명하게 구분하며, 주변 사람이나 사물에 영향을 끼칠 수 있는 존재라는 것을 알게 된다.
  - 자신의 이름이나 개인 대명사('나', '내가')를 사용하여 자신을 표현한다.
- 만 2~3세 "나는 권유정이고, 누나이고, 아이스크림을 먹을 수 있어요!"
  - 언어 능력이 발달하고 자신에 대해 더 잘 생각하게 되며, 초기에는 주로 나이('아기', '세 살'), 성별('남자', '여자'), 신체적 특징('큰', '강한')이나 능력('착한/나쁜', '할 수 있는/못 하는') 등으로 자신을 정의한다.
- 만 4~5세 "나는 지환이보다 빨리 달릴 수 있어요!"
  - 자신의 특성을 자신의 외모, 소유한 것, 매일 하는 행동 또는 특정한 감정이나 태도와 같은 자신의 심리적 특성으로 묘사한다. (예: "나는 친구들이랑 놀 때가 좋아요.")
  - 자신의 특성을 예전 혹은 또래와 비교하여 정의한다.

(2) 자아존중감

자아존중감은 자신에 대해 알게 되며 자신의 가치, 능력, 통제에 대한 평가의 결과물이다. 자아존중감은 자기 자신의 능력에 대한 평가적인 개념으로, 개인의 감정표현, 행동, 그리고 장기적인 심리 적응에 영향을 미치기 때문에 중요한 요소이다. 영유아기 자아존중감은 다음과 같이 발달한다.

– 가치: 나는 날 좋아해/ 사람들은 나를 별로 좋아하지 않아.

– 능력: 나는 무엇이든 잘할 수 있어/ 나는 잘 못 해.

– 통제: 선생님은 내 생각을 이해하고 따라 주실 거야.

- 만 1~2세 – 자신이 성취한 것에 대한 기쁨을 표현한다.
  – 성인의 평가에 대해 민감해진다.
- 만 3~5세 – 자신이 바라는 행동과 실제 자신의 행동을 구분하지 못해 지나치게 자신을 긍정적으로 평가하고 자아존중감이 높다.
  – 성취에 대한 관심이 높아지지만, 성취에 관련된 귀인이 미분화되었다(예: 열심히 노력하는 사람은 모두 똑똑하고 성공할 것이다.).

(3) 자기조절

영유아가 사회적 기대에 부합되는 행동을 하는지, 부적절한 행동을 하는지는 자아개념, 대인관계 기술 그리고 자기조절 능력과 관련된다. 옳고 그른 행동이나 친사회적 기술에 대해 가르칠 수는 있지만 결국에는 영유아가 스스로 결정하고 자신의 행동을 적절하게 조절해야 하므로, 사회화의 궁극적인 목표는 아동이 스스로를 조절할 수 있도록 하는 것이다(Kostelnik, Whiren, Soderman, Rupiper & Gregory, 2014).

2) 정서발달

정서는 우리 마음에 일어나는 여러 가지 감정을 의미한다. 정서의 종류는 매우 다양한데, 보편적인 정서에는 기쁨, 슬픔, 분노, 놀람, 공포, 흥미, 수치심 등이 있다. 갓 태어난 신생아의 정서는 미분화된 흥분 상태이지만, 생후 2개월이 되면 쾌와 불쾌의 두 갈래로 분화되기 시작한다. 5~6개월이 되면 불쾌의 감정은 분노, 슬픔, 공포의 감정으로 나누어지지만, 쾌의 감정은 1년이 지날 때까지 하나로 지속된다. 성장하면서 점차 다양한 정서를 인식하고 표현하게 되며, 2세경이 되면 아직 미숙하지만 성인이 보이는 거의 모든 정서를 다 나타내게 된다. 자신과 타인의 정서를 이해하고 조절할 수 있는 능력은 원만한 사회관계의 기초가 되기 때문에 영유아의 정서 이해와 표현을 지원해야 한다.

(1) 정서 이해와 표현

영유아기의 정서 이해는 인지발달과 함께 매우 빠르게 이루어진다. 영유아는 감정의 원인, 결과 및 행동신호 등을 언급할 수 있으며, 시간이 지남에 따라 더욱 정확해지고 복합적인 것도 잘 이해할 수 있게 된다. 영유아는 다른 사람의 정서를 읽음으로써 타인의 요구와 의도를 알게 되며, 자신의 정서를 표현함으로써 나의 요구와 의도를 타인에게 전달할 수 있게 된다.

	정서 이해	정서 표현
• 출생~12개월	– 타인의 정서 신호를 감지한다. – 사회적 참조에 관여한다.	– 친숙한 사람들과 상호작용할 때 행복함을 표현한다. – 주양육자를 안전기지로 활용한다.
• 만 1~2세	– 타인의 감정 반응이 자신과 다를 수 있음을 인식하기 시작한다. – 공감이 나타난다.	– 자신의 감정을 인식하게 되지만, 성인의 모니터링과 격려에 의존하여 인식하는 경향이 있다. – 자신의 정서를 조절하기 위한 언어를 사용하게 된다.
• 만 3~6세	– 자신의 감정을 의식적으로 평가할 수 있게 된다. – 감정의 원인, 결과 및 행동신호를 더욱 정확히 이해하게 된다.	– 감정표현 규칙을 따르기 시작한다. – 언어가 발달함에 따라 공감을 더욱 잘 표현할 수 있게 된다.

(2) 정서발달과 사회관계

정서가 발달하면 자기 자신에 대해 긍정적으로 이해할 수 있으며, 부정적인 상황에서도 자신의 감정을 잘 다룰 수 있게 되어, 자신에 대해 긍정적으로 생각하는 힘이 된다. 또한 정서가 발달하면 나의 마음을 전달하고 상대방의 마음을 읽을 수 있어 원만한 사회관계에 기초가 된다. 영유아기의 정서는 개인적 기질(Blair, Denham, Kochanoff, & Whipple, 2004), 주양육자와의 애착관계 형성(Calkins & Leerkes, 2004), 부모의 양육태도에 영향을 받으므로 여러 요인을 고려하여 이해해야 한다.

3) 애착과 사회관계

영유아는 양육자와의 애착을 바탕으로 가족, 친구, 이웃 등 다른 사람과의 대인관계를 확장해 간다. 영유아의 사회적 관계는 가정에서 자신을 돌보아 주는 가족에서 점차 교사와 안정된 애착을 형성하면서, 반에서 함께 생활하는 또래나 다른 교사들과 편안하게 지낼 수 있는 과정으로 확대되기 때문에 영유아의 애착과 관계 형성에 대한 이해를 바탕으로 사회관계를 지원해야 한다.

(1) 애착발달

영아기에 발생하는 가장 중요한 형태의 사회적 발달이 애착이다. 애착이란 영아와 양육자 간에 형성되는 친밀한 정서적 유대감으로, 초기에 양육자와 어떠한 관계를 형성하였느냐에 따라 안정 애착을 형성하기도 하며 불안정한 애착을 형성하기도 한다. 부모와의 안정적인 정서적 유대를 이룬 영아는 성장함에 따라 부모와의 신체적 접촉보다는 탐색활동과 또래집단에 더 흥미를 나타내며, 대개 자아존중감이 높고 어른에게 덜 의존하는 경향이 있다.

(2) 사회적 관계 발달

영유아기의 사회적 관계의 발달은 자신을 돌봐 주는 양육자와의 관계를 기초로 형제자매나 또래와 관계를 형성하면서 상호작용하게 된다. 만 3~5세가 되면 다른 사람들과 함께 어떻게 관계를 맺고 유지하는가를 배우기 시작하며, 또래에게 관심을 갖기 시작한다. 또래와의 놀이를 통해서 사회적 기술, 자기 이해, 공동체 의식을 기를 수 있으며, 또래집단 경험은 유아의 입장을 배려하는 성인과의 경험과 달리 다양한 갈등 상황을 수반하지만, 이는 지적·정서적·사회적 발달에 필요한 탈중심화를 촉진하게 된다. 친구를 향한 관심이 높아지면서 타인의 생각과 감정을 이해하는 능력이 향상되며, 다른 유아들과 상호작용하는 사회적 기술도 향상된다. 또한 유아기에는 양심이 발달하기 시작하면서 사회적 약속을 인지할 수 있게 되며, 규칙이나 규범을 어기면 양심의 가책을 느끼고 책임감 있게 행동하고자 한다.

앞서 살펴본 바와 같이 영유아기는 사회적 자아를 발달시키고, 사회의 일원으로 살아가는 데 필요한 다양한 지식과 기술, 태도의 기초를 세우는 시기이다. 영유아를 위한 사회교육의 내용과 범위는 여러 학자의 관점에 따라 다르게 설명되지만, 대체로 '기초생활훈련', 사회·정서적 발달을 포함하는 '사회화', 역사, 지리, 경제, 다문화 등과 관련한 '사회적 지식'을 포함하며, 이를 통해 영유아의 건전한 자아발달, 가치관 및 태도를 형성하는 것이 포함된다(Seefeldt, Castle, & Falconer, 2009). 즉, 영유아기 사회교육과 관련된 교육과정은 영유아가 원만한 대인관계 속에서 건강한 자아를 지닌 영유아로 성장할 수 있도록 지원하는 것에 강조점을 두고, 영유아가 자신과 타인의 정서를 인식하고 자신의 정서를 조절하며, 자신과 타인에 대한 존중과 배려, 협력, 질서 등 타인과 더불어 살아가는 데 필요한 기초 소양을 경험으로 배워 나갈 수 있도록 지원하는 것이다.

2. 사회관계 영역의 성격

제4차 어린이집 표준보육과정에서 사회관계 영역은 영유아가 어린이집에서 경험하는 다양한 상호작용을 다룬다. 영유아는 또래, 교사, 가족 구성원과 상호작용하면서 자신의 생각을 표현하고, 더욱 재미있게 놀이하기 위해 양보하고, 배려하고, 나와 다른 의견을 수용하여 조절하는 경험을 하게 된다. 그리고 놀이를 하면서 다양한 사물, 자료, 자연물 등을 만지고 움직여 보며 새로운 흥미와 관심을 가지게 되고, 창작적 표현활동을 통해 자신이 경험한 것을 표현하기도 한다. 교사는 영유아와 주변 세계를 이해하는 공동의 놀이자로서 영유아들이 자유롭고 활기차게 놀이할 수 있는 분위기를 제공하여 영유아가 또래 친구, 그리고 환경과 즐겁게 상호작용할 수 있도록 지원해야 한다. 제4차 어린이집 표준보육과정 해설서와 2019 개정 누리과정 해설서에 제시된 사회관계 영역의 성격을 통해 영유아의 경험과 교사의 지원 방향을 더 구체적으로 살펴보면 다음과 같다.

0~1세

0~1세 영아는 자신을 독립된 존재로 인식하기 시작하고, 정서가 다양하게 분화되면서 여러 가지 감정을 느끼게 되고, 기본적인 욕구와 감정을 말과 행동으로 나타낼 수 있다. 0~1세 영아의 사회관계는 가정에서 자신을 돌보아 주는 가족에서 점차 교사와 안정된 애착을 형성하면서, 반에서 함께 생활하는 또래, 교사와 편안하게 지낼 수 있는 과정으로 확대된다. 따라서 0~1세의 사회관계 영역은 영아가 다른 사람의 행동이나 표정을 보거나 말을 듣고 그 사람에게 주의를 기울이면서 자신과 다른 사람의 감정을 인식함으로써 사회적 상호작용의 기초를 형성하는 것을 목표로 한다. 이를 위하여 교사는 0~1세 영아의 자아존중감과 함께 다른 사람과 더불어 생활하는 데 필요한 기초 능력을 기르는 데 중점을 두고 영아가 주변의 친숙한 사람들과 긍정적인 관계를 경험하고 어린이집에서 하루 일과를 편안하게 지낼 수 있도록 지원해야 한다.

보건복지부 (2020b). 제4차 어린이집 표준보육과정 해설서.

2세

2세 영아는 자신을 다른 사람과 구별하게 되고, 여러 가지 감정을 표현할 수 있으며, 다른 사람의 감정이나 생각이 자신과 다를 수 있다는 것을 알게 된다. 자신이 좋아하는 것이 생기고, 스스로 선택한 놀이를 해 보면서 고유성과 독특성을 인식하게 된다. 또한 2세 영아는 가족에게 특별한 애정과 소속감을 느끼며, 또래에게 관심을 보이고 함께 놀이하는 것을 즐거워한다. 자율성과 자기 조절이 증가하고, 사회의 규칙과 약속이 있다는 것을 알게 된다. 따라서 2세 사회관계 영역은 영아가 자신을 독립된 존재로서 자신을 알고 긍정적으로 느끼며, 다른 사람과 더불어 생활하면서 사회관계 형성의 기초를 기르는 것을 목표로 한다. 이를 위하여 교사는 2세 영아들이 긍정적인 경험과 자기표현을 통해 스스로를 긍정적으로 여기는 데 중점을 두어야 한다. 또한 친숙한 사람에게 관심을 갖고 애정을 표현하도록 하고, 다른 사람의 감정과 행동에 적절히 반응하고 공감하며, 기본적인 사회적 규칙과 약속을 생활 속에서 자연스럽게 익히고 지키고자 노력하도록 격려하여 다른 사람과 즐겁게 생활할 수 있도록 지원해야 한다.

보건복지부 (2020b). 제4차 어린이집 표준보육과정 해설서.

3~5세

유아는 자신을 소중히 여기고 주변 사람과 관계를 맺어 나가며 다른 사람을 배려하고 존중한다. 유아는 자신이 살고 있는 사회와 세상에 대해 알고 싶어한다. 사회관계 영역은 유아가 자기 자신과 다양한 삶의 모습을 이해하고, 다른 사람과 더불어 살아가기 위해 필요한 의미 있는 경험과 관련된 내용이다. 교사는 유아가 자신을 소중하고 가치 있는 사람으로 여기며 다른 사람과 더불어 살아가는 방법을 익히도록 돕는다. 또한 유아가 자신이 속한 사회와 주변 세계에 대해 관심을 가지고 적응해 나갈 수 있도록 지원할 수 있다.

교육부, 보건복지부 (2019a). 2019 개정 누리과정 해설서.

3. 사회관계 영역의 목표

제4차 어린이집 표준보육과정 사회관계 영역의 목표는 영유아가 자신과 다른 사람을 분리된 존재로 인식하고 자아존중감을 형성하며, 주변의 친숙한 사람과의 관계를 경험함으로써 사회관계의 기초를 형성하는 것이다. 이를 위하여 교사는 영유아가 어떠한 사회관계 경험을 할 수 있도록 지원할 수 있을지 그 방향을 제시하고 있다. 제4차 어린이집 표준보육과정에서는 영유아가 자신의 감정과 욕구를 이해하고, 다른 사람과 더불어 생활하면서 갖추어야 할 예(禮), 존중, 배려, 협력 등의 인성 덕목 등을 기르며 문화의 다양성을 이해하고 존중하는 것을 강조한다. 이러한 방향에서 설정된 제4차 어린이집 표준보육과정 사회관계 영역의 목표는 다음과 같다.

〈표 8-1〉 사회관계 영역의 목표

0~1세	2세	3~5세
나를 인식하고 친숙한 사람과 관계 맺는다.	나를 알고, 다른 사람과 더불어 생활하는 경험을 한다	자신을 존중하고 더불어 생활하는 태도를 가진다.
1) 나를 고유한 존재로 안다. 2) 안정적인 애착을 형성하고, 또래, 교사와 함께 지낸다.	1) 나를 알고 긍정적으로 여긴다. 2) 다른 사람과 즐겁게 지내기 위한 태도를 기른다.	1) 자신을 이해하고 존중한다. 2) 다른 사람과 사이좋게 지낸다. 3) 우리가 사는 사회와 다양한 문화에 관심을 가진다.

0~1세

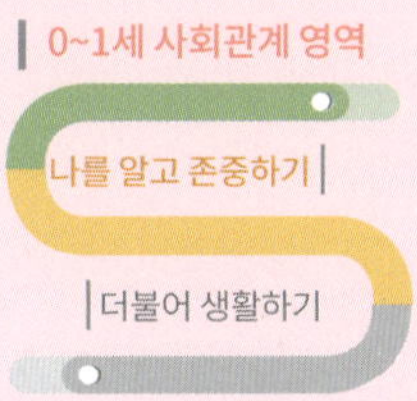

사회관계 영역의 목표는 0~1세 영아가 자신을 인식하고 주변의 친숙한 사람과 관계를 맺는 경험을 하는 것이다. 0~1세 영아가 다른 사람과 분리된 자신을 고유한 존재로 인식하고 친숙한 성인과 안정적인 애착을 형성하여 어린이집에서 또래, 교사와 편안하게 지내는 것을 목표로 한다.

보건복지부 (2020b). 제4차 어린이집 표준보육과정 해설서.

2세

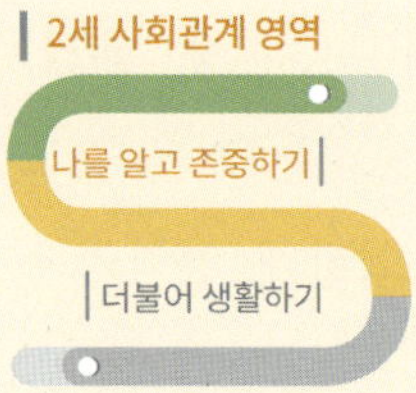

2세 사회관계 영역의 목표는 2세 영아가 자신에 대해 알아 가고, 다른 사람과 더불어 생활하는 경험을 통해 사회관계 형성의 기초를 기르는 것이다. 2세 영아가 자신이 다른 사람과 다르다는 것을 알고 자신을 긍정적으로 인식하며, 다른 사람과 생활하며 즐겁게 지내기 위한 태도를 기르는 것을 목표로 한다.

보건복지부 (2020b). 제4차 어린이집 표준보육과정 해설서.

3~5세

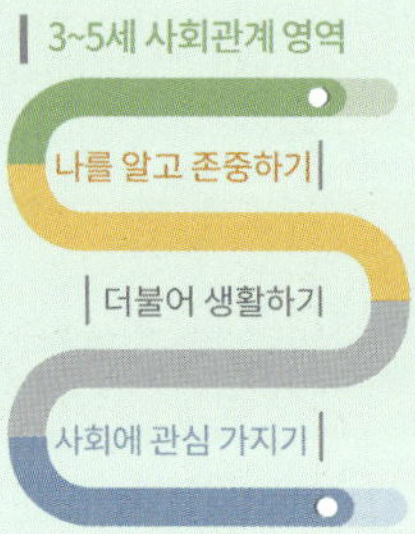

사회관계 영역의 목표와 내용범주는 유아가 자신을 이해하고 존중하며, 친구와 가족 또는 다른 사람들과 사이좋게 지내며, 유아가 속한 지역사회와 우리나라, 다양한 문화에 관심을 갖는 내용으로 구성하였다.

교육부, 보건복지부 (2019a). 2019 개정 누리과정 해설서.

변화 CHECK **제4차 어린이집 표준보육과정으로 개정되면서 사회관계 영역에는 어떤 변화가 있었나요?**

제4차 어린이집 표준보육과정 사회관계 영역의 목표는 기존 제3차 표준보육과정에서 제시되었던 것과 같이 영유아가 자신과 다른 사람을 분리된 존재로 인식하고 자아존중감을 형성하며, 주변의 친숙한 사람과의 관계를 경험함으로써 사회관계의 기초를 형성하는 것입니다. 이에 더불어 제4차 어린이집 표준보육과정에서는 영유아가 어린이집에서 즐겁고 편안하게 생활하는 데 필요한 기본 내용을 생활 속에서 자연스럽게 익히는 것의 중요성을 강조한다는 점에서 변화가 있습니다.

관점 넓히기 사회관계 영역의 놀이 주제

유아가 생활하는 어린이집은 유아들이 놀이하고, 탐험하고, 경험하고, 배우는 공간이자 실제 세계의 축소판이다. 실제로 유아들이 많이 하는 극놀이(dramatic play)에는 유아와 시공간적으로 가깝고 친숙한 주제들이 등장한다. 가족, 어린이집, 병원, 식당, 경찰서, 소방서, 편의점, 버스, 기차 등 지역사회에서 쉽게 마주칠 수 있는 다양한 공간과 사람들이 그 예이다. 유아들은 극놀이를 통해 여러 공간과 그곳에 존재하는 사람들을 모방하고 연습하면서 사람들 간의 관계와 역할에 대해 이해한다. 다시 말해서, 유아들은 어린이집이라는 안전한 공간에서 또래들과 놀이를 통해 사회적, 경제적, 윤리적, 개인적 문제들을 미리 경험하고 연습하면서 민주사회 일원이 될 준비를 한다.

그렇다면 유아들이 놀이를 통해 경험하고 연습할 수 있는 사회관계 영역의 주제는 무엇이 있을까? 미국 전국사회교과협회(The National Council for the Social Studies [NCSS])는 사회 영역의 표준교과과정을 설계하기 위해서 몇 가지 주제를 제시했다. 다음의 내용을 보고 어린이집 보육과정에서 사회관계와 관련된 유아들의 경험을 어떻게 지원할 수 있을지 생각해 보자.

1. 문화: 유아는 문화와 문화적 다양성에 대해 경험하고 이해할 수 있어야 한다.
2. 시간, 영속성, 변화: 유아는 시간의 흐름 속에서 인간을 이해할 수 있어야 한다.
3. 사람, 장소, 환경: 유아는 경험을 통해 사람, 장소, 환경에 대해 이해할 수 있어야 한다.
4. 인간발달, 정체성: 유아는 인간의 발달에 대해 이해하고 자신의 정체성을 형성할 수 있어야 한다.
5. 개인, 집단, 기관: 유아는 개별 인간, 집단, 다양한 기관에 대해 이해할 수 있어야 한다.
6. 힘, 자율성, 통제: 유아는 사람들이 어떻게 상호작용하고 구조를 형성하며 그 안에서의 자율성과 통제를 어떻게 균형 맞추어 가는지 이해할 수 있어야 한다.
7. 생산, 분배, 소비: 유아는 사람들이 재화와 서비스를 생산하고 분배하고 소비하는 방식에 대해 이해할 수 있어야 한다.
8. 과학, 기술, 사회: 유아는 과학, 기술, 그리고 사회발전의 관계에 대해 이해할 수 있어야 한다.
9. 전 세계적인 연결: 유아는 전 세계가 연결되어 있으며 상호의존적이라는 것을 이해할 수 있어야 한다.
10. 시민의식과 실천: 유아는 민주사회의 이상, 원칙, 그리고 시민권의 실천에 대해 이해할 수 있어야 한다.

출처: Saracho, O. N. (2020). An integrated Play-based Curriculum for Young Children (pp.120~125). NY: New York, Routledge.

4. 사회관계 영역의 내용

앞서 살펴본 사회관계 영역의 목표에 따라 사회관계 영역의 내용을 살펴볼 수 있다. 사회관계 영역의 내용은 0~1세, 2세, 3~5세로 나누어 살펴볼 수 있으며, 영유아의 경험을 유사한 특성에 따라 내용범주로 묶어서 제시하고 있다. 제4차 어린이집 표준보육과정에서 사회관계는 '나를 알고 존중하기', '더불어 생활하기'의 두 가지 내용범주로 묶을 수 있고, 누리과정에서 사회관계는 '나를 알고 존중하기', '더불어 생활하기'에 더하여 '사회에 관심 가지기'의 내용범주를 추가로 제시할 수 있다.

〈표 8-2〉 사회관계 영역의 내용과 내용범주의 이해

0~1세	2세	3~5세	내용범주	영역
• 나를 인식한다. • 나의 욕구와 감정을 나타낸다. • 나와 친숙한 것을 안다.	• 나와 다른 사람을 구별한다. • 나의 감정을 표현한다. • 내가 좋아하는 것을 한다.	• 나를 알고 소중히 여긴다. • 나의 감정을 알고 상황에 맞게 표현한다. • 내가 할 수 있는 것을 스스로 한다.	나를 알고 존중하기	사회 관계
• 안정적인 애착을 형성한다. • 또래에게 관심을 가진다. • 다른 사람의 감정과 행동에 관심을 가진다. • 반에서 편안하게 지낸다	• 가족에게 관심을 가진다. • 또래와 함께 놀이한다. • 다른 사람의 감정과 행동에 반응한다. • 반에서의 규칙과 약속을 알고 지킨다.	• 가족의 의미를 알고 화목하게 지낸다. • 친구와 서로 도우며 사이좋게 지낸다. • 친구와의 갈등을 긍정적인 방법으로 해결한다. • 친구와 어른께 예의 바르게 행동한다. • 약속과 규칙의 필요성을 알고 지킨다.	더불어 생활하기	
		• 내가 살고 있는 곳에 대해 궁금한 것을 알아본다. • 우리나라에 대해 자부심을 가진다. • 다양한 문화에 관심을 가진다.	사회에 관심 가지기	

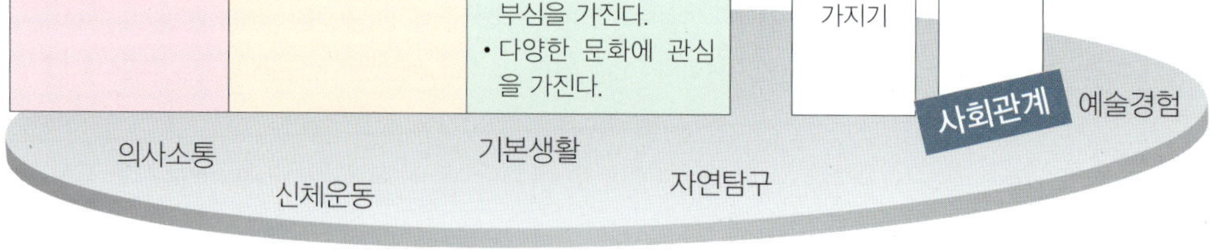

1) 0~1세

(1) 내용 이해

나를 알고 존중하기

나를 인식한다.

0~1세 영아가 자신의 몸을 스스로 움직이기 시작하면서 자신의 신체를 탐색하고, 교사와 개별적으로 상호작용하는 일상적 경험을 통해 자신을 다른 사람과 독립된 존재로 인식하는 내용이다.

나의 욕구와 감정을 나타낸다.

0~1세 영아가 자신의 생리적 욕구와 감정을 나타내고 이에 대한 민감하고 따뜻한 반응과 돌봄을 받는 경험을 통해 자신의 욕구와 감정 표현에 익숙해지는 내용이다.

나와 친숙한 것을 안다.

0~1세 영아가 이름이나 친숙한 물건 등 자기에게 속한 것이 있다는 것을 일상에서 경험하면서 자신의 고유성을 인식하는 내용이다.

더불어 생활하기

안정적인 애착을 형성한다.

0~1세 영아가 교사에게 정서적 유대와 심리적 안정감을 갖고 자신의 욕구와 관심을 표현함으로써 자신이 안전하게 보호받고 있다는 것을 인식하는 내용이다.

또래에게 관심을 가진다.

0~1세 영아가 교사 외에 다른 영아와 함께 지내는 경험을 통해 자연스럽게 자신과 구별되는 다른 존재로서 또래가 있다는 것을 인식하고 또래에게 관심을 가지는 내용이다.

다른 사람의 감정과 행동에 관심을 가진다.

0~1세 영아가 주변의 다른 사람이 표현하는 감정과 행동을 보고 자신이 여러 가지 감정을 표현하는 것처럼 다른 사람도 감정과 행동을 나타내는 존재임을 알고 관심을 가지는 내용이다.

반에서 편안하게 지낸다.

0~1세 영아가 자기가 속한 반의 쾌적한 환경, 반응적인 교사, 불편함을 주지 않는 또래, 규칙적인 일과운영 속에서 생활하며 정서적 안정감을 가지고 편안하게 지내는 내용이다.

(2) 영유아의 경험을 배움으로 이해하기

0~1세 영아 경험의 실제
: "같이 거울 보자."

출처: 보건복지부 (2020b). 제4차 어린이집 표준보육과정 해설서. p. 100.

현우가 놀이하다가 거울을 본다.
거울 속의 자신을 한참 들여다보며 웃는 표정을 짓는다.

현우는 거울을 바라보며 여러 가지 표정을 만든다.
입을 크게 벌리고 "어흥, 무섭지."하고 소리도 지른다.
얼굴을 찌푸리는 표정도 만들어 본다.
교사가 "현우가 어흥 하는 소리가 무섭네."하고 대답해 준다.
교사를 향해 더 무서운 표정을 보여준다.

서준이가 가까이 다가와 현우가 짓는 표정을 따라한다.
현우가 더 큰 소리를 내며 "나는 더 무섭지." 한다.
서준이가 웃자 현우도 따라서 웃는 표정을 짓고 둘이 마주 보며 웃는다.

해설이의 tip

제4차 어린이집 표준보육과정 해설서 100쪽 사례를 보면서 '같이 거울 보자'에서 나타나는 영아의 사회관계 관련 경험을 [0~1세 표준보육과정 나침반]과 연결해서 생각해 봅시다.

[0~1세] 표준보육과정 나침반

영역	내용범주	내용
기본생활	건강하게 생활하기	도움을 받아 몸을 깨끗이 한다.
		음식을 즐겁게 먹는다.
		하루 일과를 편안하게 경험한다.
		배변 의사를 표현한다.
	안전하게 생활하기	안전한 상황에서 놀이하고 생활한다.
		안전한 상황에서 교통수단을 이용해 본다.
		위험하다는 말에 주의한다.
신체운동	감각과 신체 인식하기	감각적 자극에 반응한다.
		감각으로 주변을 탐색한다.
		신체를 탐색한다.
	신체활동 즐기기	대소근육을 조절한다.
		기본 운동을 시도한다.
		실내외 신체활동을 즐긴다.
의사소통	듣기와 말하기	표정, 몸짓, 말과 주변의 소리에 관심을 갖고 듣는다.
		상대방의 이야기를 들으면서 말소리를 낸다.
		표정, 몸짓, 말소리로 의사를 표현한다.
	읽기와 쓰기에 관심 가지기	주변의 그림과 상징에 관심을 가진다.
		끼적이기에 관심을 가진다.
	책과 이야기 즐기기	책에 관심을 가진다.
		이야기에 관심을 가진다.
사회관계	나를 알고 존중하기	나를 인식한다.
		나의 욕구와 감정을 나타낸다.
		나와 친숙한 것을 안다.
	더불어 생활하기	안정적인 애착을 형성한다.
		또래에게 관심을 가진다.
		다른 사람의 감정과 행동에 관심을 가진다.
		반에서 편안하게 지낸다.
예술경험	아름다움 찾아보기	자연과 생활에서 아름다움을 느낀다.
		아름다움에 관심을 가진다.
	창의적으로 표현하기	소리와 리듬, 노래로 표현한다.
		감각을 통해 미술을 경험한다.
		모방 행동을 즐긴다.
자연탐구	탐구과정 즐기기	주변 세계와 자연에 대해 호기심을 가진다.
		사물과 자연 탐색하기를 즐긴다.
	생활 속에서 탐구하기	친숙한 물체를 감각으로 탐색한다.
		물체의 수량에 관심을 가진다.
		주변 공간과 모양을 탐색한다.
		규칙성을 경험한다.
	자연과 더불어 살기	주변의 동식물에 관심을 가진다.
		날씨의 변화를 감각으로 느낀다.

① 사회관계 영역 관련 경험 이해하기

만 0~1세 영아는 거울 속의 자신을 의도적으로 바라보고, 거울에 비친 자신의 모습을 알아볼 수 있다. '무섭다'와 같은 정서를 이해하고 표현할 수 있으며, 자신의 즐거운 감정을 표정으로 교사와 또래에게 표현하였다. 그리고 영아는 또래와 경험을 공유하면서 자신의 감정과 같은 또래의 감정에 관심을 가지고 또래의 행동을 모방하였다.

② 6개 영역을 통합적으로 이해하기

앞서 살펴본 '같이 거울 보자' 놀이에 나타난 영아의 경험을 표준보육과정 6개 영역의 내용을 통합하여 살펴볼 수 있다. 예를 들면, 다음과 같이 영아의 놀이 경험의 의미를 이해해 볼 수 있다.

[의사소통] 영아는 자신이 나타내고자 하는 것을 표정, 몸짓, 말소리로 표현하여 교사에게 보여주었다.

[예술탐구] 영아는 무서운 동물을 모방하여 나타내며 단순한 상징놀이를 하였다.

해설이의 tip

영아가 놀이에서 경험한 6개 영역 내용의 통합적 의미를 [0~1세 표준보육과정 나침반]을 보면서 생각해 봅시다. 6개 영역 경험을 통합적으로 이해하는 것은 단 하나의 정답이 있는 것은 아닙니다. 영아들의 이전 경험이나 맥락에 따라서 달라질 수도 있습니다. 교사는 영유아의 놀이를 관찰하며 다양한 점을 고려하고, 놀이 경험의 의미를 통합적으로 이해하고 지원하는 역할을 합니다.

2) 2세

(1) 내용 이해

나를 알고 존중하기

나와 다른 사람을 구별한다.

2세 영아가 자신과 다른 사람의 신체적 특징, 능력, 성별 등을 바탕으로 구별함으로써 자신이 고유한 존재임을 인식하도록 하는 내용이다.

나의 감정을 표현한다.

2세 영아가 즐거움이나 기쁨, 슬픔이나 두려움, 화남 등 자신의 욕구나 감정을 인식하고, 다른 사람이 알도록 적절한 말과 표정, 행동으로 표현할 수 있도록 하는 내용이다.

내가 좋아하는 것을 한다.

2세 영아가 자신이 좋아하는 것, 관심이 생기는 것을 찾아 직접 해 보는 경험을 통해 자신이 스스로 무엇을 한다는 것에 만족감을 느끼며 자신에 대한 긍정적인 인식을 갖게 하는 내용이다.

더불어 생활하기

가족에게 관심을 가진다.

2세 영아가 주변의 친숙한 사람 중에서도 가족이 보다 특별한 대상임을 알고 가족에게 관심과 소속감, 애정을 가지고 표현할 수 있도록 하는 내용이다.

또래와 함께 놀이한다.

2세 영아가 또래와 함께 놀이하는 경험을 통해 또래에게 자연스럽게 관심을 가지고 또래의 모습과 행동을 모방하면서 또래 관계를 익히도록 하는 내용이다.

다른 사람의 감정과 행동에 반응한다.

2세 영아가 다른 사람의 기쁨이나 즐거움과 같은 긍정적인 감정뿐만 아니라 슬픔, 화남, 두려움, 아픔 등의 부정적인 감정을 알아차린다. 상대방의 감정에 같이 기뻐하고, 공감하며, 돕거나 위로를 하는 등의 반응을 할 수 있도록 돕는 내용이다.

반에서의 규칙과 약속을 알고 지킨다.

2세 영아가 자신이 자주 경험하는 상황에서 지켜야 할 간단한 규칙이나 약속이 있다는 것을 인식하고 이를 스스로 지키고자 노력하도록 돕는 내용이다.

(2) 영유아의 경험을 배움으로 이해하기

2세 영아 경험의 실제 : "나야 나"

출처: 보건복지부 (2020b). 제4차 어린이집 표준보육과정 해설서. p. 199-200 .

얼굴 스티커를 살펴보던 예진이는 자신의 얼굴 스티커를 하나 집는다. "예진이 그려 줄 거야."라며 종이에 자신의 얼굴 스티커를 붙인 뒤 분홍 색연필로 원피스를 그린다.

예진이가 스티커를 이용해 그림 그리는 것을 본 성훈이는 "내가 너 그려 줄게~."라고 하며 친구의 얼굴 스티커를 붙인 뒤 몸통과 옷을 그려 선물한다.

다음날, 손이 더러워진 채린이가 손 씻기를 거부하며 화를 낸다. 교사는 채린이에게 "채린이는 기분이 안 좋니?"라고 물어본다.
화가 난 채린이는 대답하지 않는다.
이 상황을 지켜보던 예진이가 "이거 화난 거야."라고 말하며 자신이 생각하는 화난 표정을 그려 채린이에게 준다.

성훈이는 자신이 그린 그림을 교사에게 보여준다.
교사가 "성훈아 무슨 그림이야?"라고 묻자 성훈이는 "친구랑 싸우는 거…. (기분이) 안 좋아…."라고 말한다.

교사는 영아들에게 다양한 감정 그림들을 제공한다.
감정 그림들을 살펴보던 성훈이는 그림 속 표정을 따라해 보려고 시도한다.
예진이는 감정 그림을 하나 고르며,
"이거 까까 먹는 기분."이라고 말하며 그림에 표현된 감정들에 대해 이야기한다.

해설이의 tip

제4차 어린이집 표준보육과정 해설서 199–200쪽 사례를 보면서 '나야 나'에서 나타나는 영아의 사회관계 관련 경험을 [2세 표준보육과정 나침반]과 연결해서 생각해 봅시다.

[2세] 표준보육과정 나침반

영역	내용범주	내용
기본생활	건강하게 생활하기	자신의 몸을 깨끗이 해 본다.
		음식에 관심을 가지고 즐겁게 먹는다.
		하루 일과를 즐겁게 경험한다.
		건강한 배변 습관을 갖는다.
	안전하게 생활하기	일상에서 안전하게 놀이하고 생활한다.
		교통수단을 안전하게 이용해 본다.
		위험한 상황에 대처하는 방법을 경험한다.
신체운동	감각과 신체 인식하기	감각 능력을 활용한다.
		신체를 인식하고 움직인다.
	신체활동 즐기기	대소근육을 조절한다.
		기본 운동을 즐긴다.
		실내외 신체활동을 즐긴다.
의사소통	듣기와 말하기	표정, 몸짓, 말에 관심을 갖고 듣는다.
		상대방의 이야기를 듣고 말한다.
		표정, 몸짓, 단어로 의사를 표현한다.
		자신의 요구와 느낌을 말한다.
	읽기와 쓰기에 관심 가지기	주변의 그림과 상징, 글자에 관심을 가진다.
		끼적이며 표현하기를 즐긴다.
	책과 이야기 즐기기	책에 관심을 가지고 상상한다.
		말놀이와 이야기에 재미를 느낀다.
사회관계	나를 알고 존중하기	나와 다른 사람을 구별한다.
		나의 감정을 표현한다.
		내가 좋아하는 것을 한다.
	더불어 생활하기	가족에게 관심을 가진다.
		또래와 함께 놀이한다.
		다른 사람의 감정과 행동에 반응한다.
		반에서의 규칙과 약속을 알고 지킨다.
예술경험	아름다움 찾아보기	자연과 생활에서 아름다움을 느끼고 즐긴다.
		아름다움에 관심을 갖고 찾아본다.
	창의적으로 표현하기	익숙한 노래와 리듬을 표현한다.
		움직임과 춤으로 자유롭게 표현한다.
		미술재료와 도구로 표현해 본다.
		일상생활 경험을 상상놀이로 표현한다.
자연탐구	탐구과정 즐기기	주변 세계와 자연에 대해 호기심을 가진다.
		사물과 자연을 반복하여 탐색하기를 즐긴다.
	생활 속에서 탐구하기	친숙한 물체의 특성과 변화를 감각으로 탐색한다.
		물체의 수량에 관심을 가진다.
		주변 공간과 모양을 탐색한다.
		규칙성에 관심을 가진다.
		주변 사물을 같고 다름에 따라 구분한다.
		생활 도구에 관심을 가진다.
	자연과 더불어 살기	주변의 동식물에 관심을 가진다.
		날씨와 계절의 변화를 감각으로 느낀다.

① 사회관계 영역 관련 경험 이해하기

영아는 자신의 얼굴 스티커를 사용하여 자신의 모습을 그림으로 표현하였다. 영아는 자신이 그린 그림과 다른 영아가 자신을 그려 준 그림을 비교해 보면서 자신에 대한 특징을 알고 다른 사람과 구별하였으며, 또래와 함께 그림 그리는 놀이를 통해 다른 사람의 감정과 행동에 관심을 가졌다. 또한 영아들은 교사가 제시한 여러 가지 감정 그림들을 경험하고, 그림이나 표정, 말로 자신의 감정을 표현해 보는 경험을 통해 자신의 감정과 다른 사람의 감정에 관심을 가졌다.

② 6개 영역을 통합적으로 이해하기

앞서 살펴본 '나야 나'에 나타난 영아의 경험을 표준보육과정 6개 영역의 내용을 통합하여 살펴볼 수 있다. 예를 들면, 다음과 같이 영아의 놀이 경험의 의미를 이해해 볼 수 있다.

[의사소통] 영아는 "(기분이) 안 좋아."라고 표현하고, 감정 그림에 관심을 가지고 살펴보면서 그림 속 표정을 따라하고, 그 감정들에 대해 이야기 나누었다.

[예술경험] 영아는 미술재료와 도구를 활용하여 화난 표정을 그림으로 표현했다.

해설이의 tip

영아가 놀이에서 경험한 6개 영역 내용의 통합적 의미를 [2세 표준보육과정 나침반]을 보면서 생각해 봅시다. 6개 영역 경험을 통합적으로 이해하는 것은 단 하나의 정답이 있는 것은 아닙니다. 영아들의 이전 경험이나 맥락에 따라서 달라질 수도 있습니다. 교사는 영유아의 놀이를 관찰하며 다양한 점을 고려하고, 놀이 경험의 의미를 통합적으로 이해하고 지원하는 역할을 합니다.

3) 3~5세

(1) 내용 이해

나를 알고 존중하기

나를 알고 소중히 여긴다.

유아가 자신을 나타내는 나이, 성별, 모습 등에 대해 알고, 자신을 소중히 여기며 가치 있는 존재로 느끼는 내용이다.

나의 감정을 알고 상황에 맞게 표현한다.

유아가 자신의 감정에 대해 알고 다양한 상황에서 자신의 감정을 적절하게 표현하는 내용이다.

내가 할 수 있는 것을 스스로 한다.

유아가 자신이 할 수 있는 일을 알고 자신감을 가지며 자율적으로 실천해 가는 내용이다.

더불어 생활하기

가족의 의미를 알고 화목하게 지낸다.

유아가 자신의 가족 구성원을 알고, 가족과 함께 생활하며, 가족은 서로 돕고 살아간다는 것을 경험하는 내용이다. 가족의 구성원이 다양함을 이해하고 존중하는 내용이다.

친구와 서로 도우며 사이좋게 지낸다.

유아가 친구들과 함께 놀이하는 즐거움을 느끼고 친구와 서로 도우며 배려하고 협력하며 더불어 살아가는 내용이다.

친구와의 갈등을 긍정적인 방법으로 해결한다.

유아가 친구와 갈등이 생겼을 때 자신의 감정과 생각을 제대로 표현하고, 배려, 양보, 타협 등을 통해 해결하는 내용이다.

서로 다른 감정, 생각, 행동을 존중한다.

유아가 다른 사람들의 감정, 생각, 행동에 관심을 갖고 감정, 생각, 행동이 서로 다를 수 있음을 이해하고 존중하는 내용이다.

친구와 어른께 예의 바르게 행동한다.

유아가 친구와 어른께 배려, 존중, 공경하는 마음을 담아 예절을 실천하는 내용이다.

약속과 규칙의 필요성을 알고 지킨다.

유아가 다른 사람과 더불어 살아가기 위해 필요한 약속과 규칙이 있음을 이해하는 내용이다. 상황에 따라 필요한 약속과 규칙을 의논하여 정하고 지키는 내용이다.

사회에 관심 가지기

내가 살고 있는 곳에 대해 궁금한 것을 알아본다.

유아가 자주 접하는 가까운 주변 지역과 이웃에 대해 관심을 가지고, 궁금한 것을 알아보며, 지역 구성원으로서 유대감과 소속감을 느끼는 내용이다.

우리나라에 대해 자부심을 가진다.

유아가 우리나라의 전통에 친숙해지고, 우리나라의 상징, 언어, 문화 등을 경험하면서, 우리나라에 대해 자랑스러운 마음을 가지는 내용이다.

다양한 문화에 관심을 가진다.

유아가 다른 나라의 다양한 문화와 생활양식에 대해 관심을 가지고, 문화의 다양성을 이해하며 존중하는 내용이다.

(2) 영유아의 경험을 배움으로 이해하기

3~5세 유아 경험의 실제
: "우리 공원을 알려요"

출처: 교육부, 보건복지부 (2020a). 놀이, 유아가 세상을 만나고 살아가는 힘. p. 149-160.

어느날 인근 공원 산책 도중 하진이가 공원 담장 기와에 새겨진 용무늬를 발견하면서 공원 이야기 놀이는 시작되었다. 유아들은 공원을 알려 주는 마크를 만들기 위해서 서로가 만들고 싶은 마크를 그리고 이야기를 나누었다. 서로의 그림을 비교해 보면서 마크에 넣고 싶은 그림을 선택하고, 그 이유를 서로에게 설명하였다.

투표를 통해 어떤 그림으로 마크를 만들지 논의하기로 했지만, 각 그림의 투표수가 비슷해 한 가지 그림을 정하기 힘들었다. 투표를 반복해도 의견이 좁혀지지 않자 유아들을 지켜보던 교사가 제안을 했다.

"각 그림에서 좋아하는 부분을 합치는 건 어때?"
유아들은 교사의 제안에 찬성하며 각자가 좋아하는 부분을 오려서 모아 붙이기로 한다.

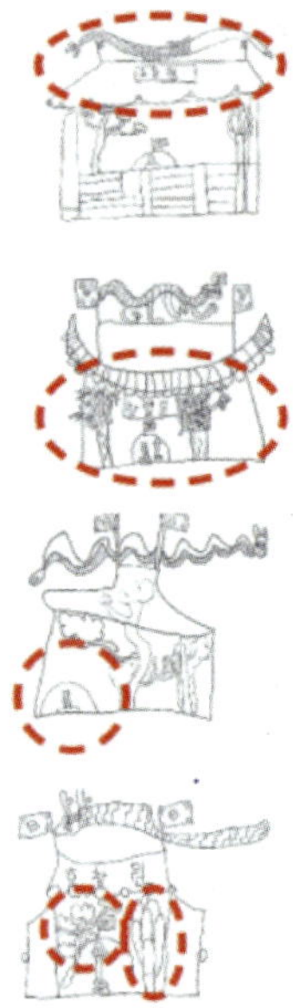

신: 나는 이 그림의 용이 제일 마음에 들어. 얼굴이 너무 멋져. 꼭 멸치대왕에서 나온 용왕 같아.
서호: 이 그림의 문 모양도 엄청 멋져.
신: 근데 끝이 너무 뾰족한 거 같아. 실제로는 끝이 살짝 내려갔어.
서호: 그래도 문 모양이 너무 멋지잖아. 태극기도 똑같고.
상준: 나는 현지 소나무가 너무 똑같아. 진짜 소나무를 보는 것 같아.
민재: 난 희진이 미루나무. 서대문 형무소에서 보고 온 미루나무 모양이랑 똑같아.
상준: 좋아하는 게 다 달라. 어떡하지….
민재: 그럼 여러 개를 만들자!
상준: 안 돼. 어린이집 배지도 한 가지 모양이잖아.
교사: 그럼 친구들이 멋지다고 생각하는 부분을 합치는 건 어때?
희진: 그 생각 엄청 좋아요. 멋진 부분만 합치면 멋진 마크가 만들어질 수 있잖아.

해설이의 tip

'놀이, 유아가 세상을 만나고 살아가는 힘' 149–160쪽 사례를 보면서 '우리 공원을 알려요'에서 나타나는 유아의 사회관계 관련 경험을 [3~5세 누리과정 나침반]과 연결해서 생각해 봅시다.

[3~5세] 누리과정 나침반

신체운동 · 건강		의사소통		사회관계		예술경험		자연탐구	
신체활동 즐기기	신체를 인식하고 움직인다.	듣기와 말하기	말이나 이야기를 관심 있게 듣는다.	나를 알고 존중하기	나를 알고 소중히 여긴다.	아름다움 찾아보기	자연과 생활에서 아름다움을 느끼고 즐긴다.	탐구과정 즐기기	주변 세계와 자연에 대해 지속적으로 호기심을 가진다.
	신체 움직임을 조절한다.		자신의 경험, 느낌, 생각을 말한다.		나의 감정을 알고 상황에 맞게 표현한다.		예술적 요소에 관심을 갖고 찾아본다.		궁금한 것을 탐구하는 과정에 즐겁게 참여한다.
	기초적인 이동운동, 제자리 운동, 도구를 이용한 운동을 한다.		상황에 적절한 단어를 사용하여 말한다.		내가 할 수 있는 것을 스스로 한다.				탐구과정에서 서로 다른 생각에 관심을 가진다.
	실내외 신체활동에 자발적으로 참여한다.		상대방이 하는 이야기를 듣고 관련해서 말한다.						
			바른 태도로 듣고 말한다.						
			고운 말을 사용한다.						
건강하게 생활하기	자신의 몸과 주변을 깨끗이 한다.	읽기와 쓰기에 관심 가지기	말과 글의 관계에 관심을 가진다.	더불어 생활하기	가족의 의미를 알고 화목하게 지낸다.	창의적으로 표현하기	노래를 즐겨 부른다.	생활 속에서 탐구하기	물체의 특성과 변화를 여러 가지 방법으로 탐색한다.
	몸에 좋은 음식에 관심을 가지고 바른 태도로 즐겁게 먹는다.		주변의 상징, 글자 등의 읽기에 관심을 가진다.		친구와 서로 도우며 사이좋게 지낸다.		신체, 사물, 악기로 간단한 소리와 리듬을 만들어 본다.		물체를 세어 수량을 알아본다.
	하루 일과에서 적당한 휴식을 취한다.		자신의 생각을 글자와 비슷한 형태로 표현한다.		친구와의 갈등을 긍정적인 방법으로 해결한다.		신체나 도구를 활용하여 움직임과 춤으로 자유롭게 표현한다.		물체의 위치와 방향, 모양을 알고 구별한다.
	질병을 예방하는 방법을 알고 실천한다.				서로 다른 감정, 생각, 행동을 존중한다.		다양한 미술 재료와 도구로 자신의 생각과 느낌을 표현한다.		일상에서 길이, 무게 등의 속성을 비교한다.
					친구와 어른께 예의 바르게 행동한다.		극놀이로 경험이나 이야기를 표현한다.		주변에서 반복되는 규칙을 찾는다.
					약속과 규칙의 필요성을 알고 지킨다.				일상에서 모은 자료를 기준에 따라 분류한다.
									도구와 기계에 대해 관심을 가진다.
안전하게 생활하기	일상에서 안전하게 놀이하고 생활한다.	책과 이야기 즐기기	책에 관심을 가지고 상상하기를 즐긴다.	사회에 관심 가지기	내가 살고 있는 곳에 대해 궁금한 것을 알아본다.	예술 감상하기	다양한 예술을 감상하며 상상하기를 즐긴다.	자연과 더불어 살기	주변의 동식물에 관심을 가진다.
	TV, 컴퓨터, 스마트폰 등을 바르게 사용한다.		동화, 동시에서 말의 재미를 느낀다..		우리나라에 대해 자부심을 가진다.		서로 다른 예술 표현을 존중한다.		생명과 자연환경을 소중히 여긴다.
	교통안전 규칙을 지킨다.		말놀이와 이야기 짓기를 즐긴다.		다양한 문화에 관심을 가진다.		우리나라 전통 예술에 관심을 갖고 친숙해진다.		날씨와 계절의 변화를 생활과 관련 짓는다.
	안전사고, 화재, 재난, 학대, 유괴 등에 대처하는 방법을 경험한다.								

① 사회관계 영역 관련 경험 이해하기

유아들은 자신이 사는 동네에 관심을 가지고 공원에 대해 알아보고자 하였다. 공원 산책 도중에 공원 담장 기와에 새겨진 용무늬를 발견하고 공원에서 본 여러 가지 문양과 시설물 등을 그리며 공원 이야기 놀이를 시작하였다. 공원의 자랑거리를 알릴 수 있는 마크를 만들기 위해 각자 그린 그림을 두고 투표를 진행하였다. 그 과정에서 유아들은 서로 다른 생각과 감정을 가지고 있다는 것을 알게 되었고, 서로를 존중하면서 의견을 주고받았다.

② 5개 영역을 통합적으로 이해하기

앞서 살펴본 '우리 공원을 알려요'에 나타난 유아의 경험을 누리과정 5개 영역의 내용을 통합하여 살펴볼 수 있다. 예를 들면, 다음과 같이 유아의 놀이 경험의 의미를 이해해 볼 수 있다.

[의사소통] 유아는 "나는 이 그림의 용이 제일 마음에 들어.", "이 그림의 문 모양도 엄청 멋져."와 같이 말하며 자신의 느낌과 생각을 표현하였다. 그리고 친구가 하는 이야기를 듣고 "좋아하는 게 다 달라. 어떡하지?"와 같이 그에 관련하여 말하였다. 또한 태극기, 어린이집 배지 등의 상징에 관심을 가졌다.

[예술경험] 유아는 "끝이 너무 뾰족한 것 같아. 실제로는 끝이 살짝 내려갔어"와 같이 문 모양을 그린 그림의 예술적 요소에 관심을 갖고 감상하였다. 그리고 "현지 소나무가 너무 똑같아. 진짜 소나무를 보는 것 같아", "난 희진이 미루나무. 서대문 형무소에서 보고 온 미루나무 모양이랑 똑같아"와 같이 표현하며 서로 다른 예술표현에 대해 이해하고 존중하며 감상하였다.

해설이의 tip

유아가 놀이에서 경험한 5개 영역 내용의 통합적 의미를 [3~5세 누리과정 나침반]을 보면서 생각해 봅시다. 5개 영역 경험을 통합적으로 이해하는 것은 단 하나의 정답이 있는 것은 아닙니다. 유아들의 이전 경험이나 맥락에 따라서 달라질 수도 있습니다. 교사는 영유아의 놀이를 관찰하며 다양한 점을 고려하고, 놀이 경험의 의미를 통합적으로 이해하고 지원하는 역할을 합니다.

관점 넓히기

영유아의 혼자놀이 이해하기

파튼(Parten, 1932)은 영유아들의 다양한 놀이 형태를 사회적 참여 정도에 따라 비참여 행동, 방관자적 행동, 혼자놀이, 병행놀이, 연합놀이, 협동놀이로 구분했다. 이러한 분류는 혼자놀이를 사회성의 가장 낮은 단계로 기술함으로써 지금까지 혼자놀이가 미성숙한 형태의 놀이라는 인식에 영향을 미쳤다.

그러나 최근에는 혼자놀이를 다른 방식으로 이해해야 한다는 시각이 많아지고 있다(전가일, 2010; Rubin, 1982; Saracho, 2020). 혼자놀이를 영유아의 사회성 발달과 연계하여 생각하기보다는 '놀이'의 본질적 특성을 바탕으로 이해해야 한다는 관점이다. 놀이는 놀이를 주도하며 몰입하고 있는 영유아가 어떠한 맥락에서 어떠한 사전 경험을 했는지에 따라 각기 다르게 나타나는 역동적인 활동이다. 따라서 영유아의 놀이를 이해하기 위해서는 영유아가 어떠한 사전 지식과 경험을 가졌는지, 어떠한 맥락에서 놀이를 시작했는지, 놀이하면서 무엇을 표현하고 있는지, 또 그 과정에서 무엇을 경험하고 있는지를 살펴보아야 한다.

교사는 보육실 내에서 혼자 놀고 있는 영유아를 어떠한 시각으로 바라보아야 할까? 또래와 잘 어울릴 수 있도록 다른 놀이에 초대하는 것이 좋을까? 아니면, 혼자 놀고 있는 아이의 놀이에 다른 친구를 참여시켜야 할까?

교사는 다음과 같은 질문을 바탕으로 영유아의 혼자놀이를 관찰하고 이해하기 위해 노력할 수 있다.

- 아이는 혼자 놀 때 무엇을 하는가?
- 아이는 혼자 놀면서 어떻게 느끼고 생각하는가?
- 혼자놀이의 경험이 아이에게 가지는 의미는 무엇인가?
- 아이는 어떠한 방식으로 혼자놀이를 체험하고 있는가?

적용해 보기

지역사회와 상호 연계하고 협력하기

영유아가 속해 있는 가정, 보육/교육기관, 지역사회 등은 모두 보육과정의 주체이므로 상호 연계하고 협력해야 한다. 특히 지역사회는 영유아의 다양한 경험을 지원할 수 있는 풍부한 자원을 가지고 있으므로 교사는 영유아들이 지역사회의 사람들과 여러 기관 및 장소를 직접 경험하면서 지역사회에 관심을 가질 수 있도록 지원할 수 있다. 예를 들어, 교사는 어린이집이 위치한 지역사회의 특성에 따라 지역사회 문화예술 단체와 시설, 공공기관 및 지역 인사 등을 활용하여 영유아의 경험을 확장할 기회를 마련하고 지원할 수 있으며, 어린이집을 지원하는 공공기관과의 상호 협의를 통해 표준보육과정 운영이 원활히 이루어질 수 있도록 할 수 있다.

〈지역사회와 함께한 정월대보름 행사〉

영유아와 놀이중심의 보육과정을 운영하면서 연계할 수 있는 지역사회 시설, 공공기관 등이 구체적으로 어떤 것이 있는지 생각해보고, 어떻게 영유아의 경험을 확장할 수 있는지 고민해 보자.

다음은 지역사회와 연계하고 협력한 놀이사례이다. 이를 보고 함께 이야기 나눠보자.

출처: 놀이운영사례집: 만들어 가는 놀이중심 유아교육
내용: 지역사회 사람들과 만들어 가는 놀이 2. [소방차 보고 갈래. 우와 소방차 본대]

출처: 놀이운영사례집: 만들어 가는 놀이중심 유아교육
내용: 지역사회 사람들과 만들어 가는 놀이 3. [우와 행운이 왔어.]

무엇을 배울까?

09

보육과정의 내용: 예술경험

▫ **이 내용을 살펴보는 주안점:**

영유아는 어린이집에서 예술과 관련하여 어떤 경험을 할까요? 영유아는 주변 환경의 사물과 대상을 탐색하는 과정에서 아름다움을 느끼고, 자기만의 다양한 방법과 수준으로 표현하기를 즐깁니다. 이 장에서는 제4차 어린이집 표준보육과정의 예술경험 영역의 내용을 통해 이와 같은 영유아의 예술경험을 살펴봅니다. 그리고 보육교사는 예술경험과 관련된 영유아의 배움을 어떻게 이해하고 지원할 수 있을지 함께 생각해 보겠습니다.

1. 예술경험의 이해

1) 영유아기 예술경험의 의미

영아는 태어나면서부터 주변을 끊임없이 탐색하며 자신의 생각을 표현하고자 한다. 유아가 되면서 표현이 보다 구체화되고 정교해지며, 자신이 표현하거나 탐색한 경험을 다른 사람과 공유할 수 있게 된다. 인간은 아름다운 것을 보고 듣고 느끼는 경험을 통해 아름다움을 추구하고 이에 대한 기쁨을 알아 가고, 자신이 느낀 아름다움을 표현하고자 하는 기본적 욕구가 있을 뿐 아니라 아름다움을 다른 사람과 공유하고 소통하고자 하는 예술적 존재이다(육아정책연구소, 2017).

영유아에게 예술경험은 다양한 교육적 가치를 가진다. 첫째, 예술경험은 자기 표현의 중요한 수단이 된다. 영유아는 소리, 음악, 몸 움직임, 춤, 극놀이, 만들기와 그리기 등을 통해서 자신의 생각과 느낌을 표현하고자 한다. 체계적인 언어로 자신을 표현하기 어려운 영유아들에게 예술은 자신을 좀 더 자유롭게 표현할 수 있는 중요한 수단이 되며 이를 통해 성취감과 유능감을 얻을 수 있다(박현정, 2017). 둘째, 예술경험은 감정의 분출이나 정서 순화를 통해 감성 능력을 발달시켜 '공감 능력'을 발달시킨다(최진, 곽덕주, 2015). 특히 모방이나 역할놀이 등의 타인의 입장이 되어 볼 수 있는 경험을 제공함으로써 타인에 대한 이해 능력 발달을 지원한다. 예술경험은 주변의 아름다움을 매개로 다른 사람과 소통도 가능하게 하므로 개인적이면서도 사회적인 활동이다. 셋째, 예술경험은 상상력 발달과 창의성 발달을 지원한다(송순옥, 2016; 안경숙, 2011). 예술은 영유아의 주의력과 인지를 향상시키며 상상하는 법을 배우는 데 도움이 된다(Litjens & Taguma, 2010).

보육과정에서의 예술경험은 음악, 미술, 무용 등 특정 장르의 실기를 익히는 것이 아니라, 말 그대로 우리가 하는 수많은 경험 중에 '예술'과 만나는 경험(최진, 곽덕주, 2015)을 뜻한다. 따라서 예술경험 영역은 영유아가 일상에서의 심미적 경험을 통해 소리, 색, 선, 면, 움직임 등 다양한 예술적 요소들을 흥미롭게 경험하고 즐길 수 있는 태도를 기르는 내용으로 이루어져 있다.

보육과정에서 예술경험 영역은 아름다움 찾아보기, 창의적으로 표현하기, 예술 감상하기로 구성된다. 예술경험 영역의 세 요소에 대한 경험이 균형 있게 이루어져야 하지만, 예술경험에 있어서 표현하기는 가장 접근하기 쉽고 또한 결과를 볼 수 있는 점에서(박찬옥, 최정인, 2011), 어린이집 현장에서는 주로 창의적 표현하기 중심으로 예술경험 영역 활동이 이루어지고 있다. 그러나 자유로운 표현이 이루어지기 위해서는 아름다움에 대한 탐색과 감상이 함께 이루어져야 한다. 주변 세상에 대한 관심이 많고 이를 탐색해 보려는 욕구가 강한 영아들에게 다양한 대상의 소리, 움직임, 모양, 색깔 등을 제공하고 이를 탐색할 수 있도록 한다면 영아는 예술경험을 좀 더 풍부하게 할 수 있다(Charner, Murphy, & Clark, 2010). 실제로 영유아들의 일상생활 속에서 이러한 탐색과 감상이 이루어질 수 있도록 이에 대한 교사의 관심이 필요하다(노희연, 윤춘모, 2018). 영유아들에게 주변 세상에 대한 다양한 탐색과 더불어 감상이 함께 이루어질 때 표현하는 과정이 자극이 되며 이러한 과정이 통합될 때 예술적 감수성과 심미감, 나아가 예술 표현력 또한 발달할 수 있다(박현정, 2017).

관점 넓히기

예술이란 무엇인가요? 변기도 예술이 될 수 있나요?

예술이 무엇인지에 대해서는 학자들 간에도 의견이 분분하다. 마르셀 뒤샹의 작품 '샘'은 예술에 대한 고전적 관점에서 벗어나 무엇이든 예술가가 '선택'했다면 예술이 될 수 있음을 보여준다.

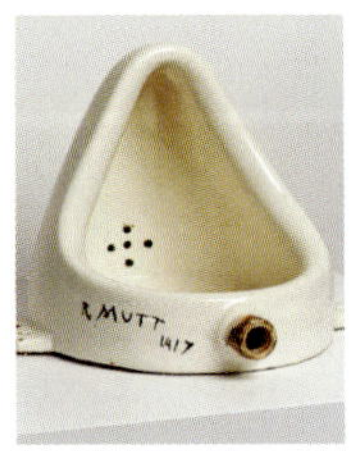

마르셀 뒤샹의 '샘'

교사의 '예술'에 대한 관점과 이해는 영유아가 경험해야 할 '예술'의 내용과 방법에 영향을 미칠 수 있다. 듀이(Dewey)는 『경험으로서 예술』에서 다음 두 가지 내용을 강조하고 있다.

첫째, 듀이는 완전한 경험으로서 '심미적 경험'이 중요하며, 심미적 지각은 어떤 대상을 '의미 있게' 바라보고, 대상과의 상호작용을 통해 '새로운 의미를 지각하는' 행위를 통해 가능하다고 보았다.

둘째, 예술이 일상을 초월한 고상하고 관념적인 것이 아니라 일상의 경험 안에서 일어날 수 있는 것이라고 하였다. 창조적 활동은 예술가에게만 해당하는 것이 아니라 인간이라면 누구나 일상적 경험을 소재로 하여 자신의 창조성을 발휘할 수 있다고 본 것이다.

이러한 내용은 일상생활 맥락에서 자신의 생각을 표현해 낸 아이들의 작품도 예술이며, 영유아의 심미감 형성을 위해서는 예술적 요소들과의 긴밀한 상호작용이 중요함을 시사한다.

출처 : Dewey(2016). 경험으로서 예술(박철홍 옮김).

2) 예술경험 영역의 주요 요소

(1) 음악적 요소

음악은 소리라는 매개를 통해 인간에게 전달되는 예술행위로 인간은 태내에서부터 음악을 받아들이고 음악과 함께 성장한다. 인간은 이미 태아기 때 엄마의 심장 박동소리와 리듬을 경험하며 신생아기부터 다양한 주위의 소리 자극을 경험한다. 따라서 인간의 음악적 경험은 다듬어지고 정제된 음악이 아니라 원초적인 움직임과 소리에서부터 시작한다(이상은, 김현수, 2014).

유아기에는 듣기, 노래 부르기, 악기활동, 몸으로 움직이기와 같은 표현활동과 함께 리듬, 음색, 선율, 화음, 음의 높낮이, 박자, 빠르기, 셈여림 등과 같은 음악적 구성요소를 적극적으로 탐색하는 것이 중요하다. 유아는 음악적 본질인 음악구성요소에 대한 개념을 통해 음악을 이해하고 반응할 수 있다. 그러므로 유아를 위한 음악교육 내용에 자발적인 소리 탐색이나 리듬 패턴 만들기 등의 경험을 포함시켜 유아의 음악성이 긍정적으로 발달될 수 있도록 해야 한다.

(2) 미술적 요소

미술은 시각적 언어로, 언어가 충분히 발달하지 않은 영유아들의 독특한 표현 수단이다. 미술은 공간, 질감, 모양, 색, 선 등과 같은 요소로 이루어진다. 시각적 언어인 미술은 다양한 미술적 요소 간의 구성과 조화에 의해 구성된다. 자연물을 포함한 주변의 많은 조형물 속에는 미술적 요소가 다양하게 숨어 있다. 아름다움의 대상을 점, 선, 면, 색, 질감, 명암, 공간 등과 같은 미술적 요소 중심으로 주의 깊게 관찰하고 미술적 요소의 상호조화를 발견하는 과정을 통해 영유아의 미적 인식이 향상된다(김인호, 이종욱, 2012). 영유아가 일상적인 생활경험 속에서 대상의 아름다움을 나타내는 요소인 미술 요소를 중심으로 관찰하고 경험하고 표현하고 감상하는 활동이 이루어지는 것이 중요하다.

(3) 움직임 요소

인간의 움직임은 자연스러운 인간 본성의 표현방법 중의 하나이다. 신체를 이용한 움직임 활동은 영유아의 생각과 감정을 자유롭게 표현할 수 있도록 도와주는 적극적인 방법으로서의 자기표현 수단이다. 영유아들은 언어적 표현 능력이 부족하므로 자신이 경험하고 느낀 것을 신체를 이용하여 표현하는 과정에서 상상력, 창의력, 문제해결력을 기르고, 자신의 신체를 이용하여 다양한 동작을 숙달하는 과정을 통해 자신감을 갖게 된다(백성희, 황해익, 2006). 움직임교육의 개념은 신체, 공간, 시간, 힘, 움직임, 형식을 갖추고 리듬을 중심으로 교육되는 무용활동과 음악활동이 결합된 자기표현의 경험이다. 외적으로 드러나는 표상과 표현의 형태는 다르더라도 내용상의 통합이나 융합이 가능한 공통요소의 발견, 예를 들면, 움직임교육과 음악교육의 공통요소로 공간 개념과 음정 개념, 시간 개념과 리듬 개념, 반복, 대칭 등 다양한 예술 원리를 공유하여 통합적 활동이 이루어질 수 있도록 한다(김영연, 함수경, 2017). 교사가 정한 순서에 따라 일률적으로 움직이는 율동이나 정형화된 춤을 모방하는 것이 아니라, 개인차에 따른 다양한 활동을 제공하고 결과보다는 과정을 중시해서 지도해야 한다. 영유아가 집단으로 똑같은 동작을 하는 전통적 방식을 탈피하여 보다 창조적인 방법으로 유아의 신체적·정서적 발달을 지원할 수 있도록 한다.

(4) 가작화 요소

영유아는 자신의 개인적 경험을 표현하는 것에서 출발하여 사회적 문제, 동화 등의 소재를 창의적으로 극화하여 표현하는 활동을 즐긴다(안경숙, 2011). 영유아의 활동은 타인의 행동을 모방하는 데서 시작하여 가상놀이, 사회극놀이로 발달하며 유아가 주도적으로 놀이할 수 있게 된다. 이러한 놀이는 더 나은 협동성, 자기조절, 대인관계기술 발달에 도움을 준다(Bodrova & Leong, 2010).

① 모방 행동

모방은 행동이 이루어지는 것을 관찰함으로써 해당 행동을 하는 것을 배우는 것이다. 모방은 사회적 학습을 가능하게 하는 기제로, 우리가 세상에 대한 학습을 시작하는 생애 초기부터 나타난다. 모방 반응은 신생아부터 성인까지 사람 간 상호작용에서 빈번하게 관찰되는 현상으로 신속하게 사회적 학습을 가능하도록 하는 기제로 여겨진다. 아기를 가까이에서 관찰하면 어렵지 않게 모방 행동을 관찰할 수 있는데, 생후 1년이 지난 아기들은 부모의 전화 받는 행동을 따라 하거나 물티슈로 바닥을 닦는 흉내를 낼 수 있다(김은영, 송현주, 2011).

② 가상놀이

가상놀이는 영유아가 자신의 물리적 환경을 상징화하는 놀이이다. 즉, 나무토막으로 전화놀이를 하는 영유아는 실제로 나무토막으로 논다기보다 자신의 머리 속에 있는 표상을 나무토막이라는 상징물을 통해 재현하여 노는 것이다. 영유아는 가상놀이에서 여러 가지 다양한 역할을 하며 노는데, 그들은 엄마나 아빠가 되기도 하고 선생님이나 의사 등이 되기도 한다. 이러한 가상놀이는 생후 약 18개월 정도부터 발달하다가 5~6세경에 최고조에 달하고 그 후 점차 감소한다(한국교육심리학회, 2000).

③ 사회극 놀이

가상놀이가 보다 발전된 놀이형태로, 적어도 다른 한 명의 역할놀이자와 협동하여 놀이 주제를 진행하고, 놀이참여자들 간에 언어나 행동으로 상호작용이 일어나는 놀이를 의미한다. 사회극놀이에는 현실요소와 비현실요소가 내포된다. 아동은 자신이 현실 세계에서 직접 경험한 상황이나 사람의 역할을 모방하는 사회극놀이를 많이 하는데 이것이 현실요소이다. 반면, 아동은 현실 세계를 재현해 보려고는 하지만 정확한 모방 능력의 부족으로 비현실적 요소 또는 가작화 요소를 개입시키게 된다.

2. 예술경험 영역의 성격

예술경험은 영유아가 자연과 생활 속에서 아름다움을 느끼고 관심을 가지며, 자신의 생각, 경험, 느낌을 다양한 방법으로 표현하는 것과 관련된다. 영유아는 다양한 사물과 매체, 사람과 자연에 민감하고 주변의 다양한 예술과 문화에 관심을 가지며 그 속에서 아름다움과 재미를 발견한다. 또한 영유아는 이러한 아름다움을 다양한 언어, 노래와 몸짓으로 표현하는 것을 좋아하고 즐긴다. 제4차 어린이집 표준보육과정에서 예술경험 영역은 영유아의 예술과 관련된 다양한 경험을 다룬다. 아름다움을 탐색하고, 창의적으로 표현하는 활동과 더불어 다른 사람의 표현활동을 이해하고 존중하는 경험까지를 포함하고 있다. 표준보육과정 및 누리과정 해설서에 제시된 제4차 어린이집 표준보육과정 예술경험 영역의 성격을 통해 영유아의 경험과 교사의 지원 방향을 더 구체적으로 살펴보면 다음과 같다.

0~1세

0~1세 영아는 자연과 생활 속에서 감각을 통한 자극에 호기심을 가지고 반응하며 다양한 방법으로 표현하기를 즐긴다. 영아는 자연물, 사물, 환경의 아름다움에 관심을 가지고 즐김으로써 풍부한 정서를 경험한다. 자신과 환경과의 상호작용에서 아름다운 요소를 발견하고 좋아하는 태도를 형성한다. 일상에 대한 긍정적인 태도를 기르고, 자신을 둘러싼 대상과 상생하는 즐거움을 경험한다. 영아는 자신의 관심과 경험을 소리나 움직임으로 표현하고, 감각을 통한 미술을 경험하며 익숙한 사람의 행동을 모방하며 이를 반복하는 것을 즐긴다. 영아는 이러한 경험을 통하여 감성을 계발하고 심미감을 형성하며 행복한 일상을 영유하게 된다. 이를 위하여 교사는 영아가 익숙한 일상 환경에서 호기심을 가지고 주의 깊게 바라보며 경험할 수 있도록 지원한다. 또한 영아가 자신의 경험을 자유롭게 표현할 수 있도록 허용적인 환경을 조성한다.

보건복지부(2020b). 제4차 어린이집 표준보육과정 해설서.

2세

2세 영아는 자연과 생활 속에서 경험하는 다양한 감각 자극을 통해 아름다움을 느끼고, 아름다움을 인식하게 된다. 이 경험을 통해 점차 아름다움에 관심을 가지고 찾아보며 표현하기를 즐긴다. 노래나 리듬을 흥얼거리고 움직임과 춤으로 나타내고, 스스로 다룰 수 있는 재료와 도구로 미술을 즐기며 일상에서 체험한 것을 상상놀이로 표현하며 즐거움을 경험한다. 예술경험 영역은 2세 영아가 일상에서 아름다움을 느끼고 즐기며 이를 통해 자신의 생각이나 느낌을 자유롭게 표현하는 경험을 가지도록 하는 내용이다. 영아는 이러한 경험을 통해 감수성을 계발하고 심미적 태도를 증진시킨다. 이를 위하여 교사는 영아가 익숙한 일상에서 접하는 대상과 공간에 주의를 기울여 아름다움을 느낄 수 있도록 충분한 시간과 여유로운 공간을 제공하도록 한다. 또한 영아가 다양한 예술을 저마다의 방법으로 자유롭게 표현하고 즐기도록 돕고, 이 과정에서 개별 영아의 느낌과 생각, 표현방법을 존중하여 자유롭고 편안한 분위기에서 자신의 생각을 표현하도록 지원한다.

보건복지부(2020b). 제4차 어린이집 표준보육과정 해설서.

3~5세

유아는 일상에서 아름다움과 경이감을 느끼고 즐기며 표현하는 풍부한 감성을 가진 존재이다. 예술경험 영역은 유아가 자연, 생활, 예술에서 아름다움을 찾아보고 느끼며, 다채롭고 창의적인 방법으로 자신의 경험, 생각, 느낌을 표현해 보고, 다양한 예술 표현을 존중하는 경험과 관련된 내용이다. 교사는 유아가 아름다움을 느끼고 즐기며 창의적으로 표현하는 과정을 통해 풍부한 감수성을 기르도록 돕는다. 또한 유아가 다양한 예술 감상을 통해 상상력을 키우고 예술 표현이 가지고 있는 고유의 가치를 존중하도록 지원할 수 있다.

교육부, 보건복지부(2019a). 2019 개정 누리과정 해설서.

3. 예술경험 영역의 목표

제4차 어린이집 표준보육과정 예술경험 영역의 목표는 크게 아름다움과 예술을 느끼고 경험하며, 창의적 표현을 즐기는 것을 목표로 한다. 이를 위하여 영유아가 어떠한 예술경험을 할 수 있도록 교사가 지원할지 그 방향을 제시하고 있다. 제4차 어린이집 표준보육과정에서는 아름다움에 대한 관심과 표현을 '예술적 요소'나 '예술적 표현'으로 한정 짓지 않고 자유롭게 느끼고 즐기기에 초점을 두며, 영유아가 자신의 경험에서 다양하게 상상하여 표현하는 것을 강조한다. 이러한 방향에서 설정된 제4차 어린이집 표준보육과정 예술경험 영역의 목표는 다음과 같다.

〈표 9-1〉 예술경험 영역의 목표

0~1세	2세	3~5세
아름다움을 느끼고 경험한다.	아름다움을 느끼고 즐긴다.	아름다움과 예술에 관심을 가지고 창의적 표현을 즐긴다.
1) 자연과 생활에서 아름다움에 관심을 가진다. 2) 예술적 경험을 표현한다.	1) 자연과 생활에서 아름다움을 느끼고 관심을 즐긴다. 2) 예술을 통해 자유롭게 표현한다.	1) 자연과 생활 및 예술에서 아름다움을 느낀다. 2) 예술을 통해 창의적으로 표현하는 과정을 즐긴다. 3) 다양한 예술 표현을 존중한다.

0~1세

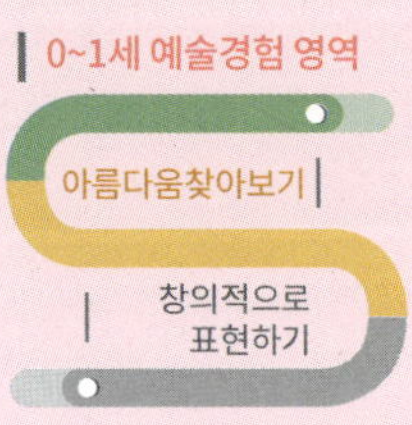

예술경험 영역의 목표는 0~1세 영아가 자연과 생활에서 아름다움을 느끼고 경험하며 표현하는 과정을 즐기는 것이다. 영아가 아름다움에 관심을 가지고 느끼는 것을 즐기며 자신의 경험과 느낌을 자연스럽게 표현하도록 한다.
보건복지부(2020b). 제4차 어린이집 표준보육과정 해설서.

2세

2세 예술경험 영역

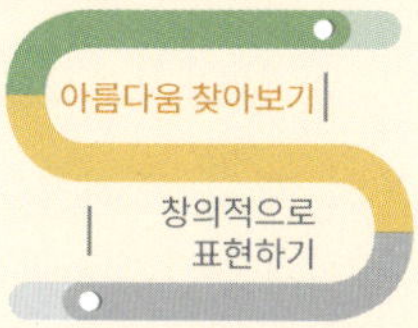

예술경험 영역의 목표는 2세 영아가 일상에서 아름다움을 느끼고 즐기는 것이다. 영아가 마주하는 자연과 생활 속 경험에서 아름다움을 느끼고 관심을 가지며, 예술을 통해 자신의 느낌과 생각을 자유롭게 표현하도록 한다.

보건복지부(2020b). 제4차 어린이집 표준보육과정 해설서.

3~5세

3~5세 예술경험 영역

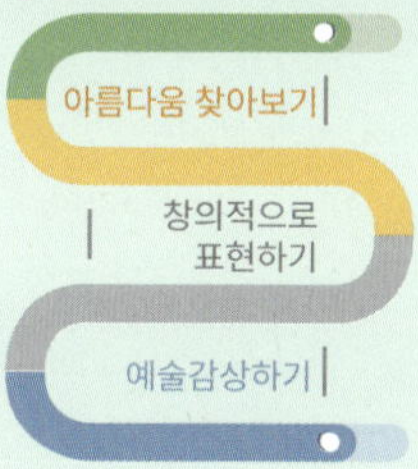

예술경험 영역의 목표는 유아가 자연, 생활, 예술에서 아름다움과 예술에 관심을 가지고 창의적 표현을 즐기는 것이다. 유아가 자연과 생활에서 아름다움을 느끼고 즐기며, 다양한 방법을 통해 창의적으로 표현하는 과정을 즐기며, 다양한 예술 표현을 존중하도록 한다.

교육부, 보건복지부(2019a). 2019 개정 누리과정 해설서.

변화 CHECK 제4차 어린이집 표준보육과정으로 개정되면서 예술경험 영역에는 어떤 변화가 있었나요?

제4차 어린이집 표준보육과정 예술경험 영역에서는 '예술적 요소에 대한 탐색'은 '아름다움에 대한 탐색'으로, '예술적 표현하기' 범주는 '창의적 표현하기'로 용어를 변경하여 아름다움의 범위를 '예술적 요소'에만 한정 짓지 않으려고 했다는 점에서 변화가 있습니다. 그리고 기존 목표에서는 '창의적 표현 능력 기르기'에 중점을 둔 반면, 현행 목표에서는 '창의적 표현과 상상하기를 즐기도록 한다'로 변경하여 예술을 가르치거나 배워야 할 대상이 아니라 예술을 느끼고, 즐기는 경험 그 자체를 중시한다는 점에서도 변화가 있습니다.

4. 예술경험 영역의 내용

예술경험 영역에서는 영유아가 자연, 생활, 예술에서 아름다움을 느끼고, 음악, 움직임과 춤, 미술, 극놀이 등의 예술에서 자신의 느낌과 생각을 창의적으로 표현하는 과정을 즐기며, 다양한 예술 작품을 감상하며 다른 사람의 예술 표현을 존중하는 내용으로 구성하였다. 제4차 어린이집 표준보육과정 예술경험 영역의 내용은 0~1세, 2세, 3~5세로 나누어 살펴볼 수 있으며, 영유아의 예술경험을 유사한 특성에 따라 내용범주로 묶어서 제시하고 있다.

〈표 9-2〉 예술경험 영역의 내용과 내용범주의 이해

0~1세	2세	3~5세	내용범주	영역
• 자연과 생활에서 아름다움을 느낀다. • 아름다움에 관심을 가진다.	• 자연과 생활에서 아름다움을 느끼고 즐긴다. • 아름다움에 관심을 갖고 찾아본다.	• 자연과 생활에서 아름다움을 느끼고 즐긴다. • 예술적 요소에 관심을 갖고 찾아본다.	아름다움 찾아보기	예술 경험
• 소리와 리듬, 노래로 표현한다. • 감각을 통해 미술을 경험한다. • 모방 행동을 즐긴다.	• 익숙한 노래와 리듬을 표현한다. • 움직임과 춤으로 자유롭게 표현한다. • 미술 재료와 도구로 표현해 본다. • 일상생활 경험을 상상놀이로 표현한다.	• 노래를 즐겨 부른다. • 신체, 사물, 악기로 간단한 소리와 리듬을 만들어 본다. • 신체나 도구를 활용하여 움직임과 춤으로 자유롭게 표현한다. • 다양한 미술 재료와 도구로 자신의 생각과 느낌을 표현한다. • 극놀이로 경험이나 이야기를 표현한다.	창의적으로 표현하기	
		• 다양한 예술을 감상하며 상상하기를 즐긴다. • 서로 다른 예술 표현을 존중한다. • 우리나라 전통 예술에 관심을 갖고 친숙해진다.	예술 감상하기	

사회생활 의사소통 신체운동 기본생활 예술경험 자연탐구

1) 0~1세

(1) 내용 이해

아름다움 찾아보기

자연과 생활에서 아름다움을 느낀다.

0~1세 영아가 자신을 둘러싼 일상적인 환경에서 소리나 움직임, 색과 모양 등에 호기심을 기울이며 미적이고 감성적인 경험을 통해 아름다움을 인식하는 과정으로 발전시켜 나가는 내용이다.

아름다움에 관심을 가진다.

0~1세 영아가 일상생활에서 자연이나 사물의 아름다움을 감상하고 즐길 수 있는 내용을 다룬다. 또한 반복적으로 경험하는 친근한 사람의 목소리, 주변의 소리와 리듬 있는 소리 그리고 익숙한 노래 등에 관심을 가지며 아름다움의 요소를 경험하는 가운데 이를 즐기는 내용을 다룬다.

창의적으로 표현하기

소리와 리듬, 노래로 표현한다.

영아가 자신을 둘러싼 환경에서 들려오는 다양한 소리, 리듬과 노래 그리고 움직임에 주의를 기울여 관심을 두다가 익숙한 노래나 리듬을 선호하며 이를 표현하는 내용을 다룬다.

감각을 통해 미술을 경험한다.

영아가 감각을 통해 미술 표현을 시도하고 단순한 미술을 경험하며 즐기는 내용이다. 우연하게 미술 경험을 하다 결과물을 만들어 내고, 미술을 경험하는 과정에서 재료와 익숙해지며 재료를 이용하여 스스로 만들어 내는 창의적 표현을 즐기는 내용을 다룬다.

모방 행동을 즐긴다.

영아가 익숙하고 의미 있는 사람과 상호작용하며 타인의 표정이나 모습, 움직임을 모방하는 것에서부터 단순한 상징을 놀이로 즐기는 내용을 다룬다. 영아는 모방 행동을 통해 새로운 행동을 만들어 내고, 상대의 모방을 유도하며, 영아가 이를 다시 모방하는 순환관계를 보여주는 내용을 다룬다.

(2) 영유아의 경험을 배움으로 이해하기

0~1세 영아 경험의 실제
: 철벅철벅 철벅벅

출처: 보건복지부 (2020b). 제4차 어린이집 표준보육과정 해설서. p. 113.

비가 그친 후 실외놀이터에 물웅덩이가 생겼다.
영아들이 장화를 신고 실외놀이터로 나가 고인물을 바라본다.
물방울이 떨어질 때 흔들거리는 물결 모양을 바라본다.
선영이가 발로 물을 튀기자 물결 모양이 달라졌다.
선영 : 야하~~
미영 : 하하~~
둘이 모두 발을 뻗어 물을 튀기기 시작한다.

한참을 튀긴 후에 선영이가 발로 물을 튀기고 자신이 만들어 낸 그 모양을 쳐다보다 다시 튀기고 쳐다보기를 반복한다.

물을 첨벙거리다가 멈추고, 다시 첨벙거리다 멈춘다.
소리를 만들어 내며 깔깔거린다. 소리에도 귀를 기울인다.
물을 튀기다 물방울이 얼굴에 튀자,
미영 : 앗! 차거. (하며 웃는다.)
서로에게 물을 튀기며 즐거워한다.

해설이의 tip 제4차 어린이집 표준보육과정 해설서 113쪽 사례를 보면서 '철벅철벅 철벅벅'에서 나타나는 영아의 예술경험을 [0~1세 표준보육과정 나침반]과 연결해서 생각해 봅시다.

[0~1세] 표준보육과정 나침반

영역	내용범주	내용
기본생활	건강하게 생활하기	도움을 받아 몸을 깨끗이 한다.
기본생활	건강하게 생활하기	음식을 즐겁게 먹는다.
기본생활	건강하게 생활하기	하루 일과를 편안하게 경험한다.
기본생활	건강하게 생활하기	배변 의사를 표현한다.
기본생활	안전하게 생활하기	안전한 상황에서 놀이하고 생활한다.
기본생활	안전하게 생활하기	안전한 상황에서 교통수단을 이용해 본다.
기본생활	안전하게 생활하기	위험하다는 말에 주의한다.
신체운동	감각과 신체 인식하기	감각적 자극에 반응한다.
신체운동	감각과 신체 인식하기	감각으로 주변을 탐색한다.
신체운동	감각과 신체 인식하기	신체를 탐색한다.
신체운동	신체활동 즐기기	대소근육을 조절한다.
신체운동	신체활동 즐기기	기본 운동을 시도한다.
신체운동	신체활동 즐기기	실내외 신체활동을 즐긴다.
의사소통	듣기와 말하기	표정, 몸짓, 말과 주변의 소리에 관심을 갖고 듣는다.
의사소통	듣기와 말하기	상대방의 이야기를 들으면서 말소리를 낸다.
의사소통	듣기와 말하기	표정, 몸짓, 말소리로 의사를 표현한다.
의사소통	읽기와 쓰기에 관심 가지기	주변의 그림과 상징에 관심을 가진다.
의사소통	읽기와 쓰기에 관심 가지기	끼적이기에 관심을 가진다.
의사소통	책과 이야기 즐기기	책에 관심을 가진다.
의사소통	책과 이야기 즐기기	이야기에 관심을 가진다.
사회관계	나를 알고 존중하기	나를 인식한다.
사회관계	나를 알고 존중하기	나의 욕구와 감정을 나타낸다.
사회관계	나를 알고 존중하기	나와 친숙한 것을 안다.
사회관계	더불어 생활하기	안정적인 애착을 형성한다.
사회관계	더불어 생활하기	또래에게 관심을 가진다.
사회관계	더불어 생활하기	다른 사람의 감정과 행동에 관심을 가진다.
사회관계	더불어 생활하기	반에서 편안하게 지낸다.
예술경험	아름다움 찾아보기	자연과 생활에서 아름다움을 느낀다.
예술경험	아름다움 찾아보기	아름다움에 관심을 가진다.
예술경험	창의적으로 표현하기	소리와 리듬, 노래로 표현한다.
예술경험	창의적으로 표현하기	감각을 통해 미술을 경험한다.
예술경험	창의적으로 표현하기	모방 행동을 즐긴다.
자연탐구	탐구과정 즐기기	주변 세계와 자연에 대해 호기심을 가진다.
자연탐구	탐구과정 즐기기	사물과 자연 탐색하기를 즐긴다.
자연탐구	생활 속에서 탐구하기	친숙한 물체를 감각으로 탐색한다.
자연탐구	생활 속에서 탐구하기	물체의 수량에 관심을 가진다.
자연탐구	생활 속에서 탐구하기	주변 공간과 모양을 탐색한다.
자연탐구	생활 속에서 탐구하기	규칙성을 경험한다.
자연탐구	자연과 더불어 살기	주변의 동식물에 관심을 가진다.
자연탐구	자연과 더불어 살기	날씨의 변화를 감각으로 느낀다.

① 예술경험 영역 관련 경험 이해하기

영아는 장화 신은 발로 웅덩이에서 무늬를 만들어 내고 다양한 물결무늬에 관심을 가졌다. 발을 움직일 때마다 달리지는 모양과 움직임을 경험하며 즐거워하였다. 장화 신은 발로 웅덩이의 물을 철벅거리며 소리를 만들어 내고, 만들어 낸 소리를 들으며 다시 소리를 만들어 내는 경험을 즐겼다. 비 온 날을 경험하며 고인 웅덩이에서 물결무늬와 첨벙거리는 소리를 만들어 내었다. 점차 방법을 달리하면서 표현을 만들어 내는 것을 즐겼다.

② 6개 영역을 통합적으로 이해하기

앞서 살펴본 '철벅철벅 철벅벅'에 나타난 영아의 사례에서 영아가 예술경험 영역의 내용뿐 아니라 표준교육과정의 다른 영역의 내용도 통합적으로 경험하고 있다는 것을 알 수 있다. 예를 들면, 다음과 같이 영아의 놀이 경험의 의미를 이해해 볼 수 있다.

[의사소통] 영아는 상대방의 표정, 몸짓, 말과 소리에 관심을 가지고 들으며, 자신의 의사를 표현하면서 물을 첨벙거리는 놀이를 즐겼다.

[사회관계] 영아는 한 영아가 발로 물을 튀기면서 즐거워하는 모습에 주의를 기울이며 같은 행동을 하려고 의도하였다.

[자연탐구] 영아는 물방울이 떨어지거나 발로 물을 튀길 때 물결 모양이 달라지는 것을 발견하고 물결 모양 만들기를 반복적으로 시도하면서 자신이 만들어 낸 모양을 발견하고 즐거워하였다.

해설이의 tip

영아가 놀이에서 경험한 6개 영역 내용의 통합적 의미를 [0~1세 표준보육과정 나침반]을 보면서 생각해 봅시다. 6개 영역 경험을 통합적으로 이해하는 것은 단 하나의 정답이 있는 것은 아닙니다. 영아들의 이전 경험이나 맥락에 따라서 달라질 수도 있습니다. 교사는 영유아의 놀이를 관찰하며 다양한 점을 고려하고, 놀이 경험의 의미를 통합적으로 이해하고 지원하는 역할을 합니다.

2) 2세

(1) 내용 이해

아름다움 찾아보기

자연과 생활에서 아름다움을 느끼고 즐긴다.

2세 영아가 무심히 지나칠 수 있는 일상의 자연이나 생활 속 공간, 사물 등의 아름다움에 주의를 기울여 아름다움을 풍부하게 느끼며, 자신과 또래의 다양한 예술적 표현을 감상하고 즐기는 내용이다.

아름다움에 관심을 갖고 찾아본다.

2세 영아가 다양한 소리나 리듬 등의 음악적 요소, 색이나 형태 등과 같은 미술적 요소, 사람과 사물, 동식물의 움직임에서 아름다움을 발견하고 경험하는 내용이다.

창의적으로 표현하기

익숙한 노래와 리듬을 표현한다.

2세 영아가 일상에서 익숙해진 노래를 부르고 간단한 리듬을 표현하는 것을 즐기는 내용이다.

움직임과 춤으로 자유롭게 표현한다.

2세 영아가 운율 있는 소리나 노래, 또는 보고 만지고 맛보는 등 감각적 경험에서의 느낌을 움직임이나 춤으로 표현하는 내용이다.

미술재료와 도구로 표현해 본다.

2세 영아가 스스로 다루기 적절한 재료와 도구를 이용하여 자유롭게 미술 표현을 시도하고 이 과정을 즐기는 내용이다.

일상생활 경험을 상상놀이로 표현한다.

2세 영아가 일상생활에서 경험한 사건에 포함된 대상이나 상황을 상상놀이로 표현하며 즐기는 내용이다.

(2) 영유아의 경험을 배움으로 이해하기

2세 영아 경험의 실제
: 이거 케이크야!

출처: 보건복지부 (2020b). 제4차 어린이집 표준보육과정 해설서. p. 229-230.

영아들이 찰흙을 좋아하여 자주 경험하였다.
교사는 크고 두꺼운 찰흙을 준비해 두었고 영아들이 찰흙을 발견한다.
희연이는 실외 놀이터에서 모아 놓은 빨강 열매들을 찰흙에 꾹꾹 눌러 넣는다.
긴 갈대 밑동을 꽂는다.

<table>
<tr>
<td>성훈이는 "와~ 크다." 하며 두 손바닥으로 찰흙을 두드린다.
교사가 "탁탁탁탁!"소리로 리듬을 맞춰 주자 성훈이가 찰흙을 두드리는 속도가 빨라지고 힘도 세진다.
찰흙에 손바닥 모양이 생기는 것을 보고
성훈: 이거 봐.(찰흙을 가리키며 교사를 쳐다본다.)
교사: 쑥 들어갔네.
성훈: 내가 또 해 볼까?
손바닥으로 치며 누르길 반복한다.</td>
<td>예진이는 나무 포크로 찰흙에 꾹꾹 누르기를 반복한다.
예진: 선생님, 구멍!
교사: 뽕, 뽕, 구멍이 만들어졌네.
예진: (웃으며) 뽕, 뽕?
교사: 응, 뽕뽕뽕. 자꾸자꾸 구멍이 생기네.
예진: 이거 케이크야!
교사: 우리가 만든 케이크구나.
희연: 생일이야? 그럼 '생일 축하' 해.</td>
</tr>
<tr>
<td colspan="2">승윤이가 얼른 자리에서 일어나 만들기 재료인 통을 가져와 희연이 머리 위에 올린다.
승윤 : 이거 모자 써야지!
승윤 : (머리 위에 통을 모자라고 올리며) 생일파티, 생일파티!
통을 머리위에 올리고 함께 춤을 춘다.</td>
</tr>
<tr>
<td colspan="2">희연이는 통을 하나 더 가져와 채린이에게도 쓰라고 한 뒤, 생일 축하 노래를 부르며 생일잔치 놀이를 한다.</td>
</tr>
</table>

해설이의 tip

제4차 어린이집 표준보육과정 해설서 229-300쪽 사례를 보면서 '이거 케이크야!'에서 나타나는 영아의 예술경험을 [2세 표준보육과정 나침반]과 연결하여 생각해 봅시다.

[2세] 표준보육과정 나침반

영역	내용범주	내용
기본생활	건강하게 생활하기	자신의 몸을 깨끗이 해 본다.
		음식에 관심을 가지고 즐겁게 먹는다.
		하루 일과를 즐겁게 경험한다.
		건강한 배변 습관을 갖는다.
	안전하게 생활하기	일상에서 안전하게 놀이하고 생활한다.
		교통수단을 안전하게 이용해 본다.
		위험한 상황에 대처하는 방법을 경험한다.
신체운동	감각과 신체 인식하기	감각 능력을 활용한다.
		신체를 인식하고 움직인다.
	신체활동 즐기기	대소근육을 조절한다.
		기본 운동을 즐긴다.
		실내외 신체활동을 즐긴다.
의사소통	듣기와 말하기	표정, 몸짓, 말에 관심을 갖고 듣는다.
		상대방의 이야기를 듣고 말한다.
		표정, 몸짓, 단어로 의사를 표현한다.
		자신의 요구와 느낌을 말한다.
	읽기와 쓰기에 관심 가지기	주변의 그림과 상징, 글자에 관심을 가진다.
		끼적이며 표현하기를 즐긴다.
	책과 이야기 즐기기	책에 관심을 가지고 상상한다.
		말놀이와 이야기에 재미를 느낀다.
사회관계	나를 알고 존중하기	나와 다른 사람을 구별한다.
		나의 감정을 표현한다.
		내가 좋아하는 것을 한다.
	더불어 생활하기	가족에게 관심을 가진다.
		또래와 함께 놀이한다.
		다른 사람의 감정과 행동에 반응한다.
		반에서의 규칙과 약속을 알고 지킨다.
예술경험	아름다움 찾아보기	자연과 생활에서 아름다움을 느끼고 즐긴다.
		아름다움에 관심을 갖고 찾아본다.
	창의적으로 표현하기	익숙한 노래와 리듬을 표현한다.
		움직임과 춤으로 자유롭게 표현한다.
		미술재료와 도구로 표현해 본다.
		일상생활 경험을 상상놀이로 표현한다.
자연탐구	탐구과정 즐기기	주변 세계와 자연에 대해 호기심을 가진다.
		사물과 자연을 반복하여 탐색하기를 즐긴다.
	생활 속에서 탐구하기	친숙한 물체의 특성과 변화를 감각으로 탐색한다.
		물체의 수량에 관심을 가진다.
		주변 공간과 모양을 탐색한다.
		규칙성에 관심을 가진다.
		주변 사물을 같고 다름에 따라 구분한다.
		생활 도구에 관심을 가진다.
	자연과 더불어 살기	주변의 동식물에 관심을 가진다.
		날씨와 계절의 변화를 감각으로 느낀다.

① 예술경험 영역 관련 경험 이해하기

성훈이는 '찰흙'이라는 재료를 자유롭게 치고 눌러보며 질감과 느낌을 즐겼다. 희연, 예진이는 찰흙과 열매, 갈대, 나무 포크와 같이 스스로 다룰 수 있는 재료와 도구를 사용하여 미술 표현을 즐겼다. 예진이는 찰흙에 꾸민 결과물을 케이크라 표상하고, 또래들도 생일잔치를 떠올려 상상놀이를 즐겼다. 승윤이와 예진이는 생일잔치의 즐거움을 춤으로 자유롭게 표현하였다. 생일잔치 놀이 중 일상에서 익숙한 생일 노래를 부르며 손뼉으로 리듬을 표현하였다.

② 6개 영역을 통합적으로 이해하기

앞서 살펴본 '이거 케이크야!'에 나타난 영아의 사례에서 영아는 예술경험 영역의 내용 뿐 아니라 표준보육과정의 다른 영역의 내용도 함께 경험하고 있음을 알 수 있다. 예를 들면, 다음과 같이 영아의 놀이 경험의 의미를 이해해 볼 수 있다.

[신체운동] 영아는 머리 위에 통을 올린 상태에서 춤을 추면서 몸의 균형을 잡고 자유롭게 움직이며 대소근육을 조절하는 경험을 하였다.

[사회관계] 영아는 또래와 함께 생일잔치 놀이를 즐겼다.

[자연탐구] 성훈이는 찰흙을 만지고 눌러 보면서, 희연, 예진이는 자연물을 꽂으며 재료의 질감, 느낌 등 특징을 촉감과 시각을 통해 탐색하였다.

해설이의 tip

영아가 놀이에서 경험한 6개 영역 내용의 통합적 의미를 [2세 표준보육과정 나침반]을 보면서 생각해 봅시다. 6개 영역 경험을 통합적으로 이해하는 것은 단 하나의 정답이 있는 것은 아닙니다. 위에 제시된 예시 이외에 영아들은 또 어떤 경험을 했을지 더 생각해 봅시다.

3) 3~5세

(1) 내용 이해

아름다움 찾아보기

자연과 생활에서 아름다움을 느끼고 즐긴다.

유아가 자신의 주변에서 만나는 자연, 공간, 사물 등의 아름다움을 풍부하게 느끼며 즐기는 내용이다.

예술적 요소에 관심을 갖고 찾아본다.

유아가 주변의 자연과 생활에서 다양한 소리나 리듬 등의 음악적 요소, 색이나 형태 등과 같은 미술적 요소를 발견하고, 사물이나 동식물의 움직임에서 아름다움을 경험하는 내용이다.

창의적으로 표현하기

노래를 즐겨 부른다.

유아가 흥얼거리거나 친구들과 함께 소리와 박자 등을 느끼고 노랫말을 바꾸어 불러 보며 노래 부르기를 즐기는 내용이다.

신체, 사물, 악기로 간단한 소리와 리듬을 만들어 본다.

유아가 자신의 신체, 주변의 사물, 리듬 악기 등을 사용하여 소리와 리듬을 창의적으로 만들어 보는 내용이다.

신체나 도구를 활용하여 움직임과 춤으로 자유롭게 표현한다.

유아가 자연과 생활에서 발견한 다양한 움직임을 자유롭게 표현하고 나아가 자신의 생각과 느낌을 자신의 신체나 다양한 도구를 활용하여 움직임과 춤으로 표현하는 내용이다.

다양한 미술재료와 도구로 자신의 생각과 느낌을 표현한다.

유아가 자연과 생활에서 발견한 다양한 재료와 도구를 활용하여 여러 가지 방법으로 표현하는 내용이다. 자신의 경험, 느낌, 생각 등을 창의적으로 표현하는 과정을 즐기는 내용이다.

극놀이로 경험이나 이야기를 표현한다.

유아가 자신의 경험, 다양한 상황, 이야기를 자유롭게 상상하며 극놀이로 표현하는 과정을 즐기는 내용이다.

예술 감상하기

다양한 예술을 감상하며 상상하기를 즐긴다.

유아가 자신과 또래의 작품이나 음악, 춤, 미술작품, 극 등 다양한 예술을 감상하고 자유롭게 상상하기를 즐기는 내용이다.

서로 다른 예술 표현을 존중한다.

유아가 자신과 또래의 작품, 음악, 춤, 미술작품, 극 등에 포함된 다양한 표현을 존중하는 내용이다.

우리나라 전통 예술에 관심을 갖고 친숙해진다.

유아가 우리나라 고유의 전통 음악, 춤, 미술, 건축물, 극 등에 관심을 가지고 전통 예술을 감상하며 우리나라 문화에 친숙해지는 내용이다.

(2) 영유아의 경험을 배움으로 이해하기

3~5세 유아 경험의 실제 : "간질간질 에헤헤헤" 물감으로 놀기

출처: 교육부, 보건복지부 (2019b). 2019 개정 누리과정 놀이이해자료.

정인이는 붓에 물감을 흠뻑 묻힌 후, 빈 종이 위에 붓을 대고 움직인다. 손으로 붓을 어떻게 움직이느냐에 따라 나타나는 붓의 흔적을 보고 그 위에 덧칠을 한다. 정인이는 붓대의 끝을 잡고 돌돌 돌리며 물감을 칠하기도 하고, 손을 빠르게 움직여 붓 칠로 종이를 채우기도 한다.
정인이는 종이에 빈 공간이 없어질 때까지 손을 빠르게 움직여 붓으로 물감을 칠한다. 친구들도 정인이를 따라 종이에 빈 공간이 없어질 때까지 빠르게 물감을 칠한다.

유아는 붓이 손에 닿는 감촉을 느끼면서 손바닥에 여러 가지 색을 계속 덧칠한다. 우연히 덧칠하지 않은 부분이 마르자, "풀 같아, 끈적끈적해."라고 말한다. 물감놀이 책상에 있던 모든 유아가 손에 색을 칠하며 함께 놀이한다.

다음 날 이젤에서 색칠만 했던 은빈이도 손바닥에 색칠을 한다. 그리고 손을 종이에 대고 비빈 후 손바닥을 뒤집어 바라본다. 이제 손바닥의 색은 옅어져 있다. 은빈이는 얼굴 가득 미소를 띠고 이 과정을 반복한다.

유아들이 신나게 물감놀이하는 것을 본 다른 반 교사의 아이디어로 교사가 유아에게 "벽화를 그려 보면 어때?"라고 제안하였다. 그리고 유아는 그 제안을 받아들여 벽화 그리기를 하였다.

붓을 잘 다루게 된 정인이는 "이건 별이라고 그냥 (붓을) 쿡쿡 하는 게 아니야. (붓을) 쿡 하고 돌리는 거야."라고 말하며 색칠하는 방법을 친구들에게 알려 준다. 손바닥으로, 붓으로 색이 만들어지는 과정을 경험한 은빈이는 "꽃을 그리려면 이 색(빨간색)이랑, 이 색(흰색), 그리고 이 색(노란색)을 조금만 하면 돼. 그러면 예쁜 색이 나와."라고 말하기도 하였다. 이렇게 유아는 물감놀이의 경험을 살려 벽화를 그려 가고 있었다.

해설이의 tip

2019 개정 누리과정 놀이이해자료 118–127쪽 사례를 보면서 '간질간질 에헤헤헤 물감으로 놀기'에서 나타나는 유아의 예술경험을 [3~5세 누리과정 나침반]과 연결하여 생각해 봅시다.

[3~5세] 누리과정 나침반

신체운동 · 건강	의사소통	사회관계	예술경험	자연탐구
신체활동 즐기기 신체를 인식하고 움직인다. 신체 움직임을 조절한다. 기초적인 이동운동, 제자리 운동, 도구를 이용한 운동을 한다. 실내외 신체활동에 자발적으로 참여한다.	**듣기와 말하기** 말이나 이야기를 관심 있게 듣는다. 자신의 경험, 느낌, 생각을 말한다. 상황에 적절한 단어를 사용하여 말한다. 상대방이 하는 이야기를 듣고 관련해서 말한다. 바른 태도로 듣고 말한다. 고운 말을 사용한다.	**나를 알고 존중하기** 나를 알고 소중히 여긴다. 나의 감정을 알고 상황에 맞게 표현한다. 내가 할 수 있는 것을 스스로 한다.	**아름다움 찾아보기** 자연과 생활에서 아름다움을 느끼고 즐긴다. 예술적 요소에 관심을 갖고 찾아본다.	**탐구과정 즐기기** 주변 세계와 자연에 대해 지속적으로 호기심을 가진다. 궁금한 것을 탐구하는 과정에 즐겁게 참여한다. 탐구과정에서 서로 다른 생각에 관심을 가진다.
건강하게 생활하기 자신의 몸과 주변을 깨끗이 한다. 몸에 좋은 음식에 관심을 가지고 바른 태도로 즐겁게 먹는다. 하루 일과에서 적당한 휴식을 취한다. 질병을 예방하는 방법을 알고 실천한다.	**읽기와 쓰기에 관심 가지기** 말과 글의 관계에 관심을 가진다. 주변의 상징, 글자 등의 읽기에 관심을 가진다. 자신의 생각을 글자와 비슷한 형태로 표현한다.	**더불어 생활하기** 가족의 의미를 알고 화목하게 지낸다. 친구와 서로 도우며 사이좋게 지낸다. 친구와의 갈등을 긍정적인 방법으로 해결한다. 서로 다른 감정, 생각, 행동을 존중한다. 친구와 어른께 예의 바르게 행동한다. 약속과 규칙의 필요성을 알고 지킨다.	**창의적으로 표현하기** 노래를 즐겨 부른다. 신체, 사물, 악기로 간단한 소리와 리듬을 만들어 본다. 신체나 도구를 활용하여 움직임과 춤으로 자유롭게 표현한다. 다양한 미술 재료와 도구로 자신의 생각과 느낌을 표현한다. 극놀이로 경험이나 이야기를 표현한다.	**생활 속에서 탐구하기** 물체의 특성과 변화를 여러 가지 방법으로 탐색한다. 물체를 세어 수량을 알아본다. 물체의 위치와 방향, 모양을 알고 구별한다. 일상에서 길이, 무게 등의 속성을 비교한다. 주변에서 반복되는 규칙을 찾는다. 일상에서 모은 자료를 기준에 따라 분류한다. 도구와 기계에 대해 관심을 가진다.
안전하게 생활하기 일상에서 안전하게 놀이하고 생활한다. TV, 컴퓨터, 스마트폰 등을 바르게 사용한다. 교통안전 규칙을 지킨다. 안전사고, 화재, 재난, 학대, 유괴 등에 대처하는 방법을 경험한다.	**책과 이야기 즐기기** 책에 관심을 가지고 상상하기를 즐긴다. 동화, 동시에서 말의 재미를 느낀다.. 말놀이와 이야기 짓기를 즐긴다.	**사회에 관심 가지기** 내가 살고 있는 곳에 대해 궁금한 것을 알아본다. 우리나라에 대해 자부심을 가진다. 다양한 문화에 관심을 가진다.	**예술 감상하기** 다양한 예술을 감상하며 상상하기를 즐긴다. 서로 다른 예술 표현을 존중한다. 우리나라 전통 예술에 관심을 갖고 친숙해진다.	**자연과 더불어 살기** 주변의 동식물에 관심을 가진다. 생명과 자연환경을 소중히 여긴다. 날씨와 계절의 변화를 생활과 관련 짓는다.

① 예술경험 영역 관련 경험 이해하기

유아는 붓에 물감을 묻혀 종이에 칠하면서 붓의 움직임과 속도에 따라 다른 색이 만들어지는 과정을 즐겼다. 붓으로 색칠하던 유아는 다른 유아를 따라 손바닥을 붓으로 색칠하면서 붓의 감촉을 느끼고, 손바닥에 묻힌 물감이 마르면서 만들어 내는 새로운 촉감을 경험했다. 다른 유아는 손바닥에 직접 물감을 짜고 로션처럼 비비며 색이 달라지는 것을 발견하고, 붓 대신 손으로 색칠하고, 손자국을 내며 물감으로 색을 만들고, 색을 몸으로 만드는 놀이를 경험하였다.

② 5개 영역을 통합적으로 이해하기

'간질간질 에헤헤헤'에 나타난 유아의 사례에서 유아는 예술경험 영역의 내용뿐 아니라 누리과정의 다른 영역의 내용도 함께 경험하고 있음을 알 수 있다. 예를 들면, 다음과 같이 유아의 놀이 경험의 의미를 이해해 볼 수 있다.

[신체운동·건강] 유아는 이젤 앞에서 한 손에 붓을 들고 몸을 위 아래로 움직이며 '신나게' 온몸으로 색을 칠한다.

[의사소통] 유아는 칠해진 색을 보며 "숲에 돌멩이!… 숲은 밤이 돼서 깜깜해요."라며 상상해서 이야기 짓기를 즐긴다.

[사회관계] 유아는 혼자 물감을 손에 짜서, 비벼 본다. 그러다가 두 명의 유아는 손을 맞잡고 손을 이리저리 비벼서 새로운 색을 만드는 놀이를 즐긴다.

> **해설이의 tip** 유아가 물감놀이를 하며 경험한 5개 영역 내용의 통합적 의미를 [3~5세 누리과정 나침반]을 보면서 생각해 봅시다. 5개 영역 경험을 통합적으로 이해하는 것은 단 하나의 정답이 있는 것은 아닙니다. 색을 칠하는 과정에서 활발하게 몸을 움직이는 놀이, 자신의 예술적 표현을 바탕으로 이야기를 꾸미는 과정, 또래와 함께 색을 만들어 내는 과정 등을 찾아볼 수 있습니다.

적용해 보기

영유아의 예술경험, 어떻게 지원하면 좋을까?

영유아의 예술경험은 교사의 지원에 따라 다른 양상으로 전개될 수 있다.
다음은 또 다른 물감놀이 사례이다.
다음 사례에서 교사는 유아의 물감놀이를 지원하기 위해 어떤 노력을 했나?
같은 상황에서 내가 교사였다면 어떻게 지원했을지 가정해 보고, 교사의 지원이 영유아의 예술경험에 어떤 영향을 미치는지에 대해 생각해 보자.

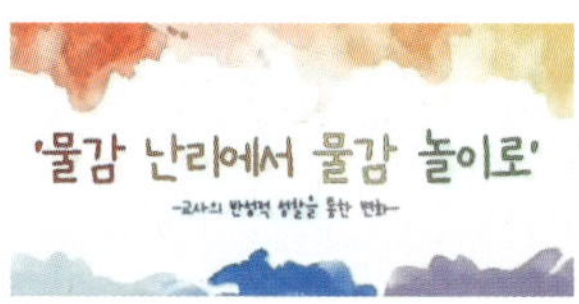

출처 : 교육부 (2020a). 2019 개정 누리과정 운영 지원 : 관찰에 기반한 유아 놀이지원 – 교사용

어린이집에서는 이렇게

예술경험 지원에서 교사가 고려할 점

영유아의 예술경험을 지원하기 위해 교사는 어떤 점들을 고려해야 할까?

첫째, 예술경험의 결과나 활동보다는 과정과 상호작용 중시

영유아가 아름다움을 느끼고 즐기는 경험을 통해 '감성이 풍부한 아이'로 성장하기 위해서 교사는 결과중심, 활동중심의 예술활동에서 벗어나 영유아가 일상생활 속에서 주체적으로 경험하는 예술표현에 관심을 가지고 이에 대한 의미를 이해하고자 노력해야 한다. 표현활동과 더불어 다양한 탐색과 감상의 기회를 제공하고, 적절한 상호작용을 통해 영유아가 느끼는 아름다움을 인정하고 수용해 주는 것이 중요하다.

한편, 교사는 영유아의 예술활동에 나타난 예술적 요소뿐만 아니라 탐색·표현·감상의 과정에서 드러나는 영유아의 정서를 살필 수 있어야 한다. 표현활동을 거부하거나 소극적으로 참여한다든지 특정 재료나 도구, 역할만을 고집하는 경우, 혹은 활동 결과물에서 평소와 다른 점을 감지한 경우, 공감, 위로 등 적절한 정서적 지원을 제공해야 한다.

둘째, 다양한 재료와 매체, 방법을 적극적으로 활용

영유아가 다양하게 상상하고 창의적인 표현을 즐기도록 지원하기 위해 교사는 다양한 재료와 매체, 방법에 대해 영유아에게 선택권을 부여하고, 자유롭게 활용할 수 있는 허용적 분위기를 조성해 주어야 한다. 더불어 영유아가 예술을 경험하는 새로운 방법에 관심을 갖고 적극적으로 활용해 보려는 노력을 계속해야 한다.

다양한 재료에 대한 선택권 부여

어플리케이션을 활용한 전통악기 연주

10

보육과정의 내용: 자연탐구

무엇을 배울까?

▫ **이 내용을 살펴보는 주안점:**

영유아는 자연탐구 과정에서 어떤 경험을 할까요? 영유아는 타고난 과학자로서 태어나면서부터 호기심이 많으며, 다양한 감각기관을 활용하여 끊임없이 주변 세계를 지각하고 탐색하는 과정에서 궁금증을 해결해 갑니다. 이 장에서는 제4차 표준보육과정 자연탐구 영역의 내용을 통해 영유아의 자연탐구 경험을 살펴봅니다. 그리고 보육교사는 보육과정을 운영하면서 자연탐구와 관련된 영유아의 배움을 어떻게 이해하고 지원할 수 있을지 함께 생각해 봅시다.

1. 자연탐구 경험의 이해

1) 자연탐구에 대한 이해

영유아기는 호기심을 가지고 주변 세계를 적극적으로 탐색해가며 실험과 시행착오를 통해 세상에 대한 이해를 넓혀가는 시기이다. 영유아는 탐색 과정에서 발견한 일상의 문제를 수학적·과학적으로 탐구해보면서 스스로 궁금증을 해결해 가는 과정을 즐긴다. 영유아의 능력을 소극적으로 보았던 과거와 다르게 영유아는 훨씬 유능한 존재라는 것이 밝혀졌다(Barth, Beckmaan, & Spelke, 2008). 즉, 영유아는 선천적으로 많은 능력을 가지고 태어났으며, 일상에서의 풍부한 경험과 배움을 통해 끊임없이 지식을 구성해간다. 또한 영유아기는 자연을 알아가면서 동시에 자연과 더불어 살아가고자 하는 태도를 기를 수 있는 중요한 시기이다. 따라서 보육과정의 자연탐구 영역은 영유아가 지식을 구성하기까지의 탐구와 사고과정을 지원하는 영역이며, 자연과 더불어 살아가는 태도를 기르는 영역이다.

영유아의 자연탐구와 관련된 경험은 영유아가 지식이나 개념을 획득하는데 중점을 두기보다는 탐구의 과정을 다양하게 경험하는데 중점을 두어야 한다. 교사는 세상에 대한 지식을 구성해가는 영유아들의 방식을 이해하고 이에 적합한 자연탐구 경험을 지원하는 것이 중요하다. 여기에서는 영유아가 주변의 사물, 생명, 자연환경에 관심을 가지고 소중히 여기며 사람과 자연이 함께 살아가는 방법을 실천하도록 지원하기 위해서 영유아기 자연탐구 경험에 대해 살펴보고자 한다.

2) 영유아기 자연탐구 경험

(1) 영유아의 탐구과정

영아기는 Piaget(1954)의 인지발달단계에서 감각운동기에 해당된다. 감각운동기에는 영아가 자신의 감각과 운동능력에 의존하여 주변 세계를 지각하고 탐색하면서 사람과 사물에 대해 학습한다. 주변세계를 지각(perception)하는 수준에서 점차 감각 경험을 통해 인식(cognition)하고 개인적 의미를 구성해가는 탐색 수준으로 발달해간다. 즉, 영아는 사물의 속성을 감각을 통해 인지하면서 사물에 관심을 갖게 되며, 이러한 관심은 점차 지속적인 호기심으로 이어져 의도적이고 반복적으로 이를 알아보고자 탐색을 한다. 이처럼 영아들에게 있어 감각기관을 통한 탐색 경험은 세상에 대한 지식을 쌓아가는 출발점이 되기 때문에 교사는 영아의 주변 사물과 자연환경에 대한 관심이 확장될 수 있도록 탐색 과정을 지원하는 것이 매우 중요하다. 이러한 경험을 통해 영아는 주변 세계를 지속적으로 탐색하는 것을 즐기는 긍정적인 태도를 갖게 되며, 영아의 탐색을 즐기는 태도는 유아기에 탐구하는 태도로 이어진다.

유아기는 Piaget의 인지발달단계에서 전조작기에 해당된다. 이 시기는 무엇이든 알고 싶어 하는 지적 호기심과 탐구심이 왕성한 시기이다. 궁금증을 가지고 관찰하고 실험하면서 새로운 것을 알아가는 탐구활동은 유아가 세상을 이해하는 방법이 된다. 탐구는 관찰하기, 문제제기하기, 조사하기, 계획하기, 실험하기, 자료를 수집·분석·해석하기, 예측하기, 결과 공유하기와 같은 다양한 탐구과정기술을 수반하는 활동이다(National Research Council, 1996). 유아가 지속적으로 탐구하기 위해서는 주변세계와 자연에 대해 호기심을 가지고 끊임없이 알아가고자 하는 마음가짐과 주변세계와 자연을 알아가기 위해 필요한 탐구과정기술이 필요하다.

궁금한 것을 알아가고자 적극적으로 탐구하는 태도는 영유아기부터 시작하여 평생 동안 지속되어야 할 중요한 삶의 태도이므로 영유아가 주변세계와 자연에 대해 지속적인 호기심을 가지고 반복적으로 탐색하며 문제를 해결하는데 관심을 가질 수 있도록 하는 것이 중요하다. 또한 영유아가 일상생활 속에서 자연스럽게 수학적·과학적 탐구의 기회를 갖게 될 때, 탐구과정기술을 다양하게 활용하여 궁금증을 해결할 수 있도록 지원하는 것이 좋다. 수학적·과학적으로 탐구하는 과정은 영유아의 논리·수학적 사고를 기르는 데 중요하며, 이는 궁극적으로 일상의 문제를 논리적이며 합리적으로 해결하는 능력의 토대가 되기 때문이다.

(2) 영유아의 과학적 탐구

영유아는 주변세계와 자연에 대해 관심을 가지고 이를 탐색하고 탐구하는 과정에서 과학적 기초지식을 습득하게 된다. 영유아가 과학적 지식을 구성해가는 방식을 이해하는 것은 영유아의 자연탐구 경험을 지원하는데 있어 매우 중요하다.

영아는 까꿍놀이를 즐긴다. 물체가 눈앞에서 사라졌어도 다시 나타날 것이라는 기대감을 가지고 있기 때문이다. 즉, 물체가 시야에서 사라졌어도 여전히 존재한다는 것을 아는 대상영속성(object permanence) 개념이 발달하고 있기 때문이다(Piaget, 1954). 영아가 가지고 놀던 장난감을 숨겼을 때 대상영속성을 아직 획득하지 못한 영아는 장난감을 찾지 않지만 대상영속성을 획득한 영아는 사라진 장난감을 찾으려고 한다. 생후 2년 동안 영아들은 대상영속성 개념을 획득해 가며, 이는 보이지 않는 대상에 대한 정신적 표상이 가능해졌음을 의미한다. 즉, 감각이나 행동을 통한 조작이 아니라 사고를 통한 조작이 가능하다는 것을 의미한다.

영유아는 주변세계와 사물을 끊임없이 탐색하면서 물체와 물질의 특성에 대해 알아간다. 공을 굴리고 던지고 떨어뜨려보면서 공의 특성을 이해하게 되며, 설탕을 만져보고 맛을 보고, 물에 녹여보면서 '설탕은 단맛이 나고' '물에 녹는다'와 같은 설탕의 특성을 이해하게 된다. 또한 일상에서 접하는 다양한 도구와 기계를 탐색해 보고 사용해보는 경험을 통해 도구와 기계의 특성에 대해서 이해한다. 도구와 기계를 활용한 문제해결능력은 영유아가 주변에서 접할 수 있는 도구와 기계를 탐색하고 활용하여 과제를 해결해보는 경험을 통해 발달한다. 이와 함께 영유아는 자동차 장난감을 이동시켜보며 물체가 이동을 해도 그대로 존재하며, 움직일 때 그 형태가 변하지 않는다는 '물체의 움직임'에 대한 것을 알게 된다(Billargeon, 1984).

이와 더불어 영유아는 주변의 동식물을 탐색하고 탐구하면서 생명체에 대한 지식을 구성한다. 개미가 기어 다니는 것을 관찰하면서 생명체의 존재를 경험하고 꽃이 피고 지는 것을 보면서 식물의 변화에 대해 이해한다. 또한, 살아있는 토끼와 토끼 인형의 차이점을 관찰하면서 생물과 무생물의 특성을 알아가고, 미세먼지를 경험하면서 생명체가 살기 좋은 환경에 대해 관심을 갖게 된다. 이와 함께 자연환경에서 쉽게 발견할 수 있는 돌, 흙, 물 등은 영유아가 자신만의 방법으로 탐색할 수 있는 좋은 자극이 되며, 탐색 과정에서 자연물이 지닌 다양한 색, 모양,

질감, 무게와 크기 등의 속성과 자연물의 변화에 대해 스스로 배울 수 있다. 영유아는 눈, 비, 바람, 낮과 밤 등 일상에서 경험하는 자연현상에 대해서도 관심을 가지고 궁금해 한다. 영유아는 직접적이고 구체적인 경험을 통해 가장 잘 배울 수 있기 때문에(Bruner, 1960) 영유아가 일상에서 자연을 접하고 교감을 나눌 수 있는 기회를 많이 제공하여 자연과 친숙해질 수 있도록 하는 것이 중요하다. 영유아는 자연환경을 탐색하고 탐구해보는 과정에서 자연과 인간이 이어져 있으며 더불어 살아가는 것의 중요성을 배우게 된다.

이와 같이 영유아의 과학적 탐구는 영유아가 물질, 생물, 지구를 포함한 광범위한 자연현상에 대해서 호기심을 가지고 탐구과정을 경험하는 것이다(이순형 외, 2015). 영유아의 발달특성상 구체적이고 감각적인 것일수록 이해가 쉽기 때문에 직접적인 조작 경험을 토대로 영유아가 물리, 생명, 자연현상에 대한 지식을 구성할 수 있도록 한다. 이와 더불어 영유아에게 의미 있고 흥미를 유발시키는 일상생활에서 흥미롭고 의미있는 과학적 탐구과정을 다양하게 경험할 수 있도록 한다. 무엇보다 영유아기 과학적 탐구는 영유아가 과학지식 및 과학적 탐구에 대한 흥미를 유지하고 탐구과정에 긍정적 태도를 가질 수 있도록 이루어져야 한다.

(3) 영유아의 수학적 탐구

수학은 수(數)와 양(量), 그리고 공간의 성질에 관해 연구하는 순수 학문이다(이순형 외, 2015). 그러나 실제로 수학은 집에서 병원까지의 거리 측정을 비롯해 건물의 높이 측정, 식재료의 고른 배분 등 일상에서 발생하는 문제를 해결하기 위해서 사용되었다. 수학은 추상성을 지니면서도 이처럼 우리 삶의 문제를 해결해 주는 인지적 사고의 기초가 되므로 영유아는 일찍이 수학을 접하게 되어, 자연 초보적 수준에서라도 영유아에게 수학을 지도할 필요성이 제기되었다.

누구의 접시에 과자가 더 많은지, 누구의 키가 더 큰지, 내 앞과 뒤에는 무엇이 있는지 등 영유아는 놀이 상황에서 자연스럽게 수학을 경험한다. 이처럼 영유아는 형식적 수학교육을 받기 전에 이미 일상생활에서 자연스럽게 경험하는 일상적인 수학(Everyday Mathematics)을 통해 비형식적 수학 지식을 구성해간다. 수학

지식은 영유아기에 형성되기 시작하는 수, 양, 공간에 대한 지식과 학령기에 획득되는 기호나 규칙과 같이 수학문제해결을 위해 필요한 지식으로 구성되어 있다. 영유아의 수학적 경험은 1, +, =과 같은 기호부터가 아니라 수, 양, 공간에 대한 지식과 관련이 있는 경험을 지원하는 것이 중요하다는 것을 의미한다.

영유아는 물체의 있고 없고를 지각하는 것에서 시작하여 적은 수부터 많은 수까지 수를 세기 시작한다. 수세기를 한다는 것은 한 개의 사물에 수 단어 하나씩이 대응되는 것을 알아가는 '일대일대응'의 이해와 함께 사물을 셀 때 마지막에 센 수가 전체 사물의 수라는 것을 이해하는 '기수성의 원리'를 이해해야 하기 때문에 영유아들에게 인지적 노력이 꽤 많이 요구된다. 그러나 영유아는 놀이상황에서 놀잇감의 수를 세어보고 계단을 오르면서 수를 세어보는 경험을 통해 자연스럽게 수세기의 기본 원리를 이해하게 된다. 또한 영유아기 초기부터 수량의 '많고 적음'을 직관적으로 이해하여 집합의 크기를 비교할 수 있으며, 사물의 크기 차이를 감각적으로 지각하고 '크고 작음'을 직관적으로 이해할 수 있다. 연산의 경우 영아들도 기초적인 이해를 하여 더하기를 했을 때 더 많아진다는 것과 빼기를 했을 때 더 적어진다는 것을 이해하며(McCrick & Wynn, 2004) 점차 수세기를 활용해 간단한 더하기와 빼기를 하게 된다.

공간에 대한 개념도 비교적 이른 시기에 형성되어 영유아는 자신의 주변의 공간을 탐색하며 공간의 특성을 인식할 수 있으며, 변화된 공간을 인지하고 호기심을 가지고 탐색한다. 또한 영유아는 다양한 형태의 사물을 탐색하는 경험을 통해 형태를 구별할 수 있게 되며, 식빵과 책, 공과 접시와 같이 같은 모양의 사물을 분류하고 사물의 형태와 도형의 짝을 맞추게 된다. 일상에서 자주 접하는 사물의 모양에서 도형을 탐색하는 경험을 통해 영유아는 점차 도형의 특징을 이해하게 된다.

영유아는 일상에서의 경험을 통해 반복적인 일과의 흐름을 이해하고 다음에 올 상황을 예측할 수 있게 된다. 그림책을 읽은 후 낮잠을 잘 것이라는 것을 예측할 수 있게 되며, 반복되는 사건에서 규칙성을 발견하게 된다. 영유아는 일과에서 뿐만 아니라 반복되는 동요, 색깔, 동작 등 다양한 방식이나 매체를 통해서도 규칙성을 경험할 수 있다. 일상에서 영유아는 규칙성을 경험하고 다양한 방식으로 규칙성을 표현해보는 경험을 통해 점차 복잡한 규칙성에 대해 이해할 수 있게 된다.

또한 영유아는 일상에서 '같은 색끼리', '남자끼리', '같은 모양끼리' 등으로 구분하는 것을 경험한다. 영유아는 주변의 사물을 반복적으로 탐색하면서 사물이 지닌 특징을 인식하고, 사물들의 유사한 특징과 다른 특징에 대해 정리해보면서 일정한 기준에 따라 분류할 수 있게 된다.

이처럼 영유아의 수학적 탐구는 영유아기에 학습가능한 수, 공간과 도형, 규칙성, 비교와 측정하기, 구분하기와 자료수집하기 등과 같은 수학내용을 일상에서 영유아가 발달에 적합하게 경험할 때 효과적으로 이루어질 수 있다. 이때 영유아기에 형성된 수학에 대한 태도가 이후에 계속적으로 수학적 탐구에 영향을 미칠 수 있기 때문에, 영유아가 놀이와 일상에서 흥미롭고 즐겁게 수학을 경험할 수 있도록 해야 한다. 놀이와 일상에서 영아는 수량, 모양, 크기와 같은 수적인 사고를 할 수 있으며, 유아도 놀이와 일상에서 수와 연산, 도형과 공간, 측정과 패턴과 관련된 수학적 상황을 경험하면서 수학적으로 문제를 해결할 수 있다. 따라서 영유아가 놀이와 일상에서의 직접 경험을 통해 스스로 수학에 대한 다양한 지식을 구성해갈 수 있도록 비형식적 과정을 지원하는 데 중점을 둘 필요가 있다.

2. 자연탐구 영역의 성격

앞서 살펴본 바와 같이 자연탐구는 영유아들이 자신의 발달특성에 적합한 방식으로 주변 환경과 사물을 탐색하고 세상의 질서와 특성을 파악해서 일상생활의 문제를 해결해 나가고 자연과 더불어 살아가는 즐거움을 경험하는 것과 관련된다. 영유아는 수학적, 과학적 경험을 통해 탐구 능력과 태도를 형성하여 수학적, 과학적 능력을 증진시키고 스스로 문제를 해결할 수 있다. 제4차 어린이집 표준보육과정에서 자연탐구 영역은 영유아가 어린이집에서 경험하는 다양한 자연탐구를 다룬다. 이에 따라 자연탐구 영역에서는 주변 환경과 자연에 관심을 갖는 것뿐만 아니라 생활 속에서 끊임없이 수학적·과학적으로 탐구하는 과정을 포함하고 있으며, 자연과 생명을 존중하는 경험을 포함하고 있다. 제4차 어린이집 표준보육과정 및 2019 개정 누리과정 해설서에 제시된 자연탐구 영역의 성격을 통해 영유아의 경험과 교사의 지원 방향을 더 구체적으로 살펴보면 다음과 같다.

0~1세

0~1세 영아는 주변 세계와 자연에 관심을 가지고 끊임없이 알고자 하며 자유롭게 탐색하기를 즐긴다. 0~1세 영아는 자신이 궁금해하는 것을 직접 보고 듣고 맛보고 만지면서 감각을 통해 확인해 보고자 한다. 자연탐구 영역은 0~1세 영아가 주변 환경과 자연에 관심을 갖고 탐색을 즐기고, 일상생활과 놀이 속에서 자연스럽게 수학적, 과학적 상황을 경험하며 주변 환경과 자연에 관심을 가지는 것을 목표로 한다. 이를 위해서 교사는 0~1세 영아가 안전하고 자유롭게 탐색을 즐길 수 있도록 돕고, 영아가 생활 속에서 자연스럽게 주변의 동식물, 생명, 자연환경에 관심을 가질 수 있도록 지원한다.

보건복지부(2020b). 제4차 어린이집 표준보육과정 해설서.

2세

2세 영아는 호기심을 가지고 주변 세계에 대해 다양하고 반복적인 탐색하기를 좋아하며 주변 환경과 자연 세계에 대해 알고자 한다. 2세 영아는 자신이 궁금해하는 것을 직접 조작해 보고 감각을 통해 확인해 보고자 하며, 주변 세계에 대한 감각적 탐색 경험을 통합하여 자기 나름대로 방식으로 재구성하는 시도를 즐긴다. 자연탐구 영역은 2세 영아가 주변 환경과 자연에 호기심을 가지고 다양하게 탐색하기를 즐기고, 놀이와 일상에서 자연스럽게 수학적, 과학적 상황을 경험하며 주변의 동식물과 자연에 관심을 가지도록 하는 것을 목표로 한다. 이를 위하여 교사는 2세 영아가 실내뿐만 아니라 실외에서도 안전하고 자유롭게 탐색을 즐길 수 있도록 돕고, 영아가 호기심을 가지고 주도적으로 탐색하는 과정을 생활 속에서 자연스럽게 경험할 수 있도록 지원한다.

보건복지부(2020b). 제4차 어린이집 표준보육과정 해설서.

3~5세

유아는 호기심이 넘치는 과학자다. 궁금한 것에 대해 답을 찾기 위해 적극적으로 탐색하고 탐구하며 이를 즐긴다. 자연탐구 영역은 유아가 물질, 사물, 자연현상, 동식물 등의 특성과 변화를 수학적, 과학적으로 탐구하는 다양한 경험과 관련된 내용이다. 교사는 유아가 호기심을 가지고 주도적으로 탐구하는 과정을 즐기며, 스스로 궁금증을 해결해 가도록 돕는다. 또한 유아가 주변의 동식물, 생명, 자연환경에 관심을 가지며 생명을 소중히 여기고 사람과 자연이 더불어 살아가는 방법을 실천하도록 지원할 수 있다.

교육부, 보건복지부(2019a). 2019 개정 누리과정 해설서.

적용해 보기

호기심 넘치는 과학자로서 영유아란?

2019 개정 누리과정 해설서에서는 자연탐구 영역의 내용을 설명하기에 앞서 3~5세 유아를 다음과 같이 정의하며 시작하고 있다.

유아는 호기심이 넘치는 과학자다.

1. 영유아를 호기심 넘치는 과학자로 정의하는 것은 어떤 의미일까?
   4장에서 살펴본 제4차 표준보육과정의 영유아, 놀이중심의 의미와 연결하여 생각해 보자.
2. 영유아는 궁금한 것에 대해 답을 찾기 위해 어떠한 경험을 할까?
   직접 보고 듣고 맛보고 만지면서 감각을 통해 확인하는 것을 생각해 보자.
   관찰, 비교, 분류, 예측, 실험 등의 탐구과정을 생각해 보자.

3. 자연탐구 영역의 목표

자연탐구 영역의 목표는 영유아가 주변 환경과 자연에 호기심을 가지고 탐구하는 과정을 즐기며 자연과 더불어 살아가는 태도를 지니는 것이다. 이를 위하여 영유아가 어떠한 자연탐구 경험을 할 수 있도록 교사가 지원할지 그 방향을 제시하고 있다. 제4차 어린이집 표준보육과정에서는 영유아가 다양한 방법으로 탐구하는 과정을 즐겁게 경험하는 것에 초점을 두며, 영유아가 생명과 자연환경의 소중함을 경험하여 지속 가능한 사회를 위한 삶의 태도를 형성하는 것을 강조한다. 이러한 방향에서 설정된 제4차 어린이집 표준보육과정 자연탐구 영역의 목표는 다음과 같다.

〈표 10-1〉 자연탐구 영역의 목표

0~1세	2세	3~5세
주변 환경과 자연에 관심을 가진다.	주변 환경과 자연을 탐색하는 과정을 즐긴다.	탐구하는 과정을 즐기고, 자연과 더불어 살아가는 태도를 가진다.
1) 일상에서 탐색을 즐긴다. 2) 주변 환경을 탐색한다. 3) 생명과 자연에 관심을 가진다.	1) 일상에서 탐색하는 과정을 즐긴다. 2) 주변 환경에 관심을 가지고 탐색한다. 3) 생명과 자연에 관심을 가진다.	1) 일상에서 호기심을 가지고 탐구하는 과정을 즐긴다. 2) 생활 속의 문제를 수학적, 과학적으로 탐구한다. 3) 생명과 자연을 존중한다.

0~1세

0~1세 자연탐구 영역

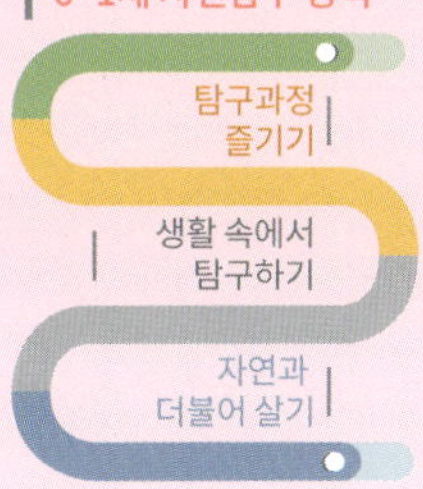

자연탐구 영역의 목표는 0~1세 영아가 주변 환경과 자연에 관심을 가지는 경험을 하는 것이다. 0~1세 영아가 자신을 둘러싸고 있는 주변 세계와 자연에 호기심을 가지고 일상에서 탐색하기를 즐기며 주변의 동식물과 날씨의 변화에 관심을 가지는 것을 목표로 한다.

보건복지부(2020b). 제4차 어린이집 표준보육과정 해설서.

2세

2세 자연탐구 영역

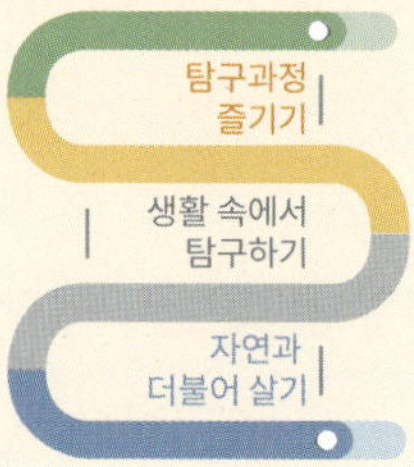

자연탐구 영역의 목표는 2세 영아가 주변 환경과 자연에 관심을 가지고 탐색하는 과정을 즐기는 데 있다. 2세 영아가 자신을 둘러싸고 있는 주변 세계와 자연에 대해 호기심을 가지고 생활 속에서 주도적으로 탐색하기를 즐기며 주변의 동식물에 관심을 가지고 날씨와 계절의 변화에 관심을 가지는 것을 목표로 한다.

보건복지부(2020b). 제4차 어린이집 표준보육과정 해설서.

3~5세

3~5세 자연탐구 영역

자연탐구 영역의 목표는 유아가 호기심을 가지고 궁금한 것을 적극적으로 탐구하는 과정을 즐기며, 생활 속의 문제를 수학적, 과학적으로 탐구해 보면서, 생명과 자연환경을 존중하는 것을 목표로 한다.

교육부, 보건복지부(2019a). 2019 개정 누리과정 해설서.

변화 CHECK **제4차 어린이집 표준보육과정으로 개정되면서 자연탐구 영역에는 어떤 변화가 있었나요?**

제4차 어린이집 표준보육과정 자연탐구의 목표에는 제3차 표준보육과정에서도 제시되었던 일상에서 호기심을 가지는 것과 더불어 영유아가 탐구과정을 즐기는 것을 강조한다는 점에서 변화가 있습니다. 이는 영유아가 주변 세계와 자연에 대해 호기심을 가지고 즐겁게 탐색하는 모습을 반영한 것이며, 영유아의 경험을 중시한 것이기도 합니다. 또한 제3차 표준보육과정에서 제시하였던 수학적 탐구하기와 과학적 탐구하기는 일상의 문제를 수학적, 과학적으로 탐구하는 영유아의 경험을 반영하여 생활 속에서 탐구하기로 제시하였습니다. 그리고 제4차 어린이집 표준보육과정 자연탐구 영역의 목표와 내용에 영유아가 생명과 자연환경의 소중함을 경험하는 것을 새롭게 편성하였습니다. 이는 영유아기에 지속 가능한 사회를 위한 삶의 태도를 형성하기 위해 생명과 자연에 관심을 갖고 소중히 여는 모습을 반영한 것으로 볼 수 있습니다.

4. 자연탐구 영역의 내용

앞서 살펴본 자연탐구 영역의 목표에 따라 자연탐구 영역의 내용을 살펴볼 수 있다. 제4차 어린이집 표준보육과정에서 제시하고 있는 자연탐구 영역의 영역별 내용은 0~1세, 2세, 3~5세 영유아의 자연탐구 관련 경험을 유사한 특성에 따라 내용범주로 묶어서 제시하고 있다. 자연탐구 영역에서는 영유아가 주변 세계와 자연에 대한 호기심을 바탕으로 탐구하는 과정에서 생활 속의 문제를 수학적, 과학적으로 경험하도록 한다. 영유아가 이 과정에서 경험하는 탐구과정에 대한 즐거움은 자연스럽게 생명과 자연에 대한 관심과 존중으로 이어져 자연과 더불어 사는 삶으로 이어질 수 있다. 이에 따라 자연탐구 영역은 '탐구과정 즐기기', '생활 속에서 탐구하기', '자연과 더불어 살기'의 세 가지 내용범주로 구성하였다.

〈표 10-2〉 자연탐구 영역의 내용과 내용범주의 이해

0~1세	2세	3~5세	내용범주	영역
• 주변 세계와 자연에 대해 호기심을 가진다. • 사물과 자연 탐색하기를 즐긴다.	• 주변 세계와 자연에 대해 호기심을 가진다. • 사물과 자연을 반복하여 탐색하기를 즐긴다.	• 주변 세계와 자연에 대해 지속적으로 호기심을 가진다. • 궁금한 것을 탐구하는 과정에 즐겁게 참여한다. • 탐구과정에서 서로 다른 생각에 관심을 가진다.	탐구과정 즐기기	자연탐구
• 친숙한 물체를 감각으로 탐색한다. • 물체의 수량에 관심을 가진다. • 주변 공간과 모양을 탐색한다. • 규칙성을 경험한다.	• 친숙한 물체의 특성과 변화를 감각으로 탐색한다. • 물체의 수량에 관심을 가진다. • 주변 공간과 모양을 탐색한다. • 규칙성에 관심을 가진다. • 주변 사물을 같고 다름에 따라 구분한다. • 생활 도구에 관심을 가진다.	• 물체의 특성과 변화를 여러 가지 방법으로 탐색한다. • 물체를 세어 수량을 알아본다. • 물체의 위치와 방향, 모양을 알고 구별한다. • 일상에서 길이, 무게 등의 속성을 비교한다. • 주변에서 반복되는 규칙을 찾는다. • 일상에서 모은 자료를 기준에 따라 분류한다. • 도구와 기계에 대해 관심을 가진다.	생활 속에서 탐구하기	
• 주변의 동식물에 관심을 가진다. • 날씨의 변화를 감각으로 느낀다.	• 주변의 동식물에 관심을 가진다. • 날씨와 계절의 변화를 감각으로 느낀다.	• 주변의 동식물에 관심을 가진다. • 생명과 자연환경을 소중히 여긴다. • 날씨와 계절의 변화를 생활과 관련짓는다.	자연과 더불어 살기	

자연탐구 기본생활 예술경험 의사소통 사회관계 신체운동

1) 0~1세

(1) 내용 이해

탐구과정 즐기기

영아가 보고 듣고 만지면서 주변 세계와 자연에 호기심을 가지고 탐색을 즐기는 내용이다.

주변 세계와 자연에 대해 호기심을 가진다.

0~1세 영아가 주변의 물체와 물질, 동식물, 자연물, 자연현상 등에 대해 궁금해하고 알고자 하며 작은 변화를 발견하고 즐거워하는 내용이다.

사물과 자연 탐색하기를 즐긴다.

0~1세 영아가 주변의 물체, 자연물 등을 다양한 방법, 또는 영아 나름의 방법으로 탐색하기를 즐기는 내용이다.

생활 속에서 탐구하기

영아가 일상생활과 놀이를 하면서 물체의 특성, 수량, 공간과 모양, 규칙성을 자연스럽게 경험하는 내용이다.

친숙한 물체를 감각으로 탐색한다.

0~1세 영아가 주변에서 쉽게 발견할 수 있는 친숙한 물체와 물질, 사물, 자연물을 시각, 청각, 촉각 등의 감각을 이용하여 탐색하는 내용이다.

물체의 수량에 관심을 가진다.

0~1세 영아가 놀이와 일상생활에서 물체가 있다가 없어지는 경험을 하면서 물체의 있고 없음과 물체의 많고 적음에 관심을 가지는 내용이다.

주변 공간과 모양을 탐색한다.

0~1세 영아가 뒤집고, 눕고, 앉고, 기고, 서고, 걷고, 오르내리며 몸으로 공간을 탐색하며, 주변에서 접하는 물체를 늘어놓고, 쌓고, 끼우고, 굴리면서 모양을 탐색하는 내용이다.

규칙성을 경험한다.

0~1세 영아가 일상에서 반복적인 하루 일과 흐름을 경험하고, 일상생활과 놀이에서 자연스럽게 소리, 리듬, 동작, 모양 등에 나타나는 규칙성을 경험하는 내용이다.

자연과 더불어 살기

영아가 주변의 동식물에 관심을 가지고, 날씨의 변화를 감각으로 느끼는 내용이다.

주변의 동식물에 관심을 가진다.

0~1세 영아가 풀, 꽃, 나무, 곤충, 동물 등 주변의 익숙한 동식물의 모양이나 색, 소리, 움직임, 냄새, 촉감 등에 관심을 가지는 내용이다.

날씨의 변화를 감각으로 느낀다.

0~1세 영아가 일광욕을 하거나 산책, 바깥놀이를 하면서 바람, 햇빛, 비 등을 직접 감각으로 느끼는 내용이다.

(2) 영유아의 경험을 배움으로 이해하기

0~1세 영아 경험의 실제
: "흔들고 찢고 구기고…"

출처: 보건복지부 (2020b). 제4차 어린이집 표준보육과정 해설서. p. 128.

교사는 평소 새로운 놀이 자료에 낯설음이 많고 소극적인 혜진이가 재미있게 탐색할 수 있는 자료가 무엇이 있을지 생각했다. 지난 번 적극적으로 습자지를 가지고 놀이했던 모습이 떠올라서 교실에 많은 양의 습자지를 놓아둔다. 몇 차례 여러 종이를 가지고 놀이했던 영아들은 교실에 있는 습자지를 보고 다가온다.

혜진이가 습자지를 두 손으로 날리며 교사를 보고 웃는다.
교사: (혜진이처럼 날리며) 날아가네!
혜진이는 앉아서 습자지를 흔들고 구기고 입으로 불고 찢기를 15분 정도 지속한다.

승오가 습자지를 휘젓고 찢다가 그 위에 눕는다.
교사: 승오야~ 누웠네.
승오가 눈을 감고 자는 모습을 하여 교사는 조각을 이불처럼 덮어 준다.

놀이가 정리될 즈음 교사가 보육실을 가로질러 투명 테이프를 연결하고 조각을 붙인다. 교사의 모습을 본 영아들도 바닥에 떨어진 조각을 테이프에 붙인다.

해설이의 tip

제4차 어린이집 표준보육과정 해설서 128쪽 사례를 보면서 '흔들고 찢고 구기고'에서 나타나는 영아의 자연탐구 관련 경험을 [0~1세 표준보육과정 나침반]과 연결하여 생각해 봅시다.

[0~1세] 표준보육과정 나침반

영역	내용범주	내용
기본생활	건강하게 생활하기	도움을 받아 몸을 깨끗이 한다.
		음식을 즐겁게 먹는다.
		하루 일과를 편안하게 경험한다.
		배변 의사를 표현한다.
	안전하게 생활하기	안전한 상황에서 놀이하고 생활한다.
		안전한 상황에서 교통수단을 이용해 본다.
		위험하다는 말에 주의한다.
신체운동	감각과 신체 인식하기	감각적 자극에 반응한다.
		감각으로 주변을 탐색한다.
		신체를 탐색한다.
	신체활동 즐기기	대소근육을 조절한다.
		기본 운동을 시도한다.
		실내외 신체활동을 즐긴다.
의사소통	듣기와 말하기	표정, 몸짓, 말과 주변의 소리에 관심을 갖고 듣는다.
		상대방의 이야기를 들으면서 말소리를 낸다.
		표정, 몸짓, 말소리로 의사를 표현한다.
	읽기와 쓰기에 관심 가지기	주변의 그림과 상징에 관심을 가진다.
		끼적이기에 관심을 가진다.
	책과 이야기 즐기기	책에 관심을 가진다.
		이야기에 관심을 가진다.
사회관계	나를 알고 존중하기	나를 인식한다.
		나의 욕구와 감정을 나타낸다.
		나와 친숙한 것을 안다.
	더불어 생활하기	안정적인 애착을 형성한다.
		또래에게 관심을 가진다.
		다른 사람의 감정과 행동에 관심을 가진다.
		반에서 편안하게 지낸다.
예술경험	아름다움 찾아보기	자연과 생활에서 아름다움을 느낀다.
		아름다움에 관심을 가진다.
	창의적으로 표현하기	소리와 리듬, 노래로 표현한다.
		감각을 통해 미술을 경험한다.
		모방 행동을 즐긴다.
자연탐구	탐구과정 즐기기	주변 세계와 자연에 대해 호기심을 가진다.
		사물과 자연 탐색하기를 즐긴다.
	생활 속에서 탐구하기	친숙한 물체를 감각으로 탐색한다.
		물체의 수량에 관심을 가진다.
		주변 공간과 모양을 탐색한다.
		규칙성을 경험한다.
	자연과 더불어 살기	주변의 동식물에 관심을 가진다.
		날씨의 변화를 감각으로 느낀다.

① 자연탐구 영역 관련 경험 이해하기

영아들은 습자지를 흔들고 손으로 휘젓고 구기고 찢고 입으로 불거나 그 위에 눕기도 하면서 나름의 방법으로 탐색하며 즐거워하였다. 습자지를 가지고 놀다가 습자지로 가로막힌 공간이 생기자 호기심을 가지고 몸을 숙여 건너편을 바라보다가 교사를 발견하고 즐거워하였다. 영아들은 습자지로 가로막힌 공간을 몸을 낮추어 탐색하고 교사의 모습이 안 보이다가 나타나는 것을 보면서 즐거워하였다.

② 6개 영역을 통합적으로 이해하기

앞서 살펴본 '흔들고 찢고 구기고'에 나타난 영아의 경험을 표준보육과정 6개 영역의 내용과 통합하여 살펴볼 수 있다. 예를 들면, 다음과 같이 영아의 놀이 경험의 의미를 이해해 볼 수 있다.

[기본생활] 영아들은 자유롭게 몸을 움직이고 표현하면서 몸과 마음을 편안하게 하는 경험을 하였다.

> 해설이의 tip
> 영아가 놀이에서 경험한 6개 영역 내용의 통합적 의미를 [0~1세 표준보육과정 나침반]을 보면서 생각해 봅시다. 6개 영역 경험을 통합적으로 이해하는 것은 단 하나의 정답이 있는 것은 아닙니다. 영아들의 이전 경험이나 맥락에 따라서 달라질 수도 있습니다. 교사는 영유아의 놀이를 관찰하며 다양한 점을 고려하고, 놀이 경험의 의미를 통합적으로 이해하고 지원하는 역할을 합니다.

2) 2세

(1) 내용 이해

탐구과정 즐기기

영아가 주변 세계와 자연에 대해 호기심을 가지고 반복하여 탐색을 즐기는 내용이다.

주변 세계와 자연에 대해 호기심을 가진다.

2세 영아가 자신이 관심 있는 물체와 물질, 동식물, 자연물, 자연현상 등에 대해 주의를 기울이고 궁금해하며 호기심을 가지는 내용이다.

사물과 자연을 반복하여 탐색하기를 즐긴다.

2세 영아가 관심 있는 물체와 물질, 자연물을 주도적으로 반복하여 탐색하기를 즐기는 내용이다.

생활 속에서 탐구하기

영아가 놀이와 일상에서 자연스럽게 물체의 특성, 수량, 주변 공간과 모양, 규칙성을 자연스럽게 경험하는 내용이다. 또한 2세 영아가 주변 사물을 같고 다름에 따라 구분하며 자신이 사용하는 생활도구에 관심을 가지는 내용이다.

친숙한 물체의 특성과 변화를 감각으로 탐색한다.

2세 영아가 주변에서 쉽게 발견할 수 있는 친숙한 물체와 물질의 모양, 색, 냄새, 소리, 질감과 같은 특성을 감각을 이용하며 탐색하고, 물체와 물질을 만지고 누르고 구부리고 섞어 보면서 물체의 변화를 탐색하는 내용이다.

물체의 수량에 관심을 가진다.

2세 영아가 일상생활에서 익숙한 물체의 많고 적은 양을 구별하고 수에 관심을 가지는 내용이다.

주변 공간과 모양을 탐색한다.

2세 영아가 자신의 몸과 물체를 움직여 자신과 사물, 사물과 사물 간의 위치, 방향, 거리 등의 관계를 탐색하고 주변에서 자주 접하는 물체의 모양을 탐색하는 내용이다.

규칙성에 관심을 가진다.

2세 영아가 일상생활과 놀이를 통해 사물이나 사건, 자연의 변화가 일정한 순서로 반복되는 것에 관심을 가지는 내용이다.

주변 사물을 같고 다름에 따라 구분한다.

2세 영아가 관심 있는 사물이나 놀이자료를 영아 나름대로의 같고 다름의 기준에 따라 구분하는 내용이다.

생활 도구에 관심을 가진다.

2세 영아가 일상생활에서 사용하는 다양한 도구에 관심을 가지고 일상에서 직접 도구를 사용해 보는 내용이다.

자연과 더불어 살기

영아가 주변의 동식물에 관심을 가지고, 날씨와 계절의 변화를 감각으로 느끼는 내용이다.

주변의 동식물에 관심을 가진다.

2세 영아가 주변의 반려동물이나 작은 곤충, 친숙한 동물, 꽃과 나무 등의 모양, 소리, 움직임에 관심을 가지는 내용이다.

날씨와 계절의 변화를 감각으로 느낀다.

2세 영아가 바깥놀이나 산책을 나가서 바람, 눈, 비, 추위, 더위 등 자연현상에 따라 변화하는 날씨와 계절을 감각으로 느끼는 내용이다.

(2) 영유아의 경험을 배움으로 이해하기

2세 영아 경험의 실제
: "같은 것끼리 넣어야지"

출처: 보건복지부 (2020b). 제4차 어린이집 표준보육과정 해설서. p. 240.

민하는 등원하자마자 "팔찌 만들어요." 하며 구슬과 실을 꺼내 들고 앉는다.
다른 영아들도 "나도 만들래." 하며 모여든다.
교사는 교실에 있는 책상 4개를 서로 붙여 공간을 마련하고, 책상 가운데에 다양한 모양의 구슬을 놓아둔다.

구슬꿰기를 먼저 마친 영아들이 남은 구슬을 구슬통에 넣는다. 도윤이가 여러 가지 색의 구슬이 섞이는 것을 보고 큰 소리로 말한다.

도윤: 뭐야~? 여기는 이거 넣어야지! 같은 것끼리~
혜준: 맞아, 딸기는 여기! 물고기는 여기! 하트는 여기!
도윤: 나는 물고기 할래!
민재: 나도 같이 할래. 나는 동글동글한 거 모아야지. 하나, 둘, 셋….

혜준이가 친구들이 구슬을 세며 같은 모양끼리 분류하는 것을 보고 말한다.

혜준: 나는 세 개나 돼! 여기는 딸기, 여기는 물고기, 여기는 하트!
(잠시 후) 선생님, 여기 보세요. 민재는 동글동글한 것만 했어요. 도윤이는 물고기고, 나는 딸기, 물고기, 하트예요. 엄청 많아요.
민하가 자신이 만든 팔찌를 손목에 끼우고 교사에게 보여준다.
민하: (웃으며) 이것 보세요. 팔찌!
교사: 어머! 민하가 동그란 모양 구슬로 혼자서 팔찌를 만들었구나. 정말 멋진 팔찌네!

해설이의 tip

제4차 어린이집 표준보육과정 해설서 240쪽 사례를 보면서 '같은 것끼리 넣어야지'에서 나타나는 영아의 자연탐구 관련 경험을 [2세 표준보육과정 나침반]과 연결해서 생각해 봅시다.

[2세] 표준보육과정 나침반

영역	내용범주	내용
기본생활	건강하게 생활하기	자신의 몸을 깨끗이 해 본다.
기본생활	건강하게 생활하기	음식에 관심을 가지고 즐겁게 먹는다.
기본생활	건강하게 생활하기	하루 일과를 즐겁게 경험한다.
기본생활	건강하게 생활하기	건강한 배변 습관을 갖는다.
기본생활	안전하게 생활하기	일상에서 안전하게 놀이하고 생활한다.
기본생활	안전하게 생활하기	교통수단을 안전하게 이용해 본다.
기본생활	안전하게 생활하기	위험한 상황에 대처하는 방법을 경험한다.
신체운동	감각과 신체 인식하기	감각 능력을 활용한다.
신체운동	감각과 신체 인식하기	신체를 인식하고 움직인다.
신체운동	신체활동 즐기기	대소근육을 조절한다.
신체운동	신체활동 즐기기	기본 운동을 즐긴다.
신체운동	신체활동 즐기기	실내외 신체활동을 즐긴다.
의사소통	듣기와 말하기	표정, 몸짓, 말에 관심을 갖고 듣는다.
의사소통	듣기와 말하기	상대방의 이야기를 듣고 말한다.
의사소통	듣기와 말하기	표정, 몸짓, 단어로 의사를 표현한다.
의사소통	듣기와 말하기	자신의 요구와 느낌을 말한다.
의사소통	읽기와 쓰기에 관심 가지기	주변의 그림과 상징, 글자에 관심을 가진다.
의사소통	읽기와 쓰기에 관심 가지기	끼적이며 표현하기를 즐긴다.
의사소통	책과 이야기 즐기기	책에 관심을 가지고 상상한다.
의사소통	책과 이야기 즐기기	말놀이와 이야기에 재미를 느낀다.
사회관계	나를 알고 존중하기	나와 다른 사람을 구별한다.
사회관계	나를 알고 존중하기	나의 감정을 표현한다.
사회관계	나를 알고 존중하기	내가 좋아하는 것을 한다.
사회관계	더불어 생활하기	가족에게 관심을 가진다.
사회관계	더불어 생활하기	또래와 함께 놀이한다.
사회관계	더불어 생활하기	다른 사람의 감정과 행동에 반응한다.
사회관계	더불어 생활하기	반에서의 규칙과 약속을 알고 지킨다.
예술경험	아름다움 찾아보기	자연과 생활에서 아름다움을 느끼고 즐긴다.
예술경험	아름다움 찾아보기	아름다움에 관심을 갖고 찾아본다.
예술경험	창의적으로 표현하기	익숙한 노래와 리듬을 표현한다.
예술경험	창의적으로 표현하기	움직임과 춤으로 자유롭게 표현한다.
예술경험	창의적으로 표현하기	미술재료와 도구로 표현해 본다.
예술경험	창의적으로 표현하기	일상생활 경험을 상상놀이로 표현한다.
자연탐구	탐구과정 즐기기	주변 세계와 자연에 대해 호기심을 가진다.
자연탐구	탐구과정 즐기기	사물과 자연을 반복하여 탐색하기를 즐긴다.
자연탐구	생활 속에서 탐구하기	친숙한 물체의 특성과 변화를 감각으로 탐색한다.
자연탐구	생활 속에서 탐구하기	물체의 수량에 관심을 가진다.
자연탐구	생활 속에서 탐구하기	주변 공간과 모양을 탐색한다.
자연탐구	생활 속에서 탐구하기	규칙성에 관심을 가진다.
자연탐구	생활 속에서 탐구하기	주변 사물을 같고 다름에 따라 구분한다.
자연탐구	생활 속에서 탐구하기	생활 도구에 관심을 가진다.
자연탐구	자연과 더불어 살기	주변의 동식물에 관심을 가진다.
자연탐구	자연과 더불어 살기	날씨와 계절의 변화를 감각으로 느낀다.

① 자연탐구 영역 관련 경험 이해하기

영아는 다양한 모양에 관심을 가지고 구슬을 자기 나름의 기준으로 구분하고 분류하는 것을 즐겼다. 구슬의 수를 세어 보고, 이 과정에서 많고 적음을 구별하는 것에 관심을 가졌다. 영아는 손과 구슬 간의 거리, 위치, 방향을 조절하며 구슬 꿰기에 몰입하였다.

② 6개 영역을 통합적으로 이해하기

앞서 살펴본 '같은 것끼리 넣어야지'에 나타난 영아의 경험을 표준보육과정 6개 영역의 내용과 통합하여 살펴볼 수 있다. 예를 들면, 다음과 같이 영아의 놀이 경험의 의미를 이해해 볼 수 있다.

[신체운동] 영아는 좁은 구슬 구멍에 가느다란 실을 꿸 때, 손가락의 근육을 정교하게 조절하며 움직였다.

[예술경험] 영아는 다양한 모양의 색 구슬을 색실에 꿰어 자신의 원하는 대로 팔찌를 만들어 자신의 손목에 끼우고, 교사에게 보여주기를 즐겼다.

> **해설이의 tip**
> 영아가 놀이에서 경험한 6개 영역 내용의 통합적 의미를 [2세 표준보육과정 나침반]을 보면서 생각해 봅시다. 6개 영역 경험을 통합적으로 이해하는 것은 단 하나의 정답이 있는 것은 아닙니다. 위에 제시된 예시 이외에 영아들은 또 어떤 경험을 했을지 더 생각해 봅시다.

3) 3~5세

(1) 내용 이해

탐구과정 즐기기

유아가 주변 세계와 자연에 대해 지속적으로 호기심을 가지고, 궁금한 것을 탐구하는 과정에 적극적으로 참여하면서 서로 다른 생각에 관심을 갖는 내용이다.

주변 세계와 자연에 대해 지속적으로 호기심을 가진다.

유아가 물질, 물체, 동식물, 자연현상 등에 호기심을 가지고, 놀이에서 지속적으로 궁금한 것을 찾아가거나 표현하는 내용이다.

궁금한 것을 탐구하는 과정에 즐겁게 참여한다.

유아가 궁금한 것을 알아보기 위해 관찰, 비교, 분류, 예측, 실험 등의 다양한 탐구과정을 자발적으로 즐기는 내용이다.

탐구과정에서 서로 다른 생각에 관심을 가진다.

유아가 탐구하는 과정에서 자신의 생각을 또래나 교사와 함께 공유하고, 서로 다른 생각에 관심을 가지는 내용이다.

생활 속에서 탐구하기

유아가 물체의 특성과 변화를 여러 가지 방법으로 탐색하고, 물체를 세어 수량을 알아보고, 물체의 위치와 방향, 모양을 알고 구별하며, 길이와 무게 등의 속성을 비교하고, 반복되는 규칙을 찾아보고, 모은 자료들을 기준에 따라 분류하며, 도구와 기계에 관심을 가지고 생활 속의 문제를 다양하게 탐구하는 내용이다.

물체의 특성과 변화를 여러 가지 방법으로 탐색한다.

유아가 주변에서 쉽게 발견할 수 있는 친숙한 물체나 물질의 크기, 모양, 색, 냄새, 소리, 질감과 같은 기본적 특성에 관심을 갖는 내용이다. 나아가 그 물체나 물질을 자르고 섞는 등 다양한 방법으로 변화시켜보며, 변화되는 특성과 변화되지 않는 특성이 무엇인지 탐색해 보는 내용이다.

물체를 세어 수량을 알아본다.

유아가 일상에서 수에 관심을 가지고, 수량을 세어 많고 적음 및 수량의 변화를 알아보는 내용이다.

물체의 위치와 방향, 모양을 알고 구별한다.

유아가 자신의 물체를 기준으로 앞, 뒤, 옆, 위, 아래 등 공간 안에서 위치와 방향을 알아가는 내용이다. 유아가 주변 환경에서 네모나 세모, 둥근 기둥, 상자 모양 등을 찾고 다양한 모양에서 공통점과 차이점을 알아가는 내용이다.

일상에서 길이, 무게 등의 속성을 비교한다.

유아가 일상에서 길이나 무게 등 측정 가능한 속성을 알고, 이 속성을 기준으로 물체를 비교하여 순서 지어 보는 내용이다. 이 과정에서 유아는 자신의 신체를 비롯하여 다양한 물체를 활용하고, 다양한 비교 어휘를 사용하면서 순서를 지어 보는 내용이다.

주변에서 반복되는 규칙을 찾는다.

유아가 생활 주변에서 사물이나 사건의 양상이 일정한 순서로 반복 배열되는 것에 관심을 갖고 즐기며, 반복되는 배열에 숨어 있는 질서와 규칙을 발견하여 다음에 올 것이 무엇인지를 예측하는 내용이다.

일상에서 모은 자료를 기준에 따라 분류한다.

유아가 일상생활에서 흥미와 관심에 따라 필요한 자료를 다양한 방법으로 모으고, 수집한 자료의 공통점과 차이점을 탐색하며, 이를 하나 또는 그 이상의 다양한 기준(예: 모양, 크기, 색깔 등)에 따라 정리하고 조직해 보는 내용이다.

도구와 기계에 대해 관심을 가진다.

유아가 일상생활에서 사용하는 다양한 도구와 기계에 관심을 가지고 직접 사용해 보면서, 도구와 기계가 우리의 생활에 어떠한 도움을 주는지에 대해 관심을 가지는 내용이다.

자연과 더불어 살기

유아가 주변의 동식물에 대해 관심을 가지고, 생명과 자연환경을 소중히 여기며, 날씨와 계절의 변화를 생활과 관련짓는 내용이다.

주변의 동식물에 관심을 가진다.

유아가 등·하원, 산책, 바깥놀이터, 교실에서 접할 수 있는 동식물을 관찰하거나 직접 길러 보면서, 동식물의 특성에 관심을 가지고 탐구하는 내용이다.

생명과 자연환경을 소중히 여긴다.

유아가 동식물뿐만 아니라 동식물이 살아가기에 좋은 환경에 대해 관심을 가지고, 이들을 생명체로서 소중히 여기는 내용이다.

날씨와 계절의 변화를 생활과 관련짓는다.

유아가 낮과 밤, 날씨, 계절의 변화를 느끼고, 자연의 변화가 자신의 옷차림, 놀이 등 일상생활에 영향을 준다는 것을 이해하고 적절하게 대처하는 내용이다.

(2) 영유아의 경험을 배움으로 이해하기

3~5세 유아 경험의 실제 : "점점 노랗게, 점점 빨갛게"

출처: 교육부, 보건복지부 (2020b). 만들어가는 놀이중심 유아교육. p. 238-247.

교사는 유아들과 함께 이 나무 저 나무 옮겨 다니며 나뭇잎을 찾던 중 다른 나무의 잎들은 비슷하게 물이 들어 있는데 보리수의 잎은 제각각 물이 들어 있는 것을 발견했다.
올 봄에 이곳에 놀러 왔을 때 문영이가 보리수 열매를 색깔별로 배열하던 게 생각이 나서 교사는 나뭇잎을 가지고 문영이가 놀았던 대로 따라해 보기로 했다.
교사는 나뭇잎을 모은 뒤 문영이를 불렀다.
교사 : 문영아~ 나, 나뭇잎 퍼즐 만들었는데 한번 맞춰 볼래?
문영 : 좋아요~~.
교사는 완성된 보리수 나뭇잎 퍼즐을 문영이에게 보여준 뒤 뒤섞었다. 문영이가 나뭇잎 퍼즐을 맞추기 시작하니 지운, 아란, 영지, 은정이가 다가와서 함께 본다.
아란 : 별꽃! 이번엔 빨강으로도 한번 해 봐요.
영지 : 좋아~.
교사(별꽃) : 그래 볼까? 빨간 나뭇잎이 어디 있더라~.

영지, 아란이가 빨간색 나뭇잎을 찾는다. 옆에 아주 빨갛게 잘 물든 나뭇잎이 있었지만 그건 모두 다 빨갛게 물들어 퍼즐로 사용할 수가 없었다. 다시 둘러보다가 단풍잎을 발견하였다.
교사는 조금 전 유아들이 가지고 놀던 둥근 나무 보자기가 생각이 나서 그것을 뒤집어 길게 접고 그 위에 단풍나뭇잎을 올려 놓았다. 그냥 바닥에 두었을 때보다 색깔이 더 선명하게 잘 드러났다.

교사는 단풍잎 10개를 초록에서 빨강으로 쭉 배열했다. 완성된 단풍잎 퍼즐을 보여준 뒤 영지에게 맞춰 보라고 하니 도전했다. 영지는 단풍나뭇잎도 순서대로 놓아 보며 즐겁게 놀았다.

해설이의 tip

「2019 개정 누리과정」 놀이운영사례: 만들어가는 놀이중심 유아교육 238–247쪽을 보면서 '점점 노랗게, 점점 빨갛게'에서 나타나는 유아의 자연탐구 관련 경험을 [3~5세 누리과정 나침반]과 연결하여 생각해 봅시다.

[3~5세] 누리과정 나침반

영역	내용 범주	내용
신체운동 · 건강	신체활동 즐기기	신체를 인식하고 움직인다.
		신체 움직임을 조절한다.
		기초적인 이동운동, 제자리 운동, 도구를 이용한 운동을 한다.
		실내외 신체활동에 자발적으로 참여한다.
	건강하게 생활하기	자신의 몸과 주변을 깨끗이 한다.
		몸에 좋은 음식에 관심을 가지고 바른 태도로 즐겁게 먹는다.
		하루 일과에서 적당한 휴식을 취한다.
		질병을 예방하는 방법을 알고 실천한다.
	안전하게 생활하기	일상에서 안전하게 놀이하고 생활한다.
		TV, 컴퓨터, 스마트폰 등을 바르게 사용한다.
		교통안전 규칙을 지킨다.
		안전사고, 화재, 재난, 학대, 유괴 등에 대처하는 방법을 경험한다.
의사소통	듣기와 말하기	말이나 이야기를 관심 있게 듣는다.
		자신의 경험, 느낌, 생각을 말한다.
		상황에 적절한 단어를 사용하여 말한다.
		상대방이 하는 이야기를 듣고 관련해서 말한다.
		바른 태도로 듣고 말한다.
		고운 말을 사용한다.
	읽기와 쓰기에 관심 가지기	말과 글의 관계에 관심을 가진다.
		주변의 상징, 글자 등의 읽기에 관심을 가진다.
		자신의 생각을 글자와 비슷한 형태로 표현한다.
	책과 이야기 즐기기	책에 관심을 가지고 상상하기를 즐긴다.
		동화, 동시에서 말의 재미를 느낀다..
		말놀이와 이야기 짓기를 즐긴다.
사회관계	나를 알고 존중하기	나를 알고 소중히 여긴다.
		나의 감정을 알고 상황에 맞게 표현한다.
		내가 할 수 있는 것을 스스로 한다.
	더불어 생활하기	가족의 의미를 알고 화목하게 지낸다.
		친구와 서로 도우며 사이좋게 지낸다.
		친구와의 갈등을 긍정적인 방법으로 해결한다.
		서로 다른 감정, 생각, 행동을 존중한다.
		친구와 어른께 예의 바르게 행동한다.
		약속과 규칙의 필요성을 알고 지킨다.
	사회에 관심 가지기	내가 살고 있는 곳에 대해 궁금한 것을 알아본다.
		우리나라에 대해 자부심을 가진다.
		다양한 문화에 관심을 가진다.
예술경험	아름다움 찾아보기	자연과 생활에서 아름다움을 느끼고 즐긴다.
		예술적 요소에 관심을 갖고 찾아본다.
	창의적으로 표현하기	노래를 즐겨 부른다.
		신체, 사물, 악기로 간단한 소리와 리듬을 만들어 본다.
		신체나 도구를 활용하여 움직임과 춤으로 자유롭게 표현한다.
		다양한 미술 재료와 도구로 자신의 생각과 느낌을 표현한다.
		극놀이로 경험이나 이야기를 표현한다.
	예술 감상하기	다양한 예술을 감상하며 상상하기를 즐긴다.
		서로 다른 예술 표현을 존중한다.
		우리나라 전통 예술에 관심을 갖고 친숙해진다.
자연탐구	탐구과정 즐기기	주변 세계와 자연에 대해 지속적으로 호기심을 가진다.
		궁금한 것을 탐구하는 과정에 즐겁게 참여한다.
		탐구과정에서 서로 다른 생각에 관심을 가진다.
	생활 속에서 탐구하기	물체의 특성과 변화를 여러 가지 방법으로 탐색한다.
		물체를 세어 수량을 알아본다.
		물체의 위치와 방향, 모양을 알고 구별한다.
		일상에서 길이, 무게 등의 속성을 비교한다.
		주변에서 반복되는 규칙을 찾는다.
		일상에서 모은 자료를 기준에 따라 분류한다.
		도구와 기계에 대해 관심을 가진다.
	자연과 더불어 살기	주변의 동식물에 관심을 가진다.
		생명과 자연환경을 소중히 여긴다.
		날씨와 계절의 변화를 생활과 관련 짓는다.

① 자연탐구 영역 관련 경험 이해하기

유아들은 보리수 나뭇잎이 초록에서 노랑으로 물들어 가는 색의 변화를 섬세하게 분류하였으며, 보리수와 단풍잎의 모양, 색깔 등을 비교하여 분류하였다. 또한 나뭇잎 색의 변화과정을 이용해 나뭇잎 퍼즐을 만들어 보았으며, 나뭇잎의 아름다움을 느끼며 생태적 감수성을 경험하였다.

② 5개 영역을 통합적으로 이해하기

'점점 노랗게, 점점 빨갛게'에 나타난 유아의 경험을 누리과정 5개 영역의 내용과 통합하여 살펴볼 수 있다. 예를 들면, 다음과 같이 유아의 놀이 경험의 의미를 이해해 볼 수 있다.

[신체운동·건강] 유아들은 우다다 공원에서 나무 열매와 나뭇잎, 나뭇가지들을 관찰하고 주울 때 자연물과의 부딪힘이나 친구들과의 부딪힘을 유의하며 안전하게 놀이하였다.

[사회관계] 유아들은 보리수 나뭇잎 퍼즐이 재미있다는 것을 교사에게 말하고, 이것과 다르게 빨강색 퍼즐인 단풍잎 퍼즐을 만들어 줄 것을 교사에게 요청하였다. 유아들은 교사에게 나뭇잎 퍼즐을 내줄 때 교사가 나뭇잎 퍼즐이 어렵다고 말하는 것을 듣고, 나뭇잎 색깔이 어떻게 변하는지 그 차이를 설명하였다.

[예술경험] 유아들은 단풍이 든 나무의 다채로운 색이 아름다움을 느끼고 가을의 정취를 즐겼다. 예쁘게 물든 나뭇잎과 열매를 주워서 친구들과 함께 '둥근 보자기'의 나무를 가을나무로 꾸며 주었다. 또한 나뭇잎들을 노란색, 빨간색 색깔별로 배열하면서 자연의 아름다움을 느낄 수 있었다.

해설이의 tip

유아는 실외 환경에서 다양한 놀이를 경험했습니다. 유아가 공원에서 놀이하며 경험한 5개 영역 내용의 통합적 의미를 [3~5세 누리과정 나침반]을 보면서 생각해 봅시다. 실외에서 경험하는 활발한 신체 움직임, 자연물의 속성과 아름다움을 활용한 놀이 확장의 의미를 살펴봅시다.

어린이집에서는 이렇게

영아의 '탐색 경험' 지원하기

영아는 주변 세계에 대해 호기심을 가지고 감각으로 탐색하며, 관심 있는 주변의 사물에 대해 의도적으로 탐색을 시도한다. 영아의 탐색하기를 즐기는 적극적인 태도는 유아기에 탐구하는 태도로 이어진다. 교사는 영아가 탐색을 즐길 때, 함께 관심을 기울여 주고 언어적, 비언어적으로 지원하여 영아가 의도적인 탐색을 시도할 수 있게 하는 것이 중요하다.

고의로 물건 떨어뜨리기, 던져 보기, 뒤집어서 탐색하기와 같은 의도적 탐색하기는 점차 반복적으로 나타나며, 영아의 신체운동기능이 발달하면서 탐색의 범위가 넓어진다. 영아는 반복적 탐색을 통해 새롭게 발견한 것을 몸에 익히게 되며, 한 가지 탐색을 확장하여 다른 방법으로 탐색을 하게 된다. 교사는 영아가 탐색을 즐기는 것을 주의 깊게 관찰하면서 동일한 자료를 여러 번 제공하여 탐색을 반복할 수 있게 해 주고, 어느 정도 지나면 연관성이 있는 다른 자료를 제공하여 연계성 있으면서도 확장된 탐색을 할 수 있도록 지원한다.

영아 경험의 실제
: "아까는 딱딱했는데, 지금은 미끌미끌해."

출처: 보건복지부 (2020b). 제4차 어린이집 표준보육과정 해설서. p. 234.

교사: 미역이 물을 만나면 어떻게 될까?
민재: (혜진을 보며) 으헉! 미역이 없어지나?
교사: 글쎄? 마른 미역이 물을 만나면 어떤 마법이 일어날까? 우리 함께 물을 부어 볼까?

교사의 지원 살펴보기

영아들은 교사가 책상 위에 올려둔 마른 미역을 작게 부수기도 하고 혀를 내밀어 맛보는 등 마른 미역을 다양한 방법으로 반복적 탐색을 하였다. 마른 미역에 대한 충분한 탐색이 이루어진 후 영아들에게 젖은 상태의 미역을 제공하여 연계성 있으면서도 확장된 탐색을 할 수 있도록 지원하였다.

영아는 생활 속에서 자주 접하는 사물을 보고, 만지고, 빨고, 소리를 듣는 등 감각을 이용하여 탐색하며 사물의 특징을 자연스럽게 알아간다. 교사는 영아가 관심 있는 사물을 감각적으로 탐색할 수 있도록 마음대로 구기고 찢을 수 있는 종이나, 파고 문지르고 주무를 수 있는 밀가루 반죽, 끌거나 당겨서 움직이거나 변화가 나타나는 물체와 물질 등을 직접 탐색할 수 있도록 지원한다. 이때 무엇보다도 영아가 안전하게 탐색을 즐길 수 있는 환경을 마련해 주는 것이 중요하다.

어린이집에서는 이렇게

유아의 '탐구과정 즐기기' 지원하기

유아의 궁금증은 호기심으로, 호기심은 탐구로 이어진다. 유아는 탐구를 할 수 있는 기회가 주어질 때 즐겁게 탐구과정에 참여할 수 있다. 유아가 특정 현상에 대한 호기심을 자신의 아이디어로 해결하는 과정에서 새로운 지식을 구성하는 비형식적 학습과정은 유아의 인지발달을 촉진할 수 있다. 교사는 영유아가 지식이나 개념을 습득하는 데 중점을 두기보다는 궁금증을 해결해 가는 탐구과정과 탐구적 태도를 지원하여 유아가 탐구과정을 긍정적으로 경험할 수 있도록 한다. 교사는 유아가 특정 현상에 대해 호기심을 나타냈을 때 유아가 호기심을 배움으로 이어갈 수 있도록 가설 세우기–실험하기–가설 수정하기 등 유아의 탐구과정을 지지하고 격려해 준다.

나도 색이 나와!

모든 것에서 색이 나온다고 생각한 유아는 초록색 종이를 우유에 담근다.
'호기심에서 시작된 생각을 입증하기 위한 탐구하기'가 시작된 것이다.

"선생님, 초록색 색종이로 실험을 해 봤는데 색종이도 색깔이 안 나와요."
"지난번에 재호가 색깔 있는 거는 색이 나올 거라고 했는데 아니었어요."

"물이 없잖아."
"물이 있어야지 색이 나오는데 색종이는 물이 없는 재료니까 안 되는 거 같아."
"그러면 물이 많은 거로 다시 하면 색이 잘 나올 것 같아."
"색종이에 물을 묻히는 거로는 부족해, 원래 물을 많이 가지고 있는 거로 해야 해."
교사: 물이 많은 것은 어떤 게 있을까?
"토마토나 과일? 아니면 포도 같은 것? 그런 것이면 잘 될 것 같아."
"선생님 과일 줄 수 있어요?"
유아들은 자신들의 생각을 실험해 보기 위해 과일로 염색을 시작한다.

출처: 교육부, 보건복지부 (2020a). 놀이, 유아가 세상을 만나고 살아가는 힘.

관점 넓히기 수학적으로, 과학적으로 탐구하는 놀이 살펴보기

유아는 친구와 사이좋게 놀기 위하여 수를 세고, 나누면서 공평함을 찾고, 가게 놀이를 하며 물건 값을 매기기 위하여 수량을 세기도 하고, 수의 크기도 생각해 본다. 풀밭에서 본 사마귀를 보며 사마귀의 모습을 궁금해하고, 무엇을 먹고 어디서 사는지를 알고 싶어 한다. 이처럼 유아는 놀이, 일상생활에서 충분히 수학적, 과학적으로 탐구한다. 유아에게 수학적, 과학적 탐구는 일상생활과 놀이에서 만나는 문제를 탐구하는 방식이다.

나뭇가지 탐색하기

"선생님, 우리가 나뭇가지 찾았어요!"
"나뭇가지가 엄청 많아요."

"이게 제일 짧고, 이게 제일 커."
"여기는 애기 나뭇가지만, 여기는 어른 나뭇가지들만 있어."
"나뭇가지 하나, 둘, 셋, 넷, 다섯 개!"

교사의 기록 살펴보기

나뭇가지 놀이를 관찰하면서 자연탐구 영역의 배움이 일어났음을 알 수 있었음. 민서는 "이게 제일 짧고, 이게 제일 커." 라고 말하면서 나뭇가지의 크기를 비교, 서열화하였음. 영수는 "~애기 나뭇가지 어른 나뭇가지~"라고 말하면서 나뭇가지를 자신의 기준대로 분류해 보았음. 규민이는 나뭇가지의 수를 헤아렸는데, 다섯까지 수세기가 가능함을 알 수 있었고 덧셈을 어려워함을 알 수 있었음.

p176-183

교육부, 보건복지부 (2019c). 2019 개정 누리과정 놀이실행자료.

아이들은 스스로 난이도 조절을 하면서 놀이를 즐겼다. 나무에 따라, 자르는 방법에 따라 크기도 무게도 모양도 다양한 나무토막은 아이들이 스스로 고민하고 궁리하고 탐색하고 집중할 수 있는 요소가 되었다. 아이들은 탑을 더 높게 쌓기 위해 수십 번 넘어져도 탑 쌓기를 반복하며 놀이에 몰두하는 모습이었다.

p. 93

출처: 교육부, 보건복지부 (2020c). 자연과 아이다움을 살리는 생태놀이.

관점 넓히기

영유아의 '자연과 더불어 살아가는 경험' 지원하기

영유아기는 자연으로부터 배우고 자연에 대한 긍정적 태도를 형성할 수 있는 중요한 시기이다. 영유아기부터 자연을 접하고 교감할 수 있는 기회를 충분히 제공하여 영유아가 생명과 자연환경에 관심을 가지고 끊임없이 탐색하고 탐구하여 자연을 알아갈 수 있도록 하는 것이 중요하다.

영유아는 곤충을 대할 때 두려움–관심–소유욕–감정이입(공감)의 단계를 거친다. 이 과정에서 영유아는 생명에 대한 소중함을 배우게 된다. 이때 영유아가 곤충에 대한 정확한 정보를 습득하는 것보다 곤충에 관심을 가지고 충분히 관찰하고 탐색하는 경험을 하는 것이 더 중요하다. 교사는 영유아가 곤충을 탐색할 때 미리 곤충에 대한 정보를 주기보다는 충분히 기다려 주어 영유아 스스로 많은 것을 알아갈 수 있도록 한다. 이 과정에서 영유아는 생명을 지켜 주고자 하는 마음을 각자의 언어로 표현한다. 생명은 소중하다는 체험적 경험은 영유아가 자연과 더불어 살아가는 방법을 실천하도록 지원할 수 있다.

곤충 관찰

은솔: 살아 있으면 이쪽에서 나올 것 같은데….
유빈: 손에 올려 볼까?
은솔: 아니야. 그러다가 우리까지….
유빈: 어떤 곤충은 차미처럼 이렇게 돼 있었다?
은솔: 죽은 거야.
재민: 냄새가 지독해서 죽은 거 같아.
유진: 나 무섭다고. 꿈적도 안 해요.
교사: 왜 꿈적도 안 하는 걸까?
유친: 죽은 거 아니에요? 불쌍해.
수하: 레미랑 싸울 때 차미가 져서 죽은 거 같아.

유아들에게 놀이 경험의 의미

다른 생명과 함께 살아가는 첫 출발은 서로에 대해 잘 알아가는 것이다. 곤충이 교실로 들어오면서 생명의 성장과 죽음의 의미, 생명에 대한 존중을 알아간다.

p. 197

출처: 교육부, 보건복지부 (2020a). 놀이, 유아가 세상을 만나고 살아가는 힘.

III

보육과정의 실행

3부에서는 보육과정 실행에서의 교사의 역할과 영아반 · 유아반의 보육과정 운영에 대해 살펴봅니다. 보육과정 실행이란 2부에서 살펴본 국가수준 보육과정의 기본 방향과 내용을 보육 현장에서 영유아의 배움과 경험으로 실천하는 것을 말합니다. '제4차 어린이집 표준보육과정' 및 '2019 개정 누리과정'에서는 교육과정의 획일화를 극복하고 국가가 제시한 고시문에 의거하여 현장에서 자율적으로 실천해 가는 '보육과정 실행력'을 강조하고 있습니다. 따라서 3부에서는 영유아의 놀이와 배움을 지원하는 교사의 역할과 함께 영아반 보육과정, 유아반 누리과정 운영을 구체적으로 알아봅니다. 이를 통해 보육과정 실행의 전문가로서 교사가 함께 배우고 성장해 가는 방향을 살펴보게 됩니다.

11

보육과정 실행과 교사의 역할

무엇을 배울까?

〉〉〉 보육과정의 변화와 교사의 역할

- 관찰자로서의 교사
- 지원자로서의 교사
- 실천적 연구자로서의 교사

〉〉〉 영유아 · 놀이중심 보육과정과 교사의 자율성

- 국가수준 보육과정의 대강화와 교사의 자율성
- 지역, 기관, 개인수준 보육과정

〉〉〉 자율적인 교사되기

- 보육과정 이해하기
- 자율적으로 실천하기

〉〉〉 함께 배우고 성장하기

- 영유아와 함께하기
- 교사 간 소통하기
- 부모와 협력하기

▫ 이 내용을 살펴보는 주안점:

교사는 영유아의 놀이와 배움을 지원하는 보육과정 운영의 주체이며 영유아와 함께 성장하는 전문가입니다. 제4차 어린이집 표준보육과정에서는 영유아의 놀이를 지원하는 교사의 역할을 강조하고 있습니다. 교사는 영유아의 목소리에 귀 기울이며, 영유아의 의견을 존중하고 반영하여 보육과정을 구성하고 운영할 필요가 있습니다. 이 장에서는 자율적인 교사의 역할과 실천방안을 살펴보고, 교사가 자율성을 가진 주체로서 함께 배우고 성장하는 과정을 모색해 봅니다.

1. 보육과정의 변화와 교사의 역할

앞에서 제4차 어린이집 표준보육과정에서의 변화를 통해 어린이집 보육과정의 내용에 대해 재고해 보았다. 전통적인 관점에서는 지식이 고정되어 있으며, 교사의 역할은 가장 효과적인 교수학습방법을 통해 영유아에게 필요한 지식과 정보를 효과적으로 전달하고 배우도록 하는 데 있었다. 이와 비교하여 지식은 상대적인 것이며 영유아의 경험을 통한 배움을 강조하는 관점에서는, 영유아의 흥미와 관심, 영유아가 처한 사회적 맥락에 대해 교사가 이해하고 이를 기반으로 지원하는 것을 중요하게 본다.

제4차 어린이집 표준보육과정에서 강조하고 있는 영유아·놀이중심 보육과정을 운영하는데 있어서 교사의 역할은 어떠해야 할까? 교사는 영유아가 주변 환경과 충분하게 상호작용하면서 배울 수 있도록 지원해야 한다. 그리고 영유아의 개별 특성과 관심, 경험이 다르므로 교사는 개별 영유아를 이해해야 한다. 이를 위해 교사는 자신의 역할을 폭넓게 인식해야 한다.

1) 관찰자로서의 교사

교사는 일과 중 영유아의 놀이, 일상생활, 활동을 살펴보며 영유아의 다양한 모습을 관찰한다. 교사가 영유아를 관찰하는 것은 매우 일상적인 일이기도 하지만, 영유아가 어떤 놀이를 하는지, 놀이에서 무엇을 경험하고 있는지, 놀이는 어떻게 이어지고 또 변형되어 가는지, 영유아의 특성은 무엇인지를 살펴보는 의도적인 것이기도 하다. 이러한 교사의 관찰을 통해 영유아의 특성을 파악하고 영유아의 흥미와 관심에 따라 배움을 지원할 수 있다.

영유아가 놀이에서 만들어 가는 의미와 배움은 겉으로 잘 드러나지 않을 수 있고, 짧은 순간 나타나기도 하므로 교사가 이를 알아보기 위해서는 노력이 필요하다. 교사는 눈에 보이는 것이나 '무엇'에만 집중하기보다는 영유아가 다루고 표현하고 있는 다양한 의미와 상징을 이해하며 '왜', '어떻게'를 생각하며 관찰한다면 영유아의 추상적인 사고를 알 수 있을 것이다. 이 과정은 귀 기울임으로 표현할 수 있다. 귀 기울임이란 단지 귀로 듣기만 하는 것이 아니라 교사의 다양한 감각을 통해 민감하게 감지하며 받아들이는 과정이다. 교사는 이러한 귀 기울이기를 통해 영유아가 보이는 언어적, 비언어적 표현을 경청할 수 있다. 교사의 이러한 민감한 귀 기울이기는 영유아가 현실과 상상을 넘나들며 만들어 가는 놀이, 과거-현재-미래를 통합하며 나타나는 영유아의 경험을 이해하기 위한 좋은 시작이 된다.

한 반에서도 영유아의 놀이는 동시에 다양하게 나타난다. 이 때 교사가 모든 놀이를 관찰하고자 한다면 표면적인 관찰에 그칠 수 있다. 교실 전체를 둘러보며 전체적인 놀이와 흐름을 파악해 보고, 가장 눈에 띄는 영유아와 놀이에 대해서 관심을 가지고 귀 기울여 보자. 교사의 관찰은 일회적인 것이 아니므로 반복적이고 일상적으로 수행되면서 관찰한 내용이 누적되고 결국 각 영유아와 전체 교실의 놀이를 파악할 수 있게 된다.

어린이집에서는 이렇게

현이의 놀이를 관찰한 노선생님의 생각

5월 8일 어버이날 활동지에 부모님께 드리고 싶은 선물을 그렸다. 그런데 현이는 자유롭게 원하던 것을 그릴 때와는 사뭇 다른 그림을 그렸다. 나는 이러한 차이가 왜 나타난 것인지 생각해 보았다.

유아에게는 그림을 그리는 동기가 중요한 것 같다. 활동지는 주어진 과제, 다시 말해 유아가 원하는 것을 할 수 없는 과제이다. 현이는 원하는 대로 그릴 수 있을 때 많은 이야기를 포함한 재미있는 그림을 그린다. 현이가 원하는 것을 그릴 때 멋진 그림이 나오는 것이다. 현이의 내적 동기는 놀이에서 가장 잘 나타난다. 유아는 자신의 내적 동기가 충분한 놀이에서 유능함을 발휘하고, 자신이 되어 가는 경험을 한다는 것을 다시 한번 생각하게 된다.

〈현이가 그린 활동지〉 〈현이가 놀이시간에 그린 '신기한 동물들의 파티'〉

교사는 현이의 놀이 방식인 그림을 관찰하며 무엇을 생각해 보게 되었나요?

교육부, 보건복지부 (2019b). 2019 개정 누리과정 놀이이해자료. p. 142.

p. 142 그림그리는 현이

2) 지원자로서의 교사

교사는 영유아를 배움의 주체로 보고 영유아와 협력적 관계를 맺는 것을 통해 더욱 효과적으로 지원할 수 있다. 교사와 영유아 간 협력적 관계는 앞서 살펴본 교사의 민감한 관찰인 귀 기울이기 과정을 통해서 이루어질 수 있다. 영유아가 놀이하며 무엇을 경험하고 있는지, 영유아가 무엇을 하고자 하는지와 같은 점을 알아보며 영유아에게 필요한 지원과 적절한 순간을 판단할 수 있게 한다. 또한 교사의 지원은 교사가 일방적으로 결정하여 지원하는 방향이 아닌 영유아와 함께 결정하도록 해야 한다. 교사는 구체적으로 일과 시간, 공간, 놀이자료를 구성-재구성해 가며 영유아의 흥미와 관심을 직접적으로 파악하여 반영할 수 있다. 이는 교사가 영유아의 의견을 존중하며 지원하는 방향이며, 영유아가 보육과정 운영에 주도적으로 참여할 수 있는 좋은 기회가 된다.

관점 넓히기 **영유아의 놀이를 지원하는 교사의 태도**

교사는 어떤 태도를 바탕으로 영유아의 놀이를 지원해야 할까?

- 바라보기: 영유아를 존중하고, 영유아의 유능함에 대한 믿음을 가지고 바라보기
- 호기심 갖기: 영유아의 놀이에 대해 궁금해하고 호기심 갖기
- 수용하기: 영유아가 하는 제안을 수용하여 실제로 반영하기
- 기다리기: 영유아가 주도적으로 놀이할 수 있도록 하기

또 추가하고 싶은 단어나 내용이 있다면 아래에 적어보자.

지원자로서의 교사 역할은 영유아와 관계를 형성하고 배움을 지원하는 교실의 분위기를 형성하는 정서적 지원 및 시간, 공간, 놀이자료 지원의 측면에서 다음과 같이 살펴볼 수 있다.

① 정서적 지원

상호작용은 보육의 질을 강력하게 예측하는 변인으로 주목된다. 영유아의 요구를 즉각적으로 인식하고, 적절하게 반응하며 영유아의 생각과 의견을 존중하는 반응적인 상호작용을 보이는 교사는 영유아의 성취동기를 높인다(Mahoney & Macdonald, 2007). 이러한 점에서 교사는 중요한 정서적 지원자이기도 하다. 교사가 영유아의 놀이에 관심을 가지고 영유아의 이야기를 듣고, 공동놀이자로 참여하고, 놀이에 대한 아이디어를 나누고, 함께 즐거워하는 것은 영유아에게 중요한 정서적 지원이다. 영유아가 주도적으로 놀이하고 있는 순간에는 교사는 영유아에게 가까이 다가가 귀 기울이며 관심을 가지고, 미소짓고, 고개를 끄덕이는 지원을 할 수 있다. 그리고 영유아의 말과 놀이를 간단한 문장으로 기록하거나, 사진을

찍어 남겨 나중에 영유아와 함께 기록을 공유하고, 기록을 바탕으로 새로운 지원을 모색해 볼 수도 있다. 영유아의 놀이와 영유아가 놀이에서 만든 그림이나 구성물에 대해서 교사가 소중하게 여기고 관심을 보이는 것은 영유아에게 긍정적인 지원이 된다. 이와 같이 교사가 영유아의 놀이에 대해 어떠한 언어적, 정서적, 신체적 태도를 보이는지는 영유아가 놀이를 통해 즐겁게 배우는 데 중요한 지원이 된다.

② 시간 지원

영유아는 어린이집에서 자신의 관심과 생각을 표현하며 만들어 갈 수 있다. 이를 위해서는 영유아가 주도적이고 자유롭게 놀이하는 시간이 충분히 제공되어야 한다. 어린이집에서의 놀이시간은 영유아에게 중요한 역할을 한다. 놀이시간이 짧게 정해져 있다면 영유아들은 "지금밖에 놀 수 없어."라는 제한적인 느낌을 받게 된다. 이 때 영유아는 자신이 선호하는 또래 영유아와 놀거나 특정 방식으로만 반응하게 된다. 충분한 놀이시간이 제공되면, 놀이가 다양하게 변화하고, 선호하는 특정 아이와 함께 놀이를 하다가 자연스럽게 다른 우연한 만남으로 새로운 관계가 시작되기도 한다. 따라서 하루 일과 운영 시 교사는 일과 시간을 미리 계획된 대로 고정적으로 운영하기보다는 상황에 따라 유아가 놀이에 몰입하고 즐길 수 있도록 융통성 있게 운영하여 지원할 수 있다. 놀이시간이 충분했다고 말하거나 느낄 수 있는 것은 놀이하는 주체인 영유아라는 점을 고려하여 영유아들이 충분히 놀이할 수 있도록 영유아의 의견을 듣는 것도 필요하다.

관점 넓히기 **표준보육과정 해설서에서 '시간 지원' 내용 찾아보기**

영유아·놀이중심 보육과정에서는 교사가 미리 계획하여 하루 일과를 운영하기보다는 영유아의 흥미와 관심에 따라 놀이를 충분히 즐길 수 있도록 탄력적으로 편성·운영하는 것이 중요하다.
어린이집의 하루 일과는 영유아가 주도하는 놀이를 중심으로 편성·운영하도록 한다. 영유아는 하루 일과에서 놀이, 일상생활, 활동 등을 하면서 다양한 경험을 한다. 놀이는 바깥놀이를 포함하여 하루 일과 중 가장 길게, 우선적으로 편성·운영하여 영유아가 충분히 놀이할 수 있도록 한다. 일상생활에 포함되는 등원, 손 씻기, 화장실 다녀오기, 간식, 점심, 낮잠, 휴식 등은 영유아의 신체적 리듬을 반영하여 편성·운영함으로써 영유아들이 즐겁게 하루를 보낼 수 있도록 한다. 활동은 영유아가 놀이를 통한 배움을 확장해 갈 수 있도록 돕는 교사의 지원이다. 교사는 영유아가 주도하는 놀이를 지원하기 위해 필요에 따라 활동을 계획하여 운영할 수 있다. 교사는 미리 계획한 활동을 모두 해야 한다거나 정해진 순서대로 일과를 운영해야 한다는 부담을 내려놓고 영유아가 주도하는 놀이의 흐름에 따라 융통성 있게 일과를 운영하도록 한다.

놀이시간은 짧게 여러 번 제공하기보다 긴 시간으로 편성하여 놀이의 흐름이 끊기지 않고 영유아가 충분히 놀이하고 몰입할 수 있도록 한다. 교사는 바깥놀이를 포함하여 놀이시간을 2시간 이상 확보하되, 날씨와 계절, 기관의 상황, 영유아의 관심사와 놀이 특성 등을 고려하여 융통성 있게 편성·운영한다. 예를 들어, 하루 일과에서 바깥놀이는 미세먼지, 날씨 등을 고려하여 실내놀이로 편성·운영할 수 있고, 다른 날은 바깥놀이를 길게 편성할 수도 있다.

출처: 보건복지부 (2020). 제4차 어린이집 표준보육과정 해설서. p. 30.

③ 공간 지원

영유아에게 어린이집 공간은 놀이가 일어나는 구체적 장소이다. 영유아가 놀이를 주도하기 위해서는 스스로 무엇인가를 탐색하고 시도해 볼 수 있는 공간이 보장되어야 한다. 어린이집 환경 구성 시 언어 영역, 과학 영역, 수조작 영역, 미술 영역과 같이 정해진 몇 개의 공간으로 구성하는 것보다는 영유아의 놀이 방향에 따라 공간도 변화할 수 있어야 한다. 영유아가 만들어 가는 놀이에 따라 영역이나 공간은 확장되거나 통합될 수 있으며, 축소될 수도 있다.

적용해 보기

놀이 공간 제한은 놀이에 어떤 영향을 미칠까?

두 이미지는 영역의 구분이 있는 교실의 놀이와 영유아의 놀이 흐름, 필요에 따라 공간을 활용할 수 있도록 하는 교실의 놀이다. 이러한 교실 공간 활용의 차이는 영유아에게 어떤 영향을 미칠 것 같은지 이야기 나누어보자.

〈공간의 경계 구분이 뚜렷한 교실의 놀이〉

〈필요에 따라 공간을 활용하는 교실의 놀이〉

출처: 이미화, 이윤진, 염혜경 (2019). 어린이집 개정누리과정 적용지원방안연구. 육아정책연구소.

어린이집에서 단체생활을 하는 영유아에게는 때로는 자신만의 비밀스러운 공간도 필요하다. 예를 들면, 영유아는 사물함 서랍 같은 곳에 산책길에서 발견한 도토리, 반짝이 종이조각 같은 자신의 보물을 넣어 두는 등 어떠한 위협이나 간섭도 받지 않는 자신만의 고유한 공간을 갖고자 한다. 이렇듯 공간은 물리적인 환경이지만 그곳에서 느껴지는 기분이나 분위기로도 접근해 볼 수 있다. 영유아에게 허용되고 자유로움을 느끼게 하여 주도할 수 있는 공간인지 아니면 제약과 금지의 공간인지 점검해 보아야 한다. 어린이집 공간이 영유아에게 어떤 정서를 불러일으키는지, 영유아가 정서적으로 어떻게 체험하고 있는지 살펴볼 필요가 있다.

[그림 11-1] 어린이집 복도, 로비를 활용한 놀이 및 전시공간

④ 자료 지원

또한 교사는 영유아가 자유롭게 활용할 수 있는 비구조적인 놀이자료를 제공하여 영유아의 놀이 경험을 지원할 수 있다. 교사는 영유아에게 활용방법이 정해진 '교구'와 같은 정형적인 방식으로 사용하는 자료를 제공하기보다는, 영유아가 자신의 방식대로 자료의 특성을 활용하여 놀이할 수 있도록 허용하는 것도 필요하다. 예를 들면, 영아들은 종이테이프를 만나 자신만의 방식으로 다양하게 표현하며 놀이 할 수 있다. 그리고 마른 미역과 같은 일상적인 자료를 자유롭게 관찰하며 자신의 감각으로 미역의 특성과 변화를 느끼고 즐기는 과정에서 놀이하며 배울 수 있다.

관점 넓히기 **자료를 각자의 방식으로 사용하며 놀이하기**

영아들은 각자의 방식으로 종이테이프로 놀이를 하며 자신의 생각과 느낌을 자유롭게 표현한다. 교사는 놀이자료 지원 시 종이테이프라는 동일한 놀이자료를 가지고 영유아가 자신의 방식대로 탐색하며 놀이할 수 있는 기회를 주는 것이 필요하다.

주영: "이건 바퀴야. 아니 동그라미야."
여준: "이건 공룡알이에요. 테이프로 만들었어요."
하엘: "하엘이는 테이프를 붙일 거예요."

보건복지부 (2020b). 제4차 표준보육정 해설서. p. 184.

p. 184

3) 실천적 연구자로서의 교사

놀이는 우연히 나타나고, 갑자기 폭발적으로 나타나기도 하고, 예측할 수 없다는 특징이 있다. 유아가 경험하는 놀이를 바탕으로 지원하기 위하여 교사가 일방적으로 지식을 전달하는 것은 적합하지 않다. 교사는 자신의 보육과정 실천 역량을 바탕으로 교실의 보육과정을 구성-재구성하게 된다. 이 과정은 교사가 주변 동료교사, 지역사회의 다양한 인적 자원과 협력하며 함께 고민하는 과정에서 더 잘 이루어질 수 있다. 보육과정을 함께 구성하는 주체로서 함께 고민하고 의견을 조정하고 새로운 관점을 나누는 과정에서 교사는 보육과정 운영에 대해서 돌아볼 수 있다. 이를 통해 인식하지 못했던 문제를 발견하고 개선 방향을 적용해 보는 과정에서 경험하는 상호 지지와 지원은 도전과 변화의 시작이 될 수 있다.

자신을 실천적 연구자로 인식하는 교사는 교실의 일상을 의미 있게 바라보게 되고, 변화를 추구하며, 자신의 일, 영유아의 특성과 성장에 대해서 심도 있게 사고할 수 있게 된다. 이를 통해 교사로서 자신의 성장을 함께 도모할 수 있다. 즉, 교사는 영유아와 함께 보육과정을 만들어 가는 사람이며, 이 과정에서 성장하는 존재이다.

보육과정을 만들어 가기 위해서는 사전에 수립한 보육계획을 충실히 전개하는 노력보다는 영유아의 흥미와 관심, 교육적인 필요, 어린이집의 상황에 따라 영유아의 놀이 확장을 위해 융통성 있게 사고하고 결정하는 것이 필요하다. 이 때 교사는 영유아의 자발적인 자유놀이를 관찰하여 영유아의 흥미와 관심을 파악하고, 놀이를 지원하며, 적절한 활동의 형태를 제시할 수도 있다. 교사는 영유아의 흥미를 자연스럽게 연결시키는 역할을 하는 자율적인 교육과정 구성자 및 운영자이다.

적용해 보기

실천적 연구자로서 교사의 역할

- 영유아에게 귀 기울이는 관찰
- 교사가 계획한 활동을 기준으로 하는 평가에서 벗어나기
- 영유아가 하고 있는 놀이의 의미 살펴보기
- 놀이를 통해 영유아가 표현하는 것을 다양하고 편한 방식으로 기록하기
- 영유아의 놀이를 가까이에서 지켜보고 지원하기
- 교사의 관찰을 바탕으로 영유아의 놀이를 이해하고 지원하기

또, (예비) 보육과정 실천적 연구자로서 여러분은 어떤 시도를 하고 싶은가?

2. 영유아·놀이중심 보육과정과 교사의 자율성

교사의 자율성은 획일적인 보육과정 운영에서 벗어나 영유아와 교사가 함께 구성하는 보육과정을 위한 필수요소이다. 또한 교사의 자율성은 지식에 대한 관점 변화에 따라 책무성과 함께 더욱 강조되고 있다. 정책적으로 현장의 자율성을 보장하고 실현할 수 있도록 하는 제도가 마련될 필요가 있다. 이를 위하여 제4차 어린이집 표준보육과정에서는 영유아가 경험해야 할 내용으로 제시하며 보육과정에서 다루는 내용을 대강화하였다. 보육과정 운영에 있어서도 교사, 원장, 부모, 지역사회의 협력을 강조하며 많은 권한을 위임하였다.

■ **국어사전에서 자율성 찾아보기**

- 자율성: 자기 스스로의 원칙에 따라 어떤 일을 하거나 자기 스스로 자신을 통제하여 절제하는 성질이나 특성
- 반대말: 타율성

자신이 생각하는 교사의 자율성은 무엇인지 생각해보자.

출처: 국립국어원 표준국어대사전 https://stdict.korean.go.kr/search/searchView.do

교사가 보육과정을 이해하고 실천하는 것은 자율성을 발휘하는 핵심이다. 교사가 보육과정을 이해한다는 것은 제4차 어린이집 표준보육과정에서 제시하고 있는 고시문의 내용과 방향, 운영과정 전반에 대해 이해하는 것을 의미한다. 이러한 보육과정에 대한 이해를 바탕으로 교사는 자신의 신념과 철학, 반의 실정에 맞게 국가에서 제시한 국가수준 보육과정을 재구성하는 실천 역량을 가져야 한다. 영유아중심, 놀이중심 보육과정에서는 이러한 보육과정을 재구성하는 과정이 필수적이다.

표준보육과정은 국가수준 보육과정으로서 어린이집에서 영유아가 경험하며 배워야 한다고 기대되는 것을 국가수준에서 정해 놓은 것이다. 국가수준에서 제시하는 교육과정이 다양한 교육활동에 대한 규정을 상세하게 제공할수록 모든 교육활동을 일정한 기준과 틀에 따라 계획하고 관리하게 되므로 교사가 학생에게 적

합한 교육을 하는 데 걸림돌이 되어 결국 학생들의 특성에 따르지 못하는 일률적인 학습경험을 제공할 위험성이 있다(Fuller, 2008). 이에 따라, 국가가 제시하는 지침과 규정은 최소화하고 단위 학교수준에서 교육과정을 구성하고 생성할 수 있는 권한을 점차 확대하고 있다. 우리나라 국가수준 보육과정인 제4차 어린이집 표준보육과정 역시 교사의 자율적인 실천을 중요하게 간주한다. 이러한 정책적 노력이 실효성을 갖기 위해서는 자율권이 국가에서 제공한 것, 즉 '강요된 자율'로서 인식되어서는 부족하다. 자율권의 의미는 자율적 교육과정을 구성하고 실행하기 위한 각 어린이집 구성원의 의지와 실천이 중요하다. 이는 어린이집 구성원인 원장, 교사, 영유아, 부모가 공동의 문제를 함께 해결해 가는 과정에서 이루어질 수 있다.

보육과정에서의 자율성은 영유아의 특성과 다양한 요구를 반영하여 보육과정을 운영하는 과정, 배움의 내용을 국가나 외부가 결정하여 제공하지 않고, 교사들이 판단하여 실행하는 과정이다. 자율성을 바탕으로 보육과정을 운영하는 교사는 영유아에게 동기를 부여하고 동시에 자신의 놀이에 대해 더 많은 결정권한과 책임감을 부여하여 지원할 수 있다. 또한 이러한 교사의 자율성은 교사가 가지는 책임을 인식하고 실천하는 책무성과 연결된다.

관점 넓히기

교사의 자율성을 제4차 어린이집 표준보육과정 해설서에서 찾아보기

표준보육과정에서는 영유아의 놀이에서의 배움을 지원하기 위해 교사의 자율성을 강조한다. 영유아는 자신에게 가장 적합한 방식으로 놀이하기 때문에 영유아의 놀이는 예측하기 어렵다. 교사는 영유아의 특성, 안전, 놀이 환경, 자료, 날씨, 기관의 상황 등을 고려하여 놀이를 지원해야 한다. 교사는 영유아가 놀이하며 배울 수 있도록 상황에 따라 필요한 교육적 판단을 자율적으로 할 수 있어야 한다. 예를 들어, 교사는 영유아의 놀이가 자신이 계획한 주제나 활동과 다르게 이루어지더라도 영유아의 놀이를 존중하여 계획된 활동을 변경할 수 있다.

교사가 영유아의 놀이를 존중한다는 것은 영유아의 놀이를 바라만 보거나 방관하는 것이 아니라, 영유아의 배움에 필요한 지원 내용을 생각하고, 준비하고, 지원하는 과정을 모두 포함한다. 예를 들어, 교사는 영유아가 놀이하며 경험한 내용을 관찰하고, 놀이에서 나타나는 배움에 주목하여 이를 기록할 수 있다. 이러한 기록은 영유아의 놀이 지원을 위한 교사의 자율적 판단의 근거가 된다. 교사는 계획안을 활용하여 영유아가 실제 놀이한 내용을 적합한 방식으로 기록하고, 그에 따른 교사의 지원 내용도 함께 작성할 수 있다. 계획안은 영유아가 놀이하며 배우는 과정을 이해하는 자료가 되며, 이를 작성하면서 영유아에게 필요한 놀이 지원도 함께 계획할 수 있다.

보건복지부 (2020b). 제4차 어린이집 표준보육과정 해설서. p 29-30.

1) 국가수준 보육과정의 대강화와 교사의 자율성

국가수준 보육과정의 대강화(大綱化)란 국가가 최소한의 기준과 지침을 제시하는 것을 의미한다. 국가가 비전과 방향을 제시하는 표준보육과정 운영에서 영유아와 교사가 살아 움직이는 지속 가능한 운영을 위하여 국가가 세부적인 지침을 제시하는 처방식 접근을 지양하는 것이다.

그간 보육 및 유아교육 현장에서는 운영의 질의 문제와 획일적으로 운영되는 현상에 대한 비판적인 의견이 제기되어 왔다. 누리과정이 도입되고 전국의 3~5세 교육·보육과정이 다양성을 잃어가는 경향이 나타나기도 하였다(이진화, 박창현, 윤지연, 2015). 이에 교사들은 보육과정의 운영 기제가 '위에서 아래로(top-down)' 방식으로 제시된다고 인식하여 영유아의 흥미와 경험, 가정과 지역사회의 요구가 반영된 교육과정의 실행을 기대하기 어렵다는 주장도 제기되었다(박창현, 양미선, 2017). 특히 영유아의 개인차, 다양한 발달적 특성과 지역, 문화적 차이를 반영하는 측면에서 부족함이 있다는 현장의 목소리도 꾸준히 제기되어 왔다.

그렇다면, 영유아의 놀이, 일상생활이 사전에 미리 정해진 활동과 일정표에 의해서만 이루어지고, 국가의 표준화의 압력으로 교사의 자율성과 다양한 목소리가 반영되지 못한다면 어떠한 문제가 있을까?

보육과정 자율화 및 다양화는 교사의 보육과정 운영 전문성을 바탕으로 하고, 지역사회, 부모, 영유아의 요구를 수렴한 후 어린이집의 여건과 특성을 고려하여 단위 어린이집, 반의 보육과정 질을 제고함으로써 영유아에게 유의미한 경험을 제공하는 것을 의미한다. 즉, 국가수준의 보육과정 운영의 자율화를 통해 각 어린이집이 특성화된 보육과정을 편성·운영하게 되면, 전체적으로 보육과정의 획일화가 아닌 다양화가 이루어지게 된다는 것이다. 이는 국가수준 보육과정의 규제적 속성을 완화하고 기관에서 구성원들의 의사와 요구를 충분히 반영하여 기관의 특성 및 요구에 적합한 보육과정을 구성하고 실천하는 것을 의미한다.

관점 넓히기

보육과정의 다양성을 제4차 어린이집 표준보육과정 고시문과 해설서에서 찾아보기

제4차 어린이집 표준보육과정 해설서에서는 다음과 같이 설명하고 있다.

표준보육과정의 성격

가. 국가수준의 공통성과 지역, 기관 및 개인수준의 다양성을 동시에 추구한다.

표준보육과정은 국가수준에서 보육과정에 대한 공통적 기준을 제시하는 한편, 지역, 기관 및 개인수준의 특성을 반영하여 보육과정을 다양하게 운영하는 것을 추구한다.

- 국가수준의 공통성은 어린이집에서 보육과정을 구성하고 운영할 때 고려해야 할 공통적이고 일반적 기준을 의미한다.
- 지역수준의 다양성은 국가수준의 보육과정을 바탕으로 각 시·군·구청에서 그 지역사회의 상황과 여건을 고려하여 보육과정을 특색 있게 운영하는 것을 의미한다.
- 기관수준의 다양성은 각 어린이집이 국가수준 보육과정과 지역수준 보육과정의 특성을 반영하는 동시에 각 기관의 철학, 담당 반 및 부모의 특성에 따라 보육과정을 자율적으로 운영하는 것을 의미한다.
- 개인수준의 다양성은 교사가 담당 영유아의 연령 및 개별 특성, 발달수준 등 개인차를 보육과정에 반영하여 운영하는 것을 의미한다. 교사는 영유아를 개별적 특성을 가진 고유한 존재로 인정하며, 영유아의 흥미와 관심을 보육과정에 반영하여 자율적으로 운영할 수 있다.

출처: 보건복지부 (2020b). 제4차 어린이집 표준보육과정 해설서.

2) 지역, 기관, 개인수준 보육과정

보육과정 운영에 있어서 보건복지부–각 지역 기관(시, 군, 구, 육아종합지원센터 등)–각 어린이집–교실은 '위에서 아래로(top–down 방식)'의 일방적이거나 획일적인 과정이 아니다. 교실은 보육과정 운영의 출발점이다. 국가–지역–기관–교실은 서로 유기적으로 연계되어 총체적이고 효율적인 역할분담과 협력이 이루어져야 한다.

국가수준 보육과정이 실제 보육과 무관한 형식적인 문서에 그치게 되어 보육 현장에서 실행되지 못하거나, 보육 현장에서 이루어지는 보육과정의 다양한 실천과 구조적인 연결성을 가지지 못하여 교실수준의 보육과정에 기본 방향과 기준 및 지침을 제공하지 못하는 것은 문제가 있다. 국가수준 보육과정은 전국의 모든 어린이집에서 편성·운영하여야 할 보육내용의 공통적, 일반적 기준을 제시하는 것이다. 따라서 각 지역의 특수성과 각 어린이집 및 개별 유아의 다양한 요구를 모두 반영하기에는 어려움이 있다.

지역수준 보육과정은 국가수준 보육과정에서 세밀하게 제시하기 어렵거나, 지역의 특수성과 여건, 환경과 요구에 알맞게 구성될 수 있다. 기관(어린이집)수준 보육과정은 어린이집의 운영 철학이나 부모의 특성, 교사의 특성 및 보육 환경 시설과 같은 여건을 파악하여 실천 가능한 운영계획을 수립하는 것과 관련된다. 개인수준 보육과정은 국가수준 보육과정에서 제시한 기준 및 지침에 근거하여 지역수준, 어린이집 수준의 보육과정을 반영하여 교실에서 교사의 실천으로 구체화된다. 개인수준 보육과정은 교사의 철학과 신념이 반영되므로 교사 개인에 따라 교실마다 다양한 모습으로 나타난다.

3. 자율적인 교사 되기

보육의 질이 영유아발달에 긍정적 영향을 미치는 것은 질 높은 교육환경을 만들어 내는 교사의 역량에 달려 있다. 즉, 보육의 질은 교사가 영유아와 관계를 맺는 방식, 영유아와의 상호작용 방식, 영유아들 간 상호작용을 촉진하는 방식, 영유아를 지원하는 다양한 전략을 구현하는 방식 등에 따라 결정되는데, 이는 교사의 역량에 따라 달라진다. 영유아·놀이중심 보육과정 운영을 위하여 교사가 갖추어야 할 역량으로 교육과정 문해력과 교사의 자율성을 연결하여 살펴보면 다음과 같다.

1) 보육과정 이해하기: 보육과정 문해력

보육과정 문해력

- 보육과정: 현행 보육과정 체제의 국가수준 문서
- 문해력(文解力): 글을 읽고 이해하는 능력

문해력은 단지 표준보육과정 고시문의 문자를 읽고 이해하는 능력을 의미할까? 보육과정 문해력이란 내가 가르치는 영유아에게 적용되는 보육과정 문서를 바르게 해석하여 교사에게 주어진 권한 내에서 활용함으로 자율적으로 보육과정을 설계하고 수업과 평가를 할 수 있는 능력을 의미한다.

2) 자율적으로 실천하기

교사는 자신의 개인적 실천 지식을 바탕으로 보육과정 문서를 이해하고 적용하는 문해력을 발휘하기 위하여 다음과 같은 측면의 변화를 자율적으로 모색할 수 있다. 교사의 자율적 실천 방향은 다음과 같이 계획안 수립과 일과 구성의 자율화, 환경 구성의 자율화, 6(5)개 영역의 통합방식의 자율화, 평가의 자율화 측면으로 나누어 살펴볼 수 있다.

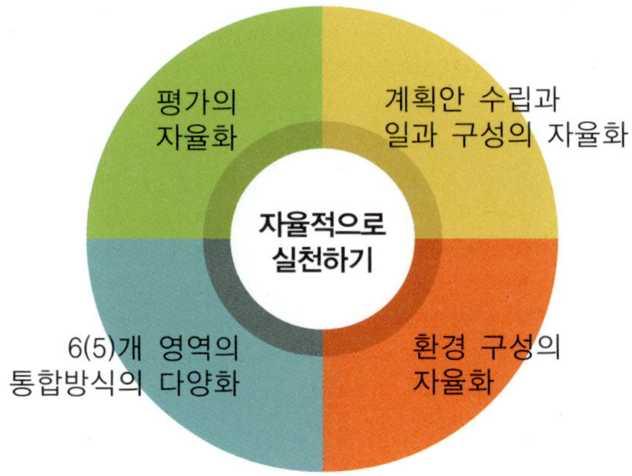

[그림 11-2] 자율적 실천 방향

(1) 계획안 수립과 일과 구성의 자율화

① 유아의 놀이를 존중하여 만들어 가는 계획안 수립하기

미리 계획하여 제공한 '환경'에서는 교사가 자신도 모르게 주도적으로 놀이를 이끌게 되는 교사중심의 운영을 하게 될 수 있다. 이에 따라 사전계획은 대강화하여 최소화하면서 교사의 의도보다 영유아의 흥미가 존중되는 놀이를 중심으로 만들어 가는 계획안을 작성할 필요가 있다. 이 때 계획안의 양식이나 작성 주기는 각 어린이집의 특성을 반영하여 달라질 수 있다. 만약 영유아의 놀이과정에서 미리 계획되지 않은 꼭 필요한 소품이 있다면 어떻게 하면 좋을까? 이 때에는 교사의 주도적인 진행이나 놀이 흐름을 멈추기보다는 영유아가 중심이 되어 만들어 가는 놀이가 더 의미 있다. 영유아의 놀이는 특정 소품이 없더라도 놀이하는 주체인 영유아의 생각과 상상을 마음껏 표현할 수 있는 방법으로 흘러가고 이어질 수 있다. 물론 영유아의 놀이주도권을 유지하며 영유아와 함께 필요한 놀이자료와 소품을 함께 준비하는 방향으로 흘러갈 수도 있다. 최소화된 계획은 이러한 융통적인 지원이 이루어질 수 있는 출발이 된다.

관점 넓히기 **계획안 작성을 제4차 어린이집 표준보육과정 해설서에서 찾아보기**

영유아가 주도하는 놀이는 미리 계획하여 운영하기 어렵기 때문에 교사는 영유아가 놀이하며 경험한 내용을 중심으로 계획안을 기술할 수 있다. 기존에 계획안을 자유선택활동, 대·소집단활동, 바깥놀이 등을 포함하는 정해진 형식에 맞추어 기술해 왔다면 개정 표준보육과정에서의 계획안은 영유아가 실제 놀이한 내용 및 놀이를 지원하는 내용을 포함하되 자율적인 형식으로 바꾸어 볼 수 있다. 이것은 영유아가 실제 경험한 놀이내용과 그에 따른 교사의 놀이 지원계획을 기술하는 형식으로, 기존의 방식에 비해 사전계획을 최소화하여 계획을 수립한다는 특징이 있다. 교사는 필요에 따라 안전과 관련된 사항, 영유아 특성에 따라 개별적으로 지원해야 하는 사항 등을 계획할 수 있다.

계획안을 자율적으로 작성하고, 사전계획을 최소화함으로써 교사는 영유아가 주도하는 놀이를 적극적으로 지원할 수 있다. 단, 교사는 자율적인 계획 수립의 의미를 계획안을 작성하지 않아도 된다거나 단순히 업무를 줄이는 방식으로 이해하지 않도록 유의해야 한다.

출처: 보건복지부 (2020b). 제4차 어린이집 표준보육과정 해설서. p. 29.

② 놀이의 특성을 반영한 일지 작성

제4차 어린이집 표준보육과정에서는 계획–실행–평가의 과정에서 벗어나 현재 진행되는 영유아의 놀이를 먼저 관찰하고 이에 따라 놀이가 이루어지도록 지원하는 과정을 제시하고 있다. 따라서 교사가 미리 계획을 세워 놓은 목표에 도달하기 위해 놀이를 진행했던 틀에서 벗어나는 것이 필요하다. 교사가 계획했던 놀이가 잘 진행이 되었는지의 여부와 그 이유를 일지에 기록하는 것은 영유아의 놀이와 별로 상관이 없다. 따라서 일지 작성 시 교사의 계획보다는 영유아가 놀이에서 보이는 관심과 흥미를 지원하기 위한 관찰내용과 평가, 교사의 지원계획이 더 중요하다. 이에 따라 영유아의 놀이 중 교사가 의미 있다고 생각되는 것을 선택하여 기록하고 이에 대한 지원을 생각해 보기 위한 방식의 일지를 어린이집의 여건과 특성에 맞게 만들어 활용하는 것이 필요하다. 이를 위하여 교사는 영유아의 놀이 흐름이 잘 드러날 수 있는 계획안과 이를 지원할 수 있는 일지작성에 대해 고민하고, 보육계획안과 일지작성 양식을 어린이집 자체적으로 만들어 갈 수 있다.

어린이집에서는 이렇게

보육계획 수립 및 일지작성

– 보육 계획에 대한 검토

각 어린이집에서는 기관의 실정에 적합한 계획을 수립하여 운영하게 된다. 연간계획은 어린이집 전체 구성원이 공유하는 자료이므로 일반적으로 기관 차원에서 적응 기간, 계절, 명절, 국가적 행사, 어린이집 주요 행사 등을 고려하여 수립하게 된다. 월간, 주간, 일일계획을 모두 수립하여야 하는 것은 아니며, 계획안의 양식과 내용, 작성 주기는 각 어린이집과 교사의 필요에 맞게 자율적으로 결정한다.

– 보육일지 기록의 목적

교사는 영유아의 특성과 변화를 이해하고, 보육과정을 운영을 돌아보며 보다 나은 방향으로 개선해 가기 위하여 보육일지를 기록한다.

– 보육일지에 포함되어야 할 내용

일과 중 바깥놀이를 포함한 유아의 놀이에서 중심이 되는 내용을 기록하고 이를 통해 교사가 지원하고자 하는 내용을 간략히 기록한다. 보육일지는 교사가 작성한 메모, 유아의 놀이사진, 놀이 결과물 등을 활용하여 작성할 수 있다. 매일 반복되는 일과 내용은 간략히 기술하며, 반 운영의 특이사항(부모면담, 요구사항, 감염병 발병 상황, 안전사고 등)도 포함하여 작성한다. 보육일지는 주간보육계획 또는 일일보육계획을 포함하여 작성할 수 있다.

1) 일과를 일상생활(간식, 점심, 낮잠 및 휴식), 놀이(실내·외), 활동으로 구분하여 기록한 주간보육일지 작성 사례

❶ 놀이시간에 정리 및 전이시간이 포함되므로 이를 고려하여 충분한 놀이시간을 확보·실시하고 계획된 놀이와 우연히 일어난 놀이 상황을 기록

❷ 실행된 놀이에 대한 간단한 평가, 일과계획에서 그 날 변동된 시간, 운영의 특이사항 기록

❸ 한 주의 놀이 평가를 바탕으로 다음 주 예상 놀이와 지원계획을 간략히 기록

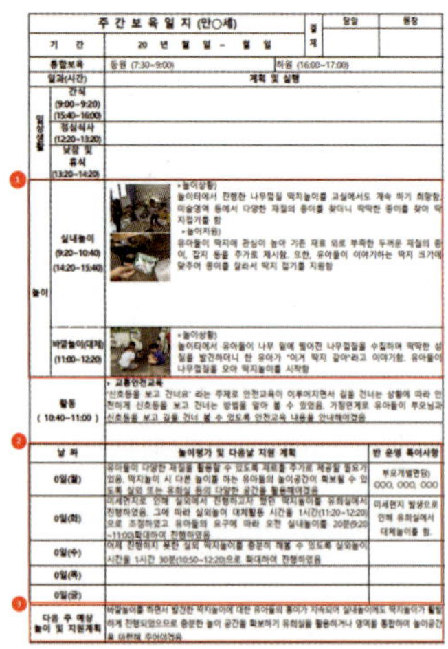

주 간 보 육 일 지 (만○세)

			결재	담임	원장
기 간	20 년 월 일 - 월 일				
통합보육	등원 (7:30~9:00)	하원 (16:00~17:00)			
일과(시간)	계획 및 실행				
일상생활	간식 (9:00~9:20) (15:40~16:00)				
	점심식사 (12:20~13:20)				
	낮잠 및 휴식 (13:20~14:20)				
놀이	실내놀이 (9:20~10:40) (14:20~15:40)	•놀이상황) 놀이터에서 진행한 나무껍질 딱지놀이를 교실에서도 계속 하기 희망함. 미술영역 등에서 다양한 재질의 종이를 찾더니 딱딱한 종이를 찾아 딱지접기를 함 •놀이지원) 유아들이 딱지에 관심이 높아 기존 재료 외로 부족한 두꺼운 재질의 종이, 잡지 등을 추가로 제시함. 또한, 유아들이 이야기하는 딱지 크기에 맞추어 종이를 잘라서 딱지 접기를 지원함			
	바깥놀이(대체) (11:00~12:20)	•놀이상황) 놀이터에서 유아들이 나무 밑에 떨어진 나무껍질을 수집하며 딱딱한 성질을 발견하더니 한 유아가 "이거 딱지 같아"라고 이야기함. 유아들이 나무껍질을 모아 딱지놀이를 시작함			
활동 (10:40~11:00)		• 교통안전교육 '신호등을 보고 건너요' 라는 주제로 안전교육이 이루어지면서 길을 건너는 상황에 따라 안전하게 신호등을 보고 건너는 방법을 알아 볼 수 있었음. 가정연계로 유아들이 부모님과 신호등을 보고 길을 건너 볼 수 있도록 안전교육 내용을 안내해야겠음			

날 짜	놀이평가 및 다음날 지원 계획	반 운영 특이사항
0일(월)	유아들이 다양한 재질을 활용할 수 있도록 재료를 추가로 제공할 필요가 있음. 딱지놀이 시 다른 놀이를 하는 유아들의 놀이공간이 확보될 수 있도록 실외 또는 유희실 등의 다양한 공간을 활용해야겠음	부모개별면담) OOO, OOO, OOO
0일(화)	미세먼지로 인해 실외에서 진행하고자 했던 딱지놀이를 유희실에서 진행하였음. 그에 따라 실외놀이 대체활동 시간을 1시간(11:20~12:20)으로 조정하였고 유아들의 요구에 따라 오전 실내놀이를 20분(9:20~11:00)확대하여 진행하였음	미세먼지 발생으로 인해 유희실에서 대체놀이를 함.
0일(수)	어제 진행하지 못한 실외 딱지놀이를 충분히 해볼 수 있도록 실외놀이 시간을 1시간 30분(10:50~12:20)으로 확대하여 진행하였음	
0일(목)		
0일(금)		
다음 주 예상 놀이 및 지원계획	바깥놀이를 하면서 발견한 딱지놀이에 대한 유아들의 흥미가 지속되어 실내놀이에도 딱지놀이가 활발하게 진행되었으므로 충분한 놀이 공간을 확보하기 유희실을 활용하거나 영역을 통합하여 놀이공간을 마련해 주어야겠음	

2) 보육사업안내 서식을 활용하여 일일계획과 실행 및 평가 내용을 기록한 일일보육일지 작성 사례

❶ 개정 누리과정의 추구하는 인간상을 중심으로 유아가 오늘 하루 어떻게 지냈으면 하는지를 기술

❷ 낮잠 후 자연스럽게 실시되는 놀이를 실내외 구분 없이 기록

❸ 실행된 놀이에 대한 간단한 평가와 다음날 놀이 지원계획 기록

❹ 반 운영 특이사항(부모면담, 안전사고, 감염병 발생 등) 기록

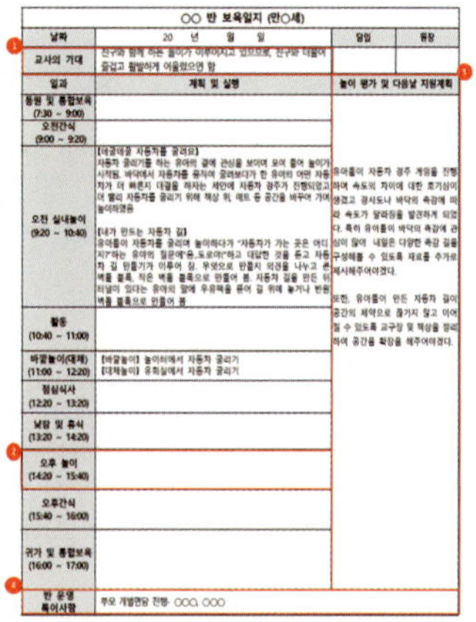
○○ 반 보육일지 (만○세)

날짜	20 년 월 일	담임	원장
교사의 기대	친구와 함께 하는 놀이가 이루어지고 있으므로, 친구와 더불어 즐겁고 활발하게 어울렸으면 함		

일과	계획 및 실행	놀이 평가 및 다음날 지원계획
등원 및 통합보육 (7:30 ~ 9:00)		
오전간식 (9:00 ~ 9:20)		
오전 실내놀이 (9:20 ~ 10:40)	[바깥대잘 자동차를 굴려요] … [내가 만드는 자동차 길] …	
활동 (10:40 ~ 11:00)		
바깥놀이(대체) (11:00 ~ 12:20)	[바깥놀이] 놀이터에서 자동차 굴리기 [대체놀이] 유희실에서 자동차 굴리기	
점심식사 (12:20 ~ 13:20)		
낮잠 및 휴식 (13:20 ~ 14:20)		
오후 놀이 (14:20 ~ 15:40)		
오후간식 (15:40 ~ 16:00)		
귀가 및 통합보육 (16:00 ~ 17:00)		
반 운영 특이사항	부모 개별면담 진행- ○○○, ○○○	

출처: 보건복지부·중앙육아종합지원센터 (2020), 2019 개정 누리과정 보육일지 개선방향 및 일지양식 예시.

(2) 환경 구성의 자율화

만약 어린이집 공간과 교실을 관습적으로 유지하고 관리해 왔던 기준이 있다면 다음과 같은 질문을 통해 재조명해 볼 필요가 있다.

'영역별로 분리된 장소와 정해진 방식으로 자료를 활용하는 것이 영유아의 주도성, 창의성을 도모할 수 있는가?'

'영유아가 놀이하고 싶은 공간에서 놀이할 수 있도록 지원하는 것은 어떤 의미가 있는가?'

'영유아가 놀이하고 싶은 방식대로 놀이하도록 지원하는 것은 어떤 의미가 있는가?'

영유아가 주도적이고 자유롭게 놀이할 수 있도록 보장하기 위하여 교사는 영유아의 선택을 존중하며 영유아들에게 어떻게 하고 싶은지를 묻고 영유아의 목소리를 운영에 직접 반영할 수 있다. 이 때 영유아는 자신이 놀이하고 싶은 장소를 스스로 제안하고 필요한 것을 적극적으로 요청하며, 자신이 선택한 시간과 물리적

환경 속에서 즐겁게 놀이할 수 있다. 이러한 변화는 몇 개의 영역이 통합되거나 영역의 제한을 허물기, 한 공간에서 더 많은 종류의 놀이가 한꺼번에 이루지는 것 수용하기, 유아들이 정해진 공간에서만이 아닌 어린이집 복도, 로비, 계단, 강당 등 놀이에 적합한 새로운 공간을 찾고 놀이할 수 있도록 지원하기 등의 시도가 일어날 수 있다.

(3) 6(5)개 영역의 통합방식의 다양화

제4차 어린이집 표준보육과정은 놀이를 통한 영유아의 배움을 강조한다. 교사는 영유아가 놀이를 통해 배우고 성장할 수 있도록 돕고 지원하는 역할을 하며, 다양한 방식으로 배움이 이루어지고 생성될 수 있도록 해야 한다. 표준보육과정에서는 영유아가 경험하는 배움의 내용을 각 영역과 연결하여 제시하고 있다. 교사는 영유아의 놀이에서 나타나는 경험을 6(5)개 영역과 통합적으로 연결해 보면서 영유아의 놀이를 통한 배움을 이해할 수 있다. 또한 영유아가 일상에서 놀이하며 배우는 현재의 모습과 앞으로 배우며 성장해 가야 할 모습으로 추구하는 인간상을 활용할 수 있다.

어린이집에서는 이렇게

2세반 김선생님의 이야기: 놀이와 추구하는 인간상을 연결하기

저희 반 아이들이 벽돌블록으로 자동차 경주장을 만들었어요. 저는 아이들의 경주장 놀이에서 놀이 규칙을 스스로 만들어서 놀이하는 모습이 인상적이었어요. 아이들은 자동차를 굴려서 끝까지 도착하지 못하는 경우에는 한 번 더 굴리자는 약속을 만들기도 했어요. 아이들은 놀이를 함께 하려고 교실에 있는 응급차를 가져온 친구에게 레이싱카만 된다는 약속을 알려주며 공유하고, 여기가 출발지점이고 저기 끝까지 굴려야 한다는 규칙을 직접 시범을 보여주며 설명해 주었어요. 그리고 새로 놀이를 함께 하게 된 친구가 굴리는 것을 지켜보고 축하해 주었어요. 한참 놀이하던 중 친구가 지나가다 발로 쳐서 블록 경주장이 망가지기도 했어요. 처음에 아이들은 속상해했지만 한 쪽은 초록색 블록으로 쌓고, 다른 한 쪽은 갈색으로 만들어야 한다는 규칙을 알려주며 블록을 다시 쌓으면서 놀이가 이어졌어요. 이렇게 놀이하며 스스로 놀이 규칙을 만들고, 다른 친구에게 규칙을 알려 주며 공유하는 모습을 보니 교사가 미리 규칙을 정해 주지 않아도 된다는 생각을 하게 되었어요. 그리고 놀이 중 갈등이 몇 차례 생겼는데 교사가 바로 개입하지 않고 기다려 주니 영아들이 스스로 갈등을 해결하는 모습을 보여주었어요. 어쩌면 지금까지 제가 너무 많이 개입한 것은 아닌가 하고 생각해 보았습니다.

이 모습을 보면서 블록으로 자동차 경주장을 만들어 가는 자주적인 모습, 몸을 움직이며 자동차를 굴리고 안전하게 움직이려는 건강한 모습, 어떻게 해야 자동차가 더 멀리 나갈 수 있는지 탐구하고 실험하는 창의적인 모습, 자동차 경주에 대한 문화를 공유하고 놀이로 표현하는 감성이 풍부한 모습, 놀이 친구에게 규칙을 알려 주고, 축하하는 더불어 사는 모습을 생각해 볼 수 있었어요.

(4) 평가의 자율화: 관찰기록의 중요성

영유아들이 흥미를 느끼고 스스로 놀이를 선택하여 주도할 수 있도록 지원하기 위해서 교사는 영유아의 흥미를 예측하기보다는 영유아들의 흥미가 어디에 있는지, 영유아들에게 필요한 지원이 무엇인지 파악해야 한다. 영유아의 흥미와 요구를 이해하기 위해 무엇보다 선행되어야 하는 것은 놀이를 관찰하는 것이다. 영유아가 주도하는 놀이, 즐거워하는 놀이를 지원하기 위해서는 교사가 놀이를 끌어가려는 시도를 멈추고 영유아가 놀이하고 있는 교실 전체의 상황과 놀이의 흐름, 개별적인 영유아의 흥미와 관심을 살펴보는 것이 필요하다.

이는 계획된 놀이를 그대로 실행하기에 집중하였던 방식에서의 관찰과는 구별되는 접근이다. 영유아의 놀이를 들여다보는 것을 통해 교사는 영유아의 관심과 흥미, 좋아하는 놀이, 실제적인 경험이 놀이를 통해 표현되고 있음을 발견할 수 있다. 이를 통해 교사가 영유아의 현재 모습, 유능성과 변화를 발견할 수 있는 시간이 된다. 아래 예시와 같이 교사는 자신의 의도를 내려놓고 영유아의 놀이를 바라보며 지원하는 과정에서 영유아의 놀이가 더 많이 보이기 시작했고, 교사가 적극적으로 개입하지 않아도 아이들 스스로 해결할 수 있는 것들이 많다는 것을 알게 되었다. 이러한 교사의 변화는 교사에게도 놀이시간이 즐겁고 기다려지는 시간으로 다가올 수 있게 한다.

어린이집에서는 이렇게

영유아의 놀이를 관찰하고 기록하는 교사의 생각

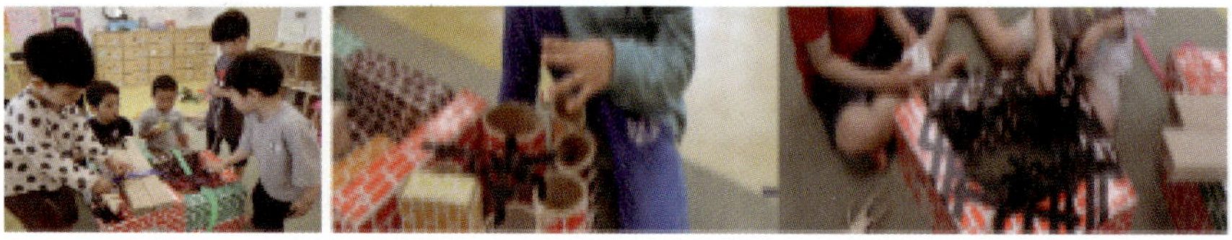

띠블록을 이어 거미줄을 만든 유아들은 곤충들이 띠블록에 걸리지 않고 무너지자, 무거운 블록으로 지탱해야겠다고 하며 긴 유니트블록으로 다시 구성함.
띠블록으로 만든 거미줄이 계속해서 무너지자, 음률영역 환경으로 바닥에 붙인 거미줄(검정 테이프를 붙여 만듦)을 가리키며 검정색 테이프를 달라고 요구함.

다음 일과로 놀이가 시작할 때, 다른 미술재료를 찾아 거미줄 만들기 시도함.

(담임교사의 생각)

유아가 띠블록으로 거미줄 만드는 모습을 보면서 평소라면 교사가 먼저 견고한 방법을 안내해 주었을 텐데, 유아가 해결 방법을 찾아 거듭 시도할 수 있도록 기다리고 관찰하자 시간이 걸리더라도 그 과정 안에서 유아가 흥미를 지속해 한참 놀이하는 모습을 발견할 수 있었음. 놀이를 지속해야 한다는 부담감을 내려놓고, 유아의 흥미를 따라가는 놀이로 생각의 전환이 반드시 필요함.

출처: 이미화, 이윤진, 염혜경 (2019), 어린이집 개정 누리과정 적용지원방안연구. 육아정책연구소.

4. 함께 배우고 성장하기

1) 영유아와 함께하기

교사가 유아의 관심과 흥미를 알아차리기 위하여 유아의 놀이를 들여다보고 관찰하는 것이 중요하다. 따라서 교사는 유아에게 수시로 무엇이 필요한지와 원하는 것이 무엇인지에 대해 질문하는 방법을 사용할 수 있다. 교사는 영유아의 흥미를 관찰을 통해 파악하여 지원하기도 하였지만, 직접적인 결정을 내려야 할 때는 영유아들에게 직접 듣는 것이 중요하다. 예를 들면, 놀잇감이 필요하거나 교사의 도움을 원할 때 영유아들이 직접 표현하는 것이 영유아의 놀이를 지원할 수 있는 가장 적합한 방법이 될 수 있다.

2) 교사 간 소통하기

어린이집 교사의 하루 일과는 매우 바쁘게 진행되고, 수시로 돌발 상황을 맞이하게 된다. 따라서 교사 간 원활한 소통을 위해서는 정해진 교사 회의시간 이외에도 서로 소통하려는 의지가 필요하다. 교사는 보육과정을 운영하면서 동료교사들과 소통하며 자신의 생각을 나누고, 새로운 아이디어를 교환할 수 있다. 교사는 이러한 소통의 요구를 느끼지만 어린이집 일과운영 시간상 교사가 모여서 회의를 하거나 함께 토론하는 시간을 마련하기는 쉽지 않다. 교사는 수시로 만나는 교사 서로에게 보육과정 운영이나 놀이에 대해 묻고 짧게 대화하면서 일상적으로 소통할 수 있다. 자신의 경험을 소통하며 자신의 지원이 적절한지, 어떠한 지원이 가능할지 점검하며 돌아볼 수 있다.

이러한 교사 간 소통은 자율적인 교사 연수로 이어질 수 있다. 제4차 어린이집 표준보육과정에서는 교사가 참여하는 다양한 유형의 교육, 배움 공동체, 소모임을 포함한 교사 연수를 통해 표준보육과정의 운영을 개선할 수 있도록 할 것을 제시하고 있다. 어린이집 동료교사 또는 지역사회의 교사와 함께 고민을 나누고 배우는 집단을 배움 공동체라고 한다. 이는 교사가 자율성을 기반으로 영유아가 놀이하며 배우는 가치를 믿고 영유아와 함께 보육과정을 만들어 가기 위해 교사 혼자 고민하고 지원하는 것이 아니라, 누군가와 함께 고민하고 성장할 수 있는 계기이며 자율적인 교사 연수과정이 된다. 교사는 누군가와 고민을 나누고 함께 문제를 해결하려는 노력을 하며 각 교실의 놀이에 대해 나누고, 고민하고, 실천하는 과정을 통해 협력적으로 배우고 전문가로 성장하게 된다. 또한 이 과정에서 더 좋은 방향을 모색할 수 있고, 어린이집 내 교사들이 서로 소통하고 존중할 수 있는 계기가 된다. 물론 동료와 고민을 나누는 과정에서 교사로서의 삶이 풍성해질 수도 있다.

적용해 보기 자율적 교사 연수로서의 교사학습 공동체란?

사. 교사 연수를 통해 표준보육과정의 운영을 개선할 수 있도록 한다.

교사는 영유아의 놀이와 배움을 지원하는 보육과정의 주체이자 영유아와 함께 배우고 성장하는 전문가이다. 개정 표준보육과정에서는 표준보육과정의 실행자로서 영유아의 놀이를 지원하는 교사의 역할을 강조하고 있다. 표준보육과정의 실천과 지속적인 개선을 위해서는 교사 연수가 필수적이다. 어린이집을 지원하는 국가 및 지역기관에서는 다양한 형태의 교사 연수를 마련하고, 교사가 자율적으로 참여할 수 있는 기회를 제공해야 한다. 교사 연수는 교사가 참여하는 다양한 유형의 교육, 배움 공동체, 소모임 등을 포함한다. 교사는 표준보육과정에 대한 이해 및 필요 정도에 따라 자발적으로 연수에 참여하여 표준보육과정 운영을 개선해 가도록 한다.

보건복지부(2020b). 제4차 표준보육과정 해설서. p. 32

학습공동체에 참여하는 선생님들께서는 다음과 같이 학습공동체에 대해 생각하였습니다. 여러분이 생각하는 학습공동체는 어떤 모습이길 바라나요? 떠오르는 단어를 말해 보세요.

출처: 교육부 (2020). 유아놀이중심 교육지원을 위한 학습공동체 실천 이야기.

3) 부모와 협력하기

영유아의 놀이권, 참여권은 어린이집에서 반드시 보장되어야 하지만 가정에서도 지켜져야 하는 중요한 권리이다. 따라서 어린이집에서는 영유아가 행복하고 건강하게 성장하기 위해서 무엇보다 영유아에게 놀이권과 참여권을 찾아주는 것이 중요하다는 공감대를 부모와 형성하는 것이 중요하다. 이를 통해 부모는 영유아기 주도적 배움에서 놀이의 의미와 가치를 인식할 수 있다. 이를 위하여 어린이집에서는 부모면담, 간담회, 부모교육, 부모참여 활동, 유아의 놀이에 부모참여, 부모의 재능기부 등 부모와의 소통을 위한 시도를 다양하게 할 수 있다. 영유아의 놀이는 자신의 경험을 반영하므로, 영유아의 놀이를 이해하기 위해서는 부모와의 협력은 필수적이다. 또한 가정에서 이루어지는 영유아의 놀이가 어린이집에서도 연결될 수 있도록 지원하는 데에도 부모와의 협력은 중요하다. 이러한 노력을 통하여 부모와의 공감대 형성이 원활하게 이루어지고 다시 다양한 협력을 모색할 수 있다.

12

영아반 보육과정의 운영

무엇을 배울까?

- 영아반 보육과정의 특성
- 영아반 일과운영
- 영아의 배움 지원
  - 상호작용 지원
  - 놀이공간 지원
  - 놀이자료 지원
- 영아반 보육과정 평가

□ 이 내용을 살펴보는 주안점:

영아반 보육과정의 운영은 어떠한 특성을 가지고 있을까요? 영아기는 발달의 결정적 시기로 영아기의 경험은 이후 영아의 성장과 발달에 중요한 영향을 미칩니다. 영아가 보육시설에서 가정에서와 같이 편안하고 안정적으로 하루 일과를 보내고 발달에 적합한 경험을 할 수 있도록 질 높은 보육과정을 운영하는 것이 매우 중요하다는 것을 의미합니다. 이 장에서는 영아반 보육과정의 운영에 대해서 살펴봅니다. 그리고 영아반 보육교사는 영아의 발달적 요구 및 특성을 고려하여 영아가 질 높은 보육을 경험할 수 있도록 어떠한 지원을 할 수 있을지 생각해 봅시다.

1. 영아반 보육과정의 특성

1) 영아의 특성

영아기는 학자들마다 조금씩 다르게 규정하고 있지만 보육사업안내(보건복지부, 2021)에서는 영아반을 만 2세 미만과 만 2세 영아들로 구성된 학급으로 명시하고 있어 출생에서 만 2세까지를 영아로 보고 있다. 이처럼 영아기는 생애 가장 초기로 발달과 성숙이 급속히 진행되는 시기이며, 질적으로 많은 변화가 일어나는 시기이다. 누워 있던 영아가 뒤집고, 기고, 앉고, 서고, 걷게 되면서 신체적 독립이 이루어지기 시작하고, 자신과 타인을 구별하며 자아개념을 형성하게 되면서 정신적 독립이 이루어지기 시작한다. 울음과 옹알이로 의사소통을 시도하던 영아가 점차 단어와 문장으로 의사를 표현할 수 있게 되며, 자신과 타인의 정서를 인식하고 표현할 수 있게 되면서 사회적 상호작용의 기초를 형성한다. 또한 오감을 활용한 다양한 탐색 경험을 통해 사물이 가진 특성을 이해하고 세상에 대한 이해의 폭을 넓혀 간다. 따라서 영아에게 주어진 다양하고 충분한 탐색의 대상은 영아가 세상을 이해하는 데 도움이 된다. 이와 더불어 영아는 초기에 양육자와 형성한 안정적 애착을 토대로 타인과 긍정적 관계를 맺고 사회·정서적으로 건강하게 성장한다. 즉, 영아기에 양육자와 신뢰로운 관계를 경험하는 것은 영아의 사회성 발달에 중요한 영향을 미친다. 또한 영아는 먹기, 씻기, 배변하기, 수면하기 등 기본적인 일상생활을 수행하기 위한 기술을 습득해 간다. 영아기에 기본적인 일상생활을 건강하고 즐겁게 경험하는 것은 올바른 생활 습관을 형성하기 위해 중요한 과정이다.

영아 개인마다 각 발달 영역의 속도에 차이가 크며 독특한 패턴으로 발달하기 때문에 영아기에는 폭넓은 개인차가 존재한다. 따라서 영아의 발달을 지원하기 위해서는 영아의 개별적인 발달을 이해하는 것이 중요하다. 교사는 영아를 주의 깊게 관찰하여 영아가 현재 무엇을 하고 있는지, 영아의 행동이 어떠한 발달적 의미를 지니고 있는지, 영아에게 어떠한 변화가 일어나고 있는지를 이해해야 한다.

영아에 대한 세심한 관찰이 현재 영아가 가장 필요로 하는 지원으로 이어질 수 있기 때문이다. 영아가 보내는 눈짓, 손짓, 표정, 움직임 등의 비언어적 신호를 민감하게 관찰하고 영아의 발달에 적합한 지원에 대해 교사는 끊임없이 고민해야 한다. 영아의 발달에 적합한 보육은 영아의 발달에 대한 이해부터 시작된다.

2) 영아반 보육과정의 특성

영아기는 신체적·인지적·사회·정서적으로 급격한 발달이 이루어지며, 발달의 결정적 시기이므로 질 높은 보육을 제공하는 것이 더욱 중요하다. 국가수준의 표준보육과정에서는 0~1세 보육과정과 2세 보육과정이 영아보육에 해당된다. 영아보육의 궁극적인 목표는 영아가 보육시설에서 가정에서와 같이 편안하고 안정적으로 하루 일과를 보내고 발달에 적합한 경험을 할 수 있도록 지원하는 데 있다. 이러한 지원을 위한 영아반 보육과정의 특성은 다음과 같다.

(1) 영아의 생리적 욕구를 반영한 일상적 양육

영아는 하루 일과 중 일상적 양육이 차지하는 비중이 크며, 일상적 양육에서 안정감을 느끼면서 어린이집에 적응해 간다. 먹기, 씻기, 배변하기, 수면하기와 같은 생리적 욕구를 충족시키는 일상생활은 교사와 영아가 안정적으로 애착을 형성할 수 있는 시간이 될 뿐만 아니라 영아의 건강 상태를 살펴볼 수 있는 중요한 일과이다. 따라서 교사는 개별 영아의 생리적인 욕구를 충족시키는 일상적 양육을 우선적으로 지원하며, 영아의 월령이 낮을수록 개별 일과 운영은 더욱 중요하다(보건복지부, 2020b). 교사는 개별 영아의 요구를 민감하게 파악하고 신체적 접촉, 칭찬과 격려로 반응해 주어 영아가 긍정적 일상생활을 경험하고 건강한 생활 습관의 기초를 형성할 수 있도록 한다. 또한 이 과정에서 영아가 식기를 사용하고 옷을 입는 등의 자조기술을 시도하여 자율감을 경험할 수 있도록 지원한다.

(2) 영아와 교사의 개별적 관계 중심 보육과정

영아의 관심과 흥미에 따라 보육과정의 내용이 결정되고, 영아의 발달에 따라 개별화된 경험을 지원해야 하므로 영아기의 의미 있는 교육적 경험은 영아와 교사 간의 반응적인 상호작용을 통해 전달된다. 교사는 개별 영아의 건강·정서 상태, 흥미 등에 따라 보육과정을 융통성 있게 운영해야 한다. 따라서 교사는 울음, 몸짓, 손짓, 표정 등 비언어적인 신호로 다른 사람들과 의사소통을 하는 영아를 세심히 관찰하여 영아가 보내는 신호를 파악하고 민감하게 반응하는 것이 중요하다. 영아와 교사 간의 반응적 상호작용으로 영아는 발달에 적합한 보육을 받을 수 있으며, 교사와의 안정적인 애착형성으로 어린이집에 보다 편안하게 적응할 수 있게 된다.

(3) 영아의 흥미와 놀이중심 보육과정

영아는 놀이를 통해 세상을 경험한다. 표준보육과정의 각 영역의 내용은 영아가 즐겁게 놀이하면서 배우는 내용이며, 어린이집에서 놀이를 통해 경험해야 할 의미 있는 내용이다. 교사는 영아가 즐기는 짧고 단편적이지만 반복되는 놀이의 특성을 이해하고 존중하되 개별 영아의 특성에 따라 새로운 놀이를 탐색해 볼 수 있도록 환경을 지원해 줄 수 있다. 영아의 발달수준과 관심사를 반영한 놀이가 중심이 되도록 보육과정을 운영하며, 영아에게 발현되는 놀이 주제가 보육과정에 반영될 수 있도록 융통성 있게 운영한다.

(4) 안전한 보육환경 구성, 놀이를 통한 안전교육 경험

영아는 신체를 활발히 움직이고 일상생활에서 궁금증을 해결하기 위해 오감을 활용해 적극적으로 탐색한다. 교사는 영아가 안전하게 탐색활동을 즐길 수 있도록 영아가 생활하는 보육환경을 안전하게 구성하고 점검해야 한다. 이와 함께 영아가 일상에서 안전한 생활을 경험하고 안전에 대한 인식을 키우기 위해 안전교육을 실시해야 한다. 영아는 놀이와 실제 생활에서 위험한 상황에 조심해 보는 경험을 통해 안전한 생활 습관의 기초를 형성할 수 있으므로 대집단 형태의 교육이 아니라 놀이와 연계하거나 전이시간을 이용하여 자연스럽게 안전교육이 이루어지도록 한다(보건복지부, 2020b).

적용해 보기

표준보육과정에서 추구하는 인간상

제4차 어린이집 표준보육과정은 영유아·놀이중심을 추구하는 보육과정이다. 어린이집에서는 영아가 주도적으로 놀이하며 배우는 보육과정으로의 변화를 추구한다. 교사는 영유아·놀이중심 보육과정을 실천하기 위해 영아가 놀이를 통해 세상과 소통하고 있음을 이해해야 한다.

영아의 놀이 경험을 이해하기 위해 놀이하는 영아의 모습에서 표준보육과정에서 추구하는 인간상의 모습을 찾아보자.

〈예시자료〉

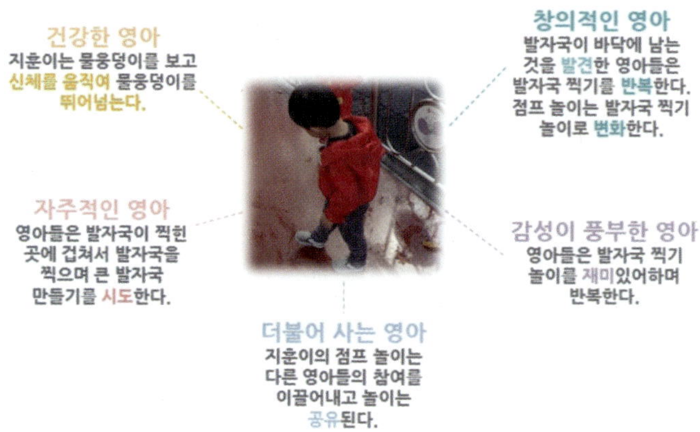

출처: 서울시육아종합지원센터 (2019). 좋은 교사되기 핸드북 Ⅱ –놀이하며 배우며.

2. 영아반 일과운영

보육실에서의 하루는 영아의 등원과 하원, 점심 및 간식, 낮잠, 배변활동(기저귀 갈이)과 같이 매일 반복되는 일상생활과 영아의 놀이, 그리고 활동으로 구성된다. 제4차 어린이집 표준보육과정에서는 일과에서 영아의 놀이가 충분히 이루어지도록 편성하여 운영할 것을 강조한다.

1) 영아가 주도하는 놀이중심의 일과운영

영아는 호기심을 가지고 주변 환경을 반복적으로 탐색한다. 이러한 영아의 발달 특성을 고려할 때 영아가 한 가지 놀이를 반복하며 충분히 탐색할 수 있도록 놀이시간을 운영한다. 영아가 좋아하는 놀이나 활동을 자발적으로 선택하고 충분히 경험할 수 있도록 하루 일과 중 오전, 오후를 합쳐 2시간 이상 실내놀이시간을 운영한다. 이때, 오전 1시간 이상은 연속적으로 편성하여 놀이의 흐름이 끊기지 않도록 하는 것이 중요하다(보건복지부, 2020b). 바깥놀이의 경우 전이시간과 별도로 만 0세는 주 3회 하루 30분 이상을, 만 1~2세는 매일 30분 이상을 계획하여 운영한다. 이 과정에서 영아는 사전에 계획되지 않은 놀이를 주도하여 진행할 수 있다. 0세의 경우에도 일상적 양육과 함께 놀이시간을 운영하는 것이 필요하며, 1세와 2세의 경우에는 일상생활과 함께 점차 놀이의 비중이 커지도록 하루 일과를 운영한다.

교사의 지원 **영아가 주도하는 놀이를 지원하기 위한 일과운영**

교사는 영아의 등원을 편안하고 안정적으로 맞이하여 놀이와 연결하여 주었으며 놀이시간 동안 영아가 원하는 놀이를 할 수 있도록 하였다.

다윤이가 등원한 후, 자신의 가방을 꺼내 안을 살핀 뒤 아무것도 없자 인형을 넣고 싶다고 이야기한다.
"인형 넣고 싶어요."
교사가 웃으며 고개를 끄덕이자 휴식 영역에 있는 인형 중 강아지 인형을 골라 가방에 넣는다.

다윤이는 인형을 넣고 스스로 지퍼를 닫은 후 팔을 끼워 가방을 멘다.
교사가 "다윤이 가방 메고 놀 거야?" 하고 묻자 "네." 하고는 웃으며 교사를 쳐다본다.

다윤이가 가방 멘 것을 보고 혜민이가 자기 가방을 가지고 와서 교사에게 내민다.
"혜민이도 가방 메고 싶어?"
그렇다고 고개를 끄덕인다.
혜민이는 교사의 도움을 받아 가방을 메고 다윤이를 따라다니며 놀이한다.

다윤이가 인형을 안자 혜민이도 인형을 안고 다닌다. 다윤이가 웃자 혜민이도 따라 웃고 인형을 다독이자 따라서 다독인다. 둘은 각자 놀이하면서 서로가 어떻게 노는지 계속 살핀다.

출처: 보건복지부 (2020b). 제4차 어린이집 표준보육과정 해설서. p. 98.

2) 영아의 관심사와 놀이 특성을 고려한 융통성 있는 운영

교사는 영아들의 놀이의 흐름을 고려하여 융통성 있게 일과를 운영한다. 영아의 놀이 흐름에 대한 기록과 평가를 반영하여 다음날의 일과를 조정할 수 있으며, 날씨나 자연현상에 따른 관심을 놀이에 반영하기 위해 일과의 순서를 바꿀 수도 있다.

교사의 지원

영아의 놀이에 따른 융통성 있는 일과운영

교사는 영아가 좋아하는 철사놀이를 지속할 수 있도록 놀이시간을 충분히 제공하고, 며칠 동안 더 지속할 수 있도록 융통성 있게 일과에 반영하였다.

상호가 색색의 철사를 탐색하고 있다.

동그랗게 만들려고 여러 번 시도하다가 말발굽 모양으로 철사를 구부린다. 이후 구부린 철사를 나무에 걸어 준다.
교사가 "상호야, 왜 나무에 걸어 준 거야?"라고 묻자, 상호는 "예쁘라고!"라며 대답한다.
상호는 이전에 꽂은 나뭇가지 윗부분을 꺾어 'ㄱ'자를 만든 뒤 "이거 가로등이야!"라고 교사에게 알려준다.
교사가 "어디에 불이 들어와요?"라고 묻자,
상호는 "지금은 어두워지지 않았기 때문에 빛이 안 켜진 거야."라고 말한다.
잠시 후, "이건 자동으로 켜지는 가로등이에요."라고 설명하고 다시 철사를 만진다.

어제에 이어 오늘도 상호는 철사를 구부리며 이리저리 탐색한다.
…

갑자기 교사를 부른 상호는 책상 기둥 모양대로 철사를 구부린다. "이거 봐. 이렇게 하면 철사가 반달 모양으로 구부러진다?" 기둥 모양대로 구부러진 철사를 보며 신기해한다.
관심이 생긴 철사를 계속 탐색하며 철사를 활용한 놀이를 며칠 더 지속한다.

출처: 보건복지부 (2020b). 제4차 어린이집 표준보육과정 해설서. p. 202.

3) 영아의 생리적 욕구에 따른 개별화된 일과운영

영아는 어린이집에 오면서 가정에서 생활하던 신체리듬과 다른 변화를 겪게 된다. 따라서 영아가 어린이집의 일상생활에 잘 적응할 수 있도록 충분히 기다려 주며 지원하는 것이 중요하다. 영아의 경우에는 돌봄과 보호가 중요하기 때문에 일상생활과 놀이를 구분하지 않고 영아가 놀이중심으로 일상생활을 경험할 수 있도록 일과를 운영한다. 이 때 영아가 등·하원, 급·간식, 낮잠과 같은 일상생활과 관련된 경험을 편안하고 안정적으로 경험할 수 있도록 지원한다. 무엇보다 영아에 따라 생리적 욕구가 다를 수 있음을 고려하여 정해진 일과를 획일적으로 운영하기보다는 영아의 욕구에 따라 개별적으로 운영한다. 특히 영아의 월령이 낮을수록 개별 일과운영이 더욱 중요해진다.

교사의 지원 **영아의 개별적 욕구에 맞춘 일과운영**

교사는 개별 영아의 컨디션, 생활리듬, 피곤할 때의 행동을 잘 관찰하여 일과 중 언제든 쉴 수 있도록 배려하였다.

자유놀이를 하던 지수(12개월)가 교사에게 다가와 안기며 눈을 비빈다. 교사는 "졸려? 피곤하구나~" 하며 지수를 안고 일어나 등을 토닥여 준다. 지수는 교사의 어깨에 기대어 또래가 놀이하는 모습을 쳐다본다.

매트에 누워서 뒹굴거리는 정민이(14개월)에게 교사가 "쉬고 싶었어?"라고 말하며 다가간다. 정민이의 다리를 만져 주며 "선생님이 쭉쭉이 마사지 해 줄까?"라고 묻는다. 정민이가 교사에게 싱긋 웃으며 몸을 쭉 편다.

교사는 낮잠매트를 준비하며, 영아별로 애착인형이나 이불을 챙겨 놓는다. 양치를 마친 지민이(18개월)가 자신의 낮잠매트를 찾아간다. 매트 위에 있는 자신의 애착인형을 껴안고 누워서 뒹굴거린다. 교사가 블라인드를 내리기 시작하자, 지민이는 눈을 꼭 감는다.

출처: 보건복지부 (2020b). 제4차 어린이집 표준보육과정 해설서. p. 53.

3. 영아의 배움 지원

1) 상호작용 지원

영유아중심, 놀이중심 보육과정에서는 영아 간 상호작용이 활발하게 이루어진다. 영아는 놀이과정에서 교사, 또래 그리고 환경과 적극적으로 상호작용하면서 세상을 이해하고 배움을 이어간다. 특히 영아의 경우 또래 간 상호작용과 함께 교사와의 애착 및 신뢰감 형성이 중요하다. 교사는 영아가 놀이에서 만나는 다양한 관계에 관심을 기울이고 함께 상호작용을 하며 배움을 지원해야 한다(보건복지부, 2020b).

(1) 영아와 영아 간 상호작용

영아는 또래와 함께 놀이하면서 사회적 기술을 증진시키고 문제해결력을 기를 수 있다. 교사는 영아가 놀이 중에 또래와 긍정적 관계를 경험할 수 있는 기회를 제공하여 영아들의 다양한 상호작용을 격려해 주어야 한다. 뿐만 아니라 또래의 놀이에 관심을 보이는 영아의 표현(웃기, 손짓하기 등)에 긍정적으로 반응하며, 영아가 또래와의 놀이를 시도할 때 정서적으로 지지해 준다. 또한 영아가 또래와 함께하는 놀이를 즐겁게 인식하고 관계를 확장해 나갈 수 있도록 격려해 준다. 교사는 영아가 또래와의 놀이 중에 발생한 문제를 해결할 때에는 기다려 주면서 신중히 개입하여 영아 스스로의 해결과정을 격려하고 지지해 준다.

교사의 지원 **또래 간 문제해결과정 지원**

교사는 영아들이 놀이 중 발생한 문제를 미리 나서서 해결해 주기보다는 시간이 걸리더라도 영아들끼리 힘을 합쳐 해결해 볼 수 있도록 지켜 보며 기다려 주었다.

> 탐구 영역에 있던 통을 떨어뜨려 그 안에 있던 모래가 쏟아지자 주워 담기 시작한다. 그 주위에 있던 영아들도 각자 도구를 가지고 와서 친구를 도와 모래를 통에 넣으며 정리를 도와준다.
>
> 다른 영역에서 놀던 영아들도 교실 바닥에 흩어진 모래를 같이 담아 주려고 모여든다.
> "어, 쏟았어?"
> "내가 같이 해 줄까?"
> "이렇게 하면 될 것 같아."
> 영아들은 각자의 방법으로 함께 바닥 위의 모래를 정리해 간다.
>
> 출처: 보건복지부 (2020b). 제4차 어린이집 표준보육과정 해설서. p. 210.

(2) 영아와 환경과의 상호작용

영아는 주변 환경에 대한 호기심과 흥미를 가지고 반복적인 탐색을 통해 배워 나간다. 따라서 교사는 영아의 환경 탐색에 대해 주의를 기울이고 존중하며, 영아가 즐겁게 환경과 상호작용할 수 있도록 지원해 준다. 영아가 환경에 대한 탐색을 시도할 때 교사는 이를 언어적·비언어적으로 지지해 주며, 영아가 충분히 탐색을 즐길 수 있도록 기다려 주어야 한다.

교사의 지원 **영아의 탐색 경험을 관찰하고 언어적·비언어적으로 지원**

교사는 영아가 오감으로 소리 나는 놀잇감을 즐겁게 탐색해 볼 수 있도록 영아의 감각적 경험을 언어로 표현하고 손뼉치기 등의 비언어적 표현으로 격려하였다.

놀잇감 바구니에서 마라카스 두 개를 바닥에 굴리다 소리가 나자 양손으로 잡고 흔들어 본다. 그리고 소리가 나는 마라카스를 쳐다본다.
교사: 무슨 소리지? 찰랑 찰랑 소리가 나네.

바닥에 놓인 베이비 드럼을 만져 본다.
드럼 버튼을 손가락으로 누르며 소리와 함께 불빛이 반짝거리는 것을 바라본다.
불빛이 사라지자 다시 누르기를 시도한다.

하임이는 옆에 있던 친구가 북 치는 것에 관심을 보이자, 자기도 북채로 북을 두드려 소리를 내본다.
교사: 하임이가 둥둥둥둥 소리를 내는구나.

혜수는 사운드 북 버튼을 눌러 동요를 들어본다.
버튼을 누르고 귀에 갖다 대는 행동을 반복하며, 노랫소리에 고개를 끄덕이거나 몸을 흔들어 보기도 한다.
교사는 동요를 함께 불러 주고, 노래가 끝나자 혜수와 함께 박수를 친다.

출처: 보건복지부 (2020b). 제4차 어린이집 표준보육과정 해설서. p. 67.

(3) 영아와 교사 간의 상호작용

① 정서적 지원하기

영아와 교사의 안정적 애착과 신뢰감 형성은 영아가 이후 다른 사람들과 맺는 관계에 긍정적인 영향을 미치기 때문에 영아의 사회·정서발달에 매우 중요하다. 교사는 영아를 주의 깊게 관찰하여 영아의 요구에 민감하게 반응해야 한다. 이 때 영아의 눈짓, 표정, 몸짓과 같은 비언어적 표현과 언어적 시도를 세심히 관찰하는 것이 중요하다. 교사는 영아가 시도하는 다양한 경험을 관찰하고 영아가 이 과정에서 유능감을 느낄 수 있도록 영아의 성취에 긍정적으로 반응해 준다.

교사의 지원

정서적 지원

교사는 영아가 스스로 손을 씻으며 유능감을 느끼고 이를 표현할 수 있도록 격려하였다.

실외놀이를 다녀온 후 영아들이 세 명씩 나뉘어 교사와 함께 손을 씻는다.

교사: 선생님은 이렇게 깍지 껴서 문질문질, 손가락 사이도 깨끗하게 씻어야지! 손을 깨끗이 씻어야 세균이 없어져서 감기에 안 걸려~.

민혁: 나는 이렇게 손톱 밑에도 싹싹 닦아요!

지수: 나도 원래 그렇게 해! 이거 봐봐!

교사: 와~선생님보다 손을 더 깨끗하게 씻네.

출처: 보건복지부 (2020b). 제4차 어린이집 표준보육과정 해설서. p. 144.

② 관찰을 통한 놀이 지원하기

교사는 영아의 놀이를 관찰하여 놀이과정에서 영아가 의미 있는 배움을 이어나갈 수 있도록 다양한 상호작용을 한다. 교사는 영아의 놀이를 주의 깊게 관찰하면서 영아의 요구에 민감하게 반응해야 하며, 이때 영아가 교사의 개입을 원하지 않을 때는 기다려 준다. 교사는 영아가 주도하는 놀이의 흐름을 따라가면서 정서적 또는 언어적 상호작용을 통해 영아의 놀이를 지원할 수 있다. 또한 영아의 놀이를 이해하기 위해 이를 기록하고 영아가 놀이를 지속하고 확장해 나갈 수 있도록 계획해 반영해야 한다. 놀이에 참여하지 못하는 영아가 있는 경우 교사는 영아가 할 수 있는 놀이의 모델링을 하여 영아가 놀이에 관심을 가질 수 있도록 지원하거나 또래의 놀이행동을 말로 표현해 주어 영아가 또래의 놀이에 관심을 갖고 참여할 수 있도록 지원해 준다.

교사의 지원 **놀이 지원을 위해 영아의 놀이 경험을 관찰하고 기록**

비닐이 덮힌 뻥튀기를 탐색하는 과정에서 일어나는 표정, 몸짓, 울음과 같은 비언어적 의사소통 과정을 의미 있게 관찰하고 기록하였다.

교사는 뻥튀기를 통에 담고 투명비닐을 씌운 후 비닐에 구멍을 뚫어두었다. 재후, 은서, 정윤이가 투명비닐 아래에 뻥튀기가 있는 것을 보고 통 주변으로 모여 앉는다.
재후가 손을 뻗어 뻥튀기를 잡으려고 하자 정윤이는 재후의 행동을 바라본다. 재후는 의도대로 뻥튀기가 잡히지 않자 옆에 있는 교사를 물끄러미 바라본다.

정윤이도 비닐 위에 손을 올리고 무엇인가를 손으로 집어 입 속에 넣는 행동을 한다. 재후는 정윤이의 몸짓을 유심히 살펴보다가 정윤이가 집었던 비닐 위를 물끄러미 바라보고 손으로 짚어 보며 그곳에는 아무것도 없다는 것을 확인했다.
그때 정윤이는 자신의 입 속에 뻥튀기가 없다는 것을 울음으로 표현하고, 재후는 정윤이의 표정을 관심 있게 바라본다.

(교사의 기록)

출처: 보건복지부 (2020b). 제4차 어린이집 표준보육과정 해설서. p. 80.

③ 놀이참여자로서 놀이 지원하기

교사는 놀이참여자로서 영아의 놀이를 지원할 수 있다. 교사가 놀이에 참여하면 영아는 교사를 모델링하여 다양한 놀이기술을 증진시킬 수 있으며, 개별적인 접촉을 통해 친밀감을 형성할 수 있다. 또한 놀이과정에서 새로운 아이디어를 제안하여 영아가 놀이를 지속시키거나 확장시키는 데 도움을 줄 수 있다.

교사의 지원 놀이참여자로서 놀이 지원

영아가 다양한 공간에서 상상하여 이야기 짓는 것에 호응하고 영아와 함께 상상의 이야기 짓기에 참여하였다.

> 교사: (주사기를 들고 있는 재후에게) 아이스크림 맛이 있어서~~라고 노래를 부른다.
> 재후는 주사기를 바닥에 던지고 배를 만지며 인상을 찌푸린다.
> 재후:(옷을 올려 배를 보여주며) 아파.
> 교사: 재후 배 아파? 주사 맞을까?
> 재후:(울먹이며) 아파.
> 하며 배를 만진다.
> 교사는 재후의 표정이 너무 진지하여 아픈지 다시 물어보자, 재후는 장난치듯 웃으며 노래를 따라 부른다.
>
> 8개월 후, 재후는 오이를 꼬치에 꽂아 본다.
> 재후: 뾰조뾰조해.
>
> 재후:(오이 꼬치를 아래로 돌리며) 해파리야. 오이해파리!
> 재후는 꼬치에 오이를 꽂아 본다.
> 교사: 해파리 본 적 있어?
> 재후: 아니. 그런데 해파리 독 있어~
> (오이 하나가 꼬치에서 떨어지자)
> 독이 없어져서 해파리 죽었다.
> 교사는 해파리를 살려달라고 말하자 재후는 다시 오이를 꼬치에 꽂고 살아났다고 이야기를 짓는다.
>
> 출처: 보건복지부 (2020b). 제4차 어린이집 표준보육과정 해설서. p. 195.

④ 안전한 놀이 지원하기

교사는 영아의 놀이 중에 발생할 수 있는 위험요소를 고려하여 영아가 안전한 환경에서 즐겁게 탐색할 수 있도록 지원해야 한다. 무엇보다도 교사는 영아가 생활하는 환경이 안전한지를 점검하고 위험요소를 즉시 제거하여 안전한 상황이 유지될 수 있도록 관리해야 한다. 이와 함께 교사는 영아의 행동을 세심하게 관찰하고 즉각적으로 위험을 알려 영아가 위험을 인식할 수 있도록 한다. 또한 교사는 영아가 일상에서 자연스럽게 안전교육을 경험할 수 있도록 대집단 형태의 교육이 아니라 놀이와 연계하거나 전이시간을 이용하여 안전교육이 이루어지도록 한다 (보건복지부, 2020b).

교사의 지원

일상의 놀이를 안전교육의 기회로 연결하여 안전한 놀이 지원

교사는 카시트에 대한 영아들의 관심을 일상의 놀이에서 교통안전교육의 기회로 연결하였다. 이와 함께 영아들과 모방놀이를 하면서 자동차 안전수칙을 간단하면서 자연스럽게 안내하였다.

아영이 어머니가 하원을 도와줄 외할머니에게 카시트를 전달해 주도록 부탁하였다. 놀이 중 아영이가 복도로 나와 자신의 카시트를 가리키며 앉으려고 한다. 교사는 "그래, 이거 아영이 카시트지~ 우리 이거 교실로 가져가서 앉아 보자." 라고 말하며 카시트를 교실로 가져간다.

아영이는 교사의 도움을 받아 카시트에 앉아, 안전띠를 팔에 끼우려 하고 버클을 만지작거린다.

교사: 아영이가 카시트 버클을 끼워 보고 싶구나~ 엄마 차 붕~ 타고 올 때도 이렇게 카시트에 앉아서 안전띠 하고 버클 딸깍 채우고 왔지~

교사: (버클을 채우며) 차가 끽~ 멈출 때 버클이 있어야 카시트가 아영이를 다치지 않게 지켜 주지~.

아영이는 교사와 함께 카시트 버클을 끼웠다 풀었다 반복하며 놀이한다.

하린이가 카시트를 만지며 교사를 바라본다.

교사: 하린이도 카시트 해보고 싶구나~. 선생님이 도와줄게~ 카시트 앉아 보자~.

하린이는 교사의 도움을 받아 카시트에 앉는다.

호윤이가 다가와 하린이에게 버클을 채우는 시늉을 한다.

교사: (버클 채우는 것을 도와주며) 호윤이가 하린이 카시트 버클 채워 주네.

교사: 우리 하린이랑 호윤이도 엄마 아빠 차에 카시트 있지~. 집에 갈 때도 차에서 카시트 버클 채우고 가자.

출처: 보건복지부 (2020b). 제4차 어린이집 표준보육과정 해설서. p. 60.

2) 놀이 공간 지원

표준보육과정에서 놀이 환경은 영유아가 놀이하는 실내외 모든 공간과 놀이자료를 포함한다(보건복지부, 2020b). 영아를 위한 보육환경은 일상적인 양육이 이루어지는 공간이며 영아의 탐색과 놀이가 활성화되는 공간이다. 영아는 실내·외 보육환경에서 환경과의 상호작용을 통해 다양한 배움을 경험한다. 따라서 교사는 영아의 발달에 적합하며 영아의 다양한 요구를 수용할 수 있는 보육환경을 구성한다. 또한 교사가 영아의 놀이를 존중하고 영아의 놀이 경험이 풍부하게 이루어질 수 있도록 실내외 놀이 환경과 놀이자료를 제공하는 것이 중요하다.

(1) 일상적 양육 공간 구성

영아를 위한 환경은 가정과 같이 편안하게 조성하여 영아가 안정적으로 일과를 보낼 수 있도록 하는 것이 중요하다. 특히 휴식을 위한 개인 공간, 기저귀 갈이, 수유, 화장실 등 일상생활을 위한 공간을 확보하고 개별 영아가 신체리듬에 따라 언제든지 휴식 공간을 이용할 수 있도록 한다. 영아에게 일과 중 애착물을 제공하는 것은 영아의 정서적 안정을 도울 수 있어 적응을 용이하게 해준다. 또한 교사는 개별 영아의 생리적 욕구에 따라 공간을 재구성할 수 있으며, 이때 일상생활에서 자율감을 경험할 수 있도록 발달수준을 고려한 자료를 제시하도록 한다.

교사의 지원 **개별 영아에 따라 일상생활을 위한 공간을 확보**

교사는 수유-이유-완료식 단계의 영아 각각에게 필요한 식사 환경을 준비해 주었다.

교사가 민서를 팔에 안아 급하게 젖병 젖꼭지를 찾으려는 민서의 입 가까이에 대어 준다.

교사: 우리 민서가 엄청 배고팠구나.

교사: 꿀꺽 꿀꺽, 우유가 민서 몸으로 들어가는 소리가 나네. 꿀꺽, 꿀꺽!

민서가 우유 빨던 걸 잠시 멈춘다.

교사: 어~ 소리가 안 나네. 조용해졌어.

민서는 곧 다시 우유를 빨기 시작한다.

교사: 꿀꺽 꿀꺽! 잘 먹네.

민서는 교사와 눈을 맞추며 먹다가 멈추기를 반복하다 깔깔거리며 웃는다.

교사가 민서 앞으로 숟가락을 하나 놓고, 교사가 사용할 숟가락을 챙기는 사이, 민서는 숟가락으로 테이블을 두드린다.

교사는 "배고파? 그럼 우리 같이 먹어 볼까?"라고 말하며 이유식 그릇을 놓아 준다. 민서는 숟가락을 이유식 그릇에 푹 넣었다가 빼서 입에 가져간다.

교사가 "입에 쏙 들어가네. 이번에 선생님이 한 입 쏙 해줄게!"라고 말하며 숟가락으로 떠주자 고개를 흔든다.

교사는 "아~ 민서가 하고 싶구나." 하면서 그릇을 민서 앞으로 당겨 준다.

출처: 보건복지부 (2020b). 제4차 어린이집 표준보육과정 해설서. p. 51.

(2) 다양하고 안전한 실내외 놀이 공간 구성

① 충분한 놀이 공간 확보

영아의 경우 대근육을 움직이며 즐겁게 놀이하고 탐색할 수 있는 충분한 공간을 구성해 주는 것이 좋다. 또한 영아들 간에 동선이 겹치면 갈등이 자주 발생할 수 있으므로 다른 영아의 동선에 방해가 되지 않도록 공간을 확보해 주어야 한다. 영아의 자유로운 놀이 경험을 지원하기 위해 보육실 밖의 복도나 계단, 구석진 공간 등을 활용할 수 있는데, 교사는 이러한 공간의 안전에 대해 미리 점검한 후 놀이 공간으로 활용할 수 있다. 또한 실외 공간을 활용하여 영아가 자유롭게 탐색하고 놀이할 수 있도록 지원할 수 있다.

교사의 지원 **대근육을 이용한 놀이 지원을 위해 충분한 공간 확보**

교사는 영아들이 기어서 이동하면서 부딪히지 않도록 충분한 넓이의 실내 공간을 제공하였으며, 미끄럼틀을 배치하고 미끄럼틀을 타기 위한 영아의 동선을 고려하여 충분한 공간을 확보하였다.

유희실로 이동한 지은이는 미끄럼틀 계단을 올라간 뒤 내려오려고 하다가 미끄럼틀에 배를 대고 몸을 뒤집는다.
교사가 "선생님 여기 있을테니 천천히 내려오세요."라는 말을 건네자 웃으며 미끄럼틀을 타고 내려와 교사에게 안긴다.

형일이는 미끄럼틀 위에 잠시 앉아 있다 천천히 아래로 미끄러져 내려온다. 이를 본 교사는 미끄럼틀을 잡고 서 있던 친구와 함께 박수를 치며 격려한다.

교사: 형일이가 슝~하고 잘 내려왔구나.

바닥에 서 있는 준영이가 공을 잡아 미끄럼틀 위에 있는 동희에게 주니 동희가 공을 받아 던진다.

교사: 동희가 공을 아래로 굴렸구나.
공도 미끄럼틀 타고 데굴데굴 내려오네.

출처: 보건복지부 (2020b). 제4차 어린이집 표준보육과정 해설서. p. 72.

② 영아주도의 놀이를 지원할 수 있는 공간 구성

어린이집의 실내 공간은 영유아의 놀이가 활발하게 이루어지는 환경이다. 교사는 영아가 주도하는 놀이를 지원할 수 있도록 공간을 구성해 주어야 한다. 보육실의 놀이 영역은 영아들이 가장 좋아하는 놀이를 중심으로 구성하는 것이 좋으며, 영아들이 흥미를 보이지 않는 영역은 재구성하거나 다른 영역으로 대체하는 등 영아의 놀이에 따라 융통성 있게 구성하는 것이 좋다. 또한 영아의 모방놀이와 상징놀이를 지원할 수 있는 공간을 구성함으로써 영아의 발달에 따른 놀이를 지원할 수 있다. 이와 함께 실외 보육 환경은 영아가 놀이를 더욱 풍부하게 경험할 수 있는 공간이다. 영아는 바깥놀이를 통해 다양한 신체운동 능력을 발달시킬 수 있으며 오감을 통해 자연물과 자연환경을 탐색할 수 있다. 교사는 영아가 실내놀이를 확장하여 실외에서 다양한 놀이를 경험해 볼 수 있도록 실외에 놀이 공간을 제공한다.

교사의 지원 **영아의 놀이에 따라 융통성 있게 놀이 공간을 구성**

교사는 영아가 유리창가에 서서 안정적으로 빗방울의 흐름을 경험할 수 있도록 주변 환경을 정비하였다. 실외 공간의 벽에 이젤을 세우고 영아들이 이젤의 양쪽에서 끼적이기를 할 수 있도록 배치하였으며, 보육실 바닥에 소포 포장지 전지 두 장을 붙여 놓고 영아가 자유롭게 끼적이기를 할 수 있도록 공간을 확보해 주었다.

〈비 오는 날 창가에서〉
종언이는 빗물이 창문에 흘러내리는 모습과 튕겨나가는 모습을 한참 동안 바라본다.
유리용 마커로 끼적이기를 한다.
양손에 마커를 들고 한 쪽씩 끼적이기를 하다가 빗물을 따라서 찍기를 반복한다.

〈보육실 바닥에서〉
우택이와 경석이는 보육실 바닥에 펼쳐 놓은 포장지 전지 위에 끼적이는 행동을 반복한다. 각자 끼적이다가 서로가 끼적인 위에 다시 끼적이기를 반복하며 나타난 모양과 색을 바라본다.
큰 원과 작은 원을 반복하여 끼적이고 그 흔적을 바라보며 혼잣말을 중얼거린다.

〈실외놀이에서〉
효주가 이젤에 끼적인다.
효주 옆에 있던 준석이도 함께 끼적인다. 끼적이고 지우고 다시 끼적이고 지우는 과정을 반복한다.

출처: 보건복지부 (2020b). 제4차 어린이집 표준보육과정 해설서. p. 120.

③ 교사와 또래와의 교육적 상호작용이 일어날 수 있는 공간 구성

영아가 놀이과정에서 교사와 또래와의 교육적 상호작용이 일어날 수 있도록 공간을 구성해 주는 것이 좋다. 영아는 상호작용이 일어날 수 있는 공간에서 교사나 또래의 존재를 인식하고 관심을 가질 수 있으며, 타인의 감정과 행동에 주의를 기울일 수 있다. 이 과정에서 영아는 교사나 또래와 의사소통 할 수 있는 기회를 갖게 되며, 타인과의 관계를 긍정적으로 경험할 수 있다.

교사의 지원 **교사와 또래와의 교육적 상호작용이 일어날 수 있는 공간을 구성**

교사는 손 씻기를 좁은 공간, 빠듯한 일과 등의 물리적 환경으로 인해 영아가 서두르지 않도록, 한 번에 손을 씻을 수 있는 인원을 제한(3~4명)하여 교사 및 또래와 교육적 상호작용이 일어날 수 있도록 지원하였다.

연수: 아직이야. 거품 있어.
재민이가 물을 잠그려고 하자, 옆에 있던 연수가 재민이의 손을 잡고 물에 가져간다.
재민: 이제 깨끗해.
재민이가 거품을 마저 헹구고 연수에게 손을 내민다.
연수: 좋은 냄새가 나.
재민: 나는 포도 냄새가 나.
연수가 손을 코에 가져다 대며 냄새를 맡자, 재민이도 따라한다.

출처: 보건복지부 (2020b). 제4차 어린이집 표준보육과정 해설서. p. 145.

④ 영아의 신체발달을 고려한 공간 배치

보육실을 포함한 실내 시설 및 설비는 영아가 스스로 사용할 수 있도록 영아의 신체발달에 적합한 크기와 높이여야 하며 안전하게 구성한다. 즉, 교구장과 책상, 의자 등은 영아의 신체 크기를 고려하여 배치하고 모서리가 날카롭지 않도록 한다. 또한 기저귀, 여벌 옷 등 영아의 개별물품을 보관할 수 있는 사물함을 영아의 신체 크기에 맞는 것으로 개별적으로 제공하여 영아가 스스로 자신의 물건을 보관하거나 꺼낼 수 있도록 지원한다.

교사의 지원 영아의 신체발달에 적합한 공간을 구성

교사는 교실의 설비나 사물들을 영아들의 키 높이에 맞게 배치하여 영아들 스스로 편안하게 이용할 수 있게 하였다. 또한 영아가 일상에서 혼자 또는 좋아하는 친구들과 함께 탐색하고, 즐길 수 있도록 안전한 공간을 제공하였다.

간식을 먹은 후, 지아가 보현이에게 "우리 같이 가자."라고 이야기한다. 둘은 세면대에서 입을 닦은 후 세수도 한다.

지아가 "우리 로션 바르자."라고 말하며 로션을 짠다. 지아는 로션 냄새를 맡으며 "이건 좋은 냄새가 나."라고 말한다.
보현이도 로션 냄새를 맡으며 "레몬 냄새야. 화장실 거울 보고 발라야지~."라고 말한다.

지아와 보현이는 거울 속의 상대방을 보면서 이야기를 나눈다.
지아: 예쁘지?
보현: 응, 이뻐.
지아: 로션 발라서 이쁜 거지?

교실로 돌아와 둘은 다시 거울 앞에 앉는다. 거울을 보며 손으로 얼굴을 문지른다.
보현: 보들보들해.
지아: 맞아. 보들보들해.
보현: 미끌미끌해.
지아: 맞아. 미끌미끌해.

출처: 보건복지부 (2020b). 제4차 어린이집 표준보육과정 해설서. p. 206.

3) 놀이자료 지원

(1) 영아의 관심과 요구에 따른 놀이자료 제공

교사는 영아의 놀이를 따라가면서 영아의 관심과 요구를 고려한 놀이자료를 제공해 주어야 한다. 이때 영아의 발달특성에 맞게 크기, 감촉, 모양, 색 등을 고려하여 영아에게 안전한 놀이자료를 제공하여 주는 것이 중요하다(보건복지부,

2020b). 특히 영아가 관심 있어 하는 놀이를 지속하거나 확장할 수 있는 놀이자료를 제공하고 기존의 놀이자료를 본래의 용도 외에 현재의 놀이에 따라 새로운 방식으로 사용하려는 영아의 시도를 인정하고 존중해 주어야 한다. 또한 영아가 선택한 놀이자료에 대해 긍정적으로 반응함으로써 영아가 교사에게 수용, 인정받는 느낌을 가지고 자신 있게 놀이를 시도할 수 있도록 한다(보건복지부, 한국보육진흥원, 2020). 교사는 놀이에 따라 영아들이 함께 관심을 보이는 놀이자료는 같은 종류를 영아의 수만큼 충분히 제공하여 놀이를 지원하도록 한다.

교사의 지원 **영아의 관심과 요구에 따른 놀이자료 제공**

교사는 영아가 실내에서 흥미를 보였던 끌차 놀잇감을 실외에서도 지속적으로 놀이할 수 있도록 실외에서도 끌차를 제공하였다.

영아들은 주변 산책을 계속하다 테니스장에 도착했다. 서연이는 어린이집에서 가지고 나온 끌차를 달라고 하더니 소리 내어 웃으며 끌차를 끌고 달린다.

서연이의 모습을 본 민우도 남아 있던 끌차를 잡으며 함께 달린다.
교사: 민우랑 서연이가 끌차를 달리고 있구나~
(끌차에 달려 있는 종소리를 들으며) 어? 끌차가 움직이니까 짤랑짤랑 종소리가 들리네.

끌차를 끌며 놀이하던 민우가 동작을 잠시 멈춘 뒤 허리 숙여 끌차를 잡고 앞으로 밀며 이동한다. 옆에 있던 서연이도 똑같은 방법으로 끌차를 민다.
교사: 어머! 이번에는 민우와 서연이가 끌차를 잡고 앞으로 밀어 주고 있구나~
끌차가 빠르게 달리고 있어~

출처: 보건복지부 (2020). 제4차 어린이집 표준보육과정 해설서. p. 74.

(2) 오감을 활용한 탐색을 지원하는 놀이자료

영아들은 끊임없는 호기심과 흥미를 가지고 주변 환경을 적극적으로 탐색하는 과정에서 배움을 이어간다. 따라서 교사는 영아가 오감을 활용해 충분한 탐색을 즐길 수 있는 놀이자료를 제공해 주어야 하며, 이때 영아가 자유롭게 놀이자료를 탐색할 수 있도록 자료의 사용방법이나 놀이 방식을 지나치게 제한하지 않도록 유의한다. 특히 자연물과 자연현상은 탐색, 관찰, 몰입을 통해 배움이 일어나도록 매개하는 자료가 되므로(보건복지부, 2019c), 실외놀이 중 영아가 접하게 되는 자연물과 자연현상을 실내에서 놀이자료로 활용해 볼 수 있도록 지원한다.

교사의 지원 **오감을 활용한 탐색을 즐길 수 있는 놀이자료 제공**

교사는 영아가 오감으로 블록을 경험할 수 있도록 사이즈가 크고 가벼운 재질로 이루어진 다양한 종류의 블록들을 제공하였다.

현준이는 스펀지 블록을 집어 옆으로 길게 늘어놓는다.
블록을 길게 늘어놓기 위해 블록장에서 원하는 색의 스펀지 블록을 찾고, 몸을 숙여 블록끼리 늘어놓기를 반복한다.
교사: 현준이가 블록을 연결해 주니 블록이 길어졌네~.

이번에는 플라스틱 블록을 꺼내 아래에서부터 하나씩 하나씩 조심스럽게 위로 쌓아 올린다.
교사: 어머~현준이가 블록을 이렇게 높이 쌓았구나.

잠시 후 쌓아 올린 플라스틱 블록을 손을 뻗어 툭 쳐서 무너트린다.
교사: (무너진 블록을 보며 웃는 영아에게) 블록이 와르르 무너졌네! 현준이는 무너트리기가 정말 재미있구나~.

소리 내어 웃는 현준이 모습을 본 수진이가 다가와 옆에서 블록을 하나씩 하나씩 위로 쌓기 시작한다.
교사: 어머! 수진이 블록도 높이높이 쌓여 가네~.

출처: 보건복지부 (2020b). 제4차 어린이집 표준보육과정 해설서. p. 76.

(3) 일상생활과 관련된 놀이자료

영아에게 일상생활과 관련된 놀이자료는 자신의 경험을 표상하는 매개가 된다. 교사는 영아가 일상생활과 관련된 놀이자료를 활용하여 자신의 경험을 놀이를 통해 표현할 수 있도록 지원한다.

교사의 지원 **일상생활과 관련된 놀이자료 제공**

교사는 몸을 씻는 데 사용하는 일상생활 용품을 교구로 비치하여 영아가 자신의 일상생활과 관련된 경험을 놀이로 표현할 수 있도록 지원하였다.

아인이(30개월)는 인형 목욕놀이 중, 교구바구니에서 칫솔과 치약을 꺼낸다. 교사가 치약을 묻혀 준 칫솔을 아기인형 입에 대고 "아. 아 해야지. 이도 깨끗하게."라고 소근거린다. "아~치카치카, 이~치카치카, 아이 잘하네."라고 말하며 인형의 입가를 칫솔로 문지른다. 인형 양치를 마치고, "우리 아기, 아이 기분 좋아."라며 인형을 물에서 건져낸다.

출처: 보건복지부 (2020b). 제4차 어린이집 표준보육과정 해설서. p. 48.

4. 영아반 보육과정 평가

보육과정 평가는 영유아의 발달특성 및 변화의 정도를 이해하고, 보육과정 운영의 질을 개선하는 데 목적이 있다(보건복지부, 한국보육진흥원, 2020). 제4차 어린이집 표준보육과정에서 평가는 어린이집에서 영유아가 중심이 되고 놀이가 살아나는 보육과정의 운영을 되돌아보고 개선해 가는 과정이다. 표준보육과정은 어린이집에서 영유아·놀이중심 보육과정을 운영하는 데 도움이 되고자 평가를 간략화하고 각 어린이집의 자율적인 평가를 강조하였다. 어린이집은 평가의 목적, 대상, 방법, 결과의 활용을 바탕으로 보육과정 평가를 자율적으로 실시할 수 있다(보건복지부, 2020b). 평가는 영유아의 특성이나 변화를 파악하는 과정인 영유아 평가와, 보육과정이 영유아·놀이중심으로 적절하게 운영되고 있는지를 평가하는 보육과정 운영 평가로 구분하여 살펴볼 수 있다.

1) 영아 평가

영아 평가는 보육과정을 통해 영아가 어느 정도의 발달수준을 보이고 있는지를 영아를 대상으로 살펴보는 방법이다. 영아가 보육과정을 경험한 후 영아의 놀이, 일상생활, 활동에서 영아의 고유한 특성이나 의미 있는 변화가 나타났는지를 확인하기 위해 실시한다. 교사는 놀이, 일상생활, 활동에서 영아의 흥미와 관심, 또래관계 등을 중심으로 영아의 놀이를 관찰하고 이를 통해 영아의 특성과 변화를 이해하도록 한다. 영아기는 발달 속도가 매우 빠르기 때문에 교사는 영아를 민감하게 관찰하는 것이 중요하다.

어린이집은 평가목적에 가장 적합한 평가방법을 자율적으로 정하여 활용할 수 있다. 교사는 영아의 특성과 변화 정도를 파악하기 위해 영아들의 놀이를 계획안에 기록할 수 있고, 놀이 결과물과 작품 등을 수집할 수 있다. 이 중에서 보육현장에서 영아 평가에 가장 많이 사용되는 방법은 자연스러운 일상에서 영아의 행동을 살펴볼 수 있는 관찰법이다. 영아의 경우 언어로 표현하는 데 한계가 있고 집중시간이 짧기 때문에 일상의 모습을 그대로 평가하는 것이 중요하기 때문이다. 교사는 영아의 배움이 나타나는 놀이와 일상생활에서 영아의 발달에 중요하다고 생각되는 행동이나 사건들을 일화식으로 기록해 둘 수 있다. 특히 교사는 영아의 놀이를 관찰할 때 영아가 나타내는 비언어적 표현에 주목하여 메모나 사진 등 교사에게 가장 용이한 방법으로 하는 것이 좋다. 이때 교사는 개별 영아를 정기적으로 관찰하기보다는 영아의 자연스러운 배움이 일어나는 일상과 놀이상황에서 영아의 특성과 변화를 기록한다. 개별 영아의 일화식 기록들이 모이면 영아의 발달과정을 살펴볼 수 있고, 영아의 흥미와 요구 등을 파악할 수 있기 때문에 영아를 이해하는 데 도움이 될 수 있다. 영아 평가 결과는 영아의 놀이 지원, 활동 선정, 환경 구성, 상호작용방법, 부모면담 등에 반영한다. 다음은 영아반 교사의 일화 기록에 대한 사례이다.

※ 영아반 교사의 일화기록

관찰아동		관 찰 일	2019년 1월 13일
현재연령	2017년 5월 23일 (31개월)	관찰시간	10시 40분~ 10시 42분 11시 15분~ 11시 17분
관 찰 자		관찰장면	자유놀이 중

◆관찰내용

지아가 집에서 가지고 온 책을 보고 있다.
영우: 같이 보면 안 될까?
지아: 싫어.
영우: 선생님. 영우가 지아한테 같이 보자 했는데 지아가 안 된대요.
교사: 지아가 안 된다고 했어?
영우: 네.
교사: 영우도 보고 싶은데 지아가 안 된다고 해서 속상했구나.
그런데 지아가 더 보고 싶은가 봐. 조금 있다가 다시 이야기해 보자.
영우: 네.
다시 한 번 이야기해서 지아랑 함께 책을 본다.
유정이가 쌓아 놓은 블록을 보고서 영우가 다가온다.
영우: 궁금해. 안에 뭐 있는지 궁금해.
교사: 유정이에게 이야기해 봐.
영우: 유정아. 안에 뭐 있는지 궁금해.
유정이가 보여주자 웃으며 다른 곳으로 간다.

발달 영역(표준보육과정): 의사소통 영역

◆기록

친구에게 "같이 보면 안 될까?" 하고 친구의 생각을 물어보았으며, 또래 친구들이 잘 사용하지 않는 '궁금해'라는 표현을 직접 사용하며 친구와 상호작용을 하였다.

◆평가

문장으로 자신의 의사를 표현한다.
적절한 언어를 사용하여 질문하고, 질문에 답할 수 있다.

◆지원

영아가 자주 사용하지 않는 표현을 교사가 파악하고 영아가 사용하는 어휘가 풍부해질 수 있도록 교사가 다양한 어휘를 사용해 영아의 표현을 지원해야겠다.

2) 보육과정 운영 평가

보육과정 운영 평가는 영아들에게 제공된 보육과정이 영유아·놀이중심으로 적절하게 운영이 되었는지를 평가한다. 교사는 일과에서 놀이시간을 충분히 운영하였는지, 영아주도적인 놀이가 이루어졌는지, 교사의 놀이 지원은 적절한지 등에 대한 실행을 평가하고, 평가 결과를 이후의 놀이 지원과 활동계획에 반영할 수 있다. 보육과정 운영 평가는 다음 보육에 반영되어 보육과정 운영의 질을 향상시키는 데 도움이 될 수 있다. 보육과정 운영에 대한 평가를 할 때 다음과 같은 사항을 고려한다.

- 제4차 어린이집 표준보육과정의 목표와 내용에 근거하여 적절히 편성·운영되었는지를 평가한다.
- 영아의 발달수준과 흥미, 요구에 따라 일상생활과 놀이, 활동이 운영되었는지를 평가한다. 특히 영아는 개별적 상호작용을 바탕으로 보육과정이 진행되었는지를 평가한다.
- 보육과정 운영 평가 결과를 보육과정 운영계획에 반영하였는지를 평가한다.

13

유아반 누리과정의 운영

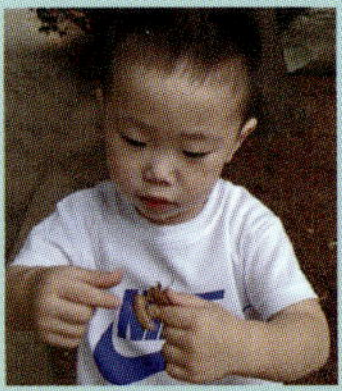

무엇을 배울까?

》 유아반 누리과정의 특성

》 유아반 일과운영

》 유아의 배움 지원

- 상호작용 지원
- 놀이공간 지원
- 놀이자료 지원

》 유아반 누리과정 평가

□ **이 내용을 살펴보는 주안점:**

이 장에서는 유아반 누리과정의 운영에 대해 살펴봅니다. 유아반 누리과정의 특성은 무엇이며, 2부에서 살펴본 영유아가 경험해야 할 내용(보육과정의 내용)을 어떻게 편성 · 운영할 것인지, 실행과정에서 교사는 어떤 지원을 해야 하는지(상호작용, 놀이 공간, 놀이자료 지원), 보육과정 운영에서 변화된 유아의 모습들을 어떻게 확인하고 기록하고 평가해야 하는지에 대한 내용들을 자세히 살펴보고자 합니다.

1. 유아반 누리과정의 특성

1) 유아의 특성

유아는 영아기 경험을 바탕으로 놀이하는 힘을 더욱 키우며 다양한 놀이 경험을 통해 더욱 유능해진다(교육부, 보건복지부, 2019). 유아기는 영아기에 비해 신체발달이 빠른 속도로 진행되지는 않지만, 운동기술이 보다 섬세해지면서 신체를 더욱 자유롭게 움직일 수 있게 된다. 의사소통 능력이 급격하게 발달하면서 자신의 의사를 자유롭게 표현하며 다른 사람과 활발하게 소통할 수 있게 된다. 또한 인지발달과 관련하여 구체적 사고가 가능해지면서 사물, 물체, 놀이자료 등을 조작하는 방식이 점차 다양해지고 풍부해진다. 나아가 또래관계가 확장되면서 사회적 기술을 습득해 나가며 다양한 정서를 경험하게 된다. 자신의 생각과 감정에 대한 표현이 구체화되고 정교해지면서 보다 적극적으로 탐구하고 상상할 수 있게 된다.

이러한 특성들은 대부분의 유아들에게 보편적으로 적용되기는 하나 개별 유아마다 다른 양상으로 나타나며, 유아를 둘러싼 주변 환경에 따라 변화의 속도와 방향도 달라질 수 있다. 따라서 유아를 위한 교육과정에서는 유아의 일반적 특성과 더불어 개별적 특성을 함께 고려하려는 노력이 중요하다. 유아가 각자 자신의 능력과 강점을 발견하고 숙달시킬 수 있는 경험을 제공함으로써 자신은 물론 주변 사람들을 긍정적으로 인식하고 함께 성장해 나갈 수 있도록 지원해야 한다.

2) 누리과정의 특성

(1) 유아중심 교육과정

누리과정은 유아중심 철학에 기반하고 있다. 유아중심 교육과정은 학습자인 유아가 중심축이 되어 교육과정을 운영하는 학습자중심 교육과정이다(길형석, 2001). 학습자중심 교육과정으로서 유아중심 교육과정은 유아가 자신에게 중요하다고 생각하는 것을 시도할 수 있도록 허용함으로써 유아의 흥미와 관심을 지속 가능하도록 하며, 배움에 대한 유아의 자주성, 책임감, 자신감을 증진한다. 또한 유아가 자신의 필요에 의한 문제해결 기술을 습득할 기회 및 자기조절, 실행기술 발달 기회를 제공하는 특징을 가지고 있다(임부연 외, 2021).

유아중심 교육과정이 잘 실행되기 위해서는 유아에 대한 교사의 관점의 변화가 필요하다. 유아는 미성숙한 존재가 아닌 유능한 존재이며, 경험에 대한 능동적 의미 부여를 통해 새로운 지식을 구성해 나갈 수 있다. 또한 유아는 고유성과 개별성을 가진 존재로 존중받을 권리가 있다. 따라서 교사는 실제 세상과 사물 등에 대한 유아의 이해 및 참여수준 등에 기초하여 교육계획과 운영의 전반적 과정에서 유연성 및 순발력 있게 유아의 학습을 지원하는 역할을 하게 된다(교육부, 보건복지부, 2019a).

관점 넓히기

'유아중심 교육과정'은 이전 교육과정과 어떻게 다른가?

2019 개정 누리과정 이전에도 유아보육·교육 현장에서는 유아의 관심이나 흥미, 발달수준 등을 반영하여 보육계획을 수립하고, 적절한 지원을 제공하고자 하였다. 그렇다면 이전 교육과정에서도 '유아중심 교육과정'을 실행했다고 볼 수 있는데, 개정 누리과정에서 강조하는 '유아중심 교육과정'과 이전 교육과정의 차이는 무엇일까? 교육과정을 바라보는 관점(1장 P.20)과 연결하여 생각해 보자.

(2) 놀이중심 교육과정

놀이중심 교육과정이란 유아가 놀이를 통해 배우면서, 누리과정에서 추구하는 인간상을 실현하는 과정이라 할 수 있다. 유아는 놀이 과정 중에 개념들을 소개할 때 더 잘 배울 수 있으며, 놀이는 아이들의 지식, 탐구의 의미, 창의성 발달을 촉진시킨다. 과거에도 유아 대상의 교육과정에서 놀이가 강조되어 왔고, 교사들은 놀이와 커리큘럼을 연결시키기 위해, 정해진 주제에 적절한 놀이를 구성하는 데 많은 노력을 기울여 왔으나, 근래에는 유아의 놀이주도성을 더욱 강조하게 되었다.

유아를 위한 교육과정에 놀이를 통합하는 과정은 무엇에서 출발했느냐에 따라서 '놀이에서 출발한 교육과정(Play-generated curriculum)'과 '교육과정에서 출발한 놀이(Curriculum-generated play)'로 구분할 수 있다(3장 p.67 참고). 최근 놀이와 교육을 연속체 또는 스펙트럼으로 보는 연구들에서는 공통적으로 유아 주도 경험과 교사 주도 경험에 대한 이분법적인 사고를 경계하고, 이 두 경험 간의 균형과 통합을 강조한다(정혜욱 외, 2019).

유아들의 놀이는 특징적인 요소가 무엇인가에 따라 자발적 놀이, 안내된 놀이, 교사 지시적 놀이로 기술된다(순진이, 정현심, 2018). 이전 교육과정에서도 놀이가 교육과정에 통합되어 있긴 하였으나, 이 때 놀이는 교사 주도의 지시적 놀이가 중시되었던 반면, 아동 주도의 자발적 놀이는 대부분 교육과정에 포함시키지 않는 경향이 있었다. 그러나 유아는 자신들이 주도하는 자발적 놀이를 통해 유아가 배워야 한다고 사회가 기대하는 것의 영역을 넘어서는 발견을 할 수 있다(Wassermann, 1992). 놀이중심 교육과정에서는 '놀이에서 출발한 교육과정'을 중요시함으로써 유아교육 현장에서 다양한 놀이가 균형적으로 운영되어야 함을 강조한다.

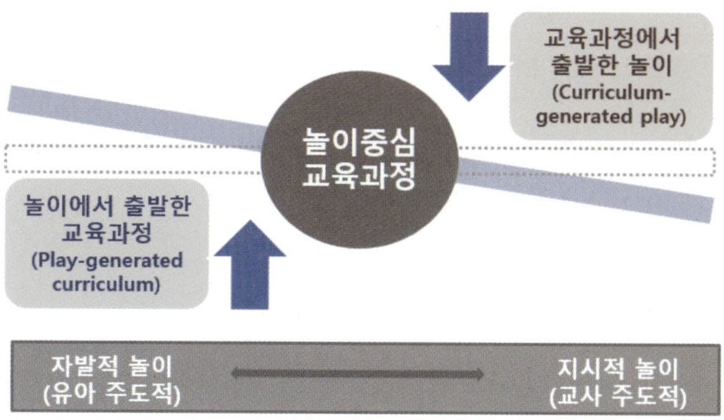

[그림 13-1] 놀이중심 교육과정과 놀이의 연속성

2. 유아반 일과운영

교실에서의 하루는 유아의 놀이와 매일 반복되는 일상생활, 그리고 활동으로 구성된다. 누리과정에서는 각 기관의 실정에 맞게 교육계획을 수립하고 일과를 놀이, 일상생활, 활동으로 구성하되, 놀이가 충분히 이루어지도록 편성하여 운영할 것을 강조한다(교육부, 보건복지부, 2019c). 교사는 유아가 놀이에 충분히 몰입하고 진정한 배움이 일어날 수 있도록 하루 일과를 유연하게 운영할 수 있어야 한다. 일과는 교사가 미리 계획할 수 있지만 유아와 의논하여 순서를 정할 수도 있고, 날씨의 변화나 놀이에 대한 흥미 지속 여부에 따라 달라질 수 있다.

1) 유아 주도를 지원하는 융통성 있는 일과운영

교사는 유아들의 놀이의 흐름이 끊어지지 않고 충분히 놀았다고 느낄 수 있도록 일과를 편성하는 것이 중요하다. 일과의 순서는 일관성이 있어야 하지만 융통성이 있게 운영되어야 한다. 일과의 융통성 있는 운영은 유아로 하여금 주도적으로 경험을 구성해 볼 수 있는 기회를 준다. 유아와 함께 일과를 평가하고, 다음날의 일과 중 일부를 유아 스스로 정해 보게 하는 것, 일과의 변화가 필요하다고 판단될 때 교사가 독단적으로 결정하지 않고 유아의 의견을 반영해 주는 것 등의 방법을 시도해 볼 수 있다.

관점 넓히기 **융통성 있는 하루 일과**

어린이집의 하루 일과는 등원 – 놀이 – 정리 – 간식 – … 등으로 흘러간다. 어느 정도 일정한 순서로 고정된 하루 일과는 다음에 무엇을 할지 알 수 있으므로 영유아에게 안정감을 준다.

그러나 때로는 '영유아'와 함께 만들어 가보면 어떨까? 영유아의 흥미와 관심, 영유아의 요구, 그 날의 놀이상황, 날씨 등에 따라 다음과 같이 영유아와 함께 만들어 갈 수 있다.

등원하자마자 바깥놀이를 할 수 있어요

▶부모님과 헤어지기 힘들어하는 영아가 등원하자마자 좋아하는 바깥놀이를 할 때, 보다 쉽게 부모님과 헤어지고 기분좋게 하루를 시작할 수 있어요.
▶오전에 바깥 날씨가 좋다면 영유아가 등원하는 대로 바깥놀이를 먼저 할 수 있어요.

계획된 활동도 언제나 바뀔 수 있어요

▶교사가 계획한 대소집단 활동을 안하는 날도, 활동을 바꾸어 진행하는 날도, 때론 원하는 유아만 참여할 수도 있어요.

깨끗이 정리하지 않고 귀가하는 날도 있어요

▶다음 날 이어서 놀이하고 싶어하는 경우, 교실 상황에 따라 놀이하던 것을 모두 치우지 않고 귀가할 수도 있어요.

놀이시간에 간식시간을 함께 운영할 수 있어요

▶놀이가 한창 재미있게 흘러가고 영유아가 놀이에 몰입하고 있을 때, 놀이하던 것을 모두 정리하고 간식을 먹기보다는 교실 한편에 간식 책상을 마련하여 놀이 중에 간식이 먹고 싶을 때 먹을 수도 있어요.

출처 : 서울육아종합지원센터 (2019). 좋은 교사되기 핸드북 Ⅱ – 함께 만들어요 우리의 하루.

2) 유아의 몰입을 위해 충분한 놀이시간 운영

바깥놀이를 포함한 놀이시간은 일과 가운데 가장 우선으로 충분히 편성되어야 하며, 교사는 놀이의 흐름을 중단했을 때 중요한 배움의 순간을 놓칠 수 있다고 판단되면 놀이시간을 연장할 수 있다.

놀이시간이 분절되지 않고 지속적으로 운영될 때, 유아는 놀이에 몰입하면서 의미 있는 배움의 기회를 가질 수 있다. 그러므로 유아들이 놀이의 흐름이 끊어지지 않고 충분히 놀았다고 느낄 수 있도록 놀이시간을 편성하는 것이 중요하다.

관점 넓히기 **충분한 놀이시간은 어느 정도가 적당할까요?**

– 어린이집 평가제에서는 어린이집 이용시간이 '6시간을 초과하는 종일반 유아의 경우' 하루 일과에서 실내 자유놀이시간(바깥놀이 포함)이 매일 2시간 이상 배정, 운영되어야 하며, 바깥놀이시간은 유아의 경우 매일 1시간 이상 배정, 운영하는 것을 최소 수준으로 권고하고 있다.

출처 : 보건복지부 · 한국보육진흥원 (2020). 2021 어린이집 평가 매뉴얼.

3) 유아의 놀이와 연결되며 놀이를 지원하는 교사의 활동 운영

교사는 유아의 놀이를 관찰하고, 놀이가 활발하게 이루어질 수 있도록 지원하는 과정에서 필요한 경우 이야기 나누기, 노래, 동화, 게임 등 적절한 유형의 활동을 연결하여 운영한다. 활동은 교사가 계획하여 제안할 수도 있고, 유아가 다른 유아들과 공유하기 위해 준비할 수도 있다. 활동에 참여하는 유아는 학급 전체가 될 수도 있고 관심 있는 소집단의 유아가 될 수도 있다. 일과 중 활동시간은 교사가 계획하여 실시하거나 놀이의 흐름을 위해 필요하다면 놀이 중간에 잠깐 모여서 활동을 실시하고 다시 놀이로 연결할 수 있다.

교사의 지원 **유아의 놀이와 연결하여 이야기 나누기 활동을 진행한 사례**

교실 안으로 옮겨진 지렛대놀이로 다시 유아 간 갈등이 빈번해지자 교사는 일과를 변경하여 이야기 나누기 활동을 진행함으로써 유아의 놀이를 진행하였다.

게임 활동 후 유아들은 지렛대놀이에 대한 흥미가 커졌고, 교실 안에서도 지렛대놀이를 하였다. 또다시 지렛대놀이로 인해 불편함을 느끼는 유아가 있어, 교사는 교실 안에서 지렛대놀이 시 지켜야 할 약속과 놀이방법에 대해 이야기를 나누었다.

교사는 유아들의 요청에 따라 세모 받침대를 제공하였는데, 지렛대가 자꾸 미끄러졌다. 유아들은 새롭게 사용할 지렛대로 자료실에서 폼보드를 골랐다. 놀이를 하던 중 유아는 지렛대의 높이뿐 아니라 받침점의 위치에 따라 날아가는 거리가 달라짐을 알게 되었다.
점차 유아들의 놀이는 상자에 물체를 골인시키는 게임으로 발전되었다.

출처: 교육부, 보건복지부 (2019c). 2019 개정 누리과정 놀이실행자료. p. 144.

관점 넓히기

통합학급에서 놀이를 지원하기

개정 누리과정에서는 유아의 발달과 장애 정도에 따라 교육과정을 편성·운영하며, 교실에서 교육과정을 운영할 때 개별 유아의 특성을 최대한 고려하여 배움을 지원하는 것을 강조한다. 특수교사(또는 장애 영유아를 위한 보육교사)는 개별화 교육계획을 수립하여 장애 유아가 가진 각기 다른 개별적 요구를 잘 파악하고, 장애 정도와 개개인의 특성에 적합하게 교육내용을 구성하며, 개별 특성을 고려하여 적절한 교수학습방법으로 지원한다.

1. 장애 유아가 또래와 함께 놀 수 있는 기회를 최대한 확보한다.

- 교사는 장애 유아가 선택한 놀이자료와 놀이방법으로 놀이를 시작하도록 허용해 주고 일반 유아들이 참여할 수 있는 부분을 찾아서 함께 놀이하도록 제안해 볼 수 있다.

실내 강당에서 놀이하던 중 장애 유아가 "나 잡아봐라!"하며 다른 유아들에게 놀이를 먼저 제안했다. 또래 상호작용을 지원할 수 있는 기회라고 생각하고 교사가 개입하여 함께 잡기놀이를 할 수 있도록 지원하여 모두 함께 하는 놀이의 즐거움을 경험하였다.

2. 놀이 공간과 자료를 준비할 때 장애 유아의 특성을 고려한다.

- 통합학습에서 놀이 공간과 자료를 계획하거나 일반 유아의 놀이 흐름에 따라 공간, 자료, 일과 구성 등에서 계획이 변경될 때 장애 유아에게 불편함이 없을지 점검한다.

3. 수시로 협의하면서 문제를 해결한다.

- 통합학급의 일반교사와 특수교사(또는 장애 영유아를 위한 보육교사)는 각자의 교수접근 및 전문성에 대해 인정하면서 교수실천과정에서 협력하는 태도를 가져야 한다.

출처: 교육부, 보건복지부 (2019c). 2019 개정 누리과정 놀이실행자료. p. 56

4) 편안함 속에서 다양한 배움을 유도하는 일상생활 운영

급간식, 청결, 위생, 휴식 등 일상생활은 유아의 기본적인 욕구를 충족시켜 줄 뿐만 아니라, 심신의 건강을 회복, 유지하여 유아가 일과 중에 놀이와 활동에 몰두할 수 있도록 해 준다. 그러므로 하루 일과에서 일상생활이 편안하고 즐겁게 이루어지도록 편성, 운영한다. 유아들은 놀이와 활동뿐만 아니라 일상생활을 통해서도 기본생활 습관, 안전, 인성 등 다양한 배움의 기회를 갖는다. 교사는 유아가 자율적이고 주도적으로 일상생활을 할 수 있도록 충분한 시간을 허용해 주어 유아가 편안함을 느끼는 가운데 즐거운 배움이 일어나도록 지원한다.

3. 유아의 배움 지원

유아의 배움을 지원하기 위해 교사는 어떻게 해야 할까? 누리과정에서는 교사가 유아의 흥미와 관심, 개별 특성을 존중하며 유아의 다양한 놀이와 경험을 지원할 수 있도록 공간을 구성하고, 자료와 시간을 조직하고 상호작용에 변화를 줄 것을 기대한다.

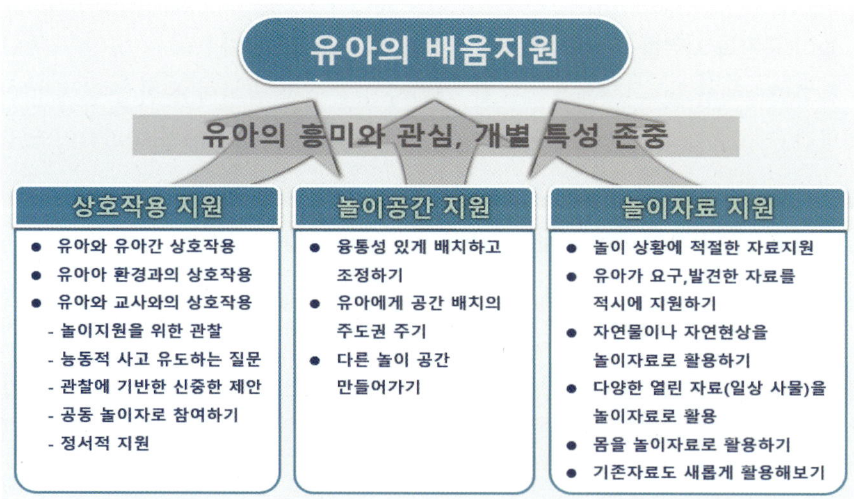

1) 상호작용 지원

(1) 유아와 유아 간의 상호작용

유아와 유아 간의 상호작용은 놀이하는 과정에서 끊임없이 일어난다. 유아는 서로 놀이를 제안하거나 협력하며 함께 놀이를 생성, 유지, 발전시키고, 때로는 갈등을 경험하고 이를 해결하면서 관계 형성의 방법을 배우기도 한다. 교사는 유아 간 상호작용이 활발히 일어나도록 자유로운 놀이 환경을 충분히 제공해 주고 유아의 놀이를 주의 깊게 관찰하며 필요한 자료를 제공하거나 공간을 조정하는 등의 지원을 제공하는 것이 좋다.

교사의 지원

유아와 유아 간의 상호작용을 지원한 사례

교사는 가장 빠른 길을 찾기 위한 유아의 논쟁과 관심을 존중하고 새로운 놀이로 확장할 방법을 고민하였다.

지도를 살펴보던 유아들은 다양한 길에 대해 관심을 갖기 시작하였다. 이렇게 시작된 관심은 특정 장소까지 갈 수 있는 다양한 길을 찾아보는 것으로 진행되었다. 실내놀이시간 중 근처의 병원까지 가는 가장 빠른 길과 느린 길에 대해 논쟁이 오갔다. 교사는 인터넷을 활용하여 유아가 지도를 자세히 볼 수 있도록 지원하였다.

"병원까지 가려면 어떻게 해야 하는지 알아?"
"난 다섯 가지 방법을 알지."
"어떻게 가는 게 제일 빠른데?"
"고속도로로 가면 빨리 갈 수 있어."
"그러면 너무 멀리 돌아가잖아?"
"아니야. 외곽순환고속도로는 막힐 수도 있어."

출처: 교육부, 보건복지부 (2019c). 2019 개정 누리과정 놀이실행자료. p. 102.

(2) 유아와 환경과의 상호작용

놀이는 어린이집 실내외 곳곳에서 산발적 혹은 동시적으로 일어나며, 놀이가 벌어지는 공간의 위치나 크기도 계속 변화한다. 동일한 놀이 주제나 자료라 하더라도 이를 이용한 놀이내용과 몰입은 유아의 개별성과 고유성에 의해 다양하게 나타난다. 교사는 유아의 놀이 관찰을 바탕으로 적절한 공간을 스스로 찾아볼 수 있도록 지원하며, 유아가 놀이자료를 선택하고 사용하는 과정에서 주도적으로 참여할 수 있도록 지원한다.

(3) 유아와 교사 간의 상호작용

유아·놀이중심 교육과정에서 유아와 교사 간의 상호작용은 놀이의 시작과 지속, 새로운 놀이로의 전이와 확장, 마무리 등 놀이의 흐름을 파악하고 유아의 흥미와 의도를 이해하는 과정에 기반해야 한다. 교사가 유아와 상호작용하는 방법은 비언어적, 언어적 소통방법을 모두 포함한다. 교사는 관찰하기, 질문하기, 제안하기, 함께 참여하기, 정서 지원하기와 같은 방법으로 유아와 상호작용하면서 놀이를 간접적 혹은 직접적으로 지원한다. 교사의 상호작용은 놀이에 대한 흥미를 지속시키거나 놀이의 방해요소를 제거해 줌으로써 유아의 놀이에서 5개 영역의 내용에 해당하는 충분한 경험이 일어나도록 하는 데 초점을 둔다.

① 놀이를 관찰하며 기다리기

유아의 놀이를 지원하기 위해서는 즉각적인 개입보다는 유아가 놀이에서 보이는 감정의 상태, 궁금해하는 것, 흥미를 보이고 탐색하는 것 등을 관찰하면서 기다리는 것이 우선되어야 한다. 교사는 유아의 놀이가 진행되는 과정에서 배움이 일어나도록 상호작용하기에 적절한 순간과 방법을 잘 결정하여야 한다.

② 유아의 능동적 사고를 유도하는 질문하기

교사는 유아의 관심과 흥미를 알아내기 위해서보다는 유아의 생각이 유연하게 흐르도록 돕기 위해서 질문하는 것이 좋다. 교사의 질문이 기대하는 답을 염두에 두거나 제한된 답안 중에서 선택하도록 하는 경우보다는 자신의 생각과 의견을 자유롭게 표현하도록 하는 질문인 경우, 유아의 사고가 확장되고, 스스로 문제를 찾아낼 수 있게 된다.

교사의 지원

유아의 놀이를 지원하기 위해 질문하기

교사는 건물과 길을 만드는 비슷한 놀이를 연결해 주기 위해 다양한 질문을 하였고, 이를 통해 도시를 함께 구성하는 놀이로 진행되었다.

건물과 길을 만드는 비슷한 놀이가 동시에 이루어지면서 공간이 부딪히는 문제가 유아들 간에 발생하였다. 교사는 두 놀이를 연결해 줄 수 있지 않을까 생각하여 "두 동네를 서로 왔다 갔다 할 수도 있지 않을까?" "그래서 더 큰 동네를 만들려면 길을 어떻게 만들 수 있을까?", "어떤 블록이 필요할까?"라고 질문하였다. 교사와 상호작용하면서 더 많은 수의 유아들이 참여하여 도시를 함께 구성하는 놀이로 진행되었다.

출처: 교육부, 보건복지부 (2019c). 2019 개정 누리과정 놀이실행자료. p. 325.

③ 관찰에 기반하여 신중하게 제안하기

교사는 유아의 흥미와 상관없이 새로운 놀이자료를 일방적으로 제안하거나 교사 주도로 새로운 놀이방법으로 이끌기보다는 놀이 관찰에 기반하여 놀이의 맥락에 맞는 제안을 하도록 한다. 놀이 지원으로서의 제안은 유아의 흥미와 관심에 기반해야 하지만 때로는 안전이나 교육적 가치에 기반할 수 있다.

④ 유아의 놀이에 공동 놀이자로 함께 참여하기

교사는 유아의 주도적인 놀이를 일과의 가장 중요한 부분으로 인식하고 필요한 경우 공동 놀이자로 참여할 수 있다. 이 과정에서 교사는 놀이의 속성을 더 잘 이해하게 되고 보다 효과적으로 지원할 수 있게 된다.

교사의 지원 유아의 놀이에 참여하기

교사는 나뭇가지로 모양을 만드는 놀이에 참여하여 스스로 만들기 어려워하는 유아와 함께 폐쇄공간을 만들며 놀이를 지원하였다.

유아들은 나뭇가지를 활용하여 모양을 만들었다. 나뭇가지를 길게 이어 놓기, 쌓아 놓기 등 다양한 방식으로 모양을 만들었지만, 주로 네모난 폐쇄공간을 만들었다.
"풀이 사는 집이야."
"이 풀한테도 집을 지어 주자."

출처: 교육부, 보건복지부 (2019c). 2019 개정 누리과정 놀이실행자료. p. 48.

⑤ 정서적으로 지원하기

교사는 유아가 놀이를 통해 성취감을 경험할 수 있도록 긍정적인 정서 지원을 해 주어야 한다. 미소, 끄덕거림, 공감하는 표정과 같은 비언어적 상호작용과 더불어 "놀랍구나."와 같은 감탄, "이번에는 무너지지 않을 거야."와 같은 격려 등의 언어적 상호작용도 유아의 정서를 지원해 주는 좋은 방법이다.

뿐만 아니라 교사는 유아가 놀이하는 과정에서 느끼는 부정적인 정서에도 관심을 기울여야 한다. 유아는 놀이하면서 좌절감, 걱정, 불안 등의 감정을 느낄 수 있다. 교사는 유아의 정서를 인지하고 위안, 격려 등을 제공하고 놀이를 통해 스스로 원인과 해결방법을 찾을 수 있도록 도와주어야 한다.

교사의 지원 유아의 부정적인 정서를 인지하고 지원해 준 사례

유아가 실수로 공동작품에 블록을 날려 맞춘 상황에서 교사는 유아의 행동을 제한하거나 나무라지 않고, 재미있는 놀이로 이어갈 수 있을 것이라 판단하여 공동작품 나무를 복도 중앙으로 옮겨 주었다.

> 복도에서 자유롭게 지렛대로 블록 날리기 놀이를 하다가, 유아가 날린 블록이 복도 한쪽으로 치워두었던 공동작품 나무에 우연히 맞았다.
> (교사의 눈치를 보며) "야, 그걸 맞추면 어떡해…."
>
> 교사는 미소 지으며 공동작품 나무를 복도 가운데로 옮겨 주었다.
> 유아들의 놀이는 나무에 블록 맞추기 시합으로 이어져 나갔다.
> 다른 유아들도 관심을 가지며 점차 많은 수의 유아가 복도로 나오기 시작하였다.
>
> 출처: 교육부, 보건복지부 (2019c). 2019 개정 누리과정 놀이실행자료. p. 142.

2) 놀이공간 지원

놀이 공간은 유아가 놀이를 시작하는 출발점이며, 놀이 과정에서 끊임없이 상호작용하는 장소이며, 유아들의 놀이과정이 담겨 있는 결과물이기도 하다.

교구장과 놀잇감의 배치와 교실구조를 포함하는 물리적 환경 구성은 발현적 놀이를 촉진시키고, 아이들 간의 사회적 상호작용을 가능하게 하며, 주도적 놀이를 하는 가운데 스스로 선택하고, 문제를 해결하며, 발견과 탐구가 가능하도록 이끈다(임부연 외, 2021). 그러므로 교사는 놀이 공간을 지원할 때 유아의 의견을 반영하여 놀이 공간을 구성하고 운영해 나갈 필요가 있다.

어린이집에서는 이렇게

유아의 의견을 반영한 놀이 공간 지원

유아의 의견을 반영하여 놀이 공간을 구성하고 운영한다는 것은 어떤 의미일까?

"교실에서 놀이할 때 불편한 점이 있나요?", "교실을 바꾼다면 어떻게 바꾸고 싶나요?"

책상이나 교구장 등 교실에 있는 사물을 그린 종이를 활용하여 어떻게 바꿀지 먼저 생각을 나눌 수도 있습니다. 만약 영유아가 바꾼 교실이 불편해 보일지라도 영유아의 의견을 존중해 봅시다. 자신들이 바꾼 교실에서 놀이하고 생활하면서 불편함을 느끼게 되면, 영유아들은 다시 어떻게 바꿀지 이야기 나눌 것입니다. 이렇게 영유아는 자신들이 생활하기에 가장 좋은 공간을 만들어갑니다.

함께 교실을 만들어가는 과정에서 영유아는 어떤 경험을 할까요?

어린이집 교실이 나의 공간이라는 생각이 커집니다. 스스로 공간을 구성할 수 있다는 자신감, 어려움이나 문제점이 있을 때 해결하고자 하는 적극성이 커집니다. '이렇게 하면 어떻게 될까?' 하며 상상하고 함께 협력하는 경험을 합니다.

출처 : 서울육아종합지원센터 (2019). 좋은 교사되기 핸드북 Ⅱ – 함께 만들어요 우리의 하루.

(1) 융통성 있게 배치하고 조정하기

유아의 놀이에 따라 넓은 공간이 필요하기도 하고 분리된 작은 공간이 필요하기도 하므로 영역의 크기는 무조건 넓게 하는 것이 아니라 유아의 흥미와 놀이 흐름에 따라 조정하도록 한다. 즉, 공간을 확장하거나 축소하기도 하고, 구석진 곳이나 조용한 곳에 옮겨 주기도 하고, 놀이가 서로 연결될 수 있도록 가까이에 배치해 주기도 하는 등 자율성을 발휘해 본다.

교사의 지원 **교실 밖으로 공간을 확장한 사례**

교사는 유아가 복도에서 큰 종이에 그리기, 테이프로 연결하기를 하며 자유롭게 '길 만들기' 놀이를 할 수 있도록 지원하였다.

> 점점 더 큰 종이를 요청하던 유아는 교실 안에 큰 종이를 놓을 공간이 부족함을 이야기하였다. 이를 해결하기 위해 이야기를 나누었을 때 복도에 나가 큰 종이에 길을 그리기로 하였다. 복도에 나가서 그림을 그리면서도 종이는 계속 이어 붙이기 어려워, 바닥에 그림을 그리고 싶어 하였다. 다음날 교사와 함께 자료실에 가서 바닥에 그리고 쉽게 지울 수 있는 적절한 그리기 도구가 있는지 찾아보기로 하였다.
>
> 다음날, 유아들과 교사는 자료실에서 바닥에 그리기 적절한 그리기 도구를 찾다가 유아들이 테이프로 바닥에 길 만들기를 원하여 해보기로 하였다.
> 유아들은 복도에서 테이프로 길 만들기를 시작하였다.
>
> 출처: 교육부, 보건복지부 (2019c). 2019 개정 누리과정 놀이실행자료. p.104, 105.

(2) 유아에게 공간 배치의 주도권을 주기

대부분의 유아들은 교실의 소유권이 교사에게 있다고 생각한다. 그러나 교사가 유아의 놀이를 따라가면서 자연스럽게 유아 스스로 놀이 공간을 배치하거나 변경하도록 지원하다 보면 유아도 교실이 자신의 공간이라고 생각하게 된다.

교사의 지원

유아가 주도적으로 공간을 재구성한 사례

유아는 주도적으로 반짝이끈 놀이를 할 공간의 위치와 크기를 정하였다. 유아가 스스로 움직일 수 있는 장은 스스로 옮기되 안전상 교사가 관찰하면서 도움이 필요한 경우 도움을 주었다

차츰 반짝이끈 놀이에 대한 유아들의 관심이 줄어들기 시작했다. 여전히 반짝이끈 놀이를 하고 싶은 소수의 유아와 다른 놀이로 관심이 옮겨간 다수의 유아들 사이에서 놀이 공간에 대한 의견 차이가 나타났다. 이를 해결하기 위한 이야기 나누기 활동을 진행하였다.

"시끄러워서 불편해요'"
"자꾸 날아오고 발에 달라붙는 게 싫어요."
유아들은 한 교실에서 모두가 즐겁게 놀이할 수 있도록 반짝이끈 놀이를 할 수 있는 별도의 공간을 마련하였다.
"우리가 옮겨 보자."

출처: 교육부, 보건복지부 (2019c). 2019 개정 누리과정 놀이실행자료. p.118.

(3) 다른 놀이 공간 만들어 가기

유아는 스스로 찾아낸 공간, 놀이를 하다가 우연히 발견한 공간을 더 좋아하고 애착을 갖는다. 교사는 교실이나 실외놀이터 외에 복도, 현관 입구, 교실과 교실 사이의 공유 공간, 계단밑 등도 안전하다면 유아의 놀이 공간으로 허용할 수 있다. 단, 교사는 각 공간의 위험요소를 사전에 점검하고, 위험요소를 치우거나 안전하게 처리한 후 유아와 함께 안전에 유의할 수 있는 방법 및 공간을 활용할 수 있는 방법에 대해 함께 논의한다.

교사의 지원 **교실 밖으로 공간을 확장한 사례**

교사는 유아가 만든 길이 복도 바닥에서 벽으로 올라가 아파트가 되고, 더 크고 긴 길이 될 수 있도록 공간을 확장하였다.

"선생님, 색깔이 있는 테이프가 필요해요."
"노란색은 고속도로, 파란색은 1호선, 초록 선은 2호선, 빨간 선은 3호선이야."

유아들은 벽에 테이프로 여러 가지 건물과 아파트를 만들었다.

"지하철에서 내리면 아파트가 있지."
"아파트는 바닥에 있는 게 아니지, 서 있잖아!"
"그럼 벽에다 그려."

출처: 교육부, 보건복지부 (2019c). 2019 개정 누리과정 놀이실행자료. p.105.

3) 놀이자료 지원

유아에게 자료는 자신의 감정과 생각을 표상하고, 세상을 만나는 매개가 된다. 교사는 유아에게 위험하거나 유해하지 않는 한 모든 자료가 놀이자료가 될 수 있다는 열린 마음을 가지는 것이 필요하다.

교사가 제공한 놀잇감일지라도 유아 자신만의 탐색방법이 허용되었을 때 배움이 일어난다. 그러므로 교사는 유아가 어떤 자료에 흥미를 갖고 탐색하고자 하며 놀이를 통해 새롭게 의미를 부여할 때 이를 수용해 주어야 한다. 즉, 놀이자료의 선택과 사용에서 유아의 주도성을 인정해 주는 태도를 가지는 것이 필요하다.

(1) 유아가 요구하거나 발견한 자료를 적시에 지원하기

유아는 다양한 놀이자료를 풍부하게 사용하고 자신만의 방식으로 재창조하는 과정을 통해서 사물에 대한 탐색, 심미적인 경험, 또래와의 상호작용, 성취감 등을 얻을 수 있다. 유아가 자신의 생각을 표상하고, 수정해 나가는 과정을 즐길 수 있도록 교사는 유아가 요구하거나 발견한 자료의 중요성을 인식하고 이를 적시에 지원해 주어야 한다.

교사의 지원 **유아가 발견한 자료를 지원한 사례**

교사는 발사대놀이를 지원하기 위해 세모 받침대 위에 올려놓을 수 있는 평평한 판이 있었으면 좋겠다는 유아의 요구를 반영하여 유아들과 각종 판지와 상자들을 살펴보다가 유아들이 선택한 상자의 덮개를 제공하였다.

> 지렛대놀이가 마무리되어 갈 즈음, 교실 한쪽에서 몇몇 유아들은 생활 속의 도구 중 스프링의 움직임이 주는 흔들거림 현상에 관심을 갖고 재미있는 놀잇감을 만들며 놀이하였다.
> "쭉 늘어났다 손을 놓으면 팅~ 다시 줄어들고 흔들흔들해요!"
> "뚜껑을 열면, 인형이 튀어나와 친구가 깜짝 놀라요."
> "스프링과 지렛대놀이가 만나니 새로운 놀이가 되었어."
>
> 스프링이 달린 놀잇감을 발명하던 유아들이 교실의 지렛대놀이에 관심을 가지면서, 지렛대놀이는 스프링이라는 새로운 자료, 유아들의 경험과 아이디어를 만나 새로운 발사대놀이로 발전되어 갔다.
>
> 출처: 교육부, 보건복지부 (2019c). 2019 개정 누리과정 놀이실행자료. p.144.

(2) 주제에 맞추기보다는 놀이 상황에 적절한 자료 지원하기

놀이중심 교육과정에서는 주제를 미리 정해 두고 놀이자료도 주제에 맞추어 제시하는 것을 지양한다. 교사는 유아가 놀이에 대한 관심과 흥미를 이어가기에 적절한 놀이자료를 지원해야 한다. 놀이가 진행되는 과정에서도 놀이 상황을 관찰하며 추가로 필요한 자료를 적절하게 지원해 주어야 한다.

교사의 지원 **놀이 상황에 적절한 자료를 계획하고 지원한 사례**

교사는 흙물의 색을 분명하게 경험할 수 있도록 황토를 준비하였고, 유아들의 요구에 따라 물을 제공하고 유아들이 직접 황토에 부어 볼 수 있게 하였다.

흙에 대한 작은 관심이 자연스럽게 지속될 수 있도록 바깥놀이시간에 색깔이 선명한 황토를 제공하였다. 비에 젖은 흙을 경험하고 진흙놀이에 대한 동화를 들은 유아들은 자연스럽게 물을 달라고 요청하였고, 직접 물을 부어 보도록 하였다.

유아들은 황토에 물을 부어 섞어 황토물을 만들며 물의 양에 따른 농도의 변화, 촉감과 색을 경험하였다.
"흙이 녹으면 물감이 되죠?"
"선생님, 물 더 부어 주세요."
"눈 감아 봐. 미끌거리지?"
"와아~ 간지러워. 미꾸라지 같아."

출처: 교육부, 보건복지부 (2019c). 2019 개정 누리과정 놀이실행자료. p. 128.

(3) 자연물이나 자연현상을 놀이자료로 활용하기

자연은 매일의 삶 속에서 탐색, 관찰, 몰입을 통해 배움이 일어나도록 매개하는 자료이다. 유아는 자연물로 놀이하는 과정에서 색, 모양, 선, 질감과 같은 자연물의 속성과 아름다움에 대한 감성, 생명의 존귀함 등을 스스로 배운다.

교사의 지원 **자연물이나 자연현상을 놀이자료로 활용한 사례**

사냥꾼을 피해 도망간 숲속 곳곳에서 유아들은 여러 가지 자연물과 생물을 발견하고 교사와 다른 유아들에게 알려주었다. 교사는 유아들이 발견한 것을 사진 찍어 주며 유아들의 주도적인 탐색 및 탐구를 격려하고, 발견의 기쁨을 공유하였다.

유아들은 사냥꾼을 피해 숨은 숲속 곳곳에서 제각각 무엇인가를 발견하고 탐색하느라 바빴다.
"선생님, 내가 이거 찾았어요!"
"이거 이름이 뭐예요?"
"나무에 뭐가 있어."
"움직여, 벌레인가 봐."
"야, 이리 와봐! 여기도 뭐 있다."

출처: 교육부, 보건복지부 (2019c). 2019 개정 누리과정 놀이실행자료. p. 92.

(4) 다양한 열린 자료(일상의 사물)를 놀이자료로 활용

놀이방법이 정형화된 상업적인 놀잇감보다 일상에서 발견하는 다양한 사물이 유아의 놀이를 더 풍부하게 해 주기도 한다. 유아는 일상의 물건을 놀이자료로 사용하면서 본래의 용도 외에 물질의 고유한 특성과 형태, 색, 질감 등 감각적 요소를 발견하게 된다.

교사의 지원 **다양한 일상의 사물을 놀이자료로 활용한 사례**

유아들이 종이 위에 나물을 올려놓고 손으로 문질러도 즙이 잘 묻어나지 않자 교사가 다양한 도구 사용을 제안하였다.

흰 종이 위에 봄나물을 올리고 주방 도구들로 두드리자 즙이 묻어나고 유아들은 신나게 봄나물을 두드리며 저마다의 색을 관찰하였다.

"야, 국자로 해 봐. 더 잘 된다."
"더 세게 해 봐."
"접시로 해 봤어? 이거 봐."
"선생님이 국자 줄까? 해 볼래?"

출처: 교육부, 보건복지부 (2019c). 2019 개정 누리과정 놀이실행자료. p. 153.

(5) 몸을 놀이자료로 활용하기

영아기에는 입과 손을 활용한 감각활동이나 서고, 걷는 등의 균형감을 연습하는 신체운동놀이에 몸을 주로 활용한다. 반면 유아기에는 보다 정교화된 신체운동 기술을 사용하여 동작의 속도나 힘을 조절하기도 하고, 공간의 높낮이나 너비를 탐색하며 다양한 놀이(예, 얼음 땡 놀이, 우리집에 왜 왔니, 몸으로 사물 표상하기 등)에서 몸을 놀이자료로 활용한다. 이 과정에서 유아는 다양한 움직임에 도전해 보고, 몰입, 집중하는 경험을 통해 즐거움과 성취감을 느끼게 된다.

(6) 기존 자료도 새롭게 활용해 보기

기존에 기관에서 가지고 있던 흥미 영역별, 생활 주제별 자료도 잘 활용한다면 훌륭한 놀이자료가 될 수 있다. 교사는 유아가 기존의 자료를 새로운 방식으로 놀이하는 것을 허용하고 격려한다.

교사의 지원 **기존 자료를 새롭게 활용한 사례**

교사는 신체활동 및 표현 용도로 가지고 나간 스카프를 유아가 숨바꼭질 놀이에 사용하는 것에 대해 제한하지 않고 존중하며, 유아의 행동을 관찰하였다.

> 교사의 질문을 듣고 생각하던 유아는 신체활동 및 표현을 위해 교사가 가지고 나간 스카프를 활용하여 숨었다. 그 모습을 본 유아들도 따라서 스카프를 가지고 숨바꼭질을 하였다.
>
> 출처: 교육부, 보건복지부 (2019c). 2019 개정 누리과정 놀이실행자료. p. 91.

4. 유아반 누리과정 평가

2019 개정 누리과정에서는 기관 및 학급수준 교육과정 운영의 자율성이 강화됨에 따라 평가 역시 그 방법과 시기에 대해서도 자율성을 가지도록 하고 있다. 교사는 관찰과 기록, 수집, 부모 설문지 등의 다양한 방법을 이용하여 유아와 누리과정 운영에 대한 평가를 실시한다.

1) 유아 평가

유아 평가는 유아의 고유한 특성과 시간의 흐름에 따른 변화를 이해하여, 유아의 발달과 성장을 지속적으로 지원하기 위한 것이다. 유아의 놀이와 일상생활, 활동 속에서 유아가 가장 즐기고 잘하는 것, 놀이의 특성, 흥미와 관심, 친구관계, 놀이를 이어 가기 위한 자료의 활용 등의 내용을 관찰하여 기록하며, 이를 통해 유아의 특성과 변화를 이해하도록 한다. 교사는 평가의 목적과 대상에 따라 필요한 내용을 메모나 사진 등 가장 적합하고 용이한 방법으로 기록한다. 유아들의 실제 놀이 모습은 계획안이나 일지, 혹은 교사가 마련한 양식에 기록할 수도 있고, 놀이 결과물과 작품 등을 일상적으로 수집할 수 있다.

평가 결과는 놀이, 일상생활, 활동에서 영유아의 배움을 지원하는 방안을 모색하는 데 활용한다. 영유아에 대한 이해와 지원을 위한 구체적인 방법에 대한 의사결정, 교수·학습방법의 개선, 교육과정 편성·운영, 부모와의 면담, 유아의 생활지도 등을 위한 기초 자료로 활용할 수 있다.

관점 넓히기 유아의 변화는 무엇을 기준으로 평가하는 것이 좋을까?

교사는 유아 평가에서 누리과정이 추구하는 인간상과 목적 및 목표 등에 비추어 유아의 특성과 변화 정도를 이해하고, 유아의 배움과 성장이 도움이 되도록 지원해야 한다. 이를 위해 교사는 누리과정이 추구하는 인간상을 유념하고, 놀이하는 유아의 모습에서 이를 찾아낼 수 있도록 노력해야 한다.

놀이하는 유아의 모습에서 누리과정이 추구하는 인간상의 모습이 보이나요?

건강한 유아

유아들은 블록으로 만든 미로에서 몸을 움직여 반복적으로 길을 찾기도 하고 새롭게 길을 만들기도 한다.

자주적인 유아

블록으로 크게 만든 미로를 계속 유지하고 싶은 유아들은 교사에게 전시하고 싶다는 의견을 이야기하고 스스로 무너지지 않도록 조심한다.

창의적인 유아

윤기는 나무 조각을 쌓고 무너지지 않도록 하나씩 빼는 놀이 자료의 기존 놀이 규칙을 파기하고 나무 조각으로 미로 만드는 놀이를 생성한다.

감성이 풍부한 유아

윤기가 변형시킨 놀이에 참여한 유아들은 다양한 형태의 미로를 만들며 즐거움과 성취감을 느낀다.

더불어 사는 유아

블록으로 만든 미로는 점점 커지고 여러 유아들이 참여하고 협력하면서 미로를 완성한다.

출처: 서울시육아종합지원센터 (2019). 좋은 교사되기 핸드북 Ⅱ –놀이하며 배우며.

2) 누리과정 운영 평가

누리과정 운영 평가는 놀이, 일상생활, 활동이 잘 연계되어 유아에게 의미 있는 통합적 경험의 내용으로 운영되었는지를 알아보는 것이다. 일과 구성이 적절하였는지, 일상생활이나 활동이 놀이를 지원하는 방식으로 진행되었는지, 놀이를 통해 어떤 경험이 일어났는지 등에 대해 반성적으로 들여다보는 한편, 누리과정의 5개 영역의 경험이 어떻게 나타났는지 검토하고 지원을 계획해 볼 수 있다.

따라서 누리과정 평가에서는 유아중심·놀이중심 보육과정 운영의 질을 진단하고 개선하기 위해 학부모 설문지, 교육과정 운영 체크리스트 등의 방법을 자체적으로 계획하여 실시할 수 있다. 이 때 교육과정의 목적과 목표, 영역별 목표와 내용을 활용하여 영유아의 성장 변화 및 교육과정 운영을 평가할 수 있다.

▨ 유아 놀이관찰 내용과 누리과정 운영 평가를 함께 기록한 예

구분	내용
유아 놀이관찰 내용	 주현이가 봄나물로 가방을 만들었다. 서진: 이거 가방! 가방이야 가방! 서진이 거야. 주현: 서진아 너도 만들래? 주현이가 서진이에게 지퍼백을 준다. 서진이가 가방 만들기를 어려워하자 주현이, 교사가 도움을 주어 완성한다. 가방이 완성되자 서진이는 주현이에게 가방을 보여준다. 교사: 이거 가방이야. 서진: 이거 가방이야. 교사는 서진이가 주현이에게 언어로 표현할 수 있도록 지원한다.
누리과정 운영 평가	• 친구의 놀이를 관심 있게 지켜보는 장애유아를 관찰 하던 중, 일반 유아가 장애 유아의 놀이참여를 유도하는 상호작용이 일어났고, 긍정적인 통합놀이의 모습을 관찰할 수 있었음. • 장애 유아가 어려워하는 부분에 대해서는 교사가 신체적 촉진, 언어적 모델링 등을 통해 지속적인 놀이지원을 하였음. • 놀이전반에서 장애 유아와 일반 유아의 놀이가 즐겁게 이루어졌으며 친구의 이야기에 집중하고 모방하여 표현하는 장애 유아를 관찰할 수 있었음. • 바깥놀이에서 할 수 있는 통합활동을 계획해보고자 함.

▨ 유아의 경험을 누리과정 5개 영역의 내용과 연계하여 이해한 예

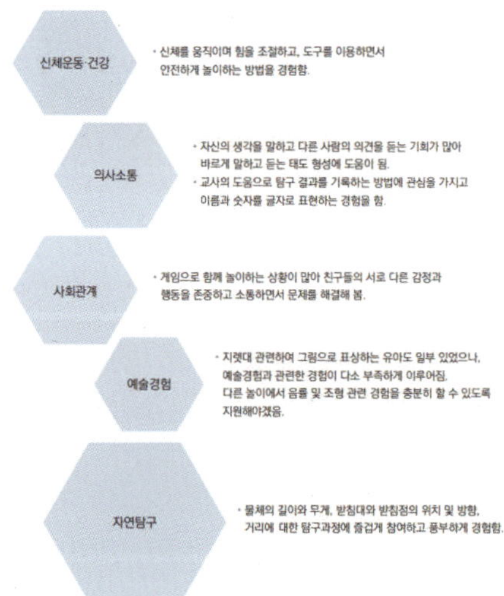

출처: 교육부, 보건복지부 (2019c). 2019 개정 누리과정 놀이실행자료. p.147, 160.

[그림 13-2] 누리과정 평가의 예

관점 넓히기

평가제 지표와 연결하기

보육과정 운영에서는 영유아의 놀이를 읽어 내고 지원할 수 있는 교사의 역할이 중요하다. '놀이 및 활동 지원'에 대한 어린이집 평가제 지표를 살펴보면서, 놀이와 활동 지원에서 유념해야 할 내용이 무엇인지 다시 한 번 확인해 보자

영역 1. 보육과정 및 상호작용
1-3. 놀이 및 활동지원
1-3-1. 교사는 놀이와 활동이 영유아의 자발적 선택에 의해 주도적으로 이루어지도록 격려한다.
① 교사는 실내 자유놀이 및 바깥놀이시간에 영유아가 자유롭게 탐색하여 놀이나 활동을 자발적으로 할 수 있도록 지원함 / * 영아: 의도적인 대집단 활동을 실시하지 않음
② 교사는 개별 영유아가 좋아하는 놀이와 활동을 주도적으로 진행하도록 격려함
③ 놀이에 참여하지 못하고 배회하거나 방관하는 영유아가 있는 경우 영유아가 놀이에 자발적인 흥미를 가질 수 있도록 지원함
1-3-2. 교사는 영유아의 놀이 상황을 관찰하면서 놀이와 관련된 상호작용을 한다.
① 교사는 실내 자유놀이 및 바깥놀이시간에 놀이와 활동이 이루어지는 장소 전체를 수시로 살펴 영유아의 놀이 진행과정을 파악함
② 교사는 영유아의 놀이 상황을 관찰하면서 놀이와 관련하여 적절한 수준의 지원을 함
③ 교사는 영유아의 놀이와 활동에 즐겁게 참여함
1-3-3. 영유아의 다양한 놀이와 활동에 필요한 적절한 자료를 제공한다.
① 교사는 영유아의 발달수준, 연령, 사전경험을 고려하여 놀이 및 활동자료를 준비함
② 현재 일어나고 있는 놀이 및 활동에 필요한 자료를 적절하게 제공함
③ 놀잇감과 활동자료는 영유아가 수월하게 꺼내어 사용할 수 있도록 배치함

참고문헌

참고문헌

강유정, 최성열, 신연희 (2020). 교육과정. 서울: 창지사.

공인숙, 권기남, 권혜진, 김영주, 김혜라, 민하영, 서주현, 이완정, 전숙영, 정윤주, 채진영, 최인숙, 한미현, 황혜신 (2018). 영유아발달. 경기: 양서원.

곽노의 (1990). 프뢰벨과 듀이의 유아교육사상 비교. 한국교육문제연구, 6, 43-58.

교육부 (2020a). 2019 개정 누리과정 운영 지원: 관찰에 기반한 유아 놀이지원-교사용. 세종: 교육부.

교육부 (2020b). 유아놀이중심 교육지원을 위한 학습공동체 실천 이야기. 세종: 교육부.

교육부 (2020c). 교사를 위한 놀이운영 사례집. 세종: 교육부.

교육부, 보건복지부 (2019a). 2019 개정 누리과정 해설서. 세종: 교육부, 보건복지부.

교육부, 보건복지부 (2019b). 2019 개정 누리과정 놀이이해자료. 세종: 교육부, 보건복지부.

교육부, 보건복지부 (2019c). 2019 개정 누리과정 놀이실행자료. 세종: 교육부, 보건복지부.

교육부, 보건복지부 (2020a). 「2019 개정 누리과정」 놀이운영사례집: 놀이, 유아가 세상을 만나고 살아가는 힘. 세종: 교육부, 보건복지부.

교육부, 보건복지부 (2020b). 「2019 개정 누리과정」 놀이운영사례집: 만들어가는 놀이 중심 유아교육. 세종: 교육부, 보건복지부.

교육부, 보건복지부 (2020c). 「2019 개정 누리과정」 놀이운영사례집: 자연과 아이다움을 살리는 생태놀이. 세종: 교육부, 보건복지부.

구병두, 김범준 (2007). 교육과정 및 교육평가. 경기: 공동체.

국가인권위원회 (2006). 유엔인권조약감시기구의 일반논평 및 일반권고. 서울: 국가인권위원회.

국가인권위원회 (2018). 유엔아동권리협약의 이해. 서울: 국가인권위원회.

길형석 (2001). 학습자중심의 교과교육을 위한 철학적 연구. 학습자중심교과교육연구, 창간호, 1-27.

김대현 (2017). 교육과정의 이해. 서울: 학지사.

김명순, 이민주, 유정은 (2013). 만 4세 유아의 출현적 문해 능력과 쓰기 발달 간의 관계. 열린부모교육연구, 5(2), 1-16.

김영연, 함수경 (2017). 몸으로 읽는 동화를 통해 본 유아움직임 교육의 예술교육적 의미. 한국무용교육학회지, 28(2), 21- 39.

김영옥 (2020). 유아교육과정. 서울: 공동체.

김은영, 송현주 (2011). 만 14개월 한국 영아들의 합리적 모방 능력. 한국심리학회지: 발달, 24(2), 123-136.

김은영, 임부연 외 (2019). 누리과정 개정 정책연구. 세종: 교육부·충청남도교육청·육아정책연구소.

김인경 (2018). 유아중심, 놀이중심 교육과정과 유아의 미래역량. KDI FOCUS, 100, 1-8.

김인호, 이종욱 (2012). 생활주변 환경의 미술요소 탐색활동이 유아의 그림 표현에 미치는 영향. 아동교육, 21(4), 169-188.

노희연, 윤춘모 (2018). 어린이집에서 하루 일과 속에서 영아들이 경험하는 예술경험의 의미. 한국영유아보육학, 108, 167-195.

박찬옥, 최정인 (2011). 영아반 예술경험활동에 관한 교사의 인식과 운영 실태. 유아교육학논집, 15(3), 31-62.

박창현, 양미선 (2017). 유치원과 어린이집 교직원의 누리과정 운영에 관한 인식 분석: 교육과정 운영의 자율화·다양화를 중심으로. 서울: 육아정책연구소.

박현정 (2017). 영아의 예술경험과 의사소통기술과의 관련성 연구: 만 2세용 제3차 표준보육과정을 중심으로. 국민대학교대학원 박사학위논문.

백성희, 황해익 (2006). 동작요소 중심 유아동작교육 프로그램 개발. 아동교육, 16(1), 185-200.

보건복지부 (2013a). 어린이집 표준보육과정에 기초한 영아보육프로그램 운영의 이해. 세종: 보건복지부.

보건복지부 (2013b). 3세 및 4세 누리과정에 기초한 어린이집 프로그램. 세종: 보건복지부.

보건복지부 (2020a). 제4차 어린이집 표준보육과정 고시.

보건복지부 (2020b). 제4차 어린이집 표준보육과정 해설서. 세종: 보건복지부.

보건복지부 (2021). 2021년도 보육사업안내. 세종: 보건복지부.

보건복지부, 중앙육아종합지원센터 (2020). 2019 개정 누리과정 보육일지 개선방향 및 일지 양식 예시.

보건복지부, 한국보육진흥원 (2020). 2021 어린이집 평가 매뉴얼. 서울: 한국보육진흥원.

서울대학교 교육연구소 (2011). 교육학용어사전. 서울: 하우동설.

서울육아종합지원센터 (2019). 좋은 교사되기 핸드북 II – 놀이하며 배우며. 서울: 서울육아종합지원센터.

서울육아종합지원센터 (2019). 좋은 교사되기 핸드북 II – 함께 만들어요 우리의 하루. 서울: 서울육아종합지원센터.

송순옥 (2016). 미술놀이와 신체표현을 통합한 예술경험활동이 유아의 정서능력 및 창의성에 미치는 효과. 아동교육, 25(1), 141–160.

안경숙 (2011). 유아예술교육 활동과 연계된 창의적 극놀이 프로그램 개발 및 효과. 유아교육학논집, 15(6), 145–166.

육아정책연구소 (2017). 3~5세 연령별 누리과정 개정(안) 개발 연구. 서울: 육아정책연구소.

윤재흥 (2018). 교육철학 및 교육사. 서울: 학지사.

이기숙 (2000). 유아교육과정(개정 2판). 서울: 교문사.

이미화, 이윤진, 염혜경 (2019). 어린이집 개정 누리과정 적용지원방안연구. 서울: 육아정책연구소.

이상은, 김현수 (2014). 유아교사의 음악구성요소에 대한 교수실제와 음악교수효능감과의 관계. 육아지원연구, 9(2), 53–76.

이성호 (2004). 교육과정 개발과 평가. 경기: 양서원.

이순형, 권혜진, 권기남, 김헤라, 최나야, 김지현, 김은영, 안혜령, 조우미 (2015). 영유아과학지도. 경기: 교문사.

이신동, 강창동, 구자억, 김동일, 김복영, 김희규, 모경환, 박성옥, 박춘성, 이정기, 정대용, 정윤경, 최철용 (2020). 새로운 교육학개론. 서울: 학지사.

이진화, 박창현, 윤지연 (2015). [3–5 세 누리과정] 운영 및 이용 실태와 정책 효과 분석. 서울: 육아정책연구소.

이홍우 (2017). 신수교육과정이론. 경기: 교육과학사.

임부연, 곽승주, 권혜진, 김성숙, 서보순, 손은실, 신은미, 연희정, 염지숙, 오채선, 윤민아,

이경화, 이연선, 이현진, 장혜진, 정선아 (2021). 유아·놀이중심 유아교육과정. 경기: 공동체.

정혜욱, 김은영, 윤진주, 송정자, 안정원, 정혜원 (2019). 놀이중심 교육과정에서의 교사 역할 바로 알기. 서울: 창지사.

진영은 (2003). 교육과정이론과 실제. 서울: 학지사.

최수진 (2019). OECD 교육 2030 참여 연구: 미래지향적 역량교육의 실행 전략 탐색. 서울: 한국교육개발원.

최진, 곽덕주 (2015). 감정교육으로서의 예술교육: 예술경험의 교육적 가치 탐색. 교육철학연구, 37(1), 117–137.

한국교육심리학회 (2000). 교육심리학 용어 사전. 서울: 학지사.

Agapitou, P., & Andreou, G. (2008). Language deficits in ADHD preschoolers. *Australian Journal of Learning Difficulties*, *13*(1), 39–49.

Aoki, T. (1983). Curriculum implementation as instrumental action and as situational praxis. *Curriculum Praxis Monograph Series No, 9* (3–17). Department of Secondary Education, Faculty of Education, University of Alberta.

Baillargeon, R. (2004). Infants' physical worlds. *Current Directions in Psychological Science*, *13*, 89–94.

Barth, H., Beckmann, L., & Spelke, E. S. (2008). Nonsymbolic approximate arithmetic in children: Abstract addition prior to instruction. *Developmental Psychology*, *44*(5), 1466–1477.

Berk, L. E. (2009). *Child development* (8th ed.). Boston, MA: Pearson.

Blair, K. A., Denham, S. A., Kochanoff, A., & Whipple, B. (2004). Playing it cool: Temperament, emotion regulation, and social behavior in preschoolers. *Journal of school psychology*, *42*(6), 419–443.

Bodrova, E., & Leong, D. J. (2010). Revisiting Vygotskian perspectives on play and pedagogy. In *Rethinking play and pedagogy in early childhood education* (pp. 68–80). NY: New York Routledge.

Branscombe, N, A., Castle, K., Dorsey, A., Surbeck, E., & Taylor, J. B. (eds.)(2005). *Early childhood curriculum: A constructivist perspective*, 구성주의 유아교육과정(강현석, 임재택, 이민정, 유경숙, 장영숙, 정정희, 황윤세, 이자현, 도선미 옮김). 서울: 시그마프레스(원판 2003).

Bronfenbrenner, U. (1994). Ecological models of human development. In *International Encyclopedia of Education (Vol. 3, 2nd ed.)*. Oxford: Elsevier.

Bruner, J. S. (1960). *The Process of Education*. Boston: Harvard University press.

Calkins, S. D., & Leerkes, E. M. (2004). Early attachment processes and the development of emotional self-regulation. In Roy, F. B. & Kathleen, D. V. (Eds.), *Handbook of self-regulation: Research, theory, and applications* (pp. 324-339). NY: New York, The Guilford Press.

Cannella, G. S. (2002). *Deconstructing early childhood education*, 유아교육 이론 해체하기: 비판적 접근(유혜령 옮김). 서울: 창지사(원판 1997).

Charner. K., Murphy. M, & Clark, C. (2010) *The encyclopedia of infant and toddler activities*. MD: Gryphone House.

Crain, W. (2000). *Theories of development: Concepts and applications. (4th ed.)*. Upper Saddle River, NJ: Prentice Hall.

Dahlberg, G., Moss, P., & Pence, A. (2007). *Beyond quality in early childhood education and care: Postmodern perspectives*, 포스트모던 유아교육: 새로운 이해와 실천을 열어가기(김희연, 신옥순, 염지숙, 유혜령, 정선아 옮김). 서울: 창지사(원판 1999).

Dewey, J. (2002). *The child and the curriculum*, 아동과 교육과정(박철홍 옮김). 서울: 문음사(원판 1902).

Dewey, J. (2016). *Art as experience*, 경험으로서 예술 (박철홍 옮김). 경기: 나남(원판 1934).

Fuller, B. (2008). *Standardized childhood: The political and cultural struggle over early education*. California: Stanford University Press.

Harter, S. (2003). The development of self-representations during childhood and adolescence. In M. R. Leary & J. P. Tangney (Eds.), *Handbook of self and identity* (pp. 610-642). NY: New York, The Guilford Press.

Harter, S. (2006). Developmental and Individual Difference Perspectives on Self-Esteem. In D.

K. Mroczek & T. D. Little (Eds.), *Handbook of personality development* (pp. 311 – 334). Lawrence Erlbaum Associates Publishers.

Ho, J., & Funk, S. (2018). Promoting young children's social and emotional health. *Young Children, 73*(1), 73–79.

Kostelnik, M., Whiren, A., Soderman, A., Rupiper, M. L., & Gregory, K. (2014). *Guiding children's social development and learning*. Stamford: CT, Cengage Learning.

Lewis, M., & Brooks–Gunn, J. (1979). Toward a theory of social cognition: The development of self. In I. Uzgiris (Ed.), *New directions in child development: Social interaction and communication in infancy (pp. 1-20)*. San Francisco: Jossey–Bass.

Litjens, I., & Taguma, M. (2010). *Revised literature overview for the 7th meeting of the OECD network on early childhood education and care*. Paris: OECD.

Mahoney, G. & MacDonald, J. (2007). *Autism and developmental delays in young children: The responsive teaching curriculum for parents and professionals*. Austin, TX: PRO–ED.

McCrink, K., & Wynn, K. (2004). Large–number addition and subtraction by 9–month–old infants. *Psychological Science, 15*(11), 776–781.

McGee, L. M., & Richgels, D. J. (2011). *Literacy's beginnings: Supporting young readers and writers(6th ed.)*. Boston, MA: Allyn & Bacon/Pearson Education.

McGee, L. M., & Schickedanz, J. A. (2007). Repeated interactive read–alouds in preschool and kindergarten. *The Reading Teacher, 60*(8), 742–751.

National Research Council. (1996). *National science education standards*. The National Academies Press.

NIEER (2007). *The 2007 State Preschool Yearbook(The fifth in a series of annual reports profiling state-funded prekindergarten programs in the United States)*. National Institute for Early Education Research.

OECD (2012). *Start Strong Ⅱ. The Organisation for Economic Co-operation and Development*. OECD.

OECD (2013). *Starting Strong III A Quality Toolbox for Early Childhood Education and Care. OECD 유아교육과 보육의 질 제고를 위한 정책방안*. 세종: 교육부·경기도교육청·덕성여자대학교.

OECD (2016). *Starting Strong Curricula and Pedagogies in Early childhood Education and Care : Five Curriculum Outlines*, OECD가 선정한 5가지 유아교육과정(나정, 임미령, 박창현 옮김). 경기: 공동체(원판 2004).

OECD (2017). *Start Strong V. The Organisation for Economic Co-operation and Development.* OECD.

OECD (2019). *OECD future of education and skills 2030 conceptual learning framework: Skills for 2030*. OECD.

Oliva, P. F. (2014). *Developing the curriculum(7th ed)*, 최신 교육과정 개발론(강현석, 이원희, 유제순, 신영수, 이윤복, 전호재 옮김). 서울: 학지사(원판 2009).

Olsson, L. M. (2017). *Movement and experimentation in young children's learning*, 들뢰즈와 가타리를 통해 유아교육 읽기: 운동과 실험(이연선, 이경화, 손유진, 김영연 옮김). 서울: 살림터(원판 2009).

Peterson, D. R. (2003). Unintended consequences: Ventures and misadventures in the education of professional psychologists. *American Psychologist*, *58*(10), 791 – 800.

Piaget, J.(1954). *The construction of reality in the child*. New York: Basic Books.

Pinar, W. F., Reynolds, W. M., Slattery, P., & Taubman, P, M. (2001). *Understanding curriculum : An introduction to the study of historical and contemporary curriculum discourse*, 교육과정 담론의 새 지평(김복영, 박순경, 조덕주, 석용준, 명지원, 박현주, 소경희, 김진숙 옮김). 서울: 원미사(원판 1995).

Print. M. (2003). *Curriculum development and design*. 교육과정 개발과 설계(강현석, 박영무, 박창언, 손충기, 이원희, 최호성 옮김). 서울: 교육과학사(원판 2nd. 1993).

Saracho, O. N. (2017). *An integrated play-based curriculum for young children*. NY: New York, Routledge.

Saracho, O. N. (2020). *An integrated Play-based Curriculum for young children*. NY: New York, Routledge.

Schickedanz, J. A. (1999). *Much more than the ABCs: The early stages of reading and writing*. NW, Washington: NAEYC.

Sellers, M. (2018). *Young children becoming curriculum: Deleuze, Te Whāriki and curricular understandings*, 어린이의 교육과정 되기: 들뢰즈, 테 파리키와 교육과정에 대한 이해(손유진, 안효

진, 유혜령, 윤은주, 이경화, 이연선, 이진희, 임부연, 전가일, 한선아 옮김). 서울: 창지사(원판 2013).

Van Hoorn, J., Nourot, P. M., Scales, B., & Alward, K. R. (2018). *Play at the center of the curriculum*, 놀이중심 교과과정(순진이, 정현심 옮김). 서울: 시그마프레스(원판 2014).

Wassermann, S. (1992). Serious play in the classroom: How messing around can win you the Nobel Prize. *Childhood Education*, *68*, 133−139.

Wright, S. (2011). Meaning, mediation and mythology. In D. Faulkner & E. Coates(Eds), *Exploring children's creative narratives* (pp. 185−204). NY: New York, Routledge.

〈외국의 ECEC curriculum standards 사이트〉

뉴질랜드 https://tewhariki.tki.org.nz/en/early−childhood−curriculum/

미국 https://childcareta.acf.hhs.gov/si tes/default/files/public/state_elgs_web_final_2.pdf

영국 https://www.gov.uk/government/publications/early−adopter−schools−eyfs−framework

호주 https://www.dese.gov.au/national−quality−framework−early−childhood−education−and−care−0/earlyyearslearningframework

저자 약력

권혜진 나사렛대학교 아동학과

김유미 숙명여자대학교 교육대학원 유아교육전공

이보람 대구대학교 아동가정복지학과

이완정 인하대학교 아동심리학과

임여정 연성대학교 유아교육과

조우미 대구가톨릭대학교 아동학과

보육과정

초판 1쇄 발행 2021년 9월 10일
초판 3쇄 발행 2023년 8월 31일

지 은 이 | 권혜진 · 김유미 · 이보람 · 이완정 · 임여정 · 조우미
펴 낸 이 | 김기섭
편 집 인 | 이현남 · 최창숙
펴 낸 곳 | 창지사 www.changjisa.com
08589 서울시 금천구 가산디지털 1로 83 파트너스타워 1차 9층
전화 (02)719-2211~3
팩스 (02)701-9386
등 록 | 1977년 4월 28일 · 제1-421호

ISBN 978-89-426-1470-7 (93370)

값 24,000원